国际法纵论

张潇剑 著

2011 年·北京

图书在版编目(CIP)数据

国际法纵论/张潇剑著.—北京:商务印书馆,2011
ISBN 978-7-100-07439-1

Ⅰ.①国… Ⅱ.①张… Ⅲ.①国际法－研究 Ⅳ.①D99

中国版本图书馆 CIP 数据核字(2010)第 202416 号

所有权利保留。
未经许可,不得以任何方式使用。

国 际 法 纵 论

张潇剑 著

商 务 印 书 馆 出 版
(北京王府井大街36号 邮政编码 100710)
商 务 印 书 馆 发 行
北京瑞古冠中印刷厂印刷
ISBN 978-7-100-07439-1

2011 年 3 月第 1 版　　开本 880×1230　1/32
2011 年 3 月北京第 1 次印刷　　印张 17⅝
定价:36.00 元

自　序

我国实行改革开放政策至今已有三十多年。这期间全国各地、各方面都发生了巨大变化，所取得的可喜成绩是世人有目共睹的。

对外开放，法律先行。此处的"法律先行"具有两层含义：一是不论我们走出去还是请进来，都需要依循并遵守一定的规则，惟其如此，我们的开放才是有序的、高效的、富有成果的。这类具有拘束力的行为规则其外在形式即为法律，是调整我国及其自然人、法人对外交往的涉外法律。广义上讲，它们带有国际法的元素；二是对外开放的一个重要体现是要了解外界，这就需要参考并借鉴境外发展较为完善但在我国尚属空白或欠成熟的有关行为规则，以更好地与世界接轨并融入国际社会。而境外比较成熟的行为规则多体现在国际公约及国际惯例中，是国际法的组成部分。

笔者这里强调"对外开放，法律先行"，指我国的对外开放之所以能够健康、稳步地向前发展，是离不开国内涉外法制的建设和对国际（包括境外国家和地区）法制的了解与借鉴的。改革开放以来，我国这方面的法制建设从无到有，从某些领域曾经是空白到今天的日臻完善，就是对此项结论的强有力证明。伴随着这一辉煌成就的取得，对我国国际法理论与实践的研究也愈加蓬勃兴旺，从而为改革开放国策的进一步实施奠定了坚实的法理基础。

于改革开放这个宏伟进程中，我作为一名高校法学教师，始终在自己的岗位上为国家法制建设辛勤地工作着。本书所探讨的各项专题即是近些年来笔者在教学、科研领域的一些研究心得和感悟。该著作书名虽为《国际法纵论》，但这里的"国际法"却并非仅仅局限于国际公法，除此之外它还包括国际私法、国际商事仲裁以及 WTO 法律制度。实际上，本著作名称所采用的是"大国际法"的概念，其结构亦相应分为四个组成部分，即第一章国际私法篇，第二章国际公法篇，第三章国际商事仲裁篇，第四章 WTO 法律制度篇。

由于本人学识所限，书中不当之处在所难免，欢迎各位同仁及读者批评指正。

张潇剑

2010 年 12 月于北京大学

目 录

第一章 国际私法篇 … 1

第一节 国际私法基本理论之一
——柯里的"政府利益分析说" … 1
一、"政府利益分析说"精要 … 1
二、何谓"政府利益" … 3
三、本州利益与外州利益及全社会利益 … 4
四、"虚假冲突"与"真实冲突" … 7
五、柯里学说的可操作性、可预见性及精确性 … 9
六、成文法与判例法 … 10
七、"比较损害"问题 … 12
八、分析与结论 … 18

第二节 国际私法基本理论之二
——利弗拉尔的"影响法律选择五点考虑" … 21
一、引言 … 21
二、利弗拉尔的"影响法律选择五点考虑"阐释 … 26
三、利弗拉尔的"影响法律选择五点考虑"评析 … 32
四、分析与结论 … 40

第三节 国际私法基本制度
——公共政策机制之剖析 … 43
一、公共政策的内涵 … 43
二、谁来确立公共政策 … 46
三、公共政策机制溯源 … 48

四、公共政策机制的意义和特点 …………………………………… 49
五、公共政策机制与礼让及确定性 ………………………………… 51
六、援用公共政策机制的场合 ……………………………………… 52
七、援用公共政策机制的标准 ……………………………………… 55
八、援用公共政策机制的步骤 ……………………………………… 57
九、外法域法律排除后的法律适用 ………………………………… 58
十、分析与结论 ……………………………………………………… 60

第四节 国际私法基本规范之一
　　　　——国际商事仲裁中当事人的法律选择 ………………… 62
一、引言 ……………………………………………………………… 62
二、当事人法律选择所适用的领域 ………………………………… 63
三、对当事人法律选择的限制 ……………………………………… 69
四、分析与结论 ……………………………………………………… 73

第五节 国际私法基本规范之二
　　　　——国际商事仲裁中冲突规范的确定 …………………… 74
一、理论观点 ………………………………………………………… 75
二、有关规定 ………………………………………………………… 76
三、仲裁实践 ………………………………………………………… 78

第六节 国际私法基本调整方法
　　　　——以 CISG 在中韩贸易中的适用为例 ………………… 81
一、引言 ……………………………………………………………… 81
二、中国保留之一：合同的形式要件问题 ………………………… 83
三、中国保留之二："国际私法规则导致适用《公约》"的问题 … 87
四、《联合国国际货物销售合同公约》在中国的适用 …………… 88
五、《联合国国际货物销售合同公约》在中国适用时应当注意的
　　几个问题 ………………………………………………………… 92
六、《联合国国际货物销售合同公约》能否在中韩电子商务中适用 …… 96

第七节 国际私法基本调整范围
　　　　——跨领域适用问题（主要以外层空间站为例）……… 103

一、国际私法可以发挥调整作用的若干国际公法领域 …… 104
二、在国际公法调整领域有必要订立法律选择国际协议 …… 108
三、在国际公法调整领域订立法律选择国际协议所应考虑的法律适用原则 …… 110

第二章 国际公法篇 …… 116

第一节 国际强行法基本问题之一
——定义及其识别标准 …… 116
一、国际强行法的定义 …… 116
二、国际强行法的识别标准 …… 123

第二节 国际强行法基本问题之二
——渊源 …… 131
一、国际强行法的主要渊源 …… 131
二、国际强行法的其他渊源 …… 137

第三节 国际强行法基本问题之三
——作用 …… 139
一、国际强行法的作用 …… 139
二、国际强行法的作用范围 …… 142
三、国际强行法的消极作用——被滥用的危险 …… 147

第四节 国际强行法基本问题之四
——追溯力及其制裁 …… 149
一、引言 …… 149
二、国际强行法的追溯力 …… 150
三、对违反国际强行法的制裁 …… 155

第五节 国际强行法之理论考察 …… 160
一、国内法律体系中的强行法 …… 161
二、国际法律体系中的强行法 …… 165
三、国际强行法的理论基础 …… 172

第六节　国际强行法之实践考察……………………………… 174
一、国际司法判例 …………………………………………… 174
二、国内司法判例 …………………………………………… 176
三、国际公约 ………………………………………………… 179
四、国际实践 ………………………………………………… 182

第七节　国际海洋法研究之一
——领海 …………………………………………… 194
一、领海的法律地位 ………………………………………… 194
二、领海的宽度和测算领海的方法 ………………………… 196
三、领海的法律制度 ………………………………………… 198
四、中华人民共和国的领海制度 …………………………… 200
五、无害通过与过境通行 …………………………………… 202

第八节　国际海洋法研究之二
——大陆架 ………………………………………… 205
一、大陆架在法律上的概念 ………………………………… 205
二、大陆架的法律地位 ……………………………………… 208
三、相邻或相向国家间的大陆架划界问题 ………………… 209
四、中国的大陆架 …………………………………………… 211

第九节　国际空间法研究之一
——空中劫持 ……………………………………… 213
一、空中劫持概况 …………………………………………… 213
二、空中劫持罪的定义 ……………………………………… 215
三、对劫持罪行和罪犯的管辖权问题 ……………………… 217
四、引渡问题 ………………………………………………… 218
五、起诉问题 ………………………………………………… 219
六、中国关于保障民航安全的若干规定 …………………… 220
七、"卓长仁劫机案"分析 …………………………………… 222

第十节　国际空间法研究之二
——外层空间法律制度 …………………………… 225

一、外层空间的法律地位 ………………………………… 225
　　二、有关外层空间的国际条约和法律原则 ……………… 231
　　三、有关外层空间的几个问题 …………………………… 236
第十一节　中国与国际法之一
　　　　　——国家主权豁免与"湖广铁路债券案" ………… 244
　　一、国家豁免 ……………………………………………… 244
　　二、国家财产豁免 ………………………………………… 248
　　三、中国的有关实践及立场 ……………………………… 251
　　四、"湖广铁路债券案"分析 ……………………………… 252
第十二节　中国与国际法之二
　　　　　——香港及澳门问题 ………………………………… 258
　　一、国家领土与领土主权 ………………………………… 258
　　二、香港问题 ……………………………………………… 262
　　三、澳门问题 ……………………………………………… 266
第十三节　全球化与国际法 …………………………………… 270
　　一、引言 …………………………………………………… 270
　　二、"全球化"现象解读 …………………………………… 271
　　三、近现代以来国际法的发展 …………………………… 272
　　四、参与国际事务的行为主体在日益增加并呈多元化发展趋势 …… 274
　　五、国际法渊源的发展呈现新态势 ……………………… 277
　　六、国际法的新领域和新型争端解决机构不断出现 …… 278
　　七、国际法与其他部门法的界限逐渐模糊 ……………… 280
　　八、全球化对国家主权提出新挑战 ……………………… 282
　　九、分析与结论 …………………………………………… 284

第三章　国际商事仲裁篇 ……………………………………… 286
　第一节　国际商事仲裁基本问题之一
　　　　　——强行法的适用 …………………………………… 286
　　一、国际商事仲裁中强行法的可适用性 ………………… 287

二、国际商事仲裁员对强行法的适用 …………………………… 290
三、国际商事仲裁中的国际公共政策 …………………………… 294
四、国际商事仲裁中的当事人意思自治与公法 ………………… 298
五、分析与结论 …………………………………………………… 300
第二节 国际商事仲裁基本问题之二
　　　　——公共政策的适用 ……………………………………… 301
一、公共政策辨析 ………………………………………………… 302
二、不可仲裁事项与公共政策 …………………………………… 304
三、国际商事仲裁中公共政策的种类 …………………………… 307
四、中国基于公共政策对仲裁裁决的司法审查 ………………… 313
五、分析与结论 …………………………………………………… 317
第三节 国际商事仲裁中可仲裁性问题之一
　　　　——一般法律原则的适用 ………………………………… 318
一、可仲裁性问题法律适用分析 ………………………………… 318
二、一般法律原则在可仲裁性问题上适用的必要性 …………… 321
三、一般法律原则在可仲裁性问题上适用的可行性 …………… 324
四、分析与结论 …………………………………………………… 326
第四节 国际商事仲裁中可仲裁性问题之二
　　　　——反垄断请求（以美国为视角） ……………………… 327
一、引言 …………………………………………………………… 327
二、国际性反垄断请求之仲裁 …………………………………… 329
三、反垄断请求的可仲裁性 ……………………………………… 335
四、"三菱汽车公司案" …………………………………………… 337
五、对"三菱汽车公司案"的评析（代结论） …………………… 340
第五节 国际商事仲裁中法院的作用之一
　　　　——司法监督 ……………………………………………… 342
一、商事仲裁司法监督的法律基础 ……………………………… 342
二、商事仲裁司法监督的范围与程序 …………………………… 346

三、商事仲裁司法监督的法律效果 ………………………………… 362

第六节 国际商事仲裁中法院的作用之二
——被撤销之仲裁裁决的承认与执行 ……………… 368

一、引言 ……………………………………………………………… 368
二、立法规定 ………………………………………………………… 370
三、司法实践 ………………………………………………………… 373
四、理论模式 ………………………………………………………… 384
五、双重司法监督之剖析 …………………………………………… 388
六、分析与结论 ……………………………………………………… 391

第七节 国际商事仲裁中法院的作用之三
——ICSID 仲裁裁决的承认与执行 ………………… 395

一、引言 ……………………………………………………………… 395
二、依据《ICSID 公约》的仲裁裁决 ……………………………… 396
三、ICSID 仲裁裁决的承认与执行 ………………………………… 398
四、国家主权豁免 …………………………………………………… 404
五、分析与结论 ……………………………………………………… 409

第八节 国际商事仲裁中法院的作用之四
——中美两国执行国际商事仲裁裁决之比较 ……… 410

一、中国仲裁裁决执行制度的法律框架 …………………………… 411
二、美国仲裁裁决执行制度的法律框架 …………………………… 414
三、分析与结论 ……………………………………………………… 421

第九节 科技革命对国际商事仲裁的新挑战
——跨国网上仲裁 …………………………………… 423

一、引言 ……………………………………………………………… 423
二、网上仲裁协议 …………………………………………………… 425
三、网上仲裁地 ……………………………………………………… 427
四、网上仲裁的程序法 ……………………………………………… 429
五、网上仲裁的实体法 ……………………………………………… 431
六、网上裁决的承认与执行 ………………………………………… 433

七、分析与结论 ································· 435

第四章　WTO 法律制度篇 ··························· 436

第一节　WTO 基本原则之一
　　　　——透明度原则 ······················· 436
一、引言 ····································· 436
二、透明度的理论含义 ························· 437
三、GATT/WTO 若干协定关于透明度的规定 ······· 439
四、WTO 争端解决机制中的透明度问题 ············ 443
五、WTO 争端解决实践中的透明度问题 ············ 446
六、分析与结论 ······························· 451

第二节　WTO 之例外
　　　　——豁免成员方义务 ···················· 452
一、关于豁免的范围 ··························· 453
二、关于豁免的程序 ··························· 455
三、何谓"特殊情况" ··························· 456
四、关于豁免的效果 ··························· 460
五、关于豁免的通知、协商及争端解决 ············ 462
六、有关豁免及不豁免的情况 ···················· 463
七、关于豁免的扩展(extension)及终止(termination) ··· 463
八、GATT 和 WTO 规定的其他例外条款 ··········· 464
九、对中国加入世贸组织后运用上述豁免条款和例外条款的
　　若干思考 ································· 466
十、若干政策性建议 ··························· 469

第三节　WTO 之协定
　　　　——《反倾销协定》研究 ················· 469
一、《反倾销协定》存在的缺陷 ··················· 469
二、《反倾销协定》的完善 ······················· 473
三、分析与结论 ······························· 476

第四节　WTO 争端解决机制之一
　　——专家决策与公众参与 ·················· 477
　　一、引言 ························· 477
　　二、WTO 争端解决机制中的专家决策 ············ 479
　　三、WTO 争端解决机制中的公众参与 ············ 485
　　四、分析与结论 ····················· 493

第五节　WTO 争端解决机制之二
　　——该机制的利弊得失 ·················· 494
　　一、GATT 争端解决机制的简要回顾 ············· 496
　　二、乌拉圭回合在争端解决机制问题上所作的努力 ······ 501
　　三、WTO 争端解决机制的创新 ··············· 504
　　四、WTO 争端解决机制解析 ················ 509
　　五、WTO 争端解决机制的若干不足 ············· 521
　　六、分析与结论 ····················· 523

参考文献 ······························ 528

第一章　国际私法篇

第一节　国际私法基本理论之一
——柯里的"政府利益分析说"

柯里(Brainerd Currie,1912—1964),美国著名冲突法学家、法学教授,也是美国20世纪冲突法新学说的主要代表人物之一。他于1963年整理出版了《冲突法论文集》(Selected Essays on the Conflict of Laws)一书,提出了"政府利益分析说"(Governmental Interest Analysis Theory)这一有争议的冲突法理论。

一、"政府利益分析说"精要

柯里教授的"政府利益分析说"有以下主要内容。

1. 正常情况下,即使案件具有涉外因素,法院亦应当适用法院地法。

2. 如果案件表明需要适用外州法时,法院首先应当确定法院地法中所体现的政府政策;[1]然后法院应当探究法院地与该案的关系,[2]以决定能否为法院地适用自己的政策提供合法基础,因为法院地在适用

---

[1] 柯里将这种政策定位于政府的社会、经济或行政管理政策。See Brainerd Currie, *Selected Essays on the Conflict of Laws*, Durham · North Carolina: Duke University Press, 1963, p. 189.

[2] 包括双方当事人、相关交易、标的、诉讼情况等。See Brainerd Currie, *Selected Essays on the Conflict of Laws*, Durham · North Carolina: Duke University Press, 1963, p. 189.

自己政策方面具有利益。这项过程实质上是个解释的过程。

3. 与前一点相类似,法院如认为有必要,也应当确定域外法律中所体现的政策,以及确定外州是否在适用其政策方面具有利益。

4. 如果法院查明法院地州在案件中适用其政策并无利益,但外州在适用其政策方面却具有利益,则法院应当适用该外州法。

5. 如果法院查明法院地州在案件中适用其政策具有利益,它就应当适用法院地法,即使外州在适用其相反政策时同样具有利益也是如此;因而在外州不具有利益的场合,法院适用法院地法就更加毋庸置疑;在相对很少的案件中,法院会发现与案件有关的各州在适用其政策方面均不具有利益,这种情况下,法院也通常应当适用法院地法。①

在这些原则下,柯里教授将法律冲突主要分为"虚假冲突"(false conflicts)②和"真实冲突"(true conflicts)两大类。前者是指某个案件所涉及的两个州的法律尽管在具体规定上发生了冲突,但这两者所体现的政府利益却并不冲突,这种情形就是"虚假冲突"。③ 在"虚假冲突"的情形下,只有当法院地州不具有利益而外州具有利益时,该外州的法律才能得以适用。④ 后者是指某个案件所涉及的两个州的法律不仅在具体规定上存在着冲突,而且两者所体现的政府利益也存在冲突,这种情形就是"真实冲突"。依柯里教授看来,只有在"真实冲突"的情况下才会发生法律冲突问题。其解决方法就是适用法院地法以促进其

---

① Brainerd Currie, *Selected Essays on the Conflict of Laws*, Durham • North Carolina: Duke University Press, 1963, pp. 183-184, 188-189.

② 柯里教授自己用的概念是"虚假问题"(false problems, See Brainerd Currie, *Selected Essays on the Conflict of Laws*, Durham • North Carolina: Duke University Press, 1963, p. 189.),但国际私法界在论及柯里教授的学说时,往往采用"虚假冲突"(false conflicts)这个概念来指同一情况。

③ 转引自邓正来:《美国现代国际私法流派》,法律出版社1987年版,第129页。

④ Brainerd Currie, *Selected Essays on the Conflict of Laws*, Durham • North Carolina: Duke University Press, 1963, p. 189.

自身利益的实现。①

显而易见,柯里教授是主张尽可能地适用法院地法的,而且依照这种理论,法院在大多数情况下,也总会认为本州对在案件中适用自己的法律是具有合法利益的,从而也就更加会导致法院地法的广泛适用,这就等于否定冲突法有存在的必要了。难怪柯里教授认为不但传统的冲突规范可以抛弃,甚至连冲突法上的一些制度诸如识别、反致等都可以一概取消,不再需要了。②

不过柯里教授同时也承认,通过上述方式来确定涉外民商事案件的准据法,其最易引起争议之处就在于对"政府利益"作何解释,而且在某些人看来,这似乎是对冲突法的基本理念诸如判决结果的一致性及对当事各方的公正性的否定。③

二、何谓"政府利益"

柯里教授认为,各州的"政府利益"体现在它们自身的"立法意图"(legislative intent)中,换言之,每个州的"立法意图"即为该州的"政府利益"。④ 这一结论是值得商榷的。

首先,人们往往认为,一个州的立法机构所通过的法案必然会反映出该州政府的一般意愿,但实际情况却不尽如此;特别是根据那些早已大大落后于社会发展现实的立法计划而制定出来的法律,其"立法意图"究竟能在多大程度上体现州政府的利益就更加令人怀疑;

其次,事实上,州政府的利益有时甚至会与该州的"立法意图"相冲

---

① 参见邓正来:《美国现代国际私法流派》,法律出版社1987年版,第129页。
② See Brainerd Currie, *Selected Essays on the Conflict of Laws*, Durham • North Carolina: Duke University Press, 1963, pp. 183-185.
③ See Ibid., p. 189.
④ See Ibid., pp. 183-187.

突。这倒不是因为州的立法机构有意要损害州政府的利益,而是由于从整体上讲,州立法机构运作的政治环境使得它难以客观评估其具体立法行为会给州政府利益带来哪些实际影响;

再次,从广义的人类社会来看,一个州的政府利益通常体现在它与外州甚至外国的相互交往中。而作为一个州的立法机构,其成员的观点却往往受地方选举的限制,因而这种立法机构在评估人类社会普遍关注的事项上很难说是称职的;

最后,如果立法机构意在使某项立法在案件中得以适用,则此时进行政府利益分析就显得没有必要,因为这种情况下法院并无选择的余地,除非该项立法是任意性的,否则,法院只能遵循其立法的指引,在所受理的案件中适用该立法。

由此可见,州政府的利益与该州的"立法意图"并非总是能够协调一致的,后者也不一定能够完美地反映出前者;在涉外案件中适用某一州的法律,亦不等于说只有该州才在这一案件中具有明确的利益。

三、本州利益与外州利益及全社会利益

法院在审理冲突法案件时,除了追求案件本身的正义和公正性之外,还有必要注意维护法院地与外州或外国之间的良好关系。换言之,一个社会(不论是国家的还是国际的)之共同或整体的利益,亦应是法院在涉外案件中解决法律冲突问题时的一项主要考虑。这样做不但会促进整个社会的全面协调发展,同时也将使得法院地自身从中受益。

事实上,冲突规范的一项重要功能就是维护州际或国际体制的良好运行、协调各法域之间的关系、便利相互间的民商事往来。因而在制定冲突规范的时候,一个法域的立法者应当充分尊重其他法域乃至整个州际或国际社会的政策或利益,而不应仅限于考虑,更不应不恰当地

强调本法域的政策或利益。这样制定出来的冲突规范才能为其他法域所尊重和接受；而各法域如果均依照这一原则来制定自己的法律冲突法，则将会实现并促进州际或国际体制的需要，同时也可以确保判决结果的确定性、可预见性和一致性。1971年出台的《美国第二次冲突法重述》就注意到了这方面的平衡，它在规定解决法律冲突的法律选择原则时，既突出了"法院地的相关政策"，又强调了"州际或国际体制的需要"和"其他利害关系州的相关政策以及在决定特定问题时这些州的有关利益"，[1]这种同时兼顾法院地、相关外州以及社会整体的政策和利益的规定，是一种比较客观、合理的法律适用方法。

上述《美国第二次冲突法重述》中所确定的法律适用原则，其理论渊源系来自于荷兰学者胡伯（Huber，1636—1694）所创立的"国际礼让说"（Doctrine of Comity of Nations，*Comitas Gentium*[2]）。在该学说中，胡伯提出，根据国际礼让，一国法律如在其本国业已生效，即可以在他国保持效力，只要这样做不至于损害他国的主权及其臣民的利益。[3]胡伯认为，如果由于法律规定不同而使得一国法律不能在另一国发生效力，将会给各国的商事和其他往来带来很多不便。[4] 在胡伯看来，各国应当对在本国境内适用外国法相互给予容忍和尊重，因为绝对不适用外国法，国际交往就不能发展，一国不能不顾及国际礼让而一概拒绝赋予外国法以域内效力。[5] 由此可见，胡伯是将适用外国法问题置于国家关系和国家利益的层面上加以考察的。

---

[1] 见《美国第二次冲突法重述》第6条。余先予主编：《冲突法资料选编》，法律出版社1990年版，第239—240页。

[2] 本书中所引拉丁语均用斜体表示。——编者注

[3] 参见张潇剑：《国际私法论》（第二版），北京大学出版社2008年版，第69页。

[4] See Harold G. Maier, "Finding the Trees in Spite of the Metaphorist: the Problem of State Interests in Choice of Law", *Albany Law Review*, Vol. 56, 1993, p. 64, FN. 41.

[5] 参见张潇剑：《国际私法论》（第二版），北京大学出版社2008年版，第69—70页。

胡伯的理论后来相继传入英国和美国,构成了英、美国际私法的基石。① 美国著名学者、哈佛大学法学教授、美国联邦最高法院法官斯托雷(Story,1779—1845)就在其发表的学术论文和审理的冲突法案件中接受了胡伯的"礼让"观点。斯托雷认为,国际私法得以实施的真正基础在于:它的规则产生自有关国家的相互利益,来自于应受公平对待的某种信念的需要;而作为回报,日后我们自己也会获得对方的公平对待。② 可见,斯托雷的主张与柯里的"政府利益分析说"存在着明显的不同。

首先,斯托雷抓住了法律适用的一个根本点,即法律选择的一项重要考虑是法院地州与外州或外国利益的协调。从这个意义上讲,法院在进行法律选择时就必然会体现为对本地利益的自我限制,相应地,在州际和国际社会的合作体制中,法院地州的利益也将得到促进。柯里则有意无意地忽略了这种法院地州与外州或外国利益的协调,过分强调了法院地的利益为优先。

其次,斯托雷承认外州法或外国法在本州境内具有效力是寄希望于日后能够得到回报,即如果以后外州或外国成为法院地时,其所受理的案件若是面临着法律选择问题,它也会考虑到本州在该案件中的利益从而适用本州法律。柯里的学说则导致各州法院在绝大多数案件中只能适用其各自的法律,因而使得"回报"(即相互适用对方的法律)几乎成为不可能。因此,对"政府利益分析说"作出恰如其分的评价就显得尤为重要。这倒不是由于该学说突出地强调了法院地的主权,而是因为州际或国际体制的良好运行也符合法院地州的利益;同时,法院地自身的利益也必然要求其在决定法律选择时,应当考虑到判决结果对

---

① 参见张潇剑:《国际私法论》(第二版),北京大学出版社 2008 年版,第 70 页。
② Harold G. Maier, "Finding the Trees in Spite of the Metaphorist: the Problem of State Interests in Choice of Law", *Albany Law Review*, Vol. 56, 1993, p. 765.

外法域利益所带来的影响。

第三，在进行法律选择时，斯托雷主张重点应关注法院地的相关考虑，而柯里则认为要分析各州的"立法意图"。前者比较具体，易于操作；后者则比较虚幻，难以把握。

每个法域在解决涉外民商事案件的法律冲突问题时都会考虑到其自身的利益，但这种利益应当是社会（国家社会或国际社会）整体利益与法院地本地利益的有机结合，是一个应当兼顾的利益统一体。长期以来的国际私法理论与实践表明，法律冲突的解决应当依循两条原则：一是法院地作出的判决不能给州际或国际体制造成损害；二是法院地作出的判决不能为本地利益带来不利影响。一旦这两个标准得到了满足，"政府利益分析说"所面临的难题便会迎刃而解，法院地的受案法官就可以在此框架内酌定应予适用的准据法。

四、"虚假冲突"与"真实冲突"

柯里教授在阐述他的"政府利益分析说"时使用了"虚假冲突"和"真实冲突"的概念。[1]

---

[1] 依照柯里教授的观点，冲突法案件除了"虚假冲突"和"真实冲突"两种情形以外，还有一种类型称之为"意外案件"（"unprovided case"或"unprovided-for case"）。在这类"意外案件"中，法院地州或其他相关外州在其法律适用方面均不具有利益。对于这类案件，柯里教授亦主张适用法院地法。See Brainerd Currie, *Selected Essays on the Conflict of Laws*, Durham·North Carolina: Duke University Press, 1963, pp. 152-156; James T. Williams Ⅳ, "Recent Developments in Tennessee Law: Comments: Tennessee's Rejection of *Lex Loci Delicti*: Hataway v. Mckinley", *Tennessee Law Review*, Vol. 60, 1993, p. 620; William Tetley, "A Canadian Looks at American Conflict of Law Theory and Practice, Especially in the Light of the American Legal and Social Systems (Corrective vs. Distributive Justice)", *Columbia Journal of Transnational Law*, Vol. 38, 1999, pp. 311-312; Kermit Roosevelt Ⅲ, "The Myth of Choice of Law: Rethinking Conflicts", *Michigan Law Review*, Vol. 97, 1999, pp. 2462-2463; Larry Kramer, "Interest Analysis and the Presumption of Forum Law", *University of Chicago Law Review*, Vol. 56, 1989, pp. 1302-1303.

柯里教授认为,在与案件有关的两个州中,有一个州当其法律得以适用时具有合法利益,而另一个州在适用其法律时却不具有合法利益,此种情况下,应当适用具有利益的那个州的法律,这就是"虚假冲突"。① 对这一概念的应用往往容易引起人们的误解,以为"虚假冲突"就是"没有法律冲突",但这并不是"虚假冲突"概念的本意。实际上,其精确的内涵应当是:在某一个具体案件中,"虚假冲突"是指"没有政府利益的冲突",而且这一事实可以被用来明确案件中的法律适用问题。然而依照柯里教授的观点,在"虚假冲突"案件中往往也会导致法院地法的适用,因为对适用法律不具有利益的法院地在现实中几乎不存在,因此,法院地多半会认为本地具有利益,从而忽略了外州的利益。

柯里教授还认为,当与案件有关的两个或两个以上的州在适用其法律方面均具有利益时,即为"真实冲突",解决这种冲突的方法就是适用法院地法。② 因为在"真实冲突"的情形下,法院没有理由去适用外州的法律;通过适用法院地法,法院至少可以持续不断地推进本州政策的实现。③ 可见,在"真实冲突"的场合,设想适用法院地法是"政府利益分析说"的基本考虑。这表明,在涉外纠纷中,柯里教授并不重视此类案件所蕴涵的地理或领域因素。当然,不论是本地案件还是涉外案件,受案法院均应严格依照本地立法的指引去适用法律。但在处理涉外案件时往往会面临这样一个问题,即已经事先制定好的立法规定很难预见得到未来究竟会发生什么样的具体法律冲突,因而在解决现实中的涉外纠纷时,法院能否像解决纯本地纠纷

---

① See Brainerd Currie, *Selected Essays on the Conflict of Laws*, Durham · North Carolina: Duke University Press, 1963, p. 189.
② See Ibid., pp. 117-121.
③ See Ibid., p. 119.

一样,仅限于考虑法院地自身的政策和利益而一概适用法院地法呢?从解决法律冲突的全局来看,这显然不是一项科学、合理的调整方法。

五、柯里学说的可操作性、可预见性及精确性

现实情况表明,柯里学说的可操作性并不取决于法律对所涉争议中的人、物、行为或事件等是如何规定的,而是取决于受诉法院(具体来讲就是法官个人)通过解释去确定政府政策和利益的能力,而这种解释又是通过推测有关法律背后的立法意图来实现的。那么,如何对立法意图进行推测?这方面有无确定的、统一的标准呢?此种推测是主观的还是客观的?这些问题的解决对推测立法意图至关重要,但目前尚无明确答案。因此,从可操作性方面来看,柯里教授的主张带有较大的随意性。

与可操作性相联系的是柯里学说的可预见性问题。法律的一个显著特征是具有可预见性,当事人、律师、法官在有关的涉外民商事关系中应当预知到会适用哪一个法域的什么法律来调整,其适用的结果又将是什么。然而,如果在涉外案件中应用柯里教授的学说,由于在法官如何推测立法意图以及如何确定州政府的政策和利益方面,并无统一的规则和公认的实践,因而当事人和律师对所应适用的法律无法事先预知,即使是受诉法官本人,在未得出推测结论之前对准据法也无从知晓,这将会给法律冲突的解决造成不确定性,最终会妨碍涉外民商事交往的进一步发展。

由于柯里教授的主张存在着随意性和不确定性等不足之处,因而导致在司法实践中难以把握应用该学说的度,这大大影响了适用"政府利益分析说"的精确性,相应地,也容易造成法律适用的不准确和不合理,从而削弱了该学说的理论意义和实践价值。

六、成文法与判例法

柯里教授认为,"政府利益分析说"是一种"成文法和判例法的解释方法",①即在涉外民商事案件中,当法院面临着于两个法域的法律里作出选择的时候,它应当根据对成文法或判例法所作的解释来确定其准据法的选择。柯里教授的这一观点是正确的,也能够比较全面地反映出法律适用的实际状况。

在解释一项成文法规则的时候,法院必然要考虑到立法机构制定该项规则的意图。不过,由于诸多因素的影响以及诸多条件的限制,这种方法对于确定成文规则背后的"意图"而言,并非总是非常有帮助的。从实际情况来看,试图确定"立法意图"的做法从来就不是成文法解释的一个特别有效的手段,无论是确定对准据法的选择,还是作出其他法律决定均是如此。在许多场合下,"立法意图"对有关具体问题的解决无法给出明确的答案,这使得法官们不得不就某一法律在特定案件中的"效用"(purpose)进行解释,因此,在英美法系国家,成文法的解释往往类似于或者最终转化为对判例法的解释或适用,②而无论对成文法的解释还是对判例法的分析,其所涉及的相关程序在实质上都是相同的。从这个意义上讲,我们可以得出结论:国际私法上的法律选择问题与其他所有法律问题一样,其实是个法律解释问题。

经过以上分析并且从法律解释的实际过程来看,"立法意图"这个概念应当是指"法律制定者"(lawmakers)的"意图",而不仅仅限于"立法机构"(the legislature)的"意图"。换言之,在英美法系国家,法律是

---

① See Brainerd Currie, *Selected Essays on the Conflict of Laws*, Durham・North Carolina: Duke University Press, p. 627.

② See Jeffrey M. Shaman, "The Vicissitudes of Choice of Law: The Restatement (First, Second) and Interest Analysis", *Buffalo Law Review*, Vol. 45, 1997, p. 349.

由立法者(诸如国会议员、州议会议员等等)和司法者(即法官们)来共同制定的,而且毋庸置疑的是,法官们在其相关司法实践中,已经创设了大量丰富的判例法原则和规则。所以,"立法"(legislative)这一概念此处的恰当解释应当是指"法律"(law),"立法意图"应当理解为"法律意图"(legal intent),这样就能涵盖来自于立法机构的成文法和产生于司法实践的判例法这两个渊源。

然而,如果将"意图"这一概念理解为现实中某个法域的法律制定者的意向,便常常无法确定该"意图"的具体内容究竟是什么,因为"立法意图"虽然不能说绝对但却往往是虚构的,它并非总是真正存在。①因此,如果将所谓的"法律意图"改称"法律效用"(legal purpose),这种表述将会更加客观、准确和具体,操作起来也将更加富有成效。如此一来,法官们在解决法律冲突问题时,即可集中精力探究相关法律中所蕴涵的功效及其运用的效果上,从而使得准据法的确定重新回归至法律适用即司法层面,而不是像柯里教授所主张的那样,仅仅停留在立法层面。简而言之,在确定准据法的过程中,探求"法律意图"强调的是法律适用的原因,而权衡"法律效用"则追求的是法律适用的结果。

法律效用在不同法律中的体现程度存在着差别。在有些法律里,法律效用的体现至为明显,即使未经特别说明,人们依然可以比较容易地从中识别出来。但在另一些法律里,法律效用的体现就不那么突出了。这种情况下,无论该法律是成文法还是判例法,法官们往往不得不自行决定这项法律在所涉争议中的效用,而法官们的此类自行决定有时也会引发争议。实际上,这是法官们在国际私法领域中通过运用司法自由裁量权(judicial discretion)来确定准据法。从英美法系国家的

---

① See Jeffrey M. Shaman, "The Vicissitudes of Choice of Law: The Restatement (First, Second) and Interest Analysis", *Buffalo Law Review*, Vol. 45, 1997, p. 349.

冲突法实践上看,其司法自由裁量权的行使意义非常重大,因为一旦法院确认某项判例法规则中体现了特定的法律效用,这一确认就构成了先例(precedent),在其被宣布为无效之前是应当始终予以遵循的,并且对下级法院具有当然的拘束力。

所以,对司法自由裁量权的运用应当谨慎,特别是在依照"政府利益分析说"来确定准据法时,对这种权力的行使就更应慎重,以避免因运用不当而造成长期的、无法挽回的不良后果。但是,根据柯里教授的主张,在"真实冲突"和"意外案件"两种情形下,是应当一律适用法院地法的,从而排除了有关外州法律得以适用的任何可能,即使在案件中适用外州法律是合理的和妥当的也不被允许。这种观点未免过于绝对,它影响了准据法确定的公正性和准确性。

七、"比较损害"问题

要深入、透彻地分析柯里教授的"政府利益分析说",就不能不探讨"比较损害"问题。何谓"比较损害"(comparative impairment)? 这是另一位美国教授威廉·巴克斯特(William Baxter)为了修正、完善"政府利益分析说"而于1963年提出的理论,即在"真实冲突"案件中,如果不适用某个州的法律就会导致该州利益遭受更大的损害,则应确定该州法律为解决法律冲突的准据法。[①] 这一主张提出后,在美国得到了不少学者的赞同和支持,也为若干法院在审判实践中所采用,[②] 以求合理地确定"真实冲突"情况下的准据法。

将"比较损害"理论应用于具体司法实践的一个著名案例,是1976

---

① See William F. Baxter, "Choice of Law and the Federal System", *Stanford Law Review*, Vol. 16, 1963, pp. 1-22.

② Jeffrey M. Shaman, "The Vicissitudes of Choice of Law: The Restatement (First, Second) and Interest Analysis", *Buffalo Law Review*, Vol. 45, 1997, p. 343.

年美国加利福尼亚州最高法院审理的"伯恩哈德诉哈拉夜总会案"(Bernhard v. Harrah's Club)。这是一起上诉案件。该案基本情况如下[1]:

被告是一家设在内华达州(以下简称内州)的著名饮酒、赌博娱乐夜总会,它在相邻的加利福尼亚州(以下简称加州)也大做广告,拉生意。1971年7月24日,加州居民弗恩·迈尔和菲利普·迈尔夫妇(Fern and Philip Myers)受广告宣传的诱惑,驾车从他们的加州居住地来到位于内州的这家夜总会消遣直至次日凌晨。这期间,被告的雇员向这对夫妇出售了许多酒精饮料,渐渐使得他们二人呈现出醉态并难以安全地驾驶汽车。但即便如此,被告仍在不断地向他们供应酒精饮料。

正是在这种醉酒状态下,迈尔夫妇驾车返回其加州居住地。当汽车行进在加州境内的公路上时,由于疏忽驾驶,该车滑过道路的中线驶入了对面的来向车道,与驾驶摩托车的原告理查德·伯恩哈德(Richard A. Bernhard,也是加州居民)迎头相撞,致使原告受了重伤。原告认为,被告向迈尔夫妇出售酒精饮料,使得他们陷于醉态而不能安全驾驶,是导致原告在随之而来的交通事故中遭受损害的重要原因。根据加州法律,酒类的供应者应当为此承担赔偿责任,因此,原告向加州法院提起诉讼,请求判令被告给予原告10万美元的损害赔偿。

被告则抗辩道,依照内州法律,顾客因饮酒而致他人损害,向顾客提供酒精饮料的店主不承担责任;既然原告指称被告侵权,那么,被告的侵权行为系发生于内州(即向迈尔夫妇出售酒精饮料之地),故本案应

---

[1] 详见〔美〕利·布里梅耶(Lea Brilmayer)、杰克·戈德史密斯(Jack Goldsmith):《冲突法案例与资料》(第五版)(*Conflict of Laws: Cases and Materials*, Fifth Edition),案例教程影印系列(英文版),中信出版社2003年版,第241—249页;See aslo Maurice Rosenberg, "The Comeback of Choice-of-Law Rules", *Columbia Law Review*, Vol. 81, 1981, pp. 953-955.

当适用内州法律，而加州法律则不能适用至位于内州的被告。初审法院支持了被告的抗辩，判决驳回原告的诉讼请求。原告不服，提起上诉。

受理本上诉案的是加州最高法院法官沙利文(Sullivan)。他指出，在本案中，我们面临着侵权行为的法律选择问题。正如在以往审判实践中所表明的那样，加州法院已不再坚持"侵权行为适用侵权行为地法"原则，取而代之的是通过分析相关州的各自利益以确定准据法。沙利文法官分析道，本案涉及两个州：加利福尼亚州和内华达州。加州是原告以及致害人迈尔夫妇的居住地和住所地，是导致原告受到伤害的事故发生地，也是受理案件的法院地，被告还在加州发布了营业广告；内州则是被告的住所地，酒精饮料的出售和提供地。鉴于加州和内州均与本案有联系，因此，该两州在其法律适用方面都各自具有利益。但两州与本案有关的实体法规定却并不一致：加州法律要求被告承担损害赔偿责任，而内州法律却不要求被告承担损害赔偿责任。显然，两州的利益在这一领域是冲突的，并且是属于"真实冲突"。

为了解决这一"真实冲突"，沙利文法官在本案中使用了"比较损害"的概念，对蕴涵在两州法律中的政策分别进行了严谨的解释和深入的剖析。他认为，加州的政策是要为因醉酒人的行为而在加州境内遭受损害的一切人提供保护，而不论导致醉酒的酒精饮料在何地（当然也包括在外州）出售或提供；内州法律不要求被告承担民事赔偿责任，是因为内州法律对本案情形规定了刑事处罚。该州刑法认为，向已经喝醉的人或酒鬼出售或提供酒类饮料是违法的。显然，本案如果不将加州法律扩展至位于外州的被告，加州的政策就不能合理地实现，加州的利益也将会招致极大的损害。至于内州的利益则在于保护其境内的店主免于承担无限制的民事责任。而在本案中，民事赔偿责任仅仅施加于那类积极在加州境内做广告的内州店主，因而内州的利益并不会因不适用内州法就受到重大损害。所以，两州利益相比较，加州利益应居优先,故本案应当适用加州法律。撤销原判,发回重审。

从这一案件的审理过程来看,有以下几个方面值得分析与总结。

第一,虽然按照柯里教授的分类,本案属于"真实冲突"的情况,但沙利文法官并没有简单、机械地照搬柯里教授的解决方法——去当然地适用法院地法,而是结合了巴克斯特教授的"比较损害"理论,在分析、比较了涉案各州(加州和内州)的利益之后认为,如果不适用法院地(加州)的法律,法院地的利益将会招致更大的损害,因而主张适用法院地法。

第二,尽管在本案中不论是采纳"政府利益分析说"也好,还是运用"比较损害"理论也罢,其最终结果都是一样的,即均导致了法院地法的适用。但从"比较损害"理论的具体内容来看,如果在某一个涉外案件中不适用外州法律将会给该外州的利益带来更大的损害时,则该外州法律就应当予以适用。此种情况表明,即使是在"真实冲突"的情况下,也不见得一概要适用法院地法,有的时候并不排除适用外法域法律的可能性。这是"比较损害"理论与"政府利益分析说"在准据法确定方面本质上的区别。

第三,在本案中,沙利文法官利用"比较损害"理论对相关各州的利益进行了深入的分析,进而得出了适用法院地法的结论。虽然采用"政府利益分析说"也会具有相同的效果,但两相比较,通过前者确定法院地法显得柔和、隐晦,具有一定的合理性,也更容易令人接受。而通过后者确定法院地法则显得生硬、武断、缺乏说服力,有滥用法院地法之嫌。这是"比较损害"理论与"政府利益分析说"在准据法确定方面方法上的区别。

第四,柯里教授的学说与巴克斯特教授的理论在运用时的第一步骤是相同的,即均是权衡相关法域的利益。但如果发生了"真实冲突"的情况,对于准据法的确定,柯里教授的主张是从积极方面入手,即认为如果两个州的利益相冲突就一定要适用法院地法,以确保法院地政策的实现,所以,这个准据法是特定的。而巴克斯特教授的主张则是从消极方面入手,即认为如果两个州的利益相冲突,应当进行分析比较,看不适用哪个州的法律将会给该州利益带来更大的损害,从而就应适用该州的法律,而该州既可能是法院地州,也可能是外州,因而准据法是非特定的。这是"比较损害"理论与"政府利益分析说"在准据法确定方面角度上的区别。

第五,对于准据法的确定,柯里教授强调的是"实现政策、增进利益",而巴克斯特教授则关注"减少损害"。这是"比较损害"理论与"政府利益分析说"在准据法确定方面标准上的区别。

第六,沙利文法官在权衡加州和内州于本案中的利益时,采用的基本方法是分别累计该两州与本案的连接因素,而这一方法早已在美国纽约州最高法院法官富德(Fuld)于1954年审理的"奥登诉奥登案"(Auten v. Auten)和1963年审理的"贝科克诉杰克逊案"(Babcock v. Jackson)①中得到运用,后又为《美国第二次冲突法重述》所采纳。因此,沙利文法官的方法基本上是沿用以前的技巧,而并非是其本人的创新。

第七,从以上分析来看,与"政府利益分析说"相比,"比较损害"理论具有某种程度的合理性及可取之处,但将其适用于本案是否合理呢?有学者对此提出了质疑。美国教授瑞皮(Reppy)就认为,本案中内州的利益在于:对于某人在该州境内的店铺中饮酒致醉而使他人受到伤害的情形,要求售酒的店主承担损害赔偿责任是不公平的,内州的利益是要保护此类作为被告的店主。但由于适用加州法律,要求店主承担

---

① 对这两个案件的介绍及相关分析,详见张潇剑:《国际私法论》(第二版),北京大学出版社2008年版,第86—92页。

损害赔偿责任,这就使得内州的利益百分之百地损失掉了;而本案中加州的利益则是要使得加州的侵权受害人得到补偿,可是加州的这一利益却不会因适用内州法(即不要求店主承担损害赔偿责任)而全部损失,因为受害人还可以从起诉醉酒的侵权行为人(迈尔夫妇)或通过有关的保险公司获得赔偿。剥夺加州受害人"咬第二口赔偿苹果"的权利,并不会完全牺牲加州的利益。[1] 瑞皮教授的分析可谓入木三分、周密精辟,这表明在确定涉外民商事案件的准据法时,无论是采用"政府利益分析说"还是"比较损害"理论,法官对于相关州的利益或损害程度的分析、比较及权衡,应尽量做到全面、客观和公正,避免先入为主或带有倾向性。否则,极易导致不分青红皂白地滥用法院地法,从而使得法律适用理论沦为适用法院地法的工具和遮羞布。

第八,从"比较损害"理论的内容来看,它是可以在法律选择的实践中为"真实冲突"提供某种合理易行的解决办法的。前已提及,这一理论提出的初衷,就是为了修正、完善"政府利益分析说"。但是也应看到,该理论同样存在着一些局限性,对其在确定准据法方面的作用不宜过分夸大。因为在"真实冲突"的情况下,每个法域对其法律适用于案件都具有利益,而大多数"真实冲突"的场合,各法域的利益又是同等的,或者难分大小、高下,因而不适用哪个法域的法律,都会使得该法域的利益遭受同等程度的损害。如前所述,"比较损害"理论的核心,就是通过比较如果不适用有关法域的法律会给各自利益带来损害的大小来确定准据法的。若是经过分析、比较,发现这种损害的大小是同等的,或者难以确定,则"比较损害"理论就失去了用武之地。由此可见,"比较损害"理论并非能够应用于所有"真实冲突"案件,而只是适合调整部

---

[1] 转引自〔美〕利·布里梅耶(Lea Brilmayer)、杰克·戈德史密斯(Jack Goldsmith):《冲突法案例与资料》(第五版)(*Conflict of Laws*:*Cases and Materials*, Fifth Edition),案例教程影印系列(英文版),中信出版社 2003 年版,第 250 页。

分"真实冲突",即只适用于那些损害大小明显或易于确定的场合。当然,对现实纠纷中究竟什么是"损害",是否存在着"损害"以及"损害"大小的判定等仍然具有不同的看法,也无公认的、统一的标准,这方面还有待于今后司法实践的发展、补充和完善,但在目前还是要取决于法官们依照其自由裁量权加以认定。因此,"比较损害"理论不但其自身存在着某种局限性,而且它的适用范围和调整领域也都是相当有限的。

八、分析与结论

"政府利益分析说"作为一种理论体系,在美国冲突法学界和司法实务界均引起了强烈的关注。[1]

从学界来看,学者们对该理论褒贬不一,各持己见。赞同的学者例如沙曼(Jeffrey M. Shaman)教授认为:"利益分析说为法律选择过程带来了革命性的变革,并使之进入了法律解释的主流。它的影响是巨大的,真正地改变了人们认识法律选择的方式。"[2]反对的学者例如布里梅耶(Lea Brilmayer)教授则认为,"政府利益分析说"是座"无地基的房屋"(a house without foundations),[3]是建立在"虚构的"立法意图之上的,[4]她将其视为是"方法论的破产"而拒绝接受该学说。[5]

相对于学术界的热烈讨论而言,司法实务界对柯里学说的反应则较为平静。据美国博彻斯(Patrick J. Borchers)教授的调查统计,在美

---

[1] 参见邓正来:《美国现代国际私法流派》,法律出版社 1987 年版,第 134—141 页。

[2] Jeffrey M. Shaman, "The Vicissitudes of Choice of Law: The Restatement(First, Second) and Interest Analysis", *Buffalo Law Review*, Vol. 45, 1997, p. 354.

[3] See Lea Brilmayer, "Governmental Interest Analysis: A House without Foundations", *Ohio State Law Journal*, Vol. 46, 1985, p. 459.

[4] See Lea Brilmayer, "Interest Analysis and the Myth of Legislative Intent", *Michigan Law Review*, Vol. 78, 1980, p. 392.

[5] See Lea Brilmayer, "Methods and Objectives in the Conflict of Laws: A Challenge", *Mercer Law Review*, Vol. 35, 1984, p. 555.

国有四个州——加利福尼亚、夏威夷、马萨诸塞和新泽西的法院采用了纯粹的"政府利益分析说",[1]而在美国司法实践中首次采用"政府利益分析说"的纽约州法院,则仅是于某些领域的案件中有选择性地运用了这一理论。[2]

从以上研究中可以看到,柯里学说的核心是如何在涉外案件中适用法律以体现立法的效用。[3] 归纳起来,柯里学说存在着两个方面的突出问题:一是没有把法律视为某种客观存在去加以分析,而是将其作为实现州政府政策的工具,这就容易导致出现忽略当事人的私人权益的倾向,从而失去了法律适用的公正性;二是没能恰当地阐释法律如何或应当如何调整涉外民商事案件。作为一种法律适用理论,"政府利益分析说"是要用来解决跨州乃至跨国案件中的法律冲突问题的,但由于争议具有涉外因素,因而在确定准据法时,就不能仅限于考虑法院地的利益,还应当全面考虑其他因素诸如外州或外国的利益、州际或国际的利益、当事人的正当期望等,惟其如此,才能够尽量保持各方利益的平衡。要知道,法律适用不是一项"零和游戏"(a zero-sum game),任何一方不可能永远"单赢",任何一方不能总是将已方获益建立在他方受损之上,即使是在"真实冲突"的情况下亦然。从各法域的长远利益着想,在解决相互间的法律冲突问题时,比较理想的方法是适用那个利益较大的法域的法律,而不论该法域是法院地还是非法院地。

"政府利益分析说"虽然存在着某些严重不足,但却是美国现代冲

---

[1] Patrick J. Borchers, "The Choice-of-Law Revolution: An Empirical Study", *Washington & Lee Law Review*, Vol. 49, 1992, pp. 357, 373, FN. 114.

[2] Ibid., p. 372; See Jeffrey M. Shaman, "The Vicissitudes of Choice of Law: The Restatement(First, Second) and Interest Analysis", *Buffalo Law Review*, Vol. 45, 1997, p. 354.

[3] See Maurice Rosenberg, "The Comeback of Choice-of-Law Rules", *Columbia Law Review*, Vol. 81, 1981, pp. 946-947.

突法理论中最具有影响力的主张之一。从宏观的角度来看，柯里教授构想的这种涉外民商事争议法律冲突解决方法涉及法律选择的功能、合理性以及相关法域的主权。一旦将法律选择的功能定位于不仅仅是止纷争、定输赢，它还应包括实现某种社会经济目的以及从整体上对民众的基本行为施加影响，则"政府利益分析说"的出现就不可避免了，这是逻辑发展的必然结果。而当涉外案件面临着法律选择问题时，柯里教授主张应当分析相关法律背后的利益，这种看法具有重要意义。因为法律并不是孤立、隔绝存在的事物，也不限于其措词本身所表达的范围。法律是具有社会、政治和经济目的的，因此在进行法律选择时，这些因素都应当予以考虑。[①] 应当说，柯里学说的出发点是适当的，他的某些分析也不同程度地反映了社会客观现实，问题在于其法律适用理论能否适应审判实践的不断发展及要求。

"政府利益分析说"对法律选择提供了一种新途径，后来还为在美国冲突法领域具有重要影响的《第二次冲突法重述》所采纳，将其作为法律选择的原则之一规定在其第 6 条中。[②] 在冲突法学界，也有些学者很强调"政府利益分析说"的地位。例如，加拿大法学教授泰特利（William Tetley）就认为："在当今世界各国，如果一所法学院的国际私法课程不论及《美国第二次冲突法重述》或者布雷纳德·柯里的'政府利益分析说'，那么，该门课程就不能被认为是全面的。"[③]这种看法也许有失偏颇，但柯里学说对于我们进一步了解美国冲突法的理论与实践、加深认识法律冲突及法律选择的实质确实是大有裨益的。

[①] See Bruce Posnak, "Choice of Law-Interest Analysis: They Still Don't Get It", *The Wayne Law Review*, Vol. 40, 1994, p. 1188.

[②] 参见余先予主编：《冲突法资料选编》，法律出版社 1990 年版，第 240 页。

[③] William Tetley, "A Canadian Looks at American Conflict of Law Theory and Practice, Especially in the Light of the American Legal and Social Systems (Corrective vs. Distributive Justice)", *Columbia Journal of Transnational Law*, Vol. 38, 1999, p. 301.

第二节　国际私法基本理论之二
——利弗拉尔的"影响法律选择五点考虑"

利弗拉尔(Robert Allen Leflar),20世纪美国著名冲突法学家,生前任美国阿肯色大学和纽约大学法学教授。他在冲突法领域最杰出的贡献是提出了"影响法律选择五点考虑"学说,对美国的冲突法理论与实践产生了重大影响。

一、引言

20世纪60年代以前,有关当事人及其律师对美国法院审理涉外民商事案件如何确定准据法还是比较有预见性的,当时流行的审判实践是以重要事件或行为的发生地来决定法律的选择。因为在这些地点产生了特定的"既得权利"(vested rights),所以无论一项争议涉及多少个州,法院只适用产生"既得权"的那个州的法律。例如在侵权案件中,权利是于损害发生地"既得"的,故而依照侵权行为地法原则(the principle of *lex loci delicti*),法院应当适用该损害发生地的法律;再如在合同案件中,合同缔结地法原则(the principle of *lex loci contractus*)要求法院适用合同订立地法律;① 又如涉及物权争议,往往是受物之所在地法原则(the principle of *lex situs*)调整,即适用物之所在地的法律。② 1934年的《美国第一次冲突法重述》是这类法律适用规范之集大成者,而在这些规范的背后,其实质是各州物理边界所划分的法域在限定着法律的选择。

---

① 当然,合同订立地并非总是易于确定的,实践中就有"承诺发出地"和"承诺接受地"两种理解。
② 物之所在地法原则常常适用于不动产,在动产领域适用起来比较困难。

随着美国流动人口的增加以及各公司、企业从事跨州商事交易的活动越来越频繁,州际边界逐渐失去了某种领土意义;交通及通讯的改善亦使得人们交往起来更加快速、便捷和费用低廉。因此,美国各州一方面开始将它们的影响扩展至其自身边界以外,常常试图对位于外州的人和物行使权力;另一方面,州际间民商事活动的增加,亦使得对本州境内的非居民行使属地管辖权成为必要。这样,法院在确定属人管辖权的时候便会更加关注被告与本州的"最低联系"(the minimum contacts),而不问被告在本州是否物质"现身",所以,"公平对待及实质正义"(fair play and substantial justice)就成为法院界定属人管辖权的重要因素。①

　　与此相类似的是,于某州境内发生的事件或行为,也不再当然地、无可非议地使得该州法律成为准据法,过去那种传统的、以领域为标准的法律选择方法在不断受到质疑,因为其法律适用的结果往往不够公正。例如,一列火车在行进途中要穿越甲、乙、丙、丁四个州,在其途经甲、乙、丙三州境内时,列车上一直存在着侵权行为,但损害结果却是在列车刚刚驶入丁州不久后才显现的。根据传统的法律适用原则,丁州作为损害之地会导致"既得权"的产生,因而丁州作为侵权行为地,其法律应当在案件中予以适用。② 这种法律适用方法虽然具有可预见性,

---

　　① See Shirley A. Wiegand, "Officious Intermeddling, Interloping Chauvinism, Restatement(Second), and Leflar: Wisconsin'Choice of Law Melting Pot", *Marquette Law Review*, Vol. 81, 1998, p. 762.

　　② 在美国曾经有过这方面的真实案例,即 Alabama Great Southern R. R. Co. v. Carroll. 在该案中,原被告双方是阿拉巴马州一家铁路公司的雇主与雇员,双方的住所均在阿拉巴马州,雇佣合同也在阿拉巴马州订立。因列车在阿拉巴马州境内疏于检修,使得原本就有缺陷的列车连接部位在列车驶入密西西比州境内时最终断裂,致使雇员受伤。法院在本案中适用了密西西比州的法律。See Shirley A. Wiegand, "Officious Intermeddling, Interloping Chauvinism, Restatement (Second), and Leflar: Wisconsin'Choice of Law Melting Pot", *Marquette Law Review*, Vol. 81, 1998, p. 762, FN. 7.

但同时也存在着弊端,即所适用的法律与案件本身缺乏密切联系,具有较大的偶然性,因而不够科学、合理。

在最终抛弃传统的法律选择模式之前,美国法院发展出如下方法来尽量避免适用法律时出现荒谬的结果。

首先,利用识别制度。即通过对某种事实进行定性、分类,从而在案件中适用法官认为适当的某一个州的法律。例如,某人通过签署期票和抵押不动产来为其债务进行担保,若日后由于债权人要求还债而产生争端时,法官可因期票而将该案定性为合同纠纷,从而适用合同缔结地法,也可因不动产抵押而将该案定性为物权争议,从而适用不动产所在地法。有学者对阿肯色州法院在某一个10年期间所审结的8个案件进行了研究,这些案件都是因电报未能拍发而要求精神损害赔偿的。研究结果表明,不论损害发生在何地,这些案件注定是要适用阿肯色州法律的。其原因很简单:对于从阿肯色州向外部拍发的电报,法官就将案件定性为合同争议,所以要适用合同缔结地即阿肯色州的法律;而对于从外部向阿肯色州拍发的电报,法官则将案件定性为侵权纠纷,因此要适用损害发生地亦即阿肯色州的法律。[①] 识别的重要性由此可见一斑。

其次,区分程序事项与实体事项。这实质上也是一种识别。在传统的法律选择模式下,程序事项受法院地法支配,因此,基于方便及效率的考虑,法院总是对程序事项适用自己的法律,而仅就实体事项通过冲突规范再来确定准据法。同时,对于某一事项是属于程序性质还是属于实体性质,法院也是通过其自身的冲突规范所指引的准据法给予明确的。在"基尔伯诉东北航空公司案"(Kilberg v. Northeast

---

[①] See Shirley A. Wiegand, "Officious Intermeddling, Interloping Chauvinism, Restatement(Second), and Leflar: Wisconsin'Choice of Law Melting Pot", *Marquette Law Review*, Vol. 81, 1998, pp. 762-763.

Airlines, Inc.)中，负责审理的纽约州某法院就拒绝适用损害发生地马萨诸塞州关于因飞机失事致人死亡的最高赔偿限额。[①] 法院认为，马萨诸塞州这种对赔偿额度的限制性规定"涉及的是补救而非权利"（pertains to the remedy, rather than the right），[②]即不是应否予以赔偿，而是应当赔偿多少；换言之，它属于程序事项而非实体事项，程序事项则应依法院地法。因此，在本案的最高赔偿限额问题上，法院最终适用了其本地的亦即纽约州的法律。[③]

第三，借助公共秩序保留。如果传统的法律选择模式指向适用外州法，而该外州法的适用"会违反（法院地）一些正义之基本原则、损害若干良好道德风尚之普遍观念、侵犯某项公共福祉之深入人心的传统"[④]，法院就将以违反法院地的公共政策为由排除该外州法的适用，而代之以适用法院地法或干脆驳回诉讼请求。

鉴于传统的法律选择模式存在着僵化及偶然性等种种弊端，在20世纪50年代，美国有不少学者就主张对此予以抛弃。至1983年，美国50个州中仅有29个州仍然遵循传统的法律选择模式；[⑤]而至1996年年底，则只有15个州还在适用《美国第一次冲突法重述》中的某些实质

---

① 该案案情载于全国法院干部业余法律大学国际私法教研组编：《国际私法教学案例选编》，人民法院出版社1988年版，第20-21页。

② See Shirley A. Wiegand, "Officious Intermeddling, Interloping Chauvinism, Restatement(Second), and Leflar: Wisconsin'Choice of Law Melting Pot", *Marquette Law Review*, Vol. 81, 1998, pp. 763-764.

③ 全国法院干部业余法律大学国际私法教研组编：《国际私法教学案例选编》，人民法院出版社1988年版，第21页。

④ 转引自张潇剑主编：《中华人民共和国现行法律判例分析全书·涉外民法判例分析卷》，国际文化出版公司1995年版，第1625页。

⑤ See Shirley A. Wiegand, "Officious Intermeddling, Interloping Chauvinism, Restatement(Second), and Leflar: Wisconsin'Choice of Law Melting Pot", *Marquette Law Review*, Vol. 81, 1998, p. 764.

性内容,[1]其中,在侵权领域,有 12 个州继续采用侵权行为地法原则;在合同领域,有 10 个州继续采用合同缔结地法原则。[2] 但在上述接受传统法律选择模式的美国各州中,也相继发展出若干适用例外,即这些州的法院对某些案件涉及诸如《美国统一商法典》(U.C.C.)、保险以及工人赔偿等事项时,就拒绝应用《美国第一次冲突法重述》中规定的法律选择方法。[3]

20 世纪 70 年代初,美国传统的法律选择模式最终为《美国第二次冲突法重述》所取代。历经 17 年艰苦努力才于 1971 年大功告成的《美国第二次冲突法重述》,是美国当代冲突法理论演变的一面镜子。它总结了自《美国第一次冲突法重述》问世以后四十年来美国冲突法理论与实践的发展情况,融合了美国当代冲突法种种学说所主张的不同的法律选择方法,因而在美国冲突法发展史上具有非常重要的意义,并对世界各国国际私法的立法和学说也产生了不同程度的影响。与《美国第一次冲突法重述》相比,《美国第二次冲突法重述》在很多方面都作出了重大改进。例如,首先是变更了《美国第一次冲突法重述》的理论基础,以"最密切联系说"取代了"既得权说";其次是抛弃了硬性规则,而以多少可供选择的系属联系代替了不变的单一连结公式。[4]

---

[1] Symeon C. Symeonides, "Choice of Law in the American Courts in 1996: Tenth Annual Survey", *American Journal of Comparative Law*, Vol. 45, 1997, pp. 459-460. 这 15 个州是:阿拉巴马、佛罗里达(仅适用于合同领域)、佐治亚、堪萨斯、马里兰、蒙大拿(仅适用于侵权领域)、新墨西哥、北卡罗来纳(仅适用于侵权领域)、罗德岛(仅适用于合同领域)、南卡罗来纳、田纳西(仅适用于合同领域)、佛蒙特(仅适用于侵权领域)、弗吉尼亚、西弗吉尼亚(仅适用于侵权领域)以及怀俄明(仅适用于侵权领域)。

[2] See Symeon C. Symeonides, "Choice of Law in the American Courts in 1996: Tenth Annual Survey", *American Journal of Comparative Law*, Vol. 45, 1997, p. 458.

[3] See Shirley A. Wiegand, "Officious Intermeddling, Interloping Chauvinism, Restatement(Second), and Leflar: Wisconsin' Choice of Law Melting Pot", *Marquette Law Review*, Vol. 81, 1998, p. 764.

[4] 张潇剑:《国际私法论》(第二版),北京大学出版社 2008 年版,第 100 页。

在20世纪的大多数年代里,《美国第一次冲突法重述》和《美国第二次冲突法重述》在其各州法院的法律选择模式中一直居于主导地位,但这并不意味着其他法律选择方法可以被忽略。有许多著名学者在深入分析、研究美国冲突法理论与判例的基础上,相继提出了各自的法律适用学说,诸如库克(Cook)的"本地法说"(Local Law Theory)、卡弗斯(Cavers)的"优先选择原则说"(Principles of Preference Theory)、柯里的"政府利益分析说"(Governmental Interests Analysis Theory)、艾伦茨威格(Ehrenzweig)的"法院地法说"(The Doctrine of Lex Fori)以及利弗拉尔的"影响法律选择五点考虑"(Five-Choice-Influencing Considerations,以下简称"法律选择五点考虑")等,一时间形成了美国当代冲突法理论百家争鸣、学说林立的空前繁荣的局面。[①]而在这些影响深远的重要学说中,正是利弗拉尔教授提出的理论丰富并且最终圆满地完成了美国当代法律选择领域这幅奥妙无穷、色彩斑斓的生动画卷。

二、利弗拉尔的"影响法律选择五点考虑"阐释

1966年间,利弗拉尔教授先后发表了两篇经典性学术论文,即"冲突法中影响法律选择的考虑"(载于当年第41卷《纽约大学法律评论》)和"冲突法:再论影响法律选择的考虑"(载于当年第54卷《加利福尼亚法律评论》),[②]文中详细阐述了影响和指导当代美国法院作出法律选择决定时的若干考虑。这些论文及利弗拉尔教授的其他冲突法著述,

---

[①] 对这些理论的介绍与分析参见张潇剑:《国际私法论》(第二版),北京大学出版社2008年版,第81—86、93—100页。

[②] See Robert A. Leflar, "Choice-Influencing Considerations in Conflicts Law", *New York University Law Review*, Vol. 41, 1966; Robert A. Leflar, "Conflicts Law: More on Choice-Influencing Considerations", *California Law Review*, Vol. 54, 1966.

后来成为推翻传统法律选择模式的美国冲突法革命的一个重要组成部分。

尽管美国法院在确定涉外民商事法律关系的准据法时往往不明确或不清楚地说明理由,但利弗拉尔教授经研究后发现,此种法律选择决定的作出,一般要受五种考虑因素的影响,并且在解决各类法律冲突、法律选择问题时都离不开这些考虑。它们是:(1)判决结果的可预见性(Predictability of Results);(2)维护州际秩序和国际秩序(Maintenance of Interstate and International Order);(3)司法任务简单化(Simplification of the Judicial Task);(4)法院地政府利益优先(Advancement of the Forum's Governmental Interests);(5)适用较好的法律规范(Application of the Better Rule of Law)。利弗拉尔教授指出,这些考虑的排列顺序不分先后,每一个考虑的相对重要性取决于法律所涉及的领域,但不论是什么领域,对这五点考虑均应予以关注。[1]

(一)判决结果的可预见性

在利弗拉尔教授看来,这一"考虑"中包含有两层意思:首先,从司法角度来讲,"不论诉讼在何地提起,法院就已知事实所作出的判决应当是一致的,这样,'挑选法院'(forum shopping)就不会为当事双方带来益处";[2]其次,从当事人角度来看,"合意性交易的双方当事人在他们从事交易活动之时,就应当知道其行为将会导致什么样的法律及社会经济后果,而不论日后纠纷发生于何地,当事人应当能够预期到其相

---

[1] See Robert A. Leflar, "Choice-Influencing Considerations in Conflicts Law", *New York University Law Review*, Vol. 41, 1966, p. 282.

[2] See Ibid., pp. 282-283.

互间交易的结果。"①当然,在合同领域,有些合同文本是规定有法律选择条款的,这种情况下,除非有法定的少数例外情况,法院是应当适用当事双方所合意选择的法律的,因而当事人对其行为所导致的后果往往有明确的预见性。但在实践中,也有一些合同没能规定法律选择条款,此情形下当事人同样应当能够合理地预期到,无论将来纠纷在哪里起诉,其结果都不会有实质性的差别。

（二）维护州际秩序和国际秩序

利弗拉尔教授认为,州际秩序可以通过在复杂的法律选择领域内将合理、高效的联邦体制系统化和秩序化来获得。② 法律必须保护人员及商品在州际间自由地、不受处罚地流动,必须确保商事交易的自由进行。③ 这就意味着:如果一个姐妹州认真关注某一案件,而且在适用该州法律时会为它带来真正的利益,那么,即使法院地州也同样具有利益,它还是应当适用该姐妹州的法律。④ 这一"考虑"不主张因某一法律是法院地的或有关当事人在法院地有住所就优先适用法院地法,亦不赞同在适用法院地法不会给法院地带来利益或不会带来重大利益的场合下去强行适用法院地法。⑤ 因为在这些场合下适用法院地法将是非常狭隘的,并且会给美国联邦体制的平稳功能带来消极影响。若是法院地忽视适用另一个具有实质利益的州的法律,它在将来的有关案

---

① Robert A. Leflar, "Choice-Influencing Considerations in Conflicts Law", *New York University Law Review*, Vol. 41, 1966, p. 283.
② See Ibid., p. 286.
③ See Ibid.
④ See Ibid., pp. 286-287.
⑤ See Ibid., pp. 292-293.

件中可能会招致报复。①

在国际案件中,条约和联邦法规可以用来调整某些法律选择问题,但各州法律也常常发挥着至关重要的作用。② 利弗拉尔教授认为,冲突法的重要功能一直是:维护州际和国际交往的合理秩序,鼓励这种符合法院地及其人民利益的交往顺利发展。③

(三) 司法任务简单化

利弗拉尔教授认为,只要能以一种较为简单的方法来实现公正的目的,法院就显然不愿采用一种较为复杂的方法。他举例说道,一个法院在审理某个事实发生在外州的案件时,如果去适用那个州的程序法来解决程序性问题,那么,这肯定是行不通的,而且这样做也毫无益处。所以各国法院在实践中都适用法院地自己的程序法,因为这样做既简单又方便。④

对于利弗拉尔教授的"司法任务简单化"这一"考虑",有观点从冲突法角度提出了疑问,认为过去那些传统的冲突法规范(诸如侵权依侵权行为地法、合同依合同缔结地法等)之适用不是同样既简单又明确吗?为什么在实践中逐渐抛弃了这些方便的法律适用规则?对此,利弗拉尔教授的看法是:这类规则之所以被拒绝不是由于其自身简单与否,而是由于它们掩盖了更加重要的"相关考虑",⑤其致命缺陷是僵化,在法律适用方面有时缺乏科学性及合理性。利弗拉尔教授强调指出,尽管传统冲突法意义上的那种选择实体法的纯粹机械

---

① See Luther L. McDougal Ⅲ, "Symposium: Leflar's Choice-Influencing Considerations: Revisited, Refined and Reaffirmed", *Arkansas Law Review*, Vol. 52, 1999, p. 108.
② See Ibid., p. 108.
③ 参见邓正来:《美国现代国际私法流派》,法律出版社 1987 年版,第 171 页。
④ 参见同上。
⑤ See Robert L. Felix, "Symposium: Leflar in the Courts: Judicial Adoptions of Choice-Influencing Considerations", *Arkansas Law Review*, Vol. 52, 1999, pp. 42-43.

性规范法院在适用它们时也很方便,但是在涉及这些规范时,影响法院选择法律的一些其他因素就会比司法任务简单化这一因素更加重要了。①

利弗拉尔教授总结道,"司法任务简单化"是就司法任务本身的复杂和简单而言的,因此,这个因素在整个五点考虑中不具有头等重要意义,它只是在几种选择并存的情形中,才具有重要意义。②

(四)法院地政府利益优先

利弗拉尔教授指出,法院往往都希望法院地的政府利益优先,这是很自然的,因为法官们都是该州的人员。③ 但是,不加思考地适用法院地法则是必须受到谴责的。一个法院在适用其本地法之前应当考察该地在案件中是否具有真正的利益,而法院只有根据当地的社会、经济、文化以及政治态度对案件进行深思熟虑和明智的分析,才能识别并恰当地实现法院地的政府利益。④ 他认为,如果分析表明,法院地在某一案件中确实具有政府利益,那么,为了实现这一利益而优先适用法院地法就成为而且应当成为法律选择进程中的一个重要方面。但是,"法院地政府利益优先"不应当是唯一的考虑,在许多案件中,它也不应是起决定性作用的考虑。⑤

(五)适用较好的法律规范

这一"考虑"的内在含义是法院要关注而且应当关注在可适用的法律当中,哪一个能够体现当时的社会经济利益。⑥ 实际上,它是"结果

---

① 参见邓正来:《美国现代国际私法流派》,法律出版社 1987 年版,第 171 页。
② 参见同上。
③ See Robert A. Leflar, "Choice-Influencing Considerations in Conflicts Law", *New York University Law Review*, Vol. 41, 1966, p. 295.
④ See Ibid., p. 291.
⑤ See Ibid., p. 295.
⑥ See Ibid., p. 297.

取向说"(the Result-oriented Jurisprudence)的一种反映。利弗拉尔教授认为,虽然以社会经济利益为标准来确定优先适用某一个法律并不能构成整个法律选择的基础,但这一因素却毫无疑问是确定准据法的一个相关考虑。①

利弗拉尔教授也承认,从一个法官的自然意识来看,显然他自己州的法律规范要比其他州的法律规范较好一些。这种自然意识从某种程度上来讲,可以解释为何一法院地法优越于其他州法律这个问题。但是,大多数法官都会很好地意识到这样一个问题,即在某些时候法院地法并不是较好的法律。在他看来,任何一个明智的法院都愿意适用一种能使本地社会经济利益得到好处的法律规范,而不会问这个法律规范是法院地的还是其他法域的。②

利弗拉尔教授进一步指出,数十年来,法院一直是重视"适用较好的法律规范"这一考虑的,但却很少或不愿意表明它是法院作出裁判的真正原因,因为传统的"既得权"理论限制了"法律选择五点考虑"的实施。因此,法院往往需要借助某些技巧(诸如区分实体事项与程序事项、识别、公共政策以及反致等)才能达成其想要获得的结果。③ 在利弗拉尔教授看来,只有法律背后的真正原因,才能构成一项司法决定之意义深远的基础,同时也才能为将来的司法决定提供高水平的可预见性。因此,"适用较好的法律规范"这一"考虑"设想的是在法律中作出

---

① See Robert A. Leflar, "Choice-Influencing Considerations in Conflicts Law", *New York University Law Review*, Vol. 41, 1966, p. 296.

② 参见邓正来:《美国现代国际私法流派》,法律出版社1987年版,第173页。

③ See Robert A. Leflar, "Choice-Influencing Considerations in Conflicts Law", *New York University Law Review*, Vol. 41, 1966, pp. 299-300. See also William L. Reynolds and William M. Richman, "Symposium: Robert Leflar, Judicial Process, and Choice of Law", *Arkansas Law Review*, Vol. 52, 1999, p. 136.

选择,而非机械地在当事人中作出选择。① 同时,利弗拉尔教授还指出,该项"考虑"只是"五点考虑"中的一个,在某些案件中它将是非常重要的因素,但在另一些案件里它就不那么重要或者根本不重要。② 然而,不论是在什么样的案件中,法院都应对此予以考虑,才能明确它在特定案件里究竟是否重要或者有多重要。③

对于上述"法律选择五点考虑",利弗拉尔教授认为,就其重要性而言,它们的排列是不分先后的,即使在非常相似的案件中,应用这些"考虑"所获得的结果也不会总是相同,因为不同的法院权衡这些"考虑"的标准不一样。④ 在一些案件中,某一"考虑"可能是最重要的,例如,在合同案件中,"判决结果的可预见性"这一"考虑"就非常重要,而其他几项"考虑"则与案件关系不大;但在另一些案件中,其他几项"考虑"却可能起支配作用;在某种场合下,可能有两项"考虑"指向适用一个法域的法律,另外两项"考虑"则指向适用另外一个法域的法律,而第五项"考虑"在该案件中又不具有任何意义。在上述情况下,法院就需要确定哪些"考虑"最具重要性,并且还应说明它们具有重要性的理由。鉴于国际私法案件所体现的不同政策及利益相互冲突的复杂性,在特定案件中,对利弗拉尔教授所主张的"法律选择五点考虑"的意义进行阐释,便成为法官们义不容辞的责任。

三、利弗拉尔的"影响法律选择五点考虑"评析

(一)关于"判决结果的可预见性"

虽然利弗拉尔教授将"判决结果的可预见性"列为其"法律选择五

---

① See Robert A. Leflar, "Choice-Influencing Considerations in Conflicts Law", *New York University Law Review*, Vol. 41, 1966, p. 303.
② See Ibid., p. 300.
③ See Ibid., p. 300.
④ See Ibid., p. 325.

点考虑"之首,但这并不等于说它是各项"考虑"中最重要的一项。事实上,如前所述,这一"考虑"主要应用于合意性交易(诸如合同、财产等)方面,而合意性交易纠纷在所有各种类型的纠纷中只占部分比例。因此,有学者认为,"判决结果的可预见性"这一"考虑"并不适用于所有争议的解决。① 那么,如果一项争议能够在早期阶段或者在较窄的范围内得到解决,当然就没有必要再进入其他后续阶段或较宽的范围进行处理了,这就是为什么利弗拉尔教授将"判决结果的可预见性"列为"法律选择五点考虑"之首的原因了。

说到"判决结果的可预见性"之适用范围,这里有必要作进一步的探讨,即该项"考虑"是仅仅适用于合意性交易呢,还是也可以适用于某些非合意性交易例如侵权领域? 普遍的看法(包括美国法院在应用"判决结果的可预见性"这一"考虑"时)均认为,该项"考虑"与侵权无关,因为争议双方不会事先计划好某种侵权事件的发生。事实的确如此。但依笔者之见,在某些侵权纠纷中,"判决结果的可预见性"同样可以发挥作用,法院不应想当然地断言这一"考虑"不能适用于侵权案件。例如,作为汽车司机需要了解调整其自身驾驶的交通规则,交通事故的受害方以及法院同样要了解所应适用的交通规则,以确定司机是否存在着疏忽大意的过失。这就是为什么"交通事故发生地法"应予适用的系属公式能够得到广泛认同的原因。一个国家应当使人确信,如果在其境内发生了侵权行为,该国的法律就应予以适用,这样才会对某些潜在的侵权行为人构成威慑,以阻止或减少不法行为的发生。总之,法院在处理侵权问题时,应当对有关情况进行仔细的考察,以明确"判决结果的可预见性"在该案中是否具有某种意义。如果该项

---

① See Ralph U. Whitten, "Symposium: Improving the 'Better Law' System: Some Impudent Suggestions for Reordering and Reformulating Leflars's Choice-Influencing Considerations", *Arkansas Law Review*, Vol. 52, 1999, p. 216.

"考虑"在案件审理过程中得以应用的话,法院的最终判决就可能取决于侵权行为地法,而不是一方当事人的居住地或所有当事人的住所地法。

(二)关于"维护州际秩序和国际秩序"

这一"考虑"常常被认为不具有重要意义,至少在侵权案件中是如此。然而,从其精神实质来看,该项"考虑"在法律选择过程中是应当并且也能够扮演某种比较重要的角色的。

首先,从宏观上讲,应用该项"考虑"可以有助于避免或至少减低州际或国际间的摩擦。这种摩擦往往会在以下场合产生,即法院在某一案件中没能适用在该案中具有真正利益的外州或外国的法律,而是适用了法院地自己的法律,但是法院地在此案中并无重要利益。① 因而,该项"考虑"被视为是以州际政策来反对自私地追逐法院地的政策。② 在利弗拉尔教授看来,即使法院地州与外州在某一案件中都具有相同的利益,有的时候,法院地州也应当尊重姐妹州之利益,因为只有这样才会确保"我们联邦体制的成功"。③ 而作为法院地,其法院若重视"维护州际秩序和国际秩序"的话,就要判断外州或外国在它的法律被法院地适用时是否具有真正的利益。④ 因此,这一"考虑"在司法决定中应当始终发挥作用,除非法院的分析表明,外州或外国在它的法律适用方面并不存在利益,或仅仅具有微小的利益。如果

---

① See Robert A. Leflar, "Choice-Influencing Considerations in Conflicts Law", *New York University Law Review*, Vol. 41, 1966, p. 293.

② See Luther L. McDougal Ⅲ, "Toward the Increased Use of Interstate and International Policies in Choice-of-Law Analysis in Tort Cases under the Second Restatement and Leflar's Choice-Influencing Considerations", *Tulane Law Review*, Vol. 70, 1996, pp. 2465, 2476.

③ See Robert A. Leflar, "Choice-Influencing Considerations in Conflicts Law", *New York University Law Review*, Vol. 41, 1966, p. 293.

④ See Ibid. .

经分析后证实,外州或外国确实具有真正的利益,那么,法院就要关注引起州际或国际摩擦的可能性,以便最终决定适用哪一个法律来审理案件。

其次,从微观上看,应用该项"考虑"可以有助于避免或减少当事人"挑选法院"现象的发生。在国际私法实践中,如果有关州或国家对某项争议均具有管辖权(即管辖权的积极冲突),原告为了最大限度地实现自身的利益,往往会择地而诉,被选中的法院地要么是其冲突规范(其实质是该冲突规范所指引的准据法),要么是其程序规范会为原告带来好处,因而导致当事人"挑选法院"的现象屡禁不止。对此,有些国家经常采用"不方便法院说"(The Doctrine of Forum Non-Convenience)来进行限制,但这一方法有其不可克服的局限性,即它只能在很有限的场合才可以被运用,因为对于法院地来讲,就原告向其提起的诉讼不是什么情况下都能以"不方便审理"为由而拒绝受理或驳回当事人的起诉的。

值得庆幸的是,利弗拉尔教授在其"法律选择五点考虑"学说中,提出了法院在审理案件以及适用法律过程中应注意"维护州际秩序和国际秩序"的主张,为进一步限制当事人"挑选法院"现象提供了新的依据和手段。根据这一"考虑",法院在确定准据法时,既要考察法院地的利益,也要同时考察与案件有关的非法院地的利益,以此作为法律适用的一项标准。这样一来,法律选择的灵活性增强了,依照法院地的冲突规范去指引准据法不再是唯一的途径;而所要适用的法律是体现了法院地的利益还是体现了非法院地的利益,则完全是由法官依照自由裁量权作出决定。就当事人而言,其对判决结果的可预见性降低了,但同时不确定性却在增加,从而有利于阻止或减少当事人"挑选法院"现象的发生。美国学者惠滕(Ralph U. Whitten)教授对利弗拉尔教授关于"维护州际秩序和国际程序"的主张评价甚高,认为该项"考虑"已构成反对"挑选法院"的一项政策;他甚至还建议将利弗拉尔教授的这一"考虑"(即"维护州际秩序和国际秩序")更名为"避免挑选法院"(Avoidance of Forum Shopping)。①

(三) 关于"司法任务简单化"

一般情况下,准据法的确定只与少数几个法域有关,因而法官在进行法律选择时,通常不会耗费太多的时间和精力。但如果有两个或两个以上法域在其法律适用方面都存在着利益时,适用哪一个法域的法律就不仅会对案件的最终结果产生至关重要的影响,而且还会为该项准据法的确定增加不同程度的复杂性。有鉴于此,利弗拉尔教授提出了"司法任务简单化"的主张,以此作为法官在选择准据法过程中的一项"考虑"。但这一"考虑"仅应用于法院地和非法院地在其各自法律被适用时均具有利益且这种利益的大小以及重要性也是同等的场合。

值得关注的是,美国有些法院审理冲突法案件时,在一个州(往往是法院地)的法律明确而另一州(往往是外州)的法律不明确的情况下,也以"司法任务简单化"为标准来确定应予适用的准据法,②这种做法是不妥当的,是对"司法任务简单化"的曲解。为了比较有关州在其各自法律被适用时所具有的利益,法院应当了解所涉外州法律的相关规定,也只有这样,利弗拉尔教授"法律选择五点考虑"中的其他几项,诸如"维护州际秩序和国际秩序"、"法院地政府

---

① See Ralph U. Whitten, "Symposium: Improving the 'Better Law' System: Some Impudent Suggestions for Reordering and Reformulating Leflars's Choice-Influencing Considerations", *Arkansas Law Review*, Vol. 52, 1999, p. 226.

② See Luther L. McDougal Ⅲ, " Symposium: Leflar's Choice-Influencing Considerations: Revisited, Refined and Reaffirmed", *Arkansas Law Review*, Vol. 52, 1999, p. 114.

利益优先"等才具有实际意义。由此可见,法院对与受理案件有关的各法域法律充分知晓,是应用"司法任务简单化"这一"考虑"的前提。

(四)关于"法院地政府利益优先"

这一"考虑"要求法院在进行法律选择时,首先要关注其本地的利益,仔细考察案件与本地的各种联系,分析这些联系是否与法院地的政策和利益有关,从而决定是否在案件中适用法院地的法律。

在审判实践中应用该项"考虑"时,需要注意把握它与上述第二项"考虑"(即"维护州际秩序和国际秩序")的关系。根据前者,法院要充分评估本地与案件的联系,并将这种联系作为适用法院地法的"真正原因"(the real reasons);[1]而根据后者,法院虽然同样应当审视本地与所受理案件的联系,但如果法院地与案件联系很少或根本没有联系,而"几乎所有的重要联系都与另一个姐妹州有关",那么,法院在这个案件中就不应当适用法院地法。[2] 由此可见,应用"法院地政府利益优先"这项"考虑"时应具备一个前提,即法院地与案件要有着某种重大的或者实质意义上的联系,而这些联系体现了法院地政府的利益。依照利弗拉尔教授的观点,在案件中不具有政府利益的州的法律是不能予以适用的。[3] 所以,法院在具体案件中应用"法院地政府利益优先"及"维护州际秩序和国际秩序"这两点"考虑"时,其角度和侧重点是有所不同的。

---

[1] See Robert A. Leflar, "Choice-Influencing Considerations in Conflicts Law", *New York University Law Review*, Vol. 41, 1966, p. 295.

[2] See Ibid., pp. 285-287, 293.

[3] See Ralph U. Whitten, "Symposium: Improving the 'Better Law' System: Some Impudent Suggestions for Reordering and Reformulating Leflars's Choice-Influencing Considerations", *Arkansas Law Review*, Vol. 52, 1999, p. 187.

这样一来,从"法院地政府利益优先"的"考虑"中至少可以得出两点结论:首先,法院在适用法律解决涉外民商事纠纷时,不仅要考察法院地的利益,同时也应考察任何其他与案件有关的法域的利益,经过分析、比较后,才能明确法院地政府的利益是否应居优先,并依照此种结论来最终确定准据法。而这里所进行的"利益分析"是指分析、考察法院地以及其他法域法律背后所体现的政策及目的;其次,"法院地政府利益优先"这一"考虑"仅适用于"真实冲突"的情况。这里就需要结合美国法学教授柯里的"政府利益分析说"来作简要论述。柯里教授在其学说中将法律冲突分为"虚假冲突"和"真实冲突"两大类。前者是指某个案件涉及两个法域的法律,但只有其中一个法域在其法律适用于案件时具有利益,而另一个法域在其法律适用于案件时是不具有利益的;后者是指数个法域在它们的法律适用于案件时均具有利益,[①]即不同法域的法律所体现的政府利益发生了冲突。在柯里教授看来,只有在这种"真实冲突"的情况下,才会发生法律冲突问题。依照柯里教授的上述分类,利弗拉尔教授的"法院地政府利益优先"的主张只能是在"真实冲突"的场合适用,以此来认定优先适用法院地法;而在"虚假冲突"的场合,由于并未出现所谓的"利益冲突",故法院只适用具有利益的那个法域的法律即可,此时这个准据法有可能是外法域的法律。

(五)关于"适用较好的法律规范"

应用这一"考虑"的关键,是要把握所涉法律体现出的当时社会经济利益是什么。一般情况下,在人们审视两个或两个以上法域的法律时,很难区分哪一个更能体现当时的社会经济利益。作为一个

[①] See Ralph U. Whitten, "Symposium: Improving the 'Better Law' System: Some Impudent Suggestions for Reordering and Reformulating Leflars's Choicee-Influencing Considerations", *Arkansas Law Review*, Vol. 52, 1999, pp. 185-186.

法院，它首先要识别适用于特定法律领域的当时的政策。有些时候，法院对有关政策相当熟悉，因而识别它们并非难事；但在另一些场合，尤其是当某些政策的含义、范围、内容或者是否存在等出现争议的时候，法院对相关政策的识别就不太容易。这种情况下，法官往往需要借鉴当时的著述、论文（即有关领域的研究成果和科学学说），像审理纯国内因素的案件那样，来确定哪一个政策最能代表特定领域的社会经济利益。而一旦相关政策得以明确，法官就可以在与案件有关的各法域法律中，选择一个能够更好地促进这一政策实现的法律予以适用。这就是"适用较好的法律规范"的含义。在审判实践中，应用该项"考虑"的一个目的，是为了防止法官不经深思熟虑，甚至不加考虑地动辄断言"法院地法是较好的法律"的倾向发生。

在美国，有些法院认为，如果应用利弗拉尔教授"法律选择五点考虑"中的前四点可以使得法律选择变得清晰、明确的话，这第五点"适用较好的法律规范"就与准据法的确定不相干了。[①] 然而，在利弗拉尔教授的著述中却找不到支持这种结论的观点。相反，利弗拉尔教授一再宣称，对这第五点"考虑"应当始终给予关注，[②] 即使其他几点"考虑"均指向适用某一特定的法律，仍然要重视这第五点"考虑"。因为其他四点"考虑"所指向的法律可能非常的不合时宜，从当时的社会经济利益来看，也许会导致不良的后果。由此可见，在利弗拉尔教授的心目中，这一"考虑"是位居其他四点"考虑"之上的。但如果其他几点"考虑"所

---

① See Luther L. McDougal Ⅲ, "Symposium: Leflar's Choice-Influencing Considerations: Revisited, Refined and Reaffirmed", *Arkansas Law Review*, Vol. 52, 1999, p. 116.

② See Robert A. Leflar, "Choice-Influencing Considerations in Conflicts Law", *New York University Law Review*, Vol. 41, 1966, p. 282.

指引的某个法律之适用会促进相关政策实现的话,那么,这第五点"考虑"也同样会对该项准据法予以确认。

四、分析与结论

利弗拉尔教授是位现实主义者。在其主张提出之时,美国冲突法的理论与实践正陷于一种进退两难的境地:一方面,传统主义者和柯里教授对法官通过明确有力地阐述法律适用理由,从而获至良好判决结果之能力施加了种种人为的限制。就传统主义者来讲,这个限制是《美国第一次冲突法重述》中所规定的僵化的管辖权选择原则;就柯里教授而言,这个限制则是仅凭借想象就来断定法官没有能力利用政策判断方法去处理"真实冲突"案件。另一方面,其他法律选择方法诸如"重力中心地"(the center of gravity)、"最密切联系"(the most significant contacts)等,虽然可以将法官从上述各项人为限制中解放出来,但却因其过于灵活,从而无法提供解决法律冲突案件所要求的可预见性要素。①

在这种困境中,利弗拉尔教授发表了前述两篇关于"影响法律选择五点考虑"的重要论文,提出了法律选择、法律适用的新方法,并试图以此来解决美国冲突法理论与实践陷于"僵化——缺乏可预见性"的两难困境(the rigidity-unpredictability dilemma)。② 利弗拉尔教授的法律适用新方法既解除了对法官的人为限制,同时也为法官提供了一系列具有可操作性的标准,以指导他们日后在进行法律选择时作出决定;而且,这些标准并非来自那些形而上学的理论(例如"既得权说"),它们实

---

① See William L. Reynolds and William M. Richman, "Symposium: Robert Leflar, Judicial Process, and Choice of Law", *Arkansas Law Review*, Vol. 52, 1999, p. 134.

② See Ibid.

际上是对法官在适用法律时所做各种考虑的系统总结。利弗拉尔教授提出"法律选择五点考虑"的目的,是要力图使得法律选择决策过程公开化、透明化,并因此而具有可预见性;与此同时,还可以避免法律适用上的僵化与不合理。利弗拉尔教授认为:"如果'法律选择五点考虑'能够得到恰当的重视,则可期望获得比较明智的司法意见和更加深思熟虑的分析。"[1]

同时,利弗拉尔教授也承认,对其主张持有异议的观点也许会认为,他的学说赋予了法官以太多的"灵活性"(flexibility)。尽管如此,利弗拉尔教授还是坚信其"法律选择五点考虑"是个良好而非糟糕的体系。[2] 在他看来,必须对司法的灵活性施加某些限制,不受束缚的自由裁量权同样是不可取的。因此,应当将"法律选择五点考虑"界定为指导而非控制司法决策,更不是要完全取消法官的自由裁量权,因为这在司法实践中既不现实,也不可能。

利弗拉尔教授的法律适用理论提出后,对美国的冲突法审判实践产生了较大影响。据美国学者统计,截止到20世纪末,已有5个州的法院(阿肯色、明尼苏达、新罕布什尔、罗德岛、威斯康星)在侵权领域、两个州的法院(明尼苏达、威斯康星)在合同领域运用了利弗拉尔教授的"法律选择五点考虑"理论,[3]而其深远影响则远远超出了这个数字。[4] 美国教授费利克斯(Robert L. Felix)认为:"在审

---

[1] Robert A. Leflar, "Choice-Influencing Considerations in Conflicts Law", *New York University Law Review*, Vol. 41, 1966, p. 304.

[2] See Robert A. Leflar, "Choicee-Influencing Considerations in Conflicts Law", *New York University Law Review*, Vol. 41, 1966, p. 326.

[3] See Robert L. Felix, "Symposium: Leflar in the Courts: Judicial Adoptions of Choice-Influencing Considerations", *Arkansas Law Review*, Vol. 52, 1999, p. 46 and. FN. 32,33.

[4] John J. Watkins, "Symposium on Conflict of Laws Foreword: Robert A. Leflar, Symposium on Conflict of Laws", *Arkansas Law Review*, Vol. 52, 1999, p. 3.

理案件时采用利弗拉尔教授的主张,是对冲突法的方法论作出了重大贡献。"[1]

利弗拉尔教授是推动美国现代冲突法发展的先锋和巨人,是20世纪美国最重要、最具有影响力的冲突法学者之一。他在冲突法领域中的杰出贡献,就是提出了"影响法律选择五点考虑"学说,该理论不仅清晰细致地阐释了美国现代法律冲突法的精髓,而且为美国法院在考虑确定准据法的问题时提供了指导性依据。

当然,这并不是说利弗拉尔教授的理论已经得到了一致认同,没有哪位冲突法学者可以自称如此。但有一点能够肯定,即无论是否同意利弗拉尔教授的观点,学者们在内心深处都对其本人以及他在冲突法领域内的杰出贡献充满了真挚的敬意。不仅如此,有些学者还对利弗拉尔教授的学说评价甚高,认为在当今美国法院所适用的全部法律选择理论或方法中,利弗拉尔教授的"法律选择五点考虑"应当被认为是最好的一种。[2] 这是因为该理论的内容相对简单,它要求法院在确定准据法时要考虑相关的政策及利益,从而确保了对案件的质的分析。此外,该理论还坚持认为,法院应为其法律选择决定阐释真正的理由,以此来增强对判决结果的可预见性。[3]

从美国当今冲突法的理论与实践来看,利弗拉尔教授的学说具有蓬勃的生命力,并且至今仍在影响着人们对法律冲突和法律选择问题的思考方式。

---

[1] Robert L. Felix, "Symposium: Leflar in the Courts: Judicial Adoptions of Choice-Influencing Considerations", *Arkansas Law Review*, Vol. 52, 1999, pp. 45-46.

[2] See Luther L. McDougal Ⅲ, "Symposium: Leflar's Choice-Influencing Considerations: Revisited, Refined and Reaffirmed", *Arkansas Law Review*, Vol. 52, 1999, p. 121.

[3] See Ibid, p. 121.

第三节　国际私法基本制度
——公共政策机制之剖析

国际私法上的公共政策机制是指一国法院在审理涉外民商事案件的过程中，当依照其本国冲突规范的指引本应适用外法域的法律时，如果认为该外法域法律的内容或其适用的结果将违反内法域的或国际的公共政策，内法域法院就可以据此为理由拒绝适用该外法域的法律。这种对外法域法律适用的限制，即是国际私法上的公共政策机制，英美法系国家称之为"公共政策例外"(public policy exception)，大陆法系国家则称之为"公共秩序保留"(reservation of public order)。在实践中，许多国家的法院对公共政策机制之调整范围理解得比较宽泛，即它并不仅仅局限于排除外法域法律某一规定的适用，亦应包括内法域法院对来自外法域法院的判决和境外仲裁机构的裁决，以及在外法域制成的法律文件诸如公证文件等的拒绝承认和执行。因为这种判决、裁决或法律文件是依照外法域法律作出的，拒绝承认和执行它们，实质上也就等于拒绝承认(或适用)有关外法域的实体法；[①] 此外，有些国家的法院还将"公共政策"作为是否对某项争议行使管辖权的依据。

一、公共政策的内涵

既然公共政策机制在国际私法上具有上述重要作用，就有必要首先明确什么是公共政策，其具体内涵究竟有哪些。不过，对这一问题的解决却存在着一定难度，因为不仅学者们对此众说纷纭，就是有关实践

[①] 参见张潇剑：《国际私法论》(第二版)，北京大学出版社2008年版，第179—180页。

也极不统一。

  一种观点认为,要精确地界定公共政策的含义是不可能的。美国的布朗法官(Justice Brown)即持这种主张。① 英国法学家莫里斯(J. H. C. Morris)也指出:"英国法院将不执行或承认任何产生于外国法的权利,如果这种执行或承认会与英国法律的基本政策不一致的话。英国法院将拒绝适用严重伤害其正义感或尊严感的法律。"②这段阐述虽然表明英国法院在审判实践中是接受并运用公共政策概念的,但却并未给公共政策下定义。关于公共政策的含义,著名民法和国际私法专家、前德国柏林大学教授马丁·沃尔夫(Martin Wolff)的看法是:"时常有人企图把这个模糊而不易捉摸的概念给予清楚明确的定义,但是并未成功。"③美国的格雷法官(Justice Gray)也认为:"并无既定的规则来界定什么是公共政策。"④在1824年英国著名的"理查森诉梅利什案"(Richardson v. Mellish)中,伯勒法官(Justice Burrough)还生动地将公共政策描述成是"一匹桀骜不驯的野马"(a very unruly horse),"一旦你骑上它,便无法预知它会将你载向何方。"⑤总之,对公共政策持消极态度的理由,是认为它在适用时含糊不清、缺乏可预见性和确定性。⑥

---

  ① See Richard H. W. Maloy,"Public Policy-Who Should Make It in America's Oligarchy?",*Detroit College of Law at Michigan State University Law Review*,Winter,1998,p. 1145,FN. 7.

  ② 〔英〕莫里斯:《法律冲突法》,李东来等译,中国对外翻译出版公司1990年版,第44页。

  ③ 〔德〕马丁·沃尔夫:《国际私法》,李浩培、汤宗舜译,法律出版社1988年版,第265页。

  ④ Richard H. W. Maloy,"Public Policy-Who Should Make It in America's Oligarchy?",*Detroit College of Law at Michigan State University Law Review*,Winter,1998,p. 1146.

  ⑤ Michael Mousa Karayanni,"The Public Policy Exception to the Enforcement of Forum Selection Clauses",*Duquesne Law Review*,Vol. 34,1996,p. 1014.

  ⑥ See Ibid.

与此相反,另有一些观点则尝试着从不同的角度、以不同的方式来界定公共政策,从而丰富了公共政策的内涵。有人把公共政策解释为公共利益。例如,法国学者魏斯(Weiss)认为,如果本国经济的、道德的、宗教的公共利益因适用外国法而受到损失,则该外国法即不应适用;有人将其解释为本国的立法目的。例如,德国法学家萨维尼(Savigny)认为,公共秩序一词,只能由本国的法官依据本国的道德、本国法的精神和目的加以解释;有人把它解释为本国的政治、法律制度与道德观念。例如,英国学者契希尔(Cheshire)认为,英国的公共政策就是英国司法的基本规范、英国的道德观念、联合王国对外正常关系和利益以及英国的个性解放与行动自由的观念;有人将其解释为国家利益和主权原则,美国教授斯托雷是这种主张的早期代表。[1] 美国法官霍姆斯(Justice Oliver Wendall Holmes)的看法则比较微观,他认为:"公共政策的真正含义是他人而非当事方的利益,更不是给被告的单独恩惠。"[2]美国法官卡多佐(Cardozo)对公共政策的表述也非常经典,他在1918年审理"劳克斯诉纽约标准石油公司案"(Loucks v. Standard Oil Co. of New York)中指出:对于法院地来讲,适用外州法律不应当"违反一些正义之基本原则、损害若干良好道德风尚之普遍观念、侵犯某项公共福祉之深入人心的传统。"[3]应当说,卡多佐法官的这段表述为法院援用公共政策机制设定了相当高的门槛。

此外,还有人将公共政策解释为善良风俗、外国法适用的限制、外国法的拒绝适用、适用外国法的例外、基本政策、制度基础等;也有人从

---

[1] 参见张潇剑,《国际私法论》(第二版),北京大学出版社2008年版,第181—182页。
[2] Richard H. W. Maloy,"Public Policy-Who Should Make It in America's Oligarchy?", *Detroit College of Law at Michigan State University Law Review*,Winter,1998,p. 1150.
[3] Gary J Simson,*Issues and Perspectives in Conflict of Laws: Cases and Materials*,Second Edition,Durham • North Carolina: Carolina Academic Press,1991,p. 71.

法律分类的角度来说明公共政策,如法国有的学者将刑法、行政法、不动产法、货币流通法、道德规范等列为公共政策的范畴。①

概括而言,尽管不同时期、不同国家的学者主张与相关实践所赋予公共政策的内涵不尽一致,但总的说来,内法域法院都是在外法域法律的适用同本法域的政治、经济和法律制度发生重大抵触,危害到本法域的主权、利益、基本政策以及法律的基本观念和基本原则,违反文明社会的公共利益、道德观念、传统风俗习惯和基本人权等情形下,才援引公共政策机制,来拒绝适用外法域法律或拒绝承认与执行外法域的判决、裁决以及在外法域作成的法律文件的。

二、谁来确立公共政策

从各国的相关实践来看,公共政策基本上是由宪法、立法机构和司法机关(法院)予以确立的。下面就以美国为例,对此来分别进行研讨。

(一) 宪法

宪法是确定公共政策的最高权威性文件,一旦其获得通过并得以实施,它所包含的公共政策便具有优先的效力。

不过,现实中有时也会出现如何理解并运用宪法内所规定的公共政策问题。例如,《美国宪法》第 4 条第 1 款(Full Faith and Credit Clause,即"充分尊重和信任条款")规定:"各州对于所有其他州的公共法律、案卷和司法诉讼,应给予充分的尊重和信任。"为了实施这一宪法条款,美国国会还于 1790 年 5 月通过了一项法案。② 但无论是《美国宪法》第 4 条还是该项法案,都没有要求一州法院必须要适用与法院地

---

① 参见张潇剑:《国际私法论》(第二版),北京大学出版社 2008 年版,第 182 页。
② See Richard H. W. Maloy, "Public Policy-Who Should Make It in America's Oligarchy?", *Detroit College of Law at Michigan State University Law Review*, Winter, 1998, p. 1172.

州公共政策相冲突的另一州法律。布兰代斯法官(Justice Brandeis)在"布拉德福德电灯公司诉克拉珀案"(Bradford Elec. Light Co. v. Clapper)中就指出:"(宪法的)'充分尊重和信任条款'不要求在法院地州实施外州法律所赋予的每一项权利,内外州相互抵触的政策在法院地仍有存在的空间。"①这一观点也得到了布莱克法官(Justice Black)的大力支持。②

(二)立法机构

公共政策构成了一个国家立法的社会、经济或政治目标。从逻辑上讲,一国的立法机构被视为是该国当然的确立公共政策的实体。因此在美国,它的国会有权确定全国性的公共政策,州议会则确定本州的公共政策,其确定的形式是通过立法。如果全国性的公共政策与各州的公共政策相冲突,全国性公共政策的效力居于优先地位;如果是州与州之间的公共政策相冲突,往往是由受诉法院通过判决来协调这种冲突;如果是立法机构确定的公共政策与司法机关确定的公共政策相冲突,则立法机构确定的公共政策应当优先。③

(三)司法机关(法院)

法院没有立法权,它不能修正或改变任何立法法案,当然也就无权审查立法机构所确立的公共政策,对于立法机构确立的公共政策,法院只能予以尊重。但是宪法和立法机构未能确立的公共政策,则可由法院在审判实践中予以确立、发展或完善;法院还可以通过解释或运用已有的公共政策来创设新的公共政策;而在州的公共政策与联邦公共政

---

① Richard H. W. Maloy, "Public Policy-Who Should Make It in America's Oligarchy?", *Detroit College of Law at Michigan State University Law Review*, Winter, 1998, p. 1172, FN. 153.
② See Ibid., p. 1172.
③ See Ibid., pp. 1178-1180.

策相冲突的场合,法院有权废除州的公共政策;此外,法院有权审查立法机构在确立有关公共政策时是否超越了宪法权限;还有权在其所受理的案件中确认相关的公共政策是否受到损害。

三、公共政策机制溯源

公共政策机制的起源最早要追溯到中世纪时期的欧洲。[①] 在中世纪以前,欧洲国家的法院通常是依照法院地法(lex fori)来审理涉外案件的。随着国际商事关系的不断发展以及对外交往的进一步扩大,欧洲各国逐渐认识到了与外国国家及其国民友好相处并为相互间的交往提供便利的重要性,因而,承认导致争议产生的行为所在地国之法律就显得尤为必要。这种情况下,一项新的法律适用原则——行为地法(lex loci actus)便应运而生。[②] 如果在某个具体案件中,法院地与行为地分属不同的国家,法院地又采纳了行为地法这个法律适用原则,那么,法院在案件审理过程中所确定的准据法就应当是个外国法。但是,依照法院地冲突规范指引的这个准据法,如果其适用会给法院地的利益带来损害,法院是否仍然必须适用?对此,有许多著名学者都主张法院应以"公共政策例外"为理由,来排除该外国法的适用。

例如,国际私法的奠基人、14世纪意大利"法则区别说"代表人物巴塔路斯(Bartolus)就认为,在各城邦国之间,一个城邦国对另一个城邦国的所谓"令人厌恶的法则"(statuta odiosa, odious statutes)——例如歧视女子继承权的法则等,是可以拒绝承认的。17世纪主张"国际

[①] See Holly Sprague, "Comment: Choice of Law: A Fond Farewell to Comity and Public Policy", *California Law Review*, Vol. 74, 1986, p. 1448; Andrew Koppelman, "Same-Sex Marriage, Choice of Law, and Public Policy", *Texas Law Review*, Vol. 76, 1998, p. 936.

[②] See Holly Sprague, "Comment: Choice of Law: A Fond Farewell to Comity and Public Policy", *California Law Review*, Vol. 74, 1986, pp. 1448-1449.

礼让说"的荷兰学者胡伯的观点是：一国出于礼让虽然承认外国法在内国也具有效力，但有一个条件，即不得有损于内国主权者及其臣民的利益。19世纪倡导"法律关系本座说"的德国法学家萨维尼主张，一国的强制性法律具有排除外国法适用的效力。美国学者斯托雷认为，尽管国家出于国际礼让而可以适用外国法，但当该外国法的适用会给自己国家和公民的权利带来损害，使得本国主权和平等原则受到威胁时，就可以通过公共政策来承担起消除国际礼让所产生的副作用的任务。意大利法学家孟西尼(Mancini)更是将公共政策上升为国际私法的一项基本原则。而英国学者戴西(Dicey)则将公共政策与保护"既得权"联系在一起。[1]

从立法实践来看，最先以立法形式规定公共政策制度的，要首推《法国民法典》。该法典第6条规定：个人"不得以特别约定违反有关公共秩序和善良风俗的法律"（诸如不得以私人协议排除因故意而引起的责任等）。这一规定本来是适用于国内之契约案件的，但在后来法国的审判实践中，公共政策这一制度也应用于涉外案件，即所援用的外国法如果违反法国的公共秩序，则不予适用。[2]

自此以后，尽管在各自规定中使用的具体措辞不尽相同，但很多国家都在国内立法或国际条约中，将公共政策规定为适用外法域法律时的一种保留或限制，并逐渐形成一种机制。目前，公共政策机制已经成为世界各国普遍承认的一项国际私法原则和制度了。

四、公共政策机制的意义和特点

从逻辑上讲，公共政策机制的出现，是因为法院地的冲突规范在某

---

[1] 参见张潇剑：《国际私法论》（第二版），北京大学出版社2008年版，第180—181页。
[2] 参见同上书，第181页。

些情况下指向了外法域法律的结果，如果一个法院在任何案件中都只适用其自己的法律，则公共政策机制就没有存在的价值和必要。因此，国际私法上的公共政策机制是伴随着明确的、具有可预见性的冲突规范（诸如婚姻的效力适用婚姻缔结地法、不动产所有权适用不动产所在地法等）的确立而形成和发展起来的。由于法院地冲突规范连结点（包括人、物、行为、事件、交易等）指向了某一个特定的法域，而该法域的法律又不为法院地所欢迎，为了维护法院地的利益，避免出现审判不公正现象，就需要有一个制度来阻止外法域法律的适用。这样，便形成了国际私法上的公共政策机制。

可见，公共政策机制的意义，就在于其能够限制法院地冲突规范的效力，排斥外法域法律的适用，否定根据外法域法律产生的权利和义务，扩大本法域法律的适用范围，它是适用冲突规范的必要补充手段。公共政策机制之所以具有这些意义，是因为它具有以下法律特征：

首先，它符合国家主权原则，有利于法院地权益的维护。援用公共政策机制的目的不是为了加强法院地对其所关注的涉外案件进行控制，而是为了维护法院地自身的合法利益。从绝大多数运用公共政策机制的案件来看，法院地与案件都有着某种程度的重要联系，并不是不分青红皂白地一概排斥适用外法域法律。所以，通过公共政策机制最终适用法院地法应当说是出于维护法院地权益的考虑，这不是个简单的"地方化"（parochialism）问题。如果从这一角度来审视，则对公共政策机制的存在就没有什么特别不能容忍的了。

其次，它的含义不具体、不明确，运用时具有极大的灵活性和伸缩性。按照有些学者的说法，公共政策机制在解决法律适用问题时，可以起到"安全阀"（safety valve）的作用。

再次，与其他限制外法域法效力的识别、反致、转致以及外法域法内容的证明等项制度相比，公共政策机制可以更直接而彻底地排斥与法院地法相抵触的外法域法的效力。

最后,该机制还从法律上将造成不适用外法域法的责任推给了相应的外法域法。

正因为公共政策机制具有以上法律特征,所以为世界各国所普遍采用。

五、公共政策机制与礼让及确定性

(一)公共政策机制与礼让

"礼让说"最初是由17世纪荷兰学者胡伯提出来的,[1]因其内容符合主权国家之国际社会的特点及要求,很快便为世界各国所接受,因而具有广泛的影响力。直至目前,在这个日益国际化、一体化的当今世界,"礼让说"仍然是国家间相互交往的一项行为准则和所追求的目标之一。法律领域的相互尊重与承认,会推动各国在政治领域友好共处,这是符合主权国家之共同利益的。

法律意义上的"礼让"既不是绝对的义务,也不是纯粹的礼貌和善意,它是对外法域的立法、行政、司法行为在本法域内效力的认可,是出于对国际义务和往来便利,以及对本地居民或在本地法律保护下的外来人士权利的应有尊重。当然,实行礼让也要注意把握一个度,盲目的礼让同样会损害本法域乃至本地居民个人的权利。斯托雷就曾经指出:"各国有权利也有义务保护其本国国民不受来自于外国法上的不公正和偏见的伤害。"[2]对于法院来讲,在大多数案件中运用礼让学说是安全稳妥的,礼让暗含着对外法域文化价值观的尊重,而这种文化价值

---

[1] 对该学说的介绍与分析详见张潇剑:《国际私法论》(第二版),北京大学出版社2008年版,第68—70页。

[2] David A. Crerar, "A Proposal For A Principled Public Policy Doctrine post-Tolofson", *Windsor Review of Legal and Social Issues*, Vol. 8, 1998, p. 30.

观又不可避免地体现在外法域的法律中。但有些时候,外法域的文化价值观与法院地的文化价值观是不同的,这种差别大到一定程度就构成了对法院地公共政策的违反。因此,公共政策与礼让是一对矛盾,在解决法律冲突问题时,不能仅仅考虑礼让,不能以牺牲法院地的公共政策为代价来换取各法域之间的礼让,而应当是礼让与公共政策并重,以避免法院地的公共利益和个人利益受到损害。

(二) 公共政策机制与确定性

这里的"确定性"系指法律适用的确定性,它与公共政策也是一对矛盾。当法院地既定的冲突规范指向一个外法域的法律时,法院在运用它来解决争议之前,还要对该法律的目的及其适用的效果加以审查,看其是否会损害到法院地的社会公共利益,这往往使得法律适用的确定性大打折扣。应当说,社会公共利益呼唤秩序,而确定性则意味着公正,秩序与公正是国际私法追求的两大目标。在这两大目标中前者代表了社会的整体利益,后者代表了当事方的个人利益,两者若相冲突,则秩序优于公正,秩序是公正的先决条件。① 因此,从公共政策与确定性的关系来看,法院应当尽量予以协调,不宜先入为主地将两者绝对对立起来,因为法律适用的确定性毕竟也是国际私法上的一项重要理念和追求目标。但如果在某一个特定案件中两者的矛盾是不可调和的话,则维护法院地的公共政策应放在首位,而对于法律适用确定性的考虑就只好退居其次了。

六、援用公共政策机制的场合

总结世界各国的审判实践,法院大多在以下场合来援用公共政策

---

① See David A. Crerar, "A Proposal For A Principled Public Policy Doctrine post-Tolofson", *Windsor Review of Legal and Social Issues*, Vol. 8, 1998, p. 34.

机制:

(一) 防止损害国际公共利益

如果外法域法律的适用将违反公认的国际公共利益,法院通常会援用公共政策机制排除掉该外法域法律。例如,一国法院会拒绝在其境内适用认可贩奴契约效力的外国法。此外,许多国家还将公共政策机制用做司法手段来确保人权不受侵犯。例如,英国上议院在其受理的"奥本海默诉卡特莫尔案"(Oppenheimer v. Cattermole)中,就面临着是否根据国际礼让原则在英国承认纳粹德国一项法律的选择。依照该项德国法律,居住在德国境外的德国犹太人被剥夺了德国国籍和财产而又不给予补偿。经过审理,英国上议院撤销了下级法院的判决。克罗斯勋爵(Lord Cross)在多数决议(majority decision)中指出:"在我看来,这种法律构成了对人权的严重侵犯,我国法院应当完全拒绝承认其为法律。"[1]该案的最终判决结果表明,一国国内法不能违反国际上普遍接受的公共政策诸如人权观念,同时也强调了当公共政策与国际礼让发生冲突时公共政策的优先性。

(二) 防止损害国内公共利益

一国法院同样不会承认违反国内公共利益的外法域法律。例如,美国纽约法院审理的"贺尔泽诉德国帝国铁路局案"就属于这种情况。[2] 原告贺尔泽是德国公民,犹太血统。1931年年末,他被任命为德国帝国铁路局的高层负责人。1933年该铁路局总经理免去了贺尔泽的职务,理由是:根据德国当局关于非雅利安人的立法,必须解除犹太人的职务。而贺尔泽是犹太人,所以应当去职。贺尔泽知道该铁路局

---

[1] David A. Crerar, "A Proposal For A Principled Public Policy Doctrine post-Tolofson", *Windsor Review of Legal and Social Issues*, Vol. 8, 1998, pp. 50, 31, FN. 15.

[2] 该案案情载于全国法院干部业余法律大学国际私法教研组编:《国际私法教学案例选编》,人民法院出版社1988年版,第19—20页。

在纽约数家银行有存款账户,于是他前往美国纽约,在当地法院对德国帝国铁路局提起了诉讼。

审理本案的柯林斯法官承认,从原被告双方的合同是在德国订立并在德国履行这一情况来看,本案是应当适用德国法的。但法官最终却拒绝适用德国法律,理由是:德国关于非雅利安人的法律违背了美国的公共政策。柯林斯法官指出,如果德国法表现为与我们的司法、自由和道德的精神相违背的话,国际礼让并不要求我们适用德国的法律。现在要解决的不是关于德国人的良知问题,而是关于我们的良知问题。既然已经确认德国法律如此强烈地违背我们深刻的信念,那么,对于向我们法院提出的诉讼就只能适用我们的公共政策观念。他们以血统的理由解除一个人的职务并且要我们认可,这是我们的公共政策所不允许的。虽然这种行为在德国被认为是法律的表现,但如果我们承认这种行为的合法性,就无异于出卖我们自己的良心,羞辱我们的独立,否定我国的宪法和各州的宪法,违背我国的传统,讥笑我国的历史,把我们整个世界贬得一文不值。柯林斯法官最后判决原告胜诉。

(三)学者们的分类

一些国家的学者根据本国的立法精神和司法判例,还总结、归纳了援用公共政策机制的若干具体场合。

英国学者格雷夫逊(Graveson)在其1971年出版的《法律的冲突》一书中,对英国法院运用公共政策机制的情况作出了如下列举:(1)外国法的适用可能对英国和其他国家的友好关系带来不利影响时;(2)对在战时给敌人以帮助或方便的行为,如对敌贸易;(3)阻碍贸易的合同;(4)关于对非婚生子女给予永久抚养的义务。这些情况均不适用外国法,否则,即是违反英国的公共政策。[①]

[①] 参见张潇剑:《国际私法论》(第二版),北京大学出版社2008年版,第184页。

美国学者库恩(Kuhn)认为,公共政策机制通常在以下三种场合适用:①适用外国法会违背文明国家的道德,如引诱犯罪、鼓励近亲结婚的契约;②适用外国法会违反法院地国的禁止性规定,如赌博债务;(3)适用外国法会违反法院地国的既定政策,并给该国带来损害,如逃税的契约。①

我国一些学者根据我国现行法律的有关规定,归纳了我国法院援用公共政策机制的几种场合:(1)适用外国法会破坏我国的经济秩序;(2)适用外国法会破坏我国一夫一妻制和男女平等的原则;(3)适用外国法会破坏我国不分种族、民族一律平等的原则;(4)适用外国法会违反我国关于禁止直系亲属结婚、拒绝承认贩奴契约、卖淫契约、赌博契约等法律规定;(5)当外国法院无理拒绝承认我国法律的效力时,根据对等原则,我国法院也可以拒绝或限制适用该外国法。②

七、援用公共政策机制的标准

在立法和司法实践中,对于援用公共政策机制排除外法域法律适用的标准,存在着两种不同的主张。

一是主观说,主张法院地依自己的冲突规范本应适用某一外法域法律作为准据法时,只要该外法域法律本身的内容与法院地的公共政策相抵触,即可排除该外法域法律的适用,而不问具体案件适用该外法域法律后的结果如何。主观说强调外法域法律本身的可厌性(repugnancy)、有害性(perniciousness)或邪恶性(viciousness),而不注重法院地的公共政策是否确实因适用该外法域法律而受到损害。按照主观说的观点,在实行一夫一妻制的法院地国家内,对于外国一夫多妻

---

① 参见张潇剑:《国际私法论》(第二版),北京大学出版社2008年版,第184页。
② 参见同上。

制以及由此而产生的法律关系一概不予承认,即使是所受理的案件仅仅涉及死者一妻之女对其父亲的财产继承权问题亦然。在立法上,《日本法例》就采用了主观说,其第 30 条规定:"应依外国法时如其规定违反公共秩序和善良风俗的,不予适用。"此外,《波兰国际私法》第 6 条、《土耳其国际私法和国际诉讼程序法》第 5 条的规定也采用了主观说。

二是客观说,主张法院地在决定是否援用公共政策机制时,不但要看外法域法律的具体内容是否有所不妥,而且还应注重外法域法律适用的结果在客观上是否确实违反了法院地的公共政策,因而客观说亦称结果说。在立法上,《秘鲁民法典》第十编就采用了这一学说,该法典第 2049 条第 1 款规定:"依本法的冲突规则指定适用的外国法律条款,如果其适用会导致与国际公共政策或善良风俗抵触,则不予适用。"

目前,较为普遍的实践是采用客观说,因为这种主张更具合理性。依照客观说,如果外法域法律仅仅是在内容的规定上违反法院地的公共政策,则并不一定妨碍该外法域法律在法院地的适用;只有其适用的结果将会危及法院地公共政策的外法域法律,才必须援用公共政策机制予以排除。例如,某外国法承认一夫多妻为合法婚姻,但以一夫一妻制为婚姻基本原则的法院地国所受理的案件,仅仅涉及死者第二个妻子所生女儿对其父亲的财产继承权问题。尽管从法律内容上看,该外国法承认一夫多妻为合法婚姻的规定是与法院地的公共政策相抵触的,但在此案中,重婚只是相关的事实,而不是诉争的问题。假如默认外国法有关一夫多妻制的规定,就不仅可以使死者第二个妻子所生女儿取得婚生子女的地位,有利于保护该女子的合法权益,并且该外国法的适用结果又不至于损害法院地国的公共秩序,那么,在这种情况下,根据客观说的主张,法院地国不妨适用该外国法上有关一夫多妻制的规定,从而承认原婚姻关系为有效,赋予死者第二个妻子所生女儿以婚生子女的地位。

八、援用公共政策机制的步骤

依笔者之见,法官在援用公共政策机制的时候通常应遵循以下步骤:

首先,法官需要对公共政策本身以及公共政策机制运用的原理有基本的了解,熟悉国内外与公共政策有关的理论与实践。这是法官正确援用公共政策机制的前提。

其次,法官应当对其所受理案件中适用的外法域法律与公共政策之冲突有着清醒的认识和准确的把握,要明确与外法域法律相冲突的公共政策是国际性的还是国内性的,具体是哪一项公共政策,其强行性如何,它是来源于宪法、立法抑或司法判例,等等。这是法官正确援用公共政策机制的基础。

再次,法官应当明确指出外法域法律与公共政策的冲突之所在,阐明冲突产生的原因和法官认定这种冲突的理由,并需要通过周密的逻辑论证来充分支持自己的观点。法官的主张应当具有说服力,还要经得起时间与实践的检验以及后人的评说。这是法官正确援用公共政策机制的关键。

最后,法官在认定外法域法律与公共政策存在着冲突之后,应当决定采取何种救济措施予以解决,也就是需要明确在两者的冲突中何者应居优先。其基本的结局是:为法院地冲突规范所指引但却与公共政策相冲突的那个外法域法律将会被排除掉。这是法官正确援用公共政策机制的最终目的。

从以上四个步骤可以看出,在援用公共政策机制时法官的自由裁量权是非常大的,因而它对法官素质的要求也相当高,法官自身应具备深厚的知识底蕴、良好的道德素养和丰富的审判经验。即便如此,法官在援用公共政策机制的场合仍需小心谨慎,要对自己的结论负责。因为法官所处的位置和地位会导致其观点客观化、社会化,从而具有普遍意义,在英美法系之判例法国家尤其如此。所以,法官应当力求通过自己深思熟虑的结论来丰富、完善公共政策机制,而不是由此引发混乱甚至曲解。

九、外法域法律排除后的法律适用

当法院地援用公共政策机制排除外法域法律的适用后,就产生了应当适用什么法律来审理和判决其所受理的涉外民商事案件的问题。对此,在理论上有积极说和消极说两种观点。

积极说主张,当外法域法律被排除适用后,应当以法院地相应的法律取而代之。一般认为,适用法院地法是当然的,因为法院适用其自身的法律是原则,适用外法域法律则是例外。长期以来,大多数国家都主张积极说。

但也有些学者认为,一概以法院地法取代被排除适用的外法域法律未免过于绝对,因此提出了消极说。该学说认为,取代被排除适用的外法域法律的,不一定必须是法院地的法律,而应视具体情况予以确定。因为从法院地冲突规范的精神来看,既然某一法律关系应以有关外法域的实体法作为准据法,那就表明这一法律关系与该外法域有着更多的联系,因而用有关外法域的法律来处理该法律关系更为适当。所以,消极说主张,对于这个问题应根据具体情况妥善处理,而不宜一概以法院地法来取代。如果一味强调适用法院地法,则可能会助长滥用公共政策机制的错误倾向,这既不符合冲突规范的本意,有时还会造成对当事人不公正的结果。消极说从理论上讲是比较合理的,但在实践中采用消极说的国家为数并不多,其原因就在于采用积极说有利于扩大法院地法的适用范围,从而使得法院地处于有利的地位。

　　理论上的分歧必然导致实践上的差异。关于本该适用的外法域法律被排除后应以什么法律取而代之这一问题,有的国家在其国际私法立法上的公共政策条款中并没有加以规定,如日本、泰国、希腊、埃及、中国①等就属于这种情况;有的国家则明确规定应适用内法域法律,如匈牙利、秘鲁、塞内加尔等国有这种规定;还有一些国家虽然也规定可以适用内法域法律,但有所限制,土耳其、瑞士等国就属于这种情况。例如,《土耳其国际私法和国际诉讼程序法》第5条规定:"应适用外国法时,如果外国法的规定违反土耳其的公共秩序,则不适用该外国法的规定,必要时可适用土耳其法律。"这里,它并没有规定必须由内国法取代外国法,而只是允许在"必要时"以内国法来取代外国法。《瑞士联邦国际私法》也有类似的规定,该法第17条是公共政策条款,其内容为:"适用外国法律明显违反瑞士的公共秩序的,则拒绝适用。"紧接着,该法在第18条中又规定:"根据立法宗旨和案情,案件显然有必要适用瑞士法律的,则适用瑞士法律。"

　　在法院地冲突规范指定适用的外法域法律被排除后,也有理论和实践主张对特定案件可以拒绝裁判的。其理由是:既然冲突规范规定应当适用外法域法律,那就表明它不允许用其他法域的法律来代替。因而在这种情况下,可以视为外法域法律的内容不能证明,所以,内法域法院拒绝裁判是恰当的。

---

① 我国的司法解释则对此主张适用中国法。《最高人民法院关于审理涉外民事或商事合同纠纷案件法律适用若干问题的规定》(2007年6月11日由最高人民法院审判委员会第1429次会议通过,自2007年8月8日起施行)第7条规定:"适用外国法律违反中华人民共和国社会公共利益的,该外国法律不予适用,而应当适用中华人民共和国法律。"

十、分析与结论

鉴于公共政策机制的作用在于它既能够保护国际社会的整体公共利益,也能够保护作为国际社会成员之国家的个体公共利益,既可以维护社会公权,又可以维护当事人私权,因而为世界各国国际私法理论及立法和司法实践所普遍认同。

不过在实践中,由于国家都是拥有主权的,它们各自的历史文化传统、社会政治经济制度以及法律理念不尽相同,法官们对公共政策机制的认识也存在着差异,所以在援用该机制时,各法域间往往存在着不同的司法实践,这便容易引发社会各界的担心、误解甚至是争议。例如,有观点就指出,公共政策机制的不足是含糊不清、不确定性和缺乏可预见性;[1]对公共政策的界定失之过宽,[2]这将诱使当事人去挑选法院,因为公共政策机制的运用意味着法院要强行适用其本地的法律,即使外法域法律与案件有着更密切的联系或外法域在案件中有更大的利益也不予以考虑。[3]温特劳布(Weintraub)教授还认为,公共政策机制在运用时任意性较大,如果法院打算规避案件的正常审理结果时,就会利用它来拒绝适用外法域的法律,而不会客观公正地根据案件本身的是非曲直,去考虑是适用法院地法还是适用外法域的法律。[4]

---

[1] See Michael Mousa Karayanni,"The Public Policy Exception to the Enforcement of Forum Selection Clauses", *Duquesne Law Review*, Vol. 34, 1996, p. 1014.

[2] See Ibid., p. 1055.

[3] See Andrew Koppelman, "Same-Sex Marriage, Choice of Law, and Public Policy", *Texas Law Review*, Vol. 76, 1998, p. 943.

[4] John Bernard Corr, "Modern Choice of Law and Public Policy: The Emperor Has the Same Old Clothes", *University of Miami Law Review*, Vol. 39, 1985, p. 651. 笔者对温特劳布教授的这一观点持有不同的看法。国际私法上的法律适用不是根据案件本身的是非曲直,而是根据法院地冲突规范的指引来确定的。在准据法尚未确定之前,如何能判定案件的是非曲直呢?因此,温特劳布教授的此种表述在逻辑上难以自圆其说,是本末倒置的。

上述担忧不无道理。公共政策机制的确存在着某些薄弱之处,它们有时还会影响到该机制运用的实际功效。但我们不能因此而全盘否定该机制,它在维护国家主权和社会公共利益方面毕竟具有不可替代的作用。所以,对其自身存在的弱点,应当辩证地加以认识。

首先,需要指出的是,在世界各国交往不断扩大、国际社会相互融合的步伐日益加快的今天,各法域间彼此适用对方的法律已成为必然和必需,这是一种普遍的正常现象。而援用公共政策机制去排除外法域法律的适用则只能是一个例外,是国际私法上法律适用的附属手段,它并不构成法律适用的基本原则或基本规范,更不属于国际私法的核心。

其次,公共政策机制在国际私法上虽然不易把握,但由于有丰富的理论做基础,有长期、反复的实践提供支持,以及有高素质法官队伍的存在,对该机制的运用将会摆脱早期那种模糊不定的不规范状态而显得愈加富有成效。

第三,在确定准据法的过程中,对该机制应当尽量少用,即使是在有必要援用的场合也要持谨慎小心的态度;援用它时更不应歧视对待,即内外法域的法律之间、不同外法域的法律之间应当一视同仁、适用相同的标准,不能对特定的法律存有偏见。从各国的审判实践来看,是否援用公共政策机制、何时援用以及在什么问题上援用,法官对此拥有决定性的自由裁量权。但是,应当强调指出的是,这种自由裁量权不是任意的、绝对的,它必须在一定条件下和一定范围内来行使,并应尽可能地避免对这种权力的滥用。

在这个世界的其他方面也许存在着完美,但在国际私法领域却没有完美。本节研讨国际私法上公共政策机制之目的,就在于进一步正确认识和把握这一机制,扬其所长,抑其所短,为我所用;同时希冀为这匹"桀骜不驯的野马"圈定一个驰骋的范围,使得你一旦骑上它,就应当预知它会将你载向何方。

第四节　国际私法基本规范之一
——国际商事仲裁中当事人的法律选择

随着世界各国经贸往来的持续增长,国际商事仲裁已成为各类经济主体解决其相互间商事纠纷的一种主要手段。这个争端解决方式的突出特点在于它的灵活性,能够更好地满足当事人的需求。尤为值得一提的是,当事双方有权合意选择支配他们合同关系准据法的主张及实践,在国际商事仲裁领域已经获得了广泛的认同。[①]

一、引言

仲裁的基础是仲裁协议,即一项商事交易的双方当事人协议将他们之间的争端提交仲裁解决。因此,仲裁庭审理及作出仲裁裁决的权限既产生同时亦受制于仲裁协议。仲裁庭不能自以为是,想当然地认为自己对问题的看法与当事人并无二致。在这方面,许多仲裁机构的仲裁规则都规定,要求仲裁庭应依据合同条款作出裁决。例如,2005年5月1日起施行的《中国国际经济贸易仲裁委员会仲裁规则》第43条第1款规定:"仲裁庭应当根据事实,依照法律和合同规定,参考国际惯例,并遵循公平合理原则,独立公正地作出裁决。"

在仲裁实践中,仲裁庭不能任意解释仲裁协议,更无权对超出仲裁协议范围的事项作出裁决。否则,便极易招致非议从而导致其仲裁裁决无法通过法院的司法审查。此外,鉴于仲裁这一争端解决方式的契约性质,一项国际商事仲裁协议的双方当事人应当确信,他们对于法律

---

① See Branson and Wallace,"Choosing the Substantive Law to Apply in International Commercial Arbitration", *Virginia Journal of International Law*, Vol. 27, 1986, p. 39.

适用的选择是会得到尊重的。正是由于仲裁的这种契约性质,方使其有别于司法诉讼。众所周知,法官是依法遴选或指定的,仲裁员则是由当事双方的私人协议约定的,因而仲裁庭有义务尊重体现于这类私人协议中的双方当事人的意愿,包括尊重双方当事人的法律选择。

从当事人的角度讲,如果其体现在仲裁协议中的各项意愿能得以切实尊重,就会在客观上鼓励越来越多的当事人选择以仲裁方式解决争端,因为他们深知自己可以掌控仲裁进程,并能够从仲裁所具有的各项优势中获益;反之,如果当事人的意愿得不到仲裁庭的尊重,则仲裁的进程及其结果将会丧失确定性及可预见性,仲裁的各项优势亦将随之不复存在。因此,对仲裁员或法官而言,如果说仲裁是一种应予鼓励的争端解决方式的话,从支持、坚守契约自由的原则出发,当事人的意思自治诸如仲裁的法律选择意愿就应当得到充分尊重。

二、当事人法律选择所适用的领域

(一) 概括性研讨

不论双方当事人在商事合同中是否纳入了法律选择条款,对国际商事仲裁而言,有以下领域面临着法律选择问题:(1)适用于解决当事人相互争端的准据法之确定;(2)适用于国际商事仲裁协议的准据法之确定;(3)适用于国际商事仲裁进程的准据法之确定;(4)适用于选择前三项准据法的冲突法之确定。对于这四个领域,当事人可以协商为其中某一个或某几个或全部来作出法律选择。当然,也可以不作任何法律选择,这完全是当事人的自由。在当事人未作法律选择的场合,就需要由仲裁庭确定如何明确以及适用什么法律。这种情况下,仲裁庭可能会为争端的不同事项选择适用不同国家的法律。因此,为了避免日后由仲裁庭作出法律选择从而导致法律适用的不确定性,比较理想的模式是由双方当事人自行达成协议,作出法律选择。

那么,是不是双方当事人在其合同中规定了法律选择条款就一切万事大吉,一旦发生争议,他们选定的法律就必将得到适用呢?情况远非如此。法律选择问题看似简单,实际上却往往要比想象复杂得多。[①]有的时候,所选法律的适用结果是当事人始料未及的;有的时候,双方当事人选择的法律最终却未能得以适用。笔者将于下题中详述这方面的情况,这里仅就法律选择适用的四个领域分别加以研讨。

(二)适用于解决当事人相互争端的准据法之确定

对许多当事人而言,这个领域的法律选择是最为重要的,它往往以法律选择条款的形式,与仲裁条款一起规定在双方当事人签订的合同中。除非双方当事人另行说明,实践中一般认为,该法律选择条款中所确定的法律是指某一现行实体法,而且仅限于调整当事人之间因其合同而产生的实体争议。

(三)适用于国际商事仲裁协议的准据法之确定

适用于国际商事仲裁协议的准据法与适用于包含该仲裁协议的基础合同(the underlying contract)的准据法是有区别的。根据"仲裁条款独立性"理论,即使仲裁协议是作为一项条款包含在合同中,基于该仲裁条款的特殊性质,它与其基础合同仍是可以适当分离的。基础合同的有效性与仲裁条款的有效性是两个不同的法律问题,应当分别予以考察,因而有不同的法律适用可供选择。适用于仲裁协议的法律多用来明确仲裁协议的调整范围、仲裁协议的有效性及可执行性、仲裁协议的解释等事项。

由于国际商事仲裁协议具有涉外因素,往往涉及不同国家的法

[①] See Arden C. McClelland, "Toward a More Mature System of International Commercial Arbitration: The Establishment of Uniform Rules of Procedure and the Elimination of the Conflict of Laws Question", *North Carolina Journal of International Law and Commercial Regulations*, Vol. 5, 1980, p. 178.

律,因而便产生了法律选择与法律适用问题。依照 1958 年在纽约签署的《承认及执行外国仲裁裁决公约》(*The 1958 United Nations Convention on the Recognition and Enforcement of Foreign Arbitral Awards*,简称《纽约公约》,*The New York Convention*)第 5 条第 1 款(甲)项之规定,缔约国法院对有下列情形之一的仲裁裁决得拒绝承认和执行:仲裁协议的当事人依对其适用的法律系某种无行为能力者;或根据双方当事人选定适用的法律,或在没有这种选定时根据仲裁地国法律仲裁协议是无效的。从这项规定来看,在认定国际商事仲裁协议无效时,《纽约公约》明确规定应当适用的法律有:对当事人适用的法律,双方当事人选用的法律,仲裁地国法律。

1. 对当事人适用的法律。从《纽约公约》的上述规定来看,这种法律是用来确定当事人是否具备订立仲裁协议的行为能力。通行的国际私法理论与实践认为,当事人的行为能力应依其属人法。依照属人法来判断仲裁协议的当事人是否具有缔约资格,进而判断其所订立的仲裁协议的法律效力,现已成为国际商事仲裁领域的普遍实践。

2. 双方当事人合意选择的法律。依照"意思自治"原则,当事人有权选择涉外合同所应适用的准据法,这一做法已为各国立法及有关国际公约所确认。在国际商事仲裁实践中,给予当事人以选择的自由,同样是仲裁赖以存在的基础。因此,当事人无疑是有权选择支配其仲裁协议的准据法的。不过,这种选择在某些情况下也存在着例外。例如,当事人所选的法律如与仲裁地国家法律上的强行性或禁止性规定相冲突时,则应适用仲裁地国法的规定。从国际商事仲裁实践来看,由当事人特别指明合同中的仲裁条款适用某一个法律,而合同的其他条款适用另一个法律的情形是不多见的。实际情况往往是当事双方在合同的法律选择条款中指定了某一法律,而仲裁条款中却一般不见法律选择。如果仲裁条款中规定的仲裁地不同于合同法律选择条款所指定法律的所属国,则一般认为,仲裁条款所适用的法律应当是仲裁地国法,而不是合同法律选择条款中所选择的法律。换言之,这种情况下应视为当事人对仲裁协议应予适用的法律未作选择。

3. 仲裁地国法律。依照《纽约公约》的规定,在当事人未选择仲裁协议所应适用的法律时,应当适用仲裁地国法律,这也是通行的国际实践。仲裁地国法对仲裁协议的调整主要体现在以下几个方面:第一,仲裁协议的形式。多数国家的仲裁立法均明确要求仲裁协议必须采用书面形式,否则无效。第二,仲裁协议的内容。仲裁协议的内容不得违背仲裁地国法上的强行性、禁止性规定,不应与仲裁地国的公共秩序相抵触。第三,仲裁协议的可仲裁事项。由于各国仲裁法对可仲裁事项规定得不尽相同,所以当事人在订立仲裁协议时,有必要查明其所拟提交仲裁的事项依照仲裁地国法是否被允许;否则,仲裁协议归于无效。前已提及,由于双方当事人对仲裁协议专门作出法律选择的情形并不多见,因此,通过适用仲裁地法来认定仲裁协议的效力就显得尤为重要。我国《最高人民法院关于适用〈中华人民共和国仲裁法〉若干问题的解释》①第16条规定:"对涉外仲裁协议的效力审查,适用当事人约定的法律;当事人没有约定适用的法律但约定了仲裁地的,适用仲裁地法律;没有约定适用的法律也没有约定仲裁地或者仲裁地约定不明的,适用法院地法律。"应当认为,既然当事人约定了在某一国家进行仲裁,那么,认定这种约定是否可行、有效,以该约定的仲裁地国法来衡量就是最科学、最合理的。

4. 适用最密切联系的法律。在当事人对仲裁协议既未作出法律选择又未约定仲裁地点时,应如何确定适用于仲裁协议的准据法?《纽

---

① 该司法解释于2005年12月26日由最高人民法院审判委员会第1375次会议通过,自2006年9月8日起施行。

约公约》对此未作规定,实践中也无统一的规则可循。按照目前大多数国家的冲突规范,对属于契约性质的仲裁协议,应当适用与仲裁协议有最密切联系的法律。那么,这种最密切联系的法律应当如何确定?一般来讲,应予考虑的因素主要有仲裁协议订立地,争议双方的国籍国或住所地、居所地,法人注册登记地,主要营业机构所在地,商业行为集中地,法院地,等等。在这些连结因素中究竟应以哪个或哪几个作为确定仲裁协议准据法的标准,将根据认定仲裁协议效力的仲裁机构或法院所属国关于合同法律适用的标准来定。

5. 适用被请求承认与执行仲裁裁决的国家的法律。对于仲裁庭而言,仲裁裁决一旦作出,就有可能需要去有关国家请求承认与执行。为保证这种承认与执行的请求得以顺利实现,仲裁庭在作出裁决前,就应依据可能被提请承认与执行仲裁裁决的国家的法律,对仲裁协议的效力进行审查,以确认该仲裁协议是否有效;对于被请求国的法院来讲,它同样会毫不犹豫地依照本地法律去审查提请其承认与执行的某项仲裁裁决及其所依据的仲裁协议。无论是仲裁庭也好,被请求国法院也罢,它们的审查往往涉及这样几个方面,即仲裁协议的形式是否符合被请求承认与执行国的法律规定(因为有些国家的法律要求仲裁协议必须采用书面形式);仲裁协议中规定的仲裁事项是否为被请求承认与执行国的法律所允许;仲裁协议的内容是否与被请求承认与执行国的公共秩序相抵触;等等。

(四) 适用于国际商事仲裁进程的准据法之确定

与司法诉讼不同,仲裁的双方当事人可以为仲裁进程另行指定应予适用的准据法,这种仲裁进程所适用的准据法是程序法。对于国际商事仲裁而言,程序事项至关重要,它关系到整个仲裁过程是否合法、有效。仲裁中的程序事项涉及面很广,包括但不限于证据保全、专家作证、披露的范围,等等。仲裁进程所适用的程序法通常是指仲裁地法

（lex arbitri），即仲裁过程发生地法。在国际商事仲裁领域，双方当事人有权选择处理其合同争议所应适用的准据法，但一般认为，该准据法中并不包含仲裁程序法。普遍的看法是仲裁地法支配仲裁程序，既然当事人选定了在某一特定地点仲裁解决他们的争端，那就意味着他们同意其仲裁进程应受该地程序规则的调整。① 每个仲裁进程都有其发生的地点，每项仲裁裁决亦都有其执行的地点。因此，无论是仲裁进程还是仲裁裁决的承认与执行，由这些行为所在地法律进行调整便是理所当然的、顺理成章的，亦是符合逻辑的。

但也有观点认为，鉴于国际商事仲裁的国际性，适用于国际商事仲裁的程序规则应当"去中心化"（decentralization）或"非地方化"（delocalization），主张国际商事仲裁应当摆脱任何特定国家法律的制约而成为"纯粹"的国际仲裁（purely international arbitration），②并且适用某种国际规则如联合国国际贸易法委员会（UNCITRAL，简称联合国贸法会）制定的《国际商事仲裁示范法》（简称《联合国仲裁示范法》）。③ 由于这一观点不符合国际商事仲裁的实际情况，因而尚未获得广泛认同。

（五）适用于选择国际商事仲裁准据法的冲突法之确定

不同国家其冲突法规定各不相同，适用不同国家的冲突法将会导致适用不同的实体法，从而为当事人的权利和义务带来至关重要的影

---

① See Theodore C. Theofrastous, "Note, International Commercial Arbitration in Europe: Subsidiarity and Supremacy in Light of the De-Localization Debate", *Case Western Reserve Journal of International Law*, Vol. 31, 1999, pp. 456-457.

② See Jay R. Sever, "Comment: The Relaxation of Inarbitrability and Public Policy Checks on U.S. and Foreign Arbitration: Arbitration Out of Control?", *Tulane Law Review*, Vol. 65, 1991, pp. 1661, 1689.

③ See Joseph M. Lookofsky, *Transnational Litigation and Commercial Arbitration: A Comparative Analysis of American, European, and International Law*, Ardsley-on-Hudson · New York: Transnational Juris Publications, 1992, pp. 575-576.

响。在国际商事仲裁领域,解决当事人争端的准据法、仲裁协议的准据法以及仲裁进程的准据法之确定,均需依照冲突法的指引。对于仲裁方面的法律选择,目前国际社会已普遍认同"当事人意思自治"这一冲突法规范,仲裁庭或相关法院一般会尊重双方当事人对法律适用所达成的合意,即依照他们的选择去适用某一特定的法律;如果当事人没有作出法律选择,则根据通行的国际实践,仲裁庭或法院可依照仲裁地、其他最密切联系地或有关国际条约中规定的冲突法规范,去确定仲裁相关事项的准据法。

三、对当事人法律选择的限制

（一）各国实践

通过"当事人意思自治"原则确定法律选择,可以使得当事人在国际商事仲裁进程中对争端的解决具有确定性及可预见性,因而这一做法广受商事交易主体的认同与欢迎。但是,"当事人意思自治"并不是绝对的。有学者认为,"任何选择性争端解决方式所拥有的权限都不应高于法院"[1],如果允许当事人规避一国强制性法律,或国家法院放弃审查涉及其公共政策或国内法的仲裁裁决,"仲裁就会凌驾于法律之上"[2]。

当代之国际社会,许多国家的成文法或判例法上都规定有"当事人意思自治"原则,但同时也都强调,这种"意思自治"不是毫无限制的。首先,从司法上讲,如果当事人选择法律的目的在于规避本应适

---

[1] Jay R. Sever,"Comment,The Relaxation of Inarbitrability and Public Policy Checks on U. S. and Foreign Arbitration: Arbitration Out of Control?",*Tulane Law Review*,Vol. 65,1991,p. 1697.

[2] Ibid.,p. 1694.

用的法律规范,则对这种法律选择法院通常不予支持;[1]其次,从立法上看,国家可以通过法律规定来对当事人的法律选择作出限制。例如,在欧洲大陆法系国家,于伴随着尊重当事人法律选择这一发展潮流的同时,有些国家亦认为,只有当事人选择的法律与法院地或仲裁地冲突规范所指引的法律是一致的情况下,当事人所选的法律才能予以适用。[2]

英美法系国家的法律也逐步发展出若干限制当事人法律选择的原则和规范。英国法院是支持"当事人意思自治"原则的,但要求这种法律选择应当"善意并且合法"(*bona fide* and legal),[3]如果当事人的法律选择是偏执的或反复无常的(eccentric or capricious),则该项选择无效。[4]《美国第二次冲突法重述》同样接受了"当事人意思自治"原则。该《重述》第186条规定:合同中的问题,依当事人所选择的法律。但与此同时,《重述》对当事人的法律选择也作出了某些限制。例如,《重述》第187条第2款第1项及第2项规定:如果当事人选择的法律与其本身或其交易无重要联系,而且当事人的选择也无其他合理依据,或者适用当事人所选择的法律将违反另一个有明显的更大利益的法域的根本政策,而该法域将是当事人未作有效选择时应适用其法律的那个法域,则当事人的法律选择归于无效。[5]

---

[1] Dicey and Morris, *The Conflict of Laws*, Twelfth Edition, London: Sweet and Maxwell Ltd., 1993, pp. 755-756.

[2] See Carlo Croff, "The Applicable Law in an International Commercial Arbitration: Is It Still a Conflict of Laws Problem?", *The International Lawyer*, Vol. 16, 1982, p. 616.

[3] See Dicey and Morris, *The Conflict of Laws*, Twelfth Edition, London: Sweet and Maxwell Ltd., 1993, p. 1213.

[4] See Carlo Croff, "The Applicable Law in an International Commercial Arbitration: Is It Still a Conflict of Laws Problem?", *The International Lawyer*, Vol. 16, 1982, p. 616.

[5] 余先予主编:《冲突法资料选编》,法律出版社1990年版,第268页。

(二) 基于违反公共政策的限制

在国际商事仲裁领域,公共政策居于重要地位,它是拒绝承认或执行一项仲裁裁决的依据。《纽约公约》第 5 条第 2 款(乙)项就规定,若被申请承认及执行地所在国法院认定承认或执行某一裁决有违该国的公共政策,得拒绝承认及执行该项仲裁裁决。[①] 对于法律选择而言,这里有一个问题需要提请注意,即法律选择错误或法律适用错误可能并不会导致一项仲裁裁决被拒绝承认与执行,但如果当事人的法律选择违反了被请求国的公共政策,则有关仲裁裁决无疑会遭到拒绝承认或执行。

仲裁中的公共政策可分为三类:即国内公共政策、国际公共政策和跨国公共政策。国内公共政策通常适用于纯国内的仲裁,因为该仲裁只与特定的国家相联系。以国内公共政策为依据审查某一仲裁裁决,是看执行这个裁决是否违反该国国内的道德与正义标准(the standards of morality and justice);国际公共政策则是指将一国国内的公共政策运用于国际层面,这种情形下,国内法院在援引其自身公共政策时就应当考虑到国际因素。既然国际商事仲裁涉及一个以上国家的公共政策,因而在这个范围内,所有利益相关国家的公共政策均应予以考虑。所以说,国际公共政策是一项利益平衡标准;将跨国公共政策运用于仲裁必须具备两个条件:一是该仲裁本质上具有国际性;二是该仲裁应受商事法(*lex mercatoria*, law merchant)的调整。这个类别公共政策的存在,意味着国际社会就某些特定公共政策的运用形成了共识。

仲裁实践中,法院是在被请求承认与执行某一仲裁裁决时才考虑

[①] 赵秀文主编:《国际经济贸易仲裁法教学参考资料》,中国法制出版社 1999 年版,第 3 页。

到公共政策问题的,而仲裁庭则是在仲裁程序进行当中就应避免违反相关的公共政策,尽量使其裁决符合法律规定,以便日后能够顺利地为国家法院所承认与执行。例如,在一项法国买方与美国卖方的纠纷案件中,双方当事人为其合同选择了美国纽约州的法律作为准据法。除了惩罚性损害赔偿的反请求事项外,仲裁庭依照当事人的法律选择,将《纽约州统一商法典》(*The New York Uniform Commercial Code*)适用于该项争端解决的所有方面。然而,仲裁庭认识到,当事人的惩罚性损害赔偿要求是不符合瑞士公共政策的。因此,尽管仲裁庭在本案中适用的准据法(即《纽约州统一商法典》)允许惩罚性或惩戒性赔偿,但由于本案仲裁地位于瑞士,故瑞士的公共政策必须为仲裁庭所尊重。[①]最终,仲裁庭拒绝作出惩罚性损害赔偿裁决。

(三)基于违反强行法的限制

强行法是个相当复杂的问题,它的适用与国际商事仲裁的本质相抵触。国际商事仲裁作为一种私性主体间的商事争端解决方式,其基石是当事人意思自治,这类仲裁常常被认为是跨国的,并且不从属于任何一国管辖。[②]因而,那种认为一国强行法会干扰当事人对其私性合同关系之法律选择的看法,确实引起了人们的关注。[③]从当事人的角度看,他们希望在仲裁进程中其法律选择的意愿能够得到充分尊重,自身可以预见得到争端解决的结果,这是国际商事仲裁领域"当事人意思自治"的本意。但由于强行法的存在,最终却是由仲裁庭通过行使自由裁量权来确定解决争端的准据法,当事人选择的法律被搁置了,从而使

---

① ICC Final Award in Case No. 5946 of 1990, reprinted in ICC Publishing, The Hague, Collection of ICC Arbitral Awards: 1991-1995 pp. 46, 50-51, 62 (1997).

② See Nathalie Voser, "Current Development: Mandatory Rules of Law as a Limitation on the Law Applicable in International Commercial Arbitration", *American Review of International Arbitration*, Vol. 7, 1996, pp. 329-331.

③ Ibid., p. 342.

得国际商事仲裁陷于不确定、不稳定状态。所以,当事人一般都不希望对其所选法律作令人出乎意料的变动,以避免使他们面临的局面复杂化。然而,若从仲裁庭的角度讲,仲裁员是可以而且也应当适用强行法规则的,即使是适用的强行法并非双方当事人当初所选之法律亦然。因为仲裁离不开法院的司法监督,并且当事人在相关仲裁裁决中也是具有切身利益的,故无论当事人还是仲裁员,谁都不想令该项仲裁裁决受到质疑或挑战;相反,都希望有关争端能够获致妥善解决。

四、分析与结论

国际商事仲裁代表着选择性争端解决方式(Alternative Dispute Resolution,简称 ADR)发展的未来,其自身所具有的诸多优势深受当事人青睐。这些优势里,引人注目的一项是当事人有权选择支配他们合同关系及解决纷争的准据法。在跨国商事交易中,当事人这种有权选择法律对以仲裁方式解决争端意义十分重大。通过当事人的法律选择,他们可以潜在地影响争端解决的实体结果、仲裁所使用的程序,甚至争端解决机构的确定。近几十年来,特别是自《纽约公约》生效以后,国际商事仲裁被赋予了新的生机及活力,在该公约缔约国之间,有关的仲裁裁决通常都获得了承认与执行。

然而,当事人对适用于争端解决的准据法并非总是拥有最终决定权。从国际商事仲裁实践来看,仲裁庭在某些情况下也可以确定准据法;即便是由当事人来选择法律,也不能违反有关国家的公共政策或规避有关国家的强行法。公共政策及强行法与当事人根据"意思自治"原则选择法律是一组矛盾。鉴于国际商事仲裁的契约性质,当事人无疑有法律选择的自由。但当事人也应认识到,任何自由都不是绝对的。如果当事人的法律选择与有关国家的公共政策或强行法相冲突,即便是仲裁庭尊重当事人的选择并作出了裁决,也不会得到相关法院的支持。而失去了法院的支持,当事人的权利义务就不能很好地或根本不可能实现。因此,为了避免当事人有时利用法律选择来恶意规避法律,也为了相关仲裁裁决能够顺利地通过国家法院的司法审查,在国际商事仲裁领域以公共政策或强行法来限制当事人法律选择的自由就很有必要,也符合世界各国通行的仲裁理论及立法和司法实践。

从总体上看,国际商事仲裁是一项广为采用的争端解决方式。于这种方式下,当事人对争端的解决有多种选择权和决策权,而且还可以掌控争端解决的进程,从而增加了商事交易的确定性和可预见性,提高了商事行为的效率。在国际商事仲裁实践中,最大限度地赋予当事人以选择的自由,同时支持仲裁庭和法院尽可能地尊重当事人的选择,将会鼓励当事人更多地通过仲裁方式解决争端,并因此承受以仲裁方式解决争端所带来的种种益处。从长远发展来讲,鼓励当事人选用仲裁方式解决争端,还将促进国际商品交易的不断发展,缓解各国法院的受案负担,并得以合理整合国际社会的公共资源。

第五节　国际私法基本规范之二
——国际商事仲裁中冲突规范的确定

在从事国际商事交易时,当事双方往往通过合同对解决日后发生于他们之间的争议所应适用的实体法作出约定。但实践中也常常出现这种情况,即当事双方对仲裁解决争议的实体法在争议发生前或发生后均未能作出约定,或者约定不明确。这时,就需要由仲裁员来确定提交给他(们)的争议究竟应当适用何种实体法来进行裁决;而这种实体法的确定,首先需要冲突规范的指引。那么,此种场合下,相关的冲突规范又是如何确定的呢?这将是本节所要探讨的问题。

一、理论观点

有学者主张,争议当事各方有权默示地(implied)选择调整其相互关系的冲突法规范。他们的这种默示选择可以从每个案件中的事实及具体细节上确定下来。例如,仲裁员可以根据仲裁协议的形式以及内容来确定争议各方打算适用的冲突法规则。①

然而,对应予适用的冲突法规范的默示选择,其含义究竟是什么?上述观点认为,这种默示的选择可以通过以下情况推断出来:即当事双方同意在某一特定的国家进行仲裁;以及(或)依照某一特定的法律体系或某一特定的仲裁法进行仲裁。例如,当事各方通过一项仲裁条款表明,日后他们之间若发生争议,将在瑞典进行仲裁。这就可以使得仲裁员推断出当事方有适用瑞典冲突规范的意愿;再如,仲裁协议中的一项条款规定,该协议应依照英国法来解释,仲裁程序的进行也应符合英国法。此种规定就可以被认为是对当事方适用英国冲突法规范之意图的宣告;又如,根据一项条款,有关仲裁将依照波兰对外贸易仲裁院的仲裁规则进行。这亦表明争议当事方选择了波兰的国际私法规则。②

上述关于当事各方有权默示选择冲突规范的见解在理论上是言之成理的。当事人意思自治是国际商事仲裁领域中的一个基本性原则,当事各方既然有权明示选择法律,当然也有权默示选择法律,包括默示选择冲突规范。但在现实商业交易中,当事方有意行使默示选择权的情况极为少见,因为默示选择方法容易在日后引起争议,也造成了仲裁员在时间和精力上的浪费。如果当事各方明知采用明示的法律选择方

---

① See Julian Lew, *Applicable Law in International Commercial Arbitration*, Dobbs Ferry・New York: Oceana Publications, Inc., 1978, p. 233.

② See Ibid.

法可以避免这些弊端,为何还要采用默示的法律选择方法呢?可见,在实践中当事各方没有选择冲突规范的,一般不应理解为是一种默示选择,而应认为是未作选择或者选择不明确。因为大多数商人并不知道冲突规范为何物,也不清楚何时以及如何运用这类规范,因此,当事各方在这里并不是有意行使默示选择权。不过,国际商事仲裁实践又表明,从仲裁员角度来讲,在某些场合根据有关案件中的种种具体情况来判定当事人的所谓默示意思表示,应当说还是必要的,也是可行的。

二、有关规定

目前,在当事各方未作法律选择时,用来确定仲裁实体法的有关冲突规范既可见之于国际公约,也可见之于仲裁地国家的国内冲突法立法,此外,在当事各方选定的仲裁规则中也有体现。

(一) 国际公约中的冲突法规范

对冲突规范予以规定的重要国际公约有:

1.《关于国际商事仲裁的欧洲公约》(1961年)。其第7条第1款规定:"双方当事人应自行通过协议决定仲裁员适用于争议实质的法律。当事人没有指定适用的法律时,仲裁员应适用其认为可以适用的冲突规则所规定的准据法。"[①]

2.《解决国家与他国国民间投资争端公约》(1965年)。其第42条第1款规定:"在当事双方未作实体法选择时,适用争端一方的缔约国的法律(包括其关于冲突法的规则)以及可适用的国际法规则。"[②]

3.《关于合同义务法律适用的欧洲公约》(1980年)。其第4条第

---

① 卢峻主编:《国际私法公约集》,上海社会科学院出版社1986年版,第710页。
② 余先予主编:《冲突法资料选编》,法律出版社1990年版,第763页。

1款规定:"当事各方未作法律选择时,其合同所适用的法律为与之有最密切关系的国家的法律。"①

(二) 仲裁地国家的冲突法规范

许多发达国家的法律赋予国际商事仲裁员以实质上的自由裁量权,由这些仲裁员来选择合适的冲突规范以确定实体法。例如在美国,除非涉及公共政策等事项,法院很少干预仲裁庭对冲突规范或实体规范的选择。② 一些欧洲国家也有类似的实践。③

但在某些情况下,仲裁所在地国法律也可以要求仲裁员适用某一特定的冲突规范。一般来讲,本地法(亦即仲裁地法)是要求仲裁员适用本地的冲突规范的。在英格兰,用英文仲裁的仲裁员应当适用英格兰法庭所应适用的冲突法规则。④ 一些国家还对仲裁员应予适用的冲突规范作出硬性规定。例如,《瑞士联邦国际私法》第187条规定:"仲裁裁决适用当事人协议选择的法律。当事人没有选择的,适用与案件有最密切联系的法律。"⑤另有一些国家,不论是立法规定、有关实践,还是仲裁规则,均要求仲裁员适用本地的实体法。⑥

(三) 仲裁规则中的冲突法规范

一些重要的国际商事仲裁机构和国际组织均在其仲裁规则中,对仲裁员选择法律问题作出了规定。一般来讲,在当事各方没有作出法律选择的情况下,这些仲裁规则都对仲裁员选择实体法尽量赋予最大的

---

① 余先予主编:《冲突法资料选编》,法律出版社1990年版,第453页。
② See Gary B. Born, *International Commercial Arbitration in the United States: Commentary and Materials*, Deventer • Boston: Kluwer Law and Taxation Publishers,1994, p.102.
③ See Ibid.
④ See Ibid.
⑤ 余先予主编:《冲突法资料选编》,法律出版社1990年版,第221页。
⑥ See Julian Lew, *Applicable Law in International Commercial Arbitration*, Dobbs Ferry, New York: Oceana Publications, Inc.,1978, p.233.

自由和灵活性。例如,《联合国国际贸易法委员会仲裁规则》(1976年)第33条第1款规定:"仲裁庭应适用当事人双方预先指定的适用于争端实质的法律,当事人未有此项指定时,仲裁庭应适用法律冲突法所决定的认为可以适用的法律。"①《国际商会仲裁规则》(1988年)第13条第3款规定:"当事人双方得自由确定仲裁员裁决争议所适用的法律。当事人双方未指明应适用的法律时,仲裁员应适用他认为合适的根据冲突法规则所确定的准据法。"②与上述内容相比,《美国仲裁协会国际仲裁规则》(1991年)第29条第1款的规定则有所不同,该条款指出,在各方当事人未能指定应适用于争议的一个或几个实体法时,"仲裁庭应适用它认为适当的一个或几个法律。"③这里未明确表述根据冲突法规则来确定准据法问题,而是规定由仲裁庭直接适用它认为适当的实体法。

三、仲裁实践

(一)传统方式

长期以来,国际商事仲裁中仲裁员所采用的法律选择标准一直是有争议的、不确定的。许多大陆法系国家和英美法系国家的传统观点认为,仲裁员应适用仲裁地的冲突法规范以确定解决争议实质问题的准据法。但美国的实践有些特别,其仲裁庭往往认为,当事各方选择在某地进行仲裁,那就意味着他们默示地选择了仲裁地的实体法。④ 因

---

① 郭寿康、赵秀文主编:《国际经济贸易仲裁法》,中国法制出版社1995年版,第351页。
② 程德钧主编:《涉外仲裁与法律》(第一辑),中国人民大学出版社1992年版,第499页。
③ 同上书,第512页。
④ See Gary B. Born, *International Commercial Arbitration in the United States: Commentary and Materials*, Deventer · Boston: Kluwer Law and Taxation Publishers, 1994, pp. 103-104.

而，美国的仲裁庭在确定解决争议的实体法时，往往省去由仲裁员首先选择冲突规范这一程序，而是依照所谓当事各方的"默示选择"，直接适用仲裁地的实体法来断案。

（二）传统方式逐渐在改变

近些年来，仲裁地的冲突规范或实体规范必须予以适用这一传统规则逐渐在发生变化。为了尽量减少对仲裁进行机制性干预，有些国家的学者、法院、仲裁机构以及其他有关当局纷纷拒绝继续采用此项传统规则。在欧洲有一种观点甚至认为，适用所谓仲裁地冲突规范的方式，"已经完全被放弃了"。[1]在美国，对仲裁地实体法规范和冲突法规范的适用也发生了同样的变化。[2]然而，从各国相关实践来看，尽管传统的仲裁地规则有了明显的改变，但要得出此项规则在国际商事仲裁中已经完全被放弃的结论，还为时尚早。

（三）冲突法规则确定的新方式

除了适用仲裁地的冲突规范以外，在当代国际商事仲裁实践中，仲裁员还常常采用一些新的方式来确定冲突法规则以明确有关解决争议的实体法。但是，与选用仲裁地冲突规范这一传统方式相比，新的确定冲突规范的方式究竟有哪些，目前还没有一致的看法和统一的实践，甚至可以说，这些新方式的发展趋势亦不明朗。

从目前国际商事仲裁的理论与实践来看，除了传统的仲裁地法冲突规范仍在被适用外，仲裁员还常常选择以下五种方式来确定仲裁实体问题的准据法：

1. 适用最密切联系原则。即适用与双方争议有最密切联系的那

---

[1] See Gary B. Born, *International Commercial Arbitration in the United States: Commentary and Materials*, Deventer • Boston: Kluwer Law and Taxation Publishers, 1994, p. 104.

[2] See Ibid.

个国家的冲突规范来确定准据法。这里的"最密切联系",是指相关要素的累积,如争议双方的国籍国、住所地、法人注册登记地、主要经营机构所在地、商业行为集中地、仲裁庭所在地,等等,由仲裁员综合考虑这些要素,从中确定一个适当的地点,再通过该地的冲突规范去援引解决当事双方争议的实体法。

2. 适用国际公约中规定的冲突规范。有些国际公约中明确规定有指引准据法的冲突规范,因而在实践中,仲裁员也有采用这类规范来确定准据法的。

3. 适用国际私法上的一般法律原则。这是指世界不同国家的国际私法均共同承认的冲突规范,如关于合同方面的争议,在当事人未作法律选择时,适用合同缔结地法或合同履行地法,等等。但是,现实生活中没有绝对的、为世界各国所一致承认的冲突规范。实践中,如果某些冲突规范为多数主权国家的国际私法所认可,则被视为是普遍接受的国际私法上的一般法律原则。不过,亦有学者认为,在某些仲裁案件中得以适用的所谓"国际私法上的一般法律原则",很难说是得到普遍接受的,它之所以能够被适用,是因为仲裁员认为这样做很便利。[1]

4. 直接适用有关实体法。在审理具体仲裁案件时,有些仲裁员时常感到要首先确定冲突规范然后再确定准据法的做法是不必要的,也很不方便,认为这个选择过程既麻烦又复杂,是纯属表面事务,与他们的职责并无直接关系,因而不愿身陷其中。[2] 基于这种看法,有不少仲裁员都尽可能地回避通过冲突规范对准据法进行选择,除非有关争议本身就出自对冲突规范的选择上(这种情况下,仲裁员是必须要面对冲

---

[1] See Julian Lew, *Applicable Law in International Commercial Arbitration*, Dobbs Ferry, New York: Oceana Publications, Inc., 1978, p. 328.

[2] See Ibid., p. 371.

突规范的确定的)。但即便如此,仲裁员也仅仅是在对仲裁裁决的作出是必要的这个限度内来处理法律选择问题。所以,当有些案件不需要首先通过冲突规范确定准据法时,仲裁员往往直接适用有关的实体法,包括各国国内立法以及国际公约中的相应实体性规定。

5. 其他法律选择方式。实践中,还出现过如下一些法律选择方式:如适用仲裁员国籍所属国的冲突规范,适用在无仲裁协议情况下具有管辖权的法院地国的冲突规范(当然,此种冲突规范的适用是由法官而不是由仲裁员来确定的),适用裁决预期执行地的冲突规范,等等。通过这些法律选择方式也可以确定用来解决争议的实体法。

综上所述,在国际商事仲裁实践中,当事各方未作法律选择时,指引解决争端实体法的冲突规范的确定可以有多种方式,这就导致了实体法选择的多样性;此外,对于冲突规范的确定,仲裁员具有较大的自由裁量权,而选择何种冲突规范将对当事各方的实体利益产生重大影响。就目前情况来看,在冲突规范的选择方面,还不存在着为各国所一致公认的确定标准。

第六节 国际私法基本调整方法
—— 以 CISG 在中韩贸易中的适用为例

一、引言

《联合国国际货物销售合同公约》(*United Nations Convention on Contracts for the International Sale of Goods*,缩写为"CISG",本节中简称《公约》)是联合国贸法会于 1980 年 4 月 11 日在维也纳召开的外交会议上通过的,该公约于 1988 年 1 月 1 日起正式生效。

中国是公约的创始缔约国。中国政府于 1981 年 9 月 30 日在《公约》上签字并于 1986 年 12 月 11 日批准公约及交存核准书。中国政府在批准《公约》时声明，它不受《公约》第 1 条第（1）款（b）项和第 11 条的约束，也不受《公约》内与第 11 条内容有关的规定的约束。该《公约》自 1988 年 1 月 1 日生效之日起，即对中国具有拘束力。

韩国政府与 2004 年 2 月 17 日加入该《公约》，成为其第 63 个缔约国，《公约》于 2005 年 3 月 1 日起对韩国生效。

该《公约》在国际货物销售合同制度方面具有里程碑式的意义。尽管它并未解决与货物销售合同有关的所有问题，但它确实较好地协调了大陆法系和英美法系国家在合同制度方面的差异，符合国际贸易对货物销售合同制度的基本要求，故受到了越来越多国家的接受和采纳。截至 2007 年 1 月，该《公约》的缔约国已有 69 个，[1]包括了大部分大陆法系和英美法系国家，世界上最主要的贸易大国如美国、德国、法国、意大利、荷兰、加拿大、澳大利亚等国均是该《公约》的成员国。可以说该《公约》是当今世界影响最大、适用最为广泛的有关国际货物买卖的统一实体法。

由于经济全球化的迅速发展，各国之间的贸易往来日益密切，而且随着《公约》成员国数量的不断增加，《公约》在解决国际货物销售合同争议中的作用也更加重要。无论是在国内还是国际，也无论是在国内法院还是国际商事仲裁机构，适用该《公约》解决国际货物销售合同争议的情形将会越来越多。中国加入 WTO 之后，随着外贸经营权的逐步放开，其对外贸易额也大幅度增加，《公约》将在未来调整涉及中国当事人的国际货物销售合同争议中发挥越来越重要的作用。《公约》的适用问题是解决合同争议所要面对的首要问题，正确理解和认识《公约》的适用对中韩贸易实践和相关司法实践也是有非常重要的意义。

---

[1] 参见 http://www.uncitral.org/。

二、中国保留之一:合同的形式要件问题

(一) 保留的效力及效果

依照中国1985年《涉外经济合同法》第7条的规定,涉外合同只允许采用书面形式。为避免发生法律冲突,在加入《公约》时,中国政府对《公约》的规定提出了保留,中韩国际商事合同当事人对此应当予以注意并遵守。在中国对《公约》的核准书中载明,中国不受《公约》第1条第(1)款(b)项以及第11条有关规定的约束。依照《公约》第11条的规定:"销售合同无须以书面订立或书面证明,在形式方面也不受任何其他条件的限制。销售合同可以用包括人证在内的任何方法证明。"[①]

但1999年的《中华人民共和国合同法》第10条对合同形式要件的限制已经放开,即允许采用口头形式或其他形式,因此原来中国核准《公约》时作出保留的背景已不复存在。不过中国目前还没有通知《公约》的管理机构撤销此项保留。这事实上形成了中国对《公约》的保留与中国国内法之间的法律冲突。那么,在实践中如果出现了营业地位于中国的一方当事人和营业地位于公约另一缔约国(例如韩国)的对方当事人之间以口头或其他方式订立的合同,应当如何认定其效力呢?认定该合同有效或无效的法律依据又何在?中国1999年《合同法》的规定能否直接导致中国对《公约》保留的失效?

理论上讲,中国对这一条款的保留意味着不允许《公约》第11条的规定适用于国际商事合同。这就表明:中韩国际货物销售合同必须以书面形式订立、修改或终止。由此可以清楚地判定,中韩国际货物销售合同应当采用书面形式。至于合同的书面形式则可以多种多样,现行

---

① 姚梅镇主编:《国际经济法教学参考资料选编》(上册),武汉大学出版社1991年版,第154页。

的中国《合同法》第 11 条对此作出了具体规定,即"书面形式是指合同书、信件和数据电文(包括电报、电传、传真、电子数据交换和电子邮件)等可以有形地表现所载内容的形式"。① 中韩国际商事合同当事人可以使用这些类别中的任何方式。

从 1969 年《维也纳条约法公约》关于公约保留的撤回程序之规定来看,它要求必须采用书面形式。因此,中国《合同法》对于合同形式要求的变化,不能直接产生撤回中国对《公约》第 11 条保留的效果。既然保留的提出符合以《维也纳条约法公约》为基础的条约法的规定,就应视为一项有效的保留,那么,它对于《公约》第 11 条的约文将产生以下效果:

首先,由于《公约》是以规范缔约国行为的方式调整营业地位于不同国家的当事人之间的货物销售合同,因而实际上中国的这一保留排除了营业地位于中国的当事人适用此项条款的义务。

其次,对于《公约》其他缔约国(例如韩国)的当事人而言,于中国声明保留的范围内,在与中国当事人之间的关系上,同样可以改变《公约》的内容。换言之,保留不仅对保留作出国发生效力,而且对于合同的相对方也具有同等的效力,但前提是日后这类合同争议要在中国提请解决。

第三,此项保留在《公约》其他缔约国之间并不发生效力,亦不改变《公约》相应条款的内容。例如营业地位于美国的一方当事人与营业地位于意大利的一方当事人所缔结的合同,仍然可以采用书面、口头以及《公约》所允许的任何其他形式。

(二) 法律冲突的解决

首先,在中国 1999 年《合同法》实施之前,由于中国《涉外经济合同

---

① 江平主编:《中华人民共和国合同法精解》,中国政法大学出版社 1999 年版,第 375 页。

法》对于涉外经济合同要求必须采用书面形式,因此该项保留可以被看做是国内法对国际法的影响,当事人所订立的符合《公约》适用范围的国际货物销售合同,如果其中一方当事人的营业地位于中国,则意味着中国所作出的保留声明对其发生法律效力,亦即其合同必须采用书面形式。这一时期,由于保留效果的影响,在合同的形式要件问题上是不会发生法律冲突的。

其次,在中国 1999 年新的《合同法》施行后,尽管该《合同法》允许合同采用口头形式和其他形式,但中国尚未依照《维也纳条约法公约》所要求的方式撤回该项保留。这样,在合同的形式要件问题上,中国《合同法》的规定与中国对《公约》的保留之间发生了冲突。若根据中国《民法通则》第 142 条第 2 款的规定(即中国缔结或参加的国际条约同中国的民事法律有不同规定的,适用国际条约的规定,但中国声明保留的条款除外),就应当优先适用中国对《公约》的保留,即保留依然发生效力,这就意味着营业地位于中国的一方当事人和营业地位于《公约》另一缔约国(例如韩国)的当事人之间所缔结的国际货物销售合同仍然必须采用书面形式。所谓保留是指缔约方为了排除条约中某些条款对该缔约方适用时的法律效力而作的片面声明,其目的在于摒弃或更改条约中若干规定对该国适用时的法律效力。根据《维也纳条约法公约》的相关规定,缔约国声明保留必须以书面形式提出,撤回保留亦同。而目前中国并未书面撤回对《公约》中关于合同形式要件规定的保留,即中国对《公约》所作的保留声明依然有效,国内法的改变并不影响一国对其所参加的国际条约的保留。至于中国是否应当撤回该项保留,需要进行全面分析后才能得出适当的结论。应予注意的是,国际合同一般来讲标的金额都比较大,履行期限也较长,双方当事人又大多是跨越国界做交易,还可能是素未谋面,对对方的信誉及交易习惯不甚了解,合同在履行过程中所产生的问题也较为复杂,因而采用书面形式更有利于合同的履行和合同当事人权利义务的确定以及交易的安全。采用书面形式订立合同,日后如果双方发生纠纷,有书面合同作为证据,就便于确定双方当事人的权利和义务。若采用口头方式订立合同,没有文字做依据,一旦发生争议,在举证问题上将会遇到很多困难,不易确定当事人的责任,因而会影响到纠纷的及时、顺利解决。有鉴于此,中国才于1986年核准《公约》时,对书面以外的合同形式提出了保留。

第三,根据条约法原理,条约只应当对缔约国发生拘束力,一般不能约束第三国。因而,对于营业地位于我国的一方当事人与营业地位于非《公约》缔约国的另一方当事人之间所缔结的合同,《公约》则没有拘束力,因此,我国对《公约》的保留也就不发生效力。此时,合同的形式要件只能是依照有关国际私法规则所指引的准据法来判断。目前,各国主要采取以下几种法律选择方法:(1)适用缔约地法。此种方法源于"场所支配行为"原则。(2)适用合同的准据法。例如,1979年的《匈牙利国际私法》第30条第1款规定:"除双方当事人有协议或本法令另有规定外,合同的准据法适用于债务关系的所有因素,特别是适用于合同的订立、形式有效要件。"[1](3)选择适用缔约地法或合同的准据法。采用选择性冲突规范,是为了增加连结因素,以尽可能地使合同在形式上有效。这主要是为了适应当代国际社会经济贸易迅速发展对合同订立便捷性的要求,同时也有利于保障商事交易的安全和秩序稳定。中国在合同法律适用问题上,采取的是以当事人意思自治原则为主、最密切联系原则为辅的方法,因此,如果当事人选择了中国法或中国法院依据"最密切联系原则"认定中国法为合同的准据法,那么,依据中国《合同法》第10条之规定,合同形式可以采用书面形式、口头形式和其他形式;如果当事人选择了其他国家的法律或中国法院依据"最密切联系原

---

[1] 余先予主编:《冲突法资料选编》,法律出版社1990年版,第93页。

则"认定其他国家的法律为合同的准据法,那么,合同就必须符合该国法中对于合同形式要件的规定;如果当事人选择了《公约》或中国法院依据最密切联系原则认定《公约》为合同的准据法,那么,合同仍然应当采用书面形式,除非中国撤回了对《公约》规定的合同形式要件的保留。

目前,除中国以外,阿根廷、白俄罗斯、智利、爱沙尼亚、匈牙利、拉脱维亚、立陶宛、俄国、乌克兰等国在参加《公约》时,也就合同形式要件作出了类似于中国的保留。

三、中国保留之二:"国际私法规则导致适用《公约》"的问题

《公约》第 1 条第(1)款(b)项规定:营业地在不同国家的当事人之间所订立的货物销售合同,如果依据国际私法规则导致适用某一缔约国的法律时,则该合同仍应受《公约》的支配。[①] 根据这一规定,要适用《公约》就必须满足两个必要条件:其一是国际私法规则导致适用了某个国家的法律。这里所谓的国际私法规则,应当认为是指对法院有拘束力的国际私法规则,它可以是法院所在地国国内法中的国际私法规则,也可以是对法院所属国有拘束力的统一国际私法规则。并且,其法律由国际私法规则导致适用的国家,既可以是法院所属国(即内国)本身,也可以是某个外国。其二,由国际私法规则导致适用其法律的国家(不论是内国还是外国)必须是《公约》的缔约国。

《公约》第 1 条第(1)款(b)项的设立,一直是一个颇有争议的问题。当初设立此款项的目的在于扩大《公约》的适用范围,意在使那些非缔约国的当事人之间所订立的货物销售合同也可能基于国际私法规则的指引而适用《公约》,这项规定实际上使得《公约》既替代了法院地国国

[①] 参见姚梅镇主编:《国际经济法教学参考资料选编》(上册),武汉大学出版社 1991 年版,第 152 页。

内法的适用,也替代了非法院地国国内法的适用。所以,如果一个国家的国内立法不适应国际贸易发展的需要,而且其立法结构、体系都不完善的话,便不宜对《公约》第1条第(1)款(b)项提出保留,而是应当更积极地适用《公约》;反之,如果一个国家的商事立法十分先进和完善,那么,适用《公约》就必将排除先进的国内法的适用,这对当事人来讲未必有利。但是换个角度看,它同样亦排除了非法院地国国内法的适用,这样也可以避免因非法院地国国内法的不良而导致判决或裁决的不公。因此,《公约》第1条第(1)款(b)项的设立是有其一定道理的。

但是,无可否认的是,第1条第(1)款(b)项的缺点也是显而易见的,因为它导致了《公约》适用范围的无限扩大。所以,作为妥协,《公约》第95条规定,缔约国可以就此问题声明保留。[①] 包括中国、捷克、美国、德国、新加坡、圣文森特和格林纳丁斯、斯洛伐克7个国家在参加、批准《公约》时声明对其第1条第(1)款(b)项予以保留,目的就在于限制因国际私法规则而导致《公约》适用于各该国公司与营业地在非缔约国境内的公司之间的货物销售合同。不过,虽然中国在批准《公约》时对第1条第(1)款(b)项提出了保留,但中国的这一保留在韩国加入《公约》之后,对中韩贸易的双方当事人已不具有实际意义。

四、《联合国国际货物销售合同公约》在中国的适用

(一) 当事人意思自治——当事人可以约定排除公约的适用

同其他调整商事合同关系的国际公约一样,《公约》在对其调整范围的事项作出实体法性质规定的同时,也采纳了国际私法上的意思自治原则,即规定缔约国当事人可以协议选择适用《公约》以外的其他法

[①] 参见姚梅镇主编:《国际经济法教学参考资料选编》(上册),武汉大学出版社1991年版,第178页。

律来处理《公约》所调整的与国际货物销售合同有关的纠纷。但是受《公约》本身的限制,在意思自治原则的应用上,《公约》还有其独到之处:一是《公约》允许当事人以任何方式选择法律。为提高交易的效率,避免各种繁文缛节,在合同形式问题上,《公约》采用了当今多数国家奉行的自由原则,即允许合同当事人以任何形式缔结合同,包括书面的、口头的以及其他方式。这样,当事人就可以不受限制地以各种方式(书面的抑或口头的)选择适用于合同的法律。二是当事人选择的对象可以是《公约》的全部或部分,也可以是缔约国或非缔约国的法律或国际惯例。三是当事人的选择方式受制于其营业地所属国的法律。为了协调缔约国之间的法律冲突,确保《公约》能得以广泛适用,《公约》允许缔约国对合同的形式提出保留。根据《公约》的有关规定,如果缔约国国内法要求销售合同必须是以书面订立或证明的,则在加入《公约》时该国可就《公约》中有关合同形式要件的规定作出相应保留。为了尊重缔约国的保留意见,《公约》对当事人缔结合同的方式亦作出限制,规定合同的形式不能违反当事人营业地所在国加入公约时所作的保留。很显然,这一规定限制了提出保留的缔约国的当事人协议选择适用《公约》的形式,即必须采取书面形式作出协议选择。

(二)在当事人没有选择或选择无效时,合同准据法的确定——《公约》的直接适用

《公约》第 1 条规定:"(1)本公约适用于营业地在不同国家的当事人之间所订立的货物销售合同:(a)如果这些国家是缔约国;或(b)如果国际私法规则导致适用某一缔约国的法律。"[1]根据这一规定,在当事人没有选择适用于销售合同的法律或所作法律选择无效的情况下,《公

---

[1] 姚梅镇主编:《国际经济法教学参考资料选编》(上册),武汉大学出版社 1991 年版,第 152 页。

约》的适用通常有两种情况：一是缔约国法院受理的货物销售合同争议的当事人双方营业所所在地皆为《公约》缔约国时（例如中韩贸易合同纠纷），法院就应当直接适用《公约》；二是如果合同当事人一方为《公约》缔约国，另一方为非《公约》缔约国，或者双方皆为非《公约》缔约国，依据法院地国有关合同的冲突规范确定的准据法所属国为《公约》缔约国时，法院应当适用《公约》。这一规定对于未就《公约》第1条第(1)款(b)项提出保留的缔约国及其所属当事人是具有强制性的。但中国对此提出了保留，故此种情况下应当适用中国冲突规范所指向的《公约》缔约国的国内法。

（三）识别问题——何时适用《公约》

适用《公约》的前提是当事人之间发生的争议系国际货物销售合同纠纷。那么，应当以何国法律来界定争议的性质？这就是国际私法上的识别问题。传统国际私法奉行"法院地法说"，即受理案件的法院以其国内法的规定来对案件的性质作出分类、定性。但由于各国法律体系不同，对同一事实的认定也会产生差异，这就可能导致国际私法上的"识别冲突"，而这必将影响到《公约》的适用。为避免此种现象出现，在起草《公约》时，各国就达成了共识，形成了《公约》第1章及第7条的规定，除明确规定了《公约》的适用范围以外，还确认了对《公约》条款解释的基本原则[①]：

第一，缔约国在解释条约时，应考虑《公约》的"国际性质"和促进《公约》适用的统一。

第二，缔约国在解释《公约》时，应当遵守国际贸易上的诚信原则。《公约》未就诚信原则的特定含义作出界定，但各国立法及实践均表明，

---

① 参见姚梅镇主编：《国际经济法教学参考资料选编》（上册），武汉大学出版社1991年版，第153页。

该原则的核心内容是交易的公平性、诚实性、善意性和合法性。在具体实践中,法院或仲裁庭通常参考有关国际惯例以及各国普遍的实践来理解《公约》的规定。

第三,适用《公约》确定的一般原则。在没有一般原则的情况下,应当依照国际私法规则指定所适用的法律。这一原则要求缔约国法院在处理纠纷时,对属于《公约》管辖的但《公约》又没有明确规定的事项,应当首先适用《公约》处理同类问题的一般原则,其次将适用法院地国国际私法规则所指定的相关法律。

(四)反致及公共秩序保留问题——能否限制《公约》的适用

《公约》中的主要条款是有关合同订立以及当事人权利义务的规定,是缔约国协商一致的结果。同时,多数国家的国际私法及有关国际公约均规定,当事人选择的法律必须是实体法,因此,无论是缔约国法院直接适用《公约》,还是当事人选择适用《公约》,抑或是当事人选择适用任何国家的法律,这些通常都是指实体法规范,因而不会发生反致问题。但由于《公约》中的一些条款规定可适用缔约国的国际私法规则,例如,《公约》第1条第(1)款(b)项、第7条第(2)款等,那么,缔约国法院在适用《公约》时是否可以援引《公约》中提到的国际私法规则,缔约国法院能否适用公共秩序保留制度来排除依照《公约》中提及的国际私法规则所援引的准据法的适用,《公约》对此并没有明确规定。有学者认为,如果适用外国法的结果违反了法院地国的公共秩序,法院是可以排除该外国法的。

(五)《公约》在中国的适用

前已提及,中国在核准该《公约》时,根据其自身的实际情况和立法原则提出了两项重要保留:一是关于合同形式的保留,即中国坚持国际货物销售合同必须采用书面形式订立;二是对于依照冲突规范导致《公约》适用的保留,即中国仅同意营业地所在国为不同缔约国的当事人之间所订立的货物销售合同适用《公约》的规定(例如中韩贸易合同)。但是,正如前文所分析的那样,如何适用这两项保留以及如何处理《公约》与中国国内法的关系,这是一个非常复杂的问题。

结合中国《民法通则》和《公约》的相关规定,笔者认为在处理国际货物销售合同纠纷时,中国法院确定法律适用的方法应当是:

首先,应当考虑适用当事人所选择的法律。如果当事人选择适用《公约》,当事人双方营业所所在地国家又均为缔约国,且对合同形式作出了保留,那么,当事人之间缔结合同的方式就必须采用书面形式;如果当事人一方营业所在中国或其他提出保留的缔约国,另一方在非缔约国,则应当允许当事人以任何形式选择法律、缔结合同。因为在后一种情况下,通常应当适用中国国际私法规则来确定当事人所选择的准据法。

其次,在当事人没有选择法律或法律选择无效的情况下,如果当事人双方营业所所在国均为《公约》的缔约国(例如中韩贸易合同),则中国法院应当直接适用《公约》;如果一方为《公约》缔约国,另一方为非《公约》缔约国,则中国法院应当依照中国《合同法》第126条之规定来确定合同的准据法,即适用与合同有最密切联系的国家的法律。

第三,无论是当事人选择的还是法院依据"最密切联系原则"确定的准据法为外国法时,如果适用该法律的结果将违反中国的社会公共利益,中国法院可以全部或部分地排除其适用,转而适用中国法(例如中国《合同法》)上的相关规定。

五、《联合国国际货物销售合同公约》在中国适用时应当注意的几个问题

对于中国法院和有关当事人来讲,适用该《公约》应当明确以下几个问题:第一,《公约》只适用于当事人一方营业地在中国、另一方营业

地在其他缔约国境内的国际货物销售合同;第二,《公约》并非适用于所有的国际销售合同;第三,《公约》并非适用于国际货物销售合同的所有方面;第四,《公约》的适用是任意性而非强制性的。

(一)关于《公约》的基本适用范围

根据《公约》第1条第(1)款之规定,《公约》适用于营业地在不同国家的当事人之间所订立的货物销售合同,并且必须具备以下两个条件之一:一是双方当事人的营业地都在缔约国境内;或是一方或者双方当事人的营业地不在缔约国境内,但根据法院地国国际私法规则导致某一缔约国法律的适用。对于第二个条件中国在交存批准书时根据《公约》的规定提出了保留,所以,我们在此只需要讨论第一个条件下《公约》适用的情况。

在第一个条件下,对于中国当事人来讲,他们所签订的国际货物销售合同是否要受《公约》的调整,其关键因素有两个:一是中国当事人的营业地与另一方当事人的营业地是否在不同国家;二是中国当事人和另一方当事人营业地所在国是否是《公约》的缔约国。其实这两个关键因素还可以简化为一个问题,即确定当事人的营业地所在国。一旦当事人的营业地所在国确定了,如果一方当事人营业地在中国,另一方当事人营业地在另一缔约国(例如韩国),那么,就应当适用《公约》。不过在确定营业地所在国的过程中还应注意以下具体问题:

1. 对于《公约》的适用,当事人国籍不是考虑因素。比如说,即使双方当事人都具有中国国籍,但只要双方的营业地分属不同的缔约国,则他们所签订的货物销售合同仍然要受《公约》的调整;反之,即使双方当事人一方具有中国国籍,另一方具有另一缔约国国籍,但双方的营业地均在中国,则他们所签订的货物销售合同亦不应受《公约》的支配。

2. 如果当事人有一个以上的营业地,如何确定该货物销售合同的营业地。根据《公约》第10条的规定,在这种情况下应以与合同及合同的履行具有最密切联系的营业地为营业地,但要考虑到双方当事人在订立合同前任何时候,或者订立合同时所知道或所设想的情况。① 至于如何确定最密切联系的营业地,要取决于法官根据纠纷案件的具体情况来自由裁量。

3. 如果当事人没有营业地,如何确定该货物销售合同的营业地。根据《公约》第 10 条的规定,在这种情形下应以当事人的惯常居所作为营业地。而惯常居所一般是指一个人在某一段时间内生活的中心和居住的处所。② 中国最高人民法院 1988 年的《关于贯彻执行〈中华人民共和国民法通则〉若干问题的意见(试行)》第 183 条规定:"当事人的住所不明或者不能确定的,以其经常居住地为住所。"③这里所谓的经常居住地也是指惯常居所。

(二)《公约》是否适用于所有的国际销售合同

如果一家公司的营业地在中国,另一家公司的营业地在另一缔约国(如韩国),那么,它们之间签订的所有国际销售合同是否都应适用《公约》呢？根据《公约》第 2 条之规定,它并不适用于该条款所规定的若干种类的销售,即不适用于诸如供私人、家属或家庭使用的货物的销售,经由拍卖的销售,根据法律执行令状或其他令状的销售,公债、股票、投资证券、流通票据或货币的销售,船舶、气垫船或飞机的销售,电力的销售,等等。④

(三)《公约》是否适用于国际货物销售合同的所有方面

如果一家公司的营业地在中国,另一家公司的营业地在另一缔约

---

① 参见姚梅镇主编:《国际经济法教学参考资料选编》(上册),武汉大学出版社 1991 年版,第 154 页。
② 参见同上。
③ 刘希明主编:《律师实用便览》,中国人民大学出版社 1990 年版,第 156 页。
④ 参见姚梅镇主编:《国际经济法教学参考资料选编》(上册),武汉大学出版社 1991 年版,第 152—153 页。

国(如韩国),而且它们之间签订的国际货物销售合同属于《公约》的调整范围,那么,该合同的所有方面是否都应适用《公约》呢?《公约》第4条对此明确规定:《公约》只适用于销售合同的订立以及卖方和买方因此种合同而产生的权利和义务。除非《公约》另有明文规定,它与以下事项无关:合同的效力或其任何条款的效力或任何惯例的效力;合同对所售货物所有权可能产生的影响。① 据此可知,即便是属于《公约》调整范围的国际货物销售合同,也并非该合同的所有方面都应适用《公约》。

另外,还需要指出的是,虽然一方当事人的营业地在一个缔约国(如中国),但如果该国在批准《公约》时根据《公约》之规定对本来属于《公约》调整的某些方面作出了保留,那么,对于国际货物销售合同的这些方面,《公约》也是不能适用的。

(四)《公约》的适用是否具有强制性

如果一家公司的营业地在中国,另一家公司的营业地在另一个缔约国(如韩国),它们之间在签订属于《公约》调整范围的国际货物销售合同时,是否一定要适用《公约》呢?根据《公约》第6条的规定,合同双方当事人可以约定不适用《公约》,或在《公约》第12条提及的条件下,减损《公约》的任何规定或者改变其效力。② 可见,《公约》本身是任意性而非强制性的;换言之,合同当事人的意思自治要高于《公约》的效力。对于合同当事人而言,他们可以约定适用《公约》,也可以约定不适用《公约》;可以约定适用《公约》的全部规定,也可以约定适用《公约》的部分规定。

值得注意的是,尽管当事人排除《公约》适用的方式有明示和默示两种,但由于对以默示方式排除《公约》适用的效力存在着争议,所以,

---

① 参见姚梅镇主编:《国际经济法教学参考资料选编》(上册),武汉大学出版社1991年版,第153页。

② 参见同上书,第155页。

笔者建议当事人最好采用明示的方式,即当事人在合同条款中明确规定合同不受《公约》的调整。如果当事人排除了《公约》的适用,那么,就应当在合同中另行选择合同的准据法。如果当事人没有选择,一旦日后发生争议,受理案件的法院将会依照法院地国的国际私法规则(例如"最密切联系原则")来确定合同的准据法。

六、《联合国国际货物销售合同公约》能否在中韩电子商务中适用

从《公约》的规定来看,它适用于大多数有形货物的买卖。但随着国际贸易业务的不断发展,新的贸易方式和贸易手段不断出现,尤其是电子商务发展迅速,这给《公约》的适用带来了新的挑战。联合国最新发表的一份报告表明,2000年全球电子商务销售额达到3,770亿美元,预计2010年的交易额可达到1万亿美元。未来10年全球1/3的国际贸易量将以网络贸易的形式来完成。由此可见,电子订约在不远的将来会成为主流订约手段。无论理论界抑或实务界的观点都认为,1980年的《联合国国际货物销售合同公约》是在线合同首选的可接受法律框架。然而,《公约》在电子商务领域的适用依然面临着诸多障碍,书面形式及合同订立过程中的一些法律问题将成为业界关注的焦点。笔者认为,电子商务合同中的这些问题仍可由《公约》来调整。

(一)书面形式问题

《公约》第13条规定了书面的含义:"为本公约的目的,'书面'包括电报和电传。"[①]那么,该条款对 EDI、电子邮件等电子数据信息是否也

---

① 姚梅镇主编:《国际经济法教学参考资料选编》(上册),武汉大学出版社1991年版,第155页。

应适用呢？这一问题在《公约》中没有明确规定。《公约》第12条允许缔约国对其关于合同订立形式的规定（即第11条）提出保留，如果一国对此提出了保留的话，那么，关于书面形式问题就应当适用其国内法。前已提及，中国在加入《公约》时提出了两项保留，对合同形式的保留便是其中之一。而中国《合同法》第11条规定："书面形式是指合同书、信件和数据电文（包括电报、电传、传真、电子数据交换和电子邮件）等可以有形地表现所载内容的形式。"[①]可见，中国《合同法》所规定的书面形式范围要比《公约》规定的范围宽得多。因此，如果国际私法规则导致某项合同适用中国法时，EDI、电子邮件等电子数据就理所当然地属于书面形式。所以，虽然《公约》中未能涉及某些电子数据，但合同所依据的准据法却可能已经作出了明确的规定。

联合国贸法会经过长期的研究认为，随着计算机和计算机之间电传单证的发展，可以通过设立计算机记录来同样实现法律要求具有单证或其他记录的本意。联合国贸法会在1996年12月16日第85次全体会议上通过了《电子商务示范法》，其第6条第1款对"书面形式"作出了以下规定："如果法律要求信息须采用书面形式，则假若一项数据电文所含信息可以调取以备日后查用，即满足了该项要求。"[②]这一条款可以视为国际社会为EDI电文等同于"书面形式"确立了法律依据。

经过考察《公约》我们发现，凡在条款中提到"书面"一词的地方，都未进一步规定书面文本需要签字或加盖其他表示效力的印鉴、标记等。所以，《公约》将电报、电传划入"书面"的范围是恰当的。同理，若把其他某些不容易伪造的、可存储于某种介质的电子数据信息划入书面的

[①] 江平主编：《中华人民共和国合同法精解》，中国政法大学出版社1999年版，第375页。

[②] 转引自赵秀文：《国际商事仲裁及其适用法律研究》，北京大学出版社2002年版，第370—371页。

范围也不会违背《公约》的本意。笔者有理由相信,随着形势的向前发展,这个问题将会得到比较圆满的解决。

(二) 合同订立过程中的若干法律问题

1. 发价的生效、起算日期、撤回和撤销

《公约》第15条第1款规定:"发价于送达被发价人时生效。"[①]这一规定与绝大多数国家的规定相同。但在目前电子商务实践中,有些EDI用户可能每隔一段时间才会打开一次电子信箱。如果因此而导致被发价人在发价有效期届满后才发现有此项发价时应当如何处理呢? 有观点认为,可以在签订贸易合同时订好时限规则。笔者认为,在这种情况下,应完全由被发价人承担后果。因为根据《公约》第24条的规定,"送达"是指"用口头通知对方或通过任何其他方法送交对方本人,或其营业地或通讯地址,如无营业地或通讯地址,则送交对方惯常居住地"。[②] 通信地址包括邮箱,也理应包括电子信箱。从电子信箱中提取信息就如同从邮箱中取信,两者应当同等对待,无须另行约定时限规则。中国《合同法》第16条亦规定:"采用数据电文形式订立合同,收件人指定特定系统接收数据电文的,该数据电文进入该特定系统的时间,视为到达时间;未指定特定系统的,该数据电文进入收件人的任何系统的首次时间,视为到达时间。"[③]即发价无须等到被发价人打开电子信箱阅读时才生效。这种规定是较为合理的。

《公约》第20条第1款规定了发价的起算日期:"发价人在电报或信件内规定的接受时间,从电报交发时刻或信上载明的发信日期起算,

---

[①] 姚梅镇主编:《国际经济法教学参考资料选编》(上册),武汉大学出版社1991年版,第155页。

[②] 参见同上,第158页。

[③] 江平主编:《中华人民共和国合同法精解》,中国政法大学出版社1999年版,第375页。

如信上未载明发信日期,则从信封上所载日期起算。发价人以电话、电传或其他快速通信方法规定的接受期间,从发价送达被发价人时起算。"①电子邮件应算做是快速通信方式,但它又同信件具有相似性,故笔者认为,按照信件来处理更合理些。

依照《公约》第 15 条第 2 款的规定,发价是可以撤回的,如果撤回通知于发价送达被发价人之前或同时送达被发价人。② 这就要求撤回通知应以比发价更快的方式发出,但这在电子商务中是不可能的,因此不存在撤回问题。当电子商务合同适用《公约》时,此款规定形同虚设。

关于发价的撤销问题,《公约》第 16 条的规定是原则上可以撤销,但同时亦规定了发价不可撤销的两种例外情况。该条款是对大陆法与英美法的不同实践所作的折中和调和。在电子商务中完全可以适用此项规定。

2. 接受的生效与撤回

所谓"接受",是指被发价人接到对方的发价或还价后,同意对方提出的条件,愿意与对方达成交易并及时声明或以作出其他行为表示出来的一种意思表示。发价一经接受,合同即告成立。因此,在合同订立过程中,接受具有特别重要的意义。关于接受的生效问题,两大法系的实践不同。大陆法系国家采取"收邮主义"(亦称"到达主义")原则,而英美法系国家则采取"投邮主义"(亦称"发信主义")原则。按照《公约》第 18 条的规定,接受在发价人所规定的时间内,如未规定时间,在一段合理的时间内送达发价人或者根据该项发价或依照当事人之间确立的习惯做法或惯例作出某种行为时生效。③ 笔者认为,在 EDI 中,接受的

---

① 姚梅镇主编:《国际经济法教学参考资料选编》(上册),武汉大学出版社 1991 年版,第 157 页。
② 参见同上书,第 155 页。
③ 参见同上书,第 156 页。

生效可直接适用《公约》的有关规定。主要问题在于接受的收到(即送达)时间如何确定。联合国贸法会 EDI 工作组对于收到的时间作出如下规定:"除非一项数据电文的发送人与收件人另有协议,一项数据的收到时间按下述办法确定:(1)如收件人为接收此种数据电文而指定了某一信息系统,则以数据电文进入该指定的信息系统的时间为收到时间,但如果数据电文发给了并非指定的信息系统但也是社会人的一个信息系统,则以社会人检索到该数据电文的时间为收到时间。(2)如果收件人未指定某一信息系统,则以数据电文进入收件人的任一信息系统的时间为收到时间。"中国《合同法》第 26 条规定:"承诺通知到达要约人时生效。承诺不需要通知的,根据交易习惯或者要约的要求作出承诺的行为时生效。采用数据电文形式订立合同的,承诺到达的时间适用本法第 16 条第 2 款的规定。"[1]由此可见,这一规定与联合国贸法会的规定基本相同。其实,在电子商务中接收方指定的信息系统完全可等同于《公约》第 24 条中规定的通信地址,并按其相关规定处理。

《公约》第 22 条规定了接受的撤回问题,即"接受得予撤回,如果撤回通知于接受原应生效之前或同时,送达发价人"[2]。而在 EDI 中计算机发出的接受在瞬间就送达发价人,合同即告订立,因此接受是不可能被撤回的。在电子商务合同适用《公约》时,此款规定同样形同虚设。

3. 合同订立的时间与地点

订立合同的时间和地点对于当事人而言有着直接的利益关系。订立时间关系到合同生效的时间,订立地点关系到合同适用的法律、惯例等事项,所以,这两者的明确至关重要。关于电子商务合同订立的时

---

[1] 江平主编:《中华人民共和国合同法精解》,中国政法大学出版社 1999 年版,第 376 页。

[2] 姚梅镇主编:《国际经济法教学参考资料选编》(上册),武汉大学出版社 1991 年版,第 157 页。

间,《公约》第 23 条规定:"合同于按照本公约规定对发价的接受生效时订立。"①应当说,电子商务合同适用此项规定是没有问题的。至于电子商务合同订立的地点,由于从事电子商务的双方当事人可能从全球的任何地点接收电子邮件等电子数据信息,因此,有必要对此作出明确的规定。一般认为以接受生效的地点作为合同的订立地点。中国《合同法》第 34 条规定:"承诺生效的地点为合同成立的地点。采用数据电文形式订立合同的,收件人的主营业地为合同成立的地点;没有主营业地的,其经常居住地为合同成立的地点。当事人另有约定的,按照其约定。"②《公约》中对合同的订立地点没有作出具体规定,而是将此问题留给了对合同具有管辖权的国内法,电子商务合同自然也不例外。

(三) 网络环境下"营业地"标准的确定问题

《公约》第 1 条的规定表明,该《公约》只适用于营业地在不同国家的当事人之间所订立的货物销售合同。与此同时,根据其第 1 条第(2)款之规定,如果从合同或从订立合同前任何时候或订立合同时,当事人之间的任何交易或当事人透露的情报均看不出当事人营业地在不同国家的事实,则应排除《公约》的适用。然而,由于网络缩小了空间和时间上的距离,电子商务往往模糊了国内交易与国际交易之间的界限,故对《公约》的上述条款有必要探讨一下其在电子环境下的可适用性。

《公约》调整的是国际货物买卖,这一"国际性"的标准即是交易双方营业地处于不同国家。在传统交易方式的条件下,确定营业地所在国比较容易,而且交易各方也在多年的实践中达成了有效共识。但是,在电子订约的情形下,营业地所在国的确定就比较复杂,大致有以下三

---

① 姚梅镇主编:《国际经济法教学参考资料选编》(上册),武汉大学出版社 1991 年版,第 157 页。

② 江平主编:《中华人民共和国合同法精解》,中国政法大学出版社 1999 年版,第 377 页。

种情况：

第一，双方当事人明确表明其有关营业地的所在国。此时，电子订约方式与传统订约方式几乎没有什么区别。《公约》现有条款完全可以直接解释和适用于电子订约的情况。

第二，双方当事人未明确表明其相关营业地的所在国，但存在可据其推断相关营业地所在国的信息。此时，可考虑以电子电文发送地址为准。如果一方当事人使用一个带有同某一具体国家相联系的域名地址，例如，".cn"结尾代表中国、".kr"结尾代表韩国等，则可以推定营业地应位于该国，因而采用指定了某一具体国家的电子邮件地址的当事人与采用指定另一具体国家的电子邮件地址的当事人之间所订的销售合同，应被视为具有"国际性"，从而应当适用《公约》，当事人就此不能援引《公约》第1条第(2)款来排除《公约》的适用。

第三，双方当事人未明确表明其相关营业地的所在国，也不存在着可据其推断他们相关营业地所在国的信息，例如以".com"或".net"等顶级域名结尾的情况。对此，如果假定该合同始终具有"国际性"，因而也纳入《公约》的调整范围，应当是一个比较好的解决办法。因为这样的假定不仅具有相当的合理性，而且易于实施。当事人使用这类地址不外乎两个理由：其一，当事人并不想将地点定在某一具体国家；其二，当事人希望提供普遍访问的机会。在操作中，只需在现行《公约》中补充相应的规则来确认这一假定即可。

针对如何确定营业地所在国的问题，联合国贸法会还提出了一个更为彻底的解决方案，即考虑为电子订约条件下的"营业地"这一概念下定义。该方案最显而易见的好处是将所有适用于以传统方式缔结的销售交易规则完全适用于以电子方式订立的销售交易，从而使得《公约》具有更大的普遍适用性。与此同时，还可以较容易地判定《公约》的两个可适用性标准：一个是双方当事人营业地所在国均为《公约》缔约国,另一个是国际私法规则导致适用某一缔约国的法律。因为一旦"营业地"所在国确定了,其所在国在合同订立时是否为《公约》缔约国的问题也就迎刃而解了。至于第二个标准,笔者认为,联合国贸法会颁布的《电子商务示范法》中所使用的"功能等同"方法,已经很好地实现了传统商法与网络环境的嫁接,其实质就是将以电子方式缔结的合同与以任何其他方式缔结的合同等同视之,无须区别对待,因而完全可以使用传统办法来解决电子订约中出现的类似问题。

不过,如何给电子订约情况下的"营业地"下一个准确定义却仍然具有相当的难度和复杂性。首先,《公约》本身对"营业地"的概念并无明确定义,因而新的定义起码不能排斥《公约》各缔约国间已经达成的关于"营业地"含义的统一认识;其次,这一定义还须简单明了,易于确认当事人营业地所在国;再次,新的定义要避免某一当事人因使用电子和传统两种不同手段订约而产生出两个不同所在国的营业地;最后,定义还应将法律文献中所常用的传统商务中关于营业地的概念移植于网络空间,解决好诸如营业地的"稳定性"、"自主性"等问题。这一切都急需联合国贸法会在较短的时间内取得突破性进展,并促使各个缔约国达成统一的共识。

第七节　国际私法基本调整范围
——跨领域适用问题(主要以外层空间站为例)

国际公法主要是国家之间的法律,即以国家之间关系为主要调整对象的有约束力的原则、规则和制度的总和。[1] 而国际私法则是以涉

---

[1] 参见中国大百科全书出版社编辑部编:《中国大百科全书·法学卷》,中国大百科全书出版社 1984 年版,第 189 页。

外民事法律关系为调整对象,以解决法律冲突为中心任务,以冲突规范为最基本规范,同时包括避免或消除法律冲突的实体规范和国际民事诉讼与仲裁程序规范在内的一个独立的法律部门。①由此可见,因为国际公法与国际私法调整领域的不同,使得这两者之间存在着很大的区别。但是,我们也应看到,这种区别不是绝对的,它们并不是相互孤立、互不联系的。在实践中,这两个部门法常常是相互渗透、相互补充的关系。本节将主要以外层空间站为例,对国际私法在国际公法调整领域中的作用问题进行初步研讨。

一、国际私法可以发挥调整作用的若干国际公法领域

(一)外层空间站

随着科学技术的快速发展,载人航天飞行在人类社会已经成为现实,我国也于2003年10月15日在酒泉卫星发射中心成功发射了"神舟"五号载人飞船,中国的首位宇航员杨利伟乘坐该飞船绕地球飞行14圈后,在次日凌晨顺利返回地面。尽管人类进入太空的人员目前主要还是那些具有科学家身份的宇航员,其目的和工作也集中于探索和利用外层空间以及进行科学实验,但2001年4月28日,时年61岁的美国富翁丹尼斯·蒂托(Danis Tito)以非职业宇航员身份搭乘俄罗斯"联盟"号宇宙飞船进入位于太空中的国际空间站,成为全球第一个进入太空的普通观光客,他在太空遨游了8天后于5月6日安全返回地球,标志着人类历史上的首次太空旅游圆满结束。② 这一轰动事件表明,世界各国一般民众期待进入外层空间的愿望已不再是无法实现的梦想。

然而,无论是宇航员也好,普通民众也罢,他们身处于运行在外层

---

① 参见张潇剑:《国际私法论》(第二版),北京大学出版社2008年版,第23页。
② 详情请见2001年4月底至5月上旬国内各大媒体(含知名门户网站)的相关报道。

空间的太空站内,相互之间是有发生侵权行为的可能的。[1] 这里我们假设:太空中有一个美国、加拿大、日本以及欧洲航天局(the European Space Agency,简称 ESA)共同建造的多国空间站在绕地运行,空间站内有数名科学家从事着各种科学实验。当一位美国生物学家经过加拿大太空舱时,一位法国天体学家正在修理一个仪表板。这位天体学家随手将一个扳手放在一旁,后该扳手漂浮起来击伤了途经的美国生物学家。在这起侵权纠纷中,应以哪个国家的实体法来处理?又应以哪个国家的冲突规范来确定解决该案的准据法?这一例子涉及国际私法上的法律选择问题。在国际公法上,目前已有若干项国际条约对外层空间的许多方面进行着调整,然而在国际私法上,尽管于外层空间站内发生侵权事故具有现实的可能性,但至目前为止,如何解决在外层空间站内部发生的私人间侵权纠纷的法律选择和法律适用问题,国际社会尚无任何条约或协议作出规定。

在一项具体的侵权纠纷中,如果所有相关国家的冲突规范都指向了同一个国家的实体法,即这些国家的国际私法均要求适用同一个国家的实体法去确定被指控的侵权行为人的侵权责任,那么,其中一个国家的冲突规范之规定,对于该案的最终审理结果而言就不是决定性的。但令人遗憾的是,现实中这种情况并不常见。各国的国际私法规定往往存在着很大的不同,国际社会很少在适用何国国内冲突规范去确定相关问题准据法的问题上达成一致协议,因而更不会集体关注适用何国实体法才能使得案件的审理结果最为公正。

不管怎样,由于现今外层空间站本身并没有自己的调整侵权行为的实体法律可供适用,因此,在外层空间站内部所发生的私人间侵权纠

---

[1] 本节只限于研讨发生于绕地运行的外层空间站内部私人间侵权行为之准据法的确定,而不涉及国家间或国家与私人间发生于外层空间站内之纠纷的法律选择和法律适用问题。

纷,就一定要经由某个国家的国内侵权实体法来解决。而在决定适用哪一国实体法时,则离不开冲突规范的运用。对于这方面冲突规范的确定,决策人目前通常要考虑以下几个要素:即内部发生侵权事故的外层空间站的登记国、原告的国籍国、被告的国籍国,等等。

(二) 南极洲

在人类居住的这个地球上,几乎每一寸土地都至少被一个国家,有时甚至是两个或更多的国家声称拥有主权。如果对某一块土地的主权要求发生了冲突,有关国家可以采用多种方式加以解决,以确定其中一国对某一争议地区的主权。然而,南极洲却是个例外。曾经有些国家对南极洲的若干区域提出了主权要求,①但这些要求不同程度地受到了其他国家的质疑。为了协调各国的主权要求和促进南极科学考察的国际合作,经美国倡议,于1958年在华盛顿召开了由美国、苏联、英国、法国、澳大利亚、新西兰、挪威、比利时、日本、阿根廷、智利、南非参加的"十二国南极会议",并于1959年12月1日签订了《南极条约》。② 从该条约第4条的规定来看,条约并未最终解决有关国家对南极洲的领土主权要求,它只是对这些主权要求予以冻结。③

---

① 这些国家是:英国、法国、新西兰、澳大利亚、挪威、阿根廷、智利、巴西,秘鲁、乌拉圭等。转引自胡其安:"南极洲的法律地位",中国国际法学会主编:《中国国际法年刊》(1984),中国对外翻译出版公司1984年版,第196—197页。

② 参见中国国际法学会主编:《中国国际法年刊》(1984),中国对外翻译出版公司1984年版,第201—202页。

③ 《南极条约》第4条规定:"一、本条约的任何规定不得解释为:(甲)缔约任何一方放弃在南极原来所主张的领土主权权利或领土的要求;(乙)缔约任何一方全部或部分放弃由于它在南极的活动或由于它的国民在南极的活动或其他原因而构成的对南极领土主权的要求的任何根据;(丙)损害缔约任何一方关于它承认或否认任何其他国家在南极的领土主权的要求或要求的根据的立场。二、在本条约有效期间所发生的一切行为或活动,不得构成主张、支持或否定对南极的领土主权的要求的基础,也不得创立在南极的任何主权权利。在本条约有效期间,对南极的领土主权不得提出新的要求或扩大现有的要求。"王铁崖、田如萱编:《国际法资料选编》(第二版),法律出版社1986年版,第534页。

但是,国家主权没能在南极洲落实并不表明南极洲是一个缺乏法制的大陆,也不意味着任何一个国家可以在这块大陆上为所欲为。一方面,对《南极条约》的缔约国来讲,该条约的各项规定"应适用于南纬60°以南的地区"[①],即《南极条约》的空间适用范围覆盖了整个南极洲;另一方面,国际社会亦普遍认为,调整国家在世界其他地区行为的国际公法规范同样应适用于南极洲。由此可见,在南极地区是存在着规制国家行为的法律的。

然而,我们也应看到,并非所有人类南极活动所引发的问题都会牵涉国家。如果是私人在南极地区从事某些活动,应当遵循什么法律?他们之间假如产生了纠纷又应适用什么(或何处)法律来解决?一般来讲,如果一个国家可以对某个个人行使管辖权,则该国就同样可以对位于其境外的该个人适用其本国的法律。[②] 但《南极条约》仅仅规定了缔约方对属于其本国的科学人员、科学人员的随从人员以及观察员行使管辖权,[③] 而对旅行者、非缔约方的科学人员究竟应当由谁来行使管辖权,该条约却未能作出规定。与此相适应,由于《南极条约》调整范围的局限性,它也不可能涉及在南极洲发生的私人间纠纷的法律适用问题。鉴于目前国际社会在南极洲领域尚不存在着统一的国际私法条约,因而有关法律选择、法律适用问题的解决,恐怕在很大程度上还要取决于有关国家国内法上之规定。

(三) 公海

与陆地有所不同,在地球上的海洋中,只有相对很小的部分可以由

---

① 见《南极条约》第6条。王铁崖、田如萱编:《国际法资料选编》(第二版),法律出版社1986年版,第535页。

② 当然这里还应当有一个前提,即该国立法赋予其法律具有域外效力,而且相关外法域也承认该国法律在其境内具有域内效力。

③ 见《南极条约》第8条第1款。王铁崖、田如萱编:《国际法资料选编》(第二版),法律出版社1986年版,第536页。

国家声称主权。① 国家主张主权权利或行使管辖权以外的水域则被称之为公海,在公海范围内,任何国家不得要求主权,②所适用的法律也应当是各种相关的国际条约和国际习惯。然而,与南极洲法律制度相区别的是,在公海领域某些通行的习惯标准可以用来规制对私人管辖权的行使,而国际条约则用来调整国家之间的关系。举例来讲,一国对悬挂其旗帜并在公海上航行的船舶,拥有排他的(尽管不是绝对的)管辖权。因此,虽然国际社会在公海领域也不存在着一部统一、完整的国际私法条约,但我们还是可以从各国的普遍习惯做法中推导出一般法律适用原则的。例如,对在公海上航行的船舶内部所发生的侵权行为,各国通行的立法规定和司法实践是适用其船旗国法律。③

二、在国际公法调整领域有必要订立法律选择国际协议

在上述国际公法调整的三个领域(外层空间站、南极洲、公海)中,国际社会至目前为止还不存在着明确、统一、公认的法律选择规范,当然,也几乎不存在调整私人间权利义务关系的统一实体法。这样一来,

---

① 根据1982年《联合国海洋法公约》第56条、57条之规定,沿海国可自本国领海基线量起向外最远扩展至200海里设立专属经济区,在该区域内沿海国可对人工岛屿、设施和结构的建造和使用,海洋科学研究,海洋环境的保护和保全拥有管辖权。从公约对专属经济区的若干规定来看,沿海国在该区域内所享有的主权权利尽管不是排他的,但却相当广泛。公约关于专属经济区的具体规定,详见王铁崖、田如萱编:《国际法资料选编》(第二版),法律出版社1986年版,第313—325页。

② 见《联合国海洋法公约》第89条。王铁崖、田如萱编:《国际法资料选编》(第二版),法律出版社1986年版,第330页。

③ 参见张潇剑:《国际私法论》(第二版),北京大学出版社2008年版,第357页。但《中华人民共和国海商法》对公海上航行的船舶内部所发生的侵权行为应当适用什么法律却未作规定,该法可以适用于公海领域的内容是其第273条第2款及第3款,调整的是船舶碰撞方面的损害赔偿问题。这两款的规定是:"船舶在公海上发生碰撞的损害赔偿,适用受理案件的法院所在地法律。同一国籍的船舶,不论碰撞发生于何地,碰撞船舶之间的损害赔偿适用船旗国法律。"

在这三个领域内如果发生私人间的侵权纠纷,当事人可能会向甲国法院起诉,也可能选择乙国法院去打官司,还可以通过外交途径寻求救济。但是,有关案件由不同国家的法院受理或采用不同的争议解决方式,其最终结果对当事人而言将有实质性的差别。例如,原告可能选择允许最大额度赔偿的法院地去起诉;如果原告对诉讼便利的考虑超出了对其他因素的考虑的话,他(她)或许会决定在其本国法院起诉;如果是非法致死案件,被害人的继承人也有更多的理由去被害人的本国法院起诉,这样做倒不是由于其他国家与本案并无联系,而往往是由于被害人的继承人对被害人的本国法最为熟悉;但是,原告有时也不得不去被告的本国法院起诉,因为其他国家的法院对被告均无管辖权。在这些情形下,原告有时可以挑选法院,有时却不能挑选法院,因而决定了原告是否可以选择对其有利的冲突规范,而冲突规范的基本功能便是指引准据法。各国冲突规范的不统一,势必导致准据法的确定带有不稳定性,使得案件的最终审理结果要么对当事人极为有利,要么非常不利,从而影响到法院判决的公正性。

法律的适用不论是对法官还是对当事人或其律师而言,一个基本的要求就是具有明确性、稳定性、一致性及可预见性,只有这样才能减少以致避免当事人挑选法院或挑选争议解决方式的现象,使得争议的解决获得公平、公正的效果,既维护了当事人的合法权益,又符合一定的社会目的。而要实现这一理想,相应的统一实体法的存在是必不可少的。但从目前国际社会的现实来看,各国基于其国情不同或利益不同的种种考虑,在可预见的将来共同协商制定适用于外层空间站、南极洲或公海等领域的调整私人间权利义务关系的统一实体法尚不具有可行性。然而,在这些领域内私人间发生侵权纠纷又是一个非常现实的问题,这就迫切需要法律来加以调整。有鉴于此,国际社会可以考虑制定统一的冲突法作为第一步,通过国际条约将解决在外层空间站、南极洲或公海等领域发生的私人间权利义务冲突的法律适用规范先统一起来。① 这样，一方面增强了法律适用的明确性、稳定性、一致性和可预见性，能够尽量减少或避免当事人挑选法院现象的发生；另一方面，由于制定统一冲突法不像制定统一实体法那样会对各国利益产生重大的实质性影响，有关规定也易于为世界各国所接受，故而在国际社会，先制定统一冲突法比先制定统一实体法的难度要相对小一些。诚然，由于在外层空间站、南极洲、公海等领域基本上不存在着调整私人间权利义务关系的统一实体法，这种统一冲突法制定之后，其所适用的准据法往往会指向有关国家的国内实体法，有些时候还可以指向国际习惯。但由于冲突规范的统一，至少在缔约国之间，同一种争议无论当事人向哪一个国家的法院去起诉，均可期望法院会适用同一个实体法，这样，即可达到判决结果趋向于一致，而判决结果的一致性则是国际私法所追求的最高理想境界。

三、在国际公法调整领域订立法律选择国际协议所应考虑的法律适用原则

本题拟集中以外层空间站为例，来对这一领域的法律适用原则作进一步的研讨。

由于国际社会目前在绕地运行的外层空间站方面尚不存在着法律适用的相关规定，我们只有以调整地球上关于人、行为、事件等事项的法律适用原则为出发点，来探讨关于外层空间站的法律适用

---

① 国际社会在公海领域的相关努力已经获得了初步的成果。1977年9月30日在巴西的里约热内卢签订的《统一船舶碰撞中有关民事管辖权、法律选择、判决的承认和执行方面若干规则的公约》即是一例。该公约第4条规定："……如碰撞发生在领海以外的水域，则适用受理案件法院的法律，但如有关的船舶都在同一国登记或由它出具证件，或即使没有登记或由它出具证件，但都属同一国家所有，则不管碰撞在何处发生，都适用该国法律。"余先予主编：《冲突法资料选编》，法律出版社1990年版，第507页。

问题。

(一) 侵权行为地法律

侵权行为地法律是传统的法律适用方法,其可取之处在于它可以使得案件的判决结果具有一致性和可预见性,法院也能够比较容易地确定侵权行为地并适用该地所属国的实体法。由于依照此种方法确定准据法,其他因素往往都是不相干的,因而原告也就缺乏积极性去挑选对自己更加有利的法律或挑选对自己更富有同情心的法院。

尽管侵权行为地法律这一传统法律适用方法在解决侵权纠纷方面有其自身的优势,但世界各国的国际私法立法对此并未普遍予以采纳,还有些国家在侵权领域遵循的是其他法律适用原则。有鉴于此,该系属公式尚不能盲目地推广适用于外层空间站领域的侵权纠纷。此外,对于绕地飞行的外层空间站而言,何为"侵权行为地"也存在着不同的看法,因为外层空间站是在不停地环绕轨道上运行,其位置并不固定;即使外层空间站的位置可以固定,由于国际社会对外层空间站内部发生的侵权行为并无统一的实体法予以调整,因而侵权行为地法律这一法律适用原则目前还不具有可操作性,除非国际社会将来为外层空间站制定了一部这方面的实体法。

(二) 外层空间站登记地法律

应当说,外层空间站与其登记地的联系非常密切,因而对外层空间站方面的各种问题适用其登记地法律是符合逻辑的。问题在于,这里所说的"登记地"究竟指何处?

1975年的联合国《关于登记射入外层空间物体的公约》(简称《登记公约》)第1条规定:"'登记国'一词是指一个依照第2条将外空物体登入其登记册的发射国。"第2条1款接着规定:"发射国在发射一个外空物体进入或越出地球轨道时,应以登入其所须保持的适当登记册的方式登记该外空物体。"①由此可见,公约所称的"登记国"即"发射国"。那么,何谓"发射国"?《登记公约》第1条将"发射国"界定为两类:一类是指"一个发射或促使发射外空物体的国家";另一类是指"一个从其领土或设施上发射外空物体的国家"。②

从公约的上述规定来看,它所称的"发射国"是广义的,实际上包含了三类国家:第一类是直接从自己的领土上自己发射外空物体的国家(即狭义的发射国),如美国。我们都知道,只有在赤道或赤道附近发射外空物体,才能将其置入地球静止轨道,美国就是在其佛罗里达州的卡纳维拉尔角(Cape Canaveral)航天基地发射外空物体的,因为那里靠近赤道。第二类是(在别国领土内)促使发射外空物体的国家,包括区域性的合作机构,如欧洲航天局。该航天局要发射外空物体就必须在非洲国家进行,因为那里距赤道比任何一个欧洲航天局的成员国距赤道的距离都要近。第三类是在其本国领土或设施上为别国发射外空物体的国家,如靠近赤道的某一个非洲国家。

《登记公约》的上述分类对法律适用具有重要意义。根据该公约,其所列举的三类国家都可以作为外空物体的登记国,因而在涉及外层空间站的问题上,它们的法律均有适用的可能性。尤其需要强调指出的是,如果在某个非洲国家成为外空物体的登记国时,根据"外层空间站登记地"这一连结点的指引,该非洲国家的法律同样应当得到适用。

(三) 当事人的共同属人法

在本节开头所提及的假设中,由于一位宇航科学家的疏忽,使得他用过以后随手摆放的扳手飘浮起来,击伤了另一位宇航科学家,并由此引发了一起侵权争议。双方当事人既不是外层空间站登记国的国民,

---

① 王铁崖、田如萱编:《国际法资料选编》(第二版),法律出版社1986年版,第629页。
② 参见同上。

也都不在该登记国境内有住所,除了他们置身于外层空间站内从事科学实验工作这一事实外,与该外层空间站的登记国再无其他实质性联系;而且,这些科学家也许是在世界其他地方(例如哈萨克斯坦的拜科努尔航天发射场)由宇宙飞行器送入该外层空间站的。这种情形下,适用"外层空间站登记地法律"就显得有些牵强,特别是当原被告双方国籍相同而又不是外层空间站登记国的国民、或均在外层空间站登记国以外的另一国家有住所时,则可以考虑适用他们的共同属人法。

(四) 最密切联系的法律

最密切联系的法律亦称最密切联系说,它是1971年《美国第二次冲突法重述》的理论基础。[①] 在此之前,这一法律适用方法于美国纽约州最高法院富德法官审理的"奥登诉奥登案"(1954年)和"贝科克诉杰克逊案"(1963年)中,曾经得以成功运用。[②]

在外层空间站问题上,可以综合考虑侵权行为结果发生地(这里特指在绕地运行的外层空间站内部发生了侵权行为,但损害结果直至受害人或该外层空间站返回地面后才显现出来的情况)、外层空间站登记地、原告(受害人)或被告(致害人)国籍所属国或住所地国、原被告双方当事人的共同国籍国或共同住所地国等诸项连结因素,视其中哪一个或哪几个与所受理的案件有最密切的联系,就适用其所指向的实体法。

(五) 综合利益分析的法律

美国教授卢瑟·麦克杜格尔(Luther McDougal)是这一法律适用方法的主要倡导者。[③] 根据这一方法,法院要考虑与案件有关的所有

---

① 参见张潇剑:《国际私法论》(第二版),北京大学出版社2008年版,第100页。
② 参见同上书,第86—92页。
③ See Luther McDougal, "Comprehensive Interest Analysis Versus Reformulated Governmental Interest Analysis: An Appraisal in the Context of Choice-of-Law Problems Concerning Contributory and Comparative Negligence", *UCLA Law Review*, Vol. 26, 1979, p. 439; Luther McDougal, "Choice of Law: Prologue to a Viable Interest-Analysis Theory", *Tulane Law Review*, Vol. 51, 1977, p. 207.

各方的利益,诸如受害方的利益、被告方的利益、代表他们的国家的利益、受纠纷或其解决结果影响的其他国家及其国民的利益,甚至还要考虑那些其国民或财产并未牵涉其中的国家的利益,等等,以确定应予适用的适当法律。① 如果法官认为没有相关的适当法律存在,他可以创设一套全新的实体法规则以满足各方的利益要求。②

这一主张的可取之处在于:它可以使得对外层空间站争议的解决符合外空活动参与各方的实际需要,照顾到各有关方面的利益,而且为法庭将地球上的法律规定适用于外空活动注入了活力。但与此同时,这一主张也存在着弊端:即它赋予了法院以相当大的自由裁量权。这一自由裁量权不仅体现在司法领域,甚至还能够扩展至立法领域。换言之,根据这种观点,当法官认为不存在着适当法律的时候,他可以制定新的法律规则来予以适用,其结果便是:即使一项判决事实上是公正的,它也有可能被批评为是过多地偏袒了其中某一方当事人。

综上所述,在已讨论的五项系属公式中,除了第一个("侵权行为地法律")目前还缺乏可行性之外,其余四项均可在与外层空间站有关的纠纷中单独或结合适用,用以确定解决争议问题的实体法。至于在处理具体纠纷中究竟应当依照上述哪一个系属公式来指引准据法,则应视个案的情况而定。一般来讲,"外层空间站登记地法律"的适用场合会比较多,因为这一连结因素既非常明确,又很稳定;同时,法官、当事人及其律师对所应适用的法律亦有很强的预见性,并且它对法官的自由裁量权还作出了适当的限制,因而是一种比较合理、比较切实可行的法律适用方法,具有可操作性。但同时也应注意到,尽管此种方法的优越性至为明显,却并不因此而否定其他几项系属公式的存在价值。在

---

① See Marc Firestone, "Problems in the Resolution of Disputes Concerning Damage Caused in Outer Space", *Tulane Law Review*, Vol. 59, 1985, p. 774.

② See Ibid., pp. 774-775.

制定具体的法律适用国际公约时,可以以"外层空间站登记地法律"为主,必要时兼采其他法律适用方法,形成一个各自独立、相互补充、相辅相成的法律适用格局,分别或共同调整产生于外层空间站内部或与外层空间站有关之争议的法律适用问题。

　　前已提及,在外层空间站方面,来自不同国家的宇航员相互间是有可能发生侵权纠纷的。而任何一个争端解决机构在解决这一领域的争议时,都需要确定应当适用哪一个国家的法律或何种法律作为准据法。所以,国际社会有必要重视、研究外层空间站这一领域的法律适用问题,尽快制定相关的国际私法条约,以使法律跟上科学技术飞速发展的步伐,做到未雨绸缪;同时,也为国际私法在国际公法适用领域中逐步发挥建设性调整作用迈出至关重要的第一步,并就此为私人间权利义务纠纷的解决奠定坚实、良好的法律适用基础。

第二章 国际公法篇

第一节 国际强行法基本问题之一
——定义及其识别标准

国际强行法在国际法上的地位非常重要和特殊,可以这样认为,没有国际强行法,国际法的法律强制性和法律拘束力便无从体现。有鉴于此,笔者拟从国际强行法的定义和识别标准这两个方面入手,来对国际强行法作一专题研究。

一、国际强行法的定义

(一)关于国际强行法定义的若干主张

早在1963年联合国国际法委员会讨论国际强行法问题以前,赞成国际强行法概念的各国法律学者就认为,判断一项条约是否合法要看该条约的目的之所在,确切地讲,就是一项条约的目的要与某些特定规则的内容相一致。由此便产生一个问题:对于哪些规则国家不得以条约来合法背离,否则该条约无效呢?英国法学家麦克奈尔(McNair)认为,"列举这类规则要远比给它们下定义容易得多"[1]。

尽管如此,当代许多国际法学者仍在从各种不同角度,试图为这类规则作出定义。例如:麦克奈尔认为,国际强行法规则是指那些为保护

---

[1] A. McNair, *The Law of Treaties*, Oxford: Clarendon Press, 1961, p. 222.

国际社会公共利益或维持各国承认的公共道德标准所必需的法律规则。① 在海德(Von der Heydte)看来,国际强行法是由文明国家所承认为强行法的一般法律原则以及与国际法的结构有关的基本构成性原则所组成的。② 还有一些学者把国际强行法定义为普通道德、人类共同法律、国际公共政策、国际法上的宪法性原则,等等。③ 严格说来,这些都不能算做是国际强行法的定义,因为它们并未使我们更加明确究竟什么是国际强行法。

相比之下,比利时法学家苏伊(Erik Suy)教授的定义则进了一步。他把国际强行法定义为是"一些一般法律规则的总和,对于这些法律规则如果不加遵守,就可能影响它们所隶属的法律体系的本体这样大的程度,因而法律主体就不得以特别契约加以背离,否则契约就遭受绝对无效的制裁。"④苏伊的这个定义体现了强行法在任何法律体系中都具有的共性,但它却忽略了国际法上的强行法所特有的个性,因而就国际强行法来说,该定义是不够完整的。

苏联国际法学家童金(G. I. Tunkin)教授的定义是:国际强行法是那些一般国际法规则的集合体,它们已为国家之国际社会作为规范明示或默示地予以承认和接受,并禁止缔约方从法律上背离这类规范。这类规范既可以通过普遍性的多边条约或一般公认的习惯,也可以通过所谓混合方式即条约——习惯的方式来确立,它们一方面约束缔约

---

① See A. McNair, *The Law of Treaties*, Oxford: Clarendon Press, 1961, p. 214.
② See Jerzy Sztucki, *Jus Cogens and the Vienna Convention on the Law of Treaties: A Critical Appraisal*, Wien • New York: Springer-Verlag, 1974, p. 79.
③ See Ibid., pp. 77-79.
④ Erik Suy, "The Concept of *Jus Cogens* in Public International Law", *The Concept of Jus Cogens in International Law*, Papers and Proceedings Ⅱ, Conference on International Law, Lagonissi(Greece), April 3-8, 1966, Geneva, 1967, p. 18.

方,另一方面,以习惯程序来约束那些作为非缔约方的国家。① 这一定义比较符合国际强行法的实际情况,特别是"它们已为国家之国际社会作为规范明示或默示地予以承认和接受"一句,明确表述了国际法上的强行法所具有的特殊性。因为国际法上的主体主要是主权独立的国家,一项国际法原则或规范要对各国具有拘束力,就必须得到它们的认可和接受。这是国际强行法与国内强行法的一项重要区别,也是童金定义优于苏伊定义之处。关于童金的定义,需要补充说明一点的是,在这个定义提出之时(1975年),《维也纳条约法公约》(1969年5月23日订于维也纳,简称《条约法公约》)已经制定,将公约中的规定与童金的定义两相对照,笔者的印象是,童金的定义尚未从根本上突破公约所规定的范围。

(二) 国际强行法的特征

从笔者现有掌握的资料来看,中国国际法学界到目前为止尚无为国际强行法作出定义者。李浩培教授的专论"强行法与国际法"只是引用了苏伊的定义;②另一位中国学者万鄂湘在其"国际强行法与国际法的基本原则"这篇文章中,以《条约法公约》第53条的规定为依据,为国际强行法归纳出四个基本特征,即整体性、绝对性、普遍性和可变更性。③ 王铁崖教授主编的高校法学教材《国际法》也主要依据《条约法公约》第53条的规定,为国际强行法列举了如下特征:(1)国际社会全体接受;(2)公认为不许损抑;(3)仅有以后具有同等性质之原则始得

---

① See G. I. Tunkin, "International Law in the International System", *Recueil des Cours de L'Academie de Droit International*, Vol. 4, 1975, pp. 140-141.

② 参见李浩培:"强行法与国际法",中国国际法学会主编:《中国国际法年刊》(1982),中国对外翻译出版公司1982年版,第39页。

③ 参见万鄂湘:"国际强行法与国际法的基本原则",《武汉大学学报(社科版)》1986年第6期。

更改。①

尽管《条约法公约》第53条宣布,该条款所规定的强行法是"就适用本公约而言"的,而且上述特征也不等于完全意义上的国际强行法定义,但它们却是在研究国际强行法定义时所必须加以考虑的因素;此外,上述特征还表明,《条约法公约》第53条的规定为研究国际强行法定义提供了基础和出发点。因此,这里有必要对该条款作进一步的分析。

在1968年至1969年制定《条约法公约》的维也纳外交会议上,绝大多数与会代表对于将强行法明确规定在公约条文中并无异议,但对草案第50条(即生效后的《条约法公约》第53条)未能给国际强行法下一明确定义表示不满。② 之所以会出现这种情况,主要是因为关于国际强行法定义的每一项提议,均遭到起草委员会2/3成员的反对。③ 会议最后通过的条约文本第53条对国际强行法所作的解释是:"就适用本公约而言,一般国际法强制规律指国家之国际社会全体接受并公认为不许损抑且仅有以后具有同等性质之一般国际法规律始得更改之规律。"④ 如前所述,王铁崖教授主编的我国高校法学教材《国际法》一书以这一规定为依据,得出了国际强行法具有三个特征的结论,本题也不妨从这三个特征入手,来探讨一下国际强行法的定义问题。

第一个特征——"国际社会全体接受",体现了国际强行法的一般

---

① 参见王铁崖主编:《国际法》,法律出版社1981年版,第50页。
② 参见同上;并见李浩培:"强行法与国际法",中国国际法学会主编:《中国国际法年刊》(1982),中国对外翻译出版公司1982年版,第48页。
③ See Egon Schwelb,"Some Aspects of International *Jus Cogens* as Formulated by the International Law Commission", *American Journal of International Law*, Vol. 61, 1967, p. 963.
④ 王铁崖、田如萱编:《国际法资料选编》(第二版),法律出版社1986年版,第759—760页。

性。国际强行法可以被认为是国际法的一个特殊范畴,但它毕竟是国际法。国际法之所以具有拘束力,就在于它得到了国际社会多数成员的尊重、认可及接受,并在国际交往过程中以此为标准,进行相互约束和自我约束。因此可以说,"国际社会全体接受",这不仅是国际法,同时也应是国际强行法的一个重要特征,忽略了这一点,将会对全面、准确地认识国际法的特殊性问题产生不利影响。

但另一方面,在这个特征中也存在着如下问题,即如何理解"国家之国际社会全体接受"这样的提法。维也纳外交会议《条约法公约》起草委员会主席雅森(Yasseen,伊拉克)的一段表述,将有助于正确认识这一规定。他指出:"起草委员会意欲强调,不存在要求一项规则被所有国家接受和承认为具有强行性的问题。如果经一个很大多数接受和承认也就够了。这就意味着,如果一个国家孤立地拒绝接受一项规则的强行性,或者该国得到一个很少数目的国家的支持,则国际社会作为整体,对该规则的强行性的接受和承认并不因此而受到影响。"[1]由此可见,"全体接受"的含义是绝大多数国家接受和承认;换言之,如果一项规则属于一般国际法规则,并且能够证明该项规则已由国家之国际社会作为整体接受和承认为不得损抑,那么,该项规则即对整个国际社会具有拘束力。其结果就是,即使是没有证据表明一国接受和承认了这类具有特殊作用的规则,甚至一国明确表示拒绝接受它们,也不能使得该国因此而规避这类规则的强制性和拘束力。

第二个特征——"公认为不许损抑",体现了国际强行法的特殊性。国际强行法既然是国际社会全体接受,那就意味着这类原则和规范具有强行性,即国家不得以条约或协议的方式来排除其适用,并且任何与

---

[1] *United Nations Conference on the Law of Treaties*, First Session, 1968, Official Records, p. 472.

之相抵触的条约应属无效。这可以说是国际强行法的一个最显著的特性,《条约法公约》第 53 条的规定明确地体现了这一特征。对此,国际法学界并无异议。

第三个特征——"仅有以后具有同等性质之一般国际法规律始得更改"。《条约法公约》第 53 条的这一规定意在强调,与其他种类的国际法规则相比,国际强行法的效力更具有绝对性、高层次性,必须是具有同等强行性质的国际法规则才能予以更改。而低层次的、强制力较弱、强制力不明显甚至无强制力的国际法规则,是不能更改国际强行法规则的效力的。

关于国际强行法的特征可能会有各种不同的主张,但笔者认为,最基本的特征是上面的三个:其一是国际强行法作为国际法的一个组成部分所具有的一般性——"国际社会全体接受";其二是与任意法比较而言,国际强行法所独有的特殊性——"公认为不许损抑";第三是国际强行法规则之绝对的、高层次的强行性质,决定了其更改的条件是——"仅有以后具有同等性质之一般国际法规律始得更改"。

(三) 国际强行法的定义

依据上述三点主要特征,笔者试图为国际强行法下一初步定义,即国际强行法是国际法上一系列具有法律拘束力的特殊原则和规范的总称,这类原则和规范由国际社会成员作为整体通过条约或习惯,以明示或默示的方式接受并承认为具有绝对强制性,且非同等强行性质之国际法规则不得予以更改,任何条约或行为(包括作为与不作为)如果与之相抵触,归于无效。

这个定义除了包含有前面分析过的三项主要特征外,还有如下几点新内容:第一,强调了国际强行法是由国际法上某些特殊原则和规范组成的,并且具有法律拘束力;第二,本定义未沿用《条约法公约》第 53 条中"国家之国际社会"的提法,而采用了"国际社会成员"这种措辞,是考虑到在国际法上除了国家之外还有其他法律主体存在这一事实;第三,说明了国际社会成员接受和承认国际强行法的方式——通过条约或习惯以明示或默示的方式来表达;第四,本定义认为,因违反国际强行法而归于无效的不仅仅是条约本身,还应包括国际社会成员的行为在内,因而在定义中将两者并列相提,以促请人们注意国际强行法的适用范围虽然主要是在条约领域,但并不仅仅局限于此。在当今的国际实践中,这方面的例子还是不少的。例如,1972年联合国大会就通过决议宣布:以色列在被占阿拉伯领土上所作的变动违反了1949年的《日内瓦公约》,因而是无效的;[1]1990年8月9日,联合国安理会一致通过第662号决议,宣布伊拉克对科威特的吞并不具有法律效力,是无效的,[2]等等。虽然联合国大会的决议和安理会的决议具有不同的法律效力,但它们都是国际社会成员意志的某种反映和集中体现,同时也表明在国际法主体的"行为"领域,同样有必要适用国际强行法。

　　本题关于国际强行法的定义参考了《条约法公约》第53条的规定。尽管该条款声明其规定是"就适用本公约而言","但是,'强制规律'的定义大概就一切目的而言都是有效的"。[3] 换言之,国际强行法本身所固有的特性不会因其适用对象、范围的不同而有所变化。正是在这个意义上,我们才说第53条的规定为研究国际强行法定义提供了基础和出发点,因为该条款关于国际强行法的提法不仅概括了这类特殊原则或规范的主要特征,而且随着公约的制定,它也为国际社会所广泛接受。

---

[1] See Jerzy Sztucki, *Jus Cogens and the Vienna Convention on the Law of Treaties: A Critical Appraisal*, Wien·New York: Springer-Verlag, 1974, p. 27.

[2] "联合国安理会通过决议宣布,伊拉克吞并科威特无效",《人民日报》1990年8月11日。

[3] 〔英〕M. 阿库斯特:《现代国际法概论》,汪瑄、朱奇武等译,中国社会科学出版社1981年版,第50页。

笔者所拟定义尽管以《条约法公约》第53条的规定为基础,但两者之间毕竟存有差别。至于能否对国际强行法予以确切地表述,尚需接受国际法理论与实践的进一步检验,也希望能得到国际法学界专家和学者的评说。

二、国际强行法的识别标准

(一) 识别国际强行法的两项主要标准

尽管《条约法公约》第53条对国际强行法作出了若干规定,但并未提供识别国际强行法原则或规范的明确标准。对此,各国国际法学者的主张有所不同,归纳起来,主要分为两种:一种观点认为,应以某项原则的目的作为识别标准;另一种观点则主张,要以某项原则的法律效力作为判断的依据。本题拟对这两种主张分别予以简要介绍和分析,相信对我们研究国际强行法的识别标准问题会有所裨益。

1. 关于"目的说"的主张

在联合国国际法委员会讨论《条约法公约》草案的过程中,某些委员为能制定国际强行法的识别标准曾付出过努力,但却收效甚微。尽管如此,他们的意见还是很有代表性的,如巴尔托什(Bartos)、拉赫斯(Lachs)、德·卢纳(de Luna)、帕尔(Pal)、罗森(Rosenne)以及童金等人均认为,国际强行法原则是那些诸如为整个国际社会利益而存在的原则。雅森的见解是:一项规则要具有强行法的特性,它就必须"被认为对国际生活是必要的并深深植根于国际良知之中"[①]。在帕尔看来,强行法规则是那些构成了"国际公共秩序"的规则。[②] 拉赫斯则对前面提到的主张再次予以强调,即强行法规则是为"国际社会作为整体的利

---

① *Yearbook of the International Law Commission*, Vol. 1, 1963, p. 63.
② See Ibid., p. 65.

益"而存在的。① 童金认为,某些国际关系"对所有国家来讲,已成利益相关之事"②。按照巴尔托什和德·卢纳的观点,国际强行法规则构成了"行为规则的最低限,这些行为规则对尽可能地使国际关系秩序化是必要的"③。罗森认为,"强行法概念表明了某些较高的社会需要"④。

由此可见,国际法委员会的部分成员倾向于认为,检验一项国际法原则或规范是否属于国际强行法,不是看其能否满足个别国家的需要,而是要看其是否符合整个国际社会的较高利益。惟其如此,国际强行法才具有绝对性。⑤ 这种观点得到了联合国国际法院的支持。1951年,国际法院就《防止及惩治灭绝种族罪公约》的保留问题发表咨询意见认为,该公约的通过显然是为了纯粹的人道主义和文明之目的。在这样一项公约中,缔约国并不是为了各自的私利,而都是为了共同的利益,即为了实现那些作为公约宗旨的崇高目的。因此,在这类公约中各国不能计较对自己是否有利,也不可能在权利与义务之间保持绝对的契约平衡。⑥

显然,在国际法院看来,国际社会的共同利益应优先于个别国家的单独利益。这种观点与国际法委员会某些委员们的主张是一致的,但要使得这一见解成为识别国际强行法原则或规范的一项标准,其先决条件就是使之能为国际社会作为整体予以承认和接受,而要在主要是由主权国家所组成的国际社会中做到这一点实非易事。尽管如此,作为国际强行法识别标准的一种主张,国际法委员会委员们的意见还是

---

① See *Yearbook of the International Law Commission*, Vol. 1, 1963, p. 68.
② Ibid., p. 69.
③ Ibid., pp. 76-77.
④ Ibid., p. 73.
⑤ See Alfred Verdross, "*Jus Dispositivum* and *Jus Cogens* in International Law", *American Journal of International Law*, Vol. 60, 1966, p. 58.
⑥ See *International Court of Justice Reports of Judgments, Advisory Opinions and Orders*, 1951, p. 23.

2. 关于"法律效力说"的主张

还有不少学者认为，以某一原则的目的作为确定该项原则是否属于国际强行法的标准是不适宜的，因为这个标准既不实用也不客观。在他们看来，由国际法委员会提出的"规则效力"标准，其范围较为狭窄，也更加明确，因而被普遍认为是更加适合于识别国际强行法原则或规范的。依据这一标准，国际强行法规则是各国不得约定不受其约束的规则，换言之，各国即使是在其相互间的关系上，也不得以协议与之相背离。①

阿根廷法学家鲁达(Ruda)的观点是：强行法规则与国际法上其他规则的区别不在于它们产生的渊源，而在于国际社会赋予它们以不同的效力这一事实。为了识别一项规则是否属于强行法，审查该项条约规则或习惯规则以确定其效力很有必要。②

捷克斯洛伐克教授比斯特里基(Bystricky)认为，强行法规则可以从其所具有的两个特性上来识别：其一是若此类规则被违反，任何国家（即使与其没有直接关系）均可提出主张，而不被视为是干涉；其二是违反此类规则的条约或行为自始无效(void *ab initio*)，并且不具有任何法律效力。③

关于国际强行法的识别标准，苏联学者阿列克谢泽(Alexidze)的主张更为具体。在他看来，能成为这种识别标准的有四个：(1)一项规则必须为国家之国际社会作为整体（即为所有或几乎所有不同社会经济制度的国家）承认为具有法律拘束力；(2)一项规则的强行性质必须

---

① See *The Concept of Jus Cogens in International Law*, Papers and Proceedings Ⅱ, Conference on International Law, Lagonissi(Greece), April 3-8, 1966, Geneva, 1967, p. 10.

② See Ibid., p. 101.

③ See Ibid., p. 106.

获得各国的承认。这种承认可以是明示的(*expressis verbis*),也可以是根据该项规则对整个当代国际法律秩序的机能具有重要的社会及道义价值来推定其具有强行性质;(3)国家之间在区域范围内相互同意对一项规则的任何背离,如果其目的在于损害一般公认的文明法律标准,那么,这种背离是无效的;(4)背离一项既存条约或习惯规则的协议之无效不得予以撤销,即使是该项抵触性协议的参加者力图使自己不受包含有强行法规范之条约或习惯的约束也是如此。①

阿列克谢泽认为,在目前国家之国际社会尚未明文规定哪项规则具有国际强行法性质的情况下,一项规则只有包含所有上述四个特征,才能被认为是具有国际强行法的性质。②

以上关于国际强行法识别标准的两种主张,实际上是一个问题的两个方面,二者是相互联系、相互依存的,不能将它们截然割裂开来。正因为一项国际法规则的目的在于维护整个国际社会的普遍利益,因而具有强行性,所以,任何与之相背离的条约或行为应当归于无效。可见,这两种主张是前因与后果的关系:某项规则的目的是原因,其法律效力是结果。它们在国际强行法的识别标准中是相辅相成、不可或缺的两个要素,其重要性是同等的,只强调其中一点,或侧重于强调其中一点而忽视另一点,都不够完整。因此,笔者认为,检验一项国际法原则或规范是否属于国际强行法,首先,要看其目的是否在于维护整个国际社会的普遍利益(当然也应包括维护国际社会成员的个别利益以及个别国际社会成员的利益);其次,要看违反该项原则或规范的条约或行为应否归于无效。如果对这两个问题的回答都是肯定的(二者缺一不可),那么,这一国际法原则或规范无疑具有强行法的性质;否则,它

---

① See L. Alexidze, "Legal Nature of *Jus Cogens* in Contemporary International Law", *Recueil des Cours de L'Academie de Droit International*, Vol. 3, 1981, p. 261.

② See Ibid.

就属于任意法的范畴。

（二）由谁来识别与适用国际强行法

在1966年4月举行的拉格尼西（Lagonissi，希腊）国际法研讨会上，与会学者对由谁来识别国际强行法这个问题产生了分歧。归纳起来主要有三种意见：其一是主张由司法机构来识别国际强行法，即授权给法官对某项国际法规则是否属于国际强行法来加以认定；其二是对前一种主张提出反对意见；其三或是反对由国家自身来识别，或是主张以其他方式来确定国际强行法。

1. 由司法机构加以识别的主张

在本届研讨会上，持这种观点的学者为数不是很多。苏伊教授认为，在所有国内法律体系中，都存在着尚未以明确规则系统阐述的强行法（或称公共秩序）。这一任务留给了法官从作为整体的法律体系中去进行推导。如果国内法上是这样，那么，在国际法这一更为不成熟的法律秩序中，这种情况就愈加不明确。人们所能做的一切，就是像国际法委员会那样对国际强行法予以列举。[1] 鉴于强行法在国内法上的情况，苏伊认为，在国际法上，司法方式也是识别国际强行法的最好方式，[2]并且只有法官才能推导出与具体情况有关的强行法。[3]

鲁达赞同苏伊的观点，不过有所保留。他的见解是：裁判是最令人满意的识别方法，但它不是唯一的。[4]

2. 反对由司法机构加以识别的主张

与会学者对上述苏伊的主张持有异议的占大多数。反对的观点中

---

[1] See *The Concept of Jus Cogens in International Law*, Papers and Proceedings Ⅱ, Conference on International Law, Lagonissi(Greece), April 3-8, 1966, Geneva, 1967, pp. 85-86.

[2] See Ibid., p. 106.

[3] See Ibid., p. 86.

[4] See Ibid., p. 101.

又主要分为两种：一种是从一般意义上提出反对意见。如匈牙利学者乌斯特(Ustor)认为,苏伊关于强行法只能由司法方式才能确定的主张具有某种局限性。① 童金教授也不同意苏伊的如下主张,即给强行法概念下定义并非易事,因而在特殊情况下,只有法官才能认定某项规则是否属于强行法。童金认为,苏伊的这一态度反而延缓了对问题的解决,因为人们并不清楚法官们是如何识别强行法原则的。除非承认法官可以创造法律,因而有必要形成某种标准。但无论如何,就国际法院而言,是不存在这种情况的。②

另一种是从国际法院强制管辖权这一角度提出反对意见。如希腊的特内凯兹(Tenekides)教授认为,授权给法官以相当主观的方式来确定哪些规则属于强行法,这就是自由裁量权的转移,它将导致各国规避(国际法院)强制管辖权倾向的增长。③ 加纳学者阿萨莫阿(Asamoah)的观点是:将强行法规则的识别与运用唯一限定于法庭是没有理由的。实际上,这将进一步阻碍对(国际法院)强制管辖权的接受。④ 法国的维拉利(Virally)教授强调了为确定强行法内容而设计出适当标准的必要性。他认为,由于强行法的概念是高度政治性的,所以,那种认为国家会同意将这一识别工作授权给法官来做是非常靠不住的。与此相比,国家却更容易接受(国际法院的)强制管辖权。因为它们事先就知道法官在行使该项管辖权时,将予适用的标准和尺度是什么。⑤

3. 关于国际强行法识别主体的其他主张

除了上述关于是否由司法机构来识别国际强行法这两种主张以

---

① See *The Concept of Jus Cogens in International Law*, Papers and Proceedings II, Conference on International Law, Lagonissi(Greece), April 3-8,1966,Geneva,1967,p. 86.
② See Ibid., p. 86.
③ See Ibid., p. 89.
④ See Ibid., p. 96.
⑤ See Ibid., p. 105.

外,在国际强行法的识别问题上,有些学者还持有其他观点。例如,在印度教授穆尔蒂(Murty)看来,第三方的识别是适宜的。尽管他没有明确指出这里的"第三方"指的是谁,但他认为,问题不在于识别是否公正,而在于这种识别决定及其效力背后的权威性如何。他总结道,在国际范围内存在着两种识别程序,即外交识别和第三方识别。然而即使是后者,识别的决定也要取决于各当事方的协议,而不能是国内法上单方独自决定那种情况。①

日本的田畑(Tabata)教授尽管承认了强行法的存在,并且认识到它在国际法上的进步意义,但他对把强行法的识别权交给国家来行使表示担忧。因为在国际实践中,正是由国家本身来援引强行法,或以强行法为依据拒绝某种主张。他认为,为了使得强行法具有法律效力,有必要将识别问题交由能够胜任的、公正的国际机构来解决。②

4. 分析与结论

关于由谁来识别国际强行法的上述争论,到目前为止尚无结果。从理论上讲,首先,任何一项国际强行法的识别标准都必须为国际社会所普遍承认并接受,惟其如此,国际强行法原则或规范才能具有法律拘束力。若能符合这一要求,由谁来识别国际强行法其实并不是问题的关键之所在。其次,从当今国际社会的实际状况来看,国际强行法的识别主体应当是多元化的。它既可以由国际司法机构来认定,也可以由国际公约、普遍性国际组织所通过的决议加以确立,还可以由有关当事方或当事方以外的第三方予以识别。换言之,一旦国际强行法的识别标准得以确立,国际法上的任何决策者都可以据此来判断哪些原则或

---

① See *The Concept of Jus Cogens in International Law*, Papers and Proceedings Ⅱ, Conference on International Law, Lagonissi(Greece), April 3-8, 1966, Geneva, 1967, p. 104.

② See Ibid., p. 109.

规范属于国际强行法。所以,有关国际强行法的识别主体不可能是唯一的,就连苏伊本人在拉格尼西国际法研讨会的后期,对此也不得不加以承认。① 尽管对国际强行法的识别可以是多元的,但有一点需要明确,即任何一方的识别必须得到国际社会的公认;否则,该项识别无效。

从现实情况来看,国际法上许多原则和规范的强行性质甚为明显,对它们无论是识别也好、运用也罢,引起争议的可能性应当说是不大的。但由于目前在国际法上还没有一个统一、公认的国际强行法识别标准存在,因而在涉及某项具体原则或规范是否具有强行性质这个问题上,有关国家常常是各执一词、莫衷一是,致使纠纷时有发生。例如,世界各国对自然延伸原则和公平原则是否是大陆架划界时所应必须遵守的原则,看法就很不一致。这类问题只有在公认的国际强行法识别标准确立之后,方能予以彻底解决。

5. 关于国际强行法的适用问题

至于由谁来具体适用国际强行法,实践中也存在着各种不同情况。在国际社会里,对国际强行法最严重的践踏莫过于侵略行为。根据《联合国宪章》,维持国际和平与安全是联合国安理会的职责,所以,安理会既有权利也有义务采取行动以制止侵略,维护国际强行法的尊严。在这方面,1990年11月29日安理会通过的第678号决议,授权给联合国成员国以一切必要手段迫使伊拉克军队撤出科威特,就是一个有力的证明;此外,依照《联合国宪章》第51条的规定,联合国任何会员国受到武力攻击时,在安理会采取必要措施以前,有关国家有行使单独或集体自卫之自然权利。以上属于一种情形。

还有一种情形是:对于反侵略行为以外的其他行为领域,相关的国

---

① See *The Concept of Jus Cogens in International Law*, Papers and Proceedings II, Conference on International Law, Lagonissi(Greece), April 3-8,1966, Geneva,1967, p. 106.

际强行法规则多由当事各方采取和平解决国际争端,特别是通过谈判、协商等方式来予以适用。相比之下,世界各国对此却很少采用司法裁判的方式(即由国际法院来适用国际强行法),除非有关当事各方声明接受国际法院的强制管辖权。因此,由国际法院来适用国际强行法这种方式,并未获得国际社会的普遍接受或认同。

第二节 国际强行法基本问题之二
——渊源

前已提及,《条约法公约》第53条对国际强行法作出了如下规定:"条约在缔结时与一般国际法强制规律抵触者无效。就适用本公约而言,一般国际法强制规律指国家之国际社会全体接受并公认为不许损抑且仅以后具有同等性质之一般国际法规律始得更改之规律。"[1]这一条款在为国际强行法作出规定时,只是指出此类原则或规范要为"国家之国际社会全体接受",至于如何以及以什么形式"接受"却并未明确。这实际上涉及的是国际强行法的渊源问题,即国际强行法原则或规范出自何处?它们是如何被确立的?

一、国际强行法的主要渊源

谈及国际法的渊源,许多国际法学者便引用《国际法院规约》第38条的规定,认为该条款是对国际法渊源的最权威性说明;[2]但也有一些学者对此持有异议,认为该条款并没有列举出所有的国际法渊源,或者是包含了并非真正渊源的因素。然而迄今为止,在国际法渊

---

[1] 王铁崖、田如萱编:《国际法资料选编》(第二版),法律出版社1986年版,第759—760页。
[2] 参见王铁崖主编:《国际法》,法律出版社1981年版,第26页。

源问题上,尚没有一个可以替代该条款而获得普遍承认的规定,[1]所以,如若研究国际法的渊源,仍需从《国际法院规约》第 38 条的相关内容着手。

(一) 国际条约与国际习惯

《国际法院规约》第 38 条实际上是规定了国际法院在裁判陈诉的各项争端时应予适用的各项法律,包括国际条约、国际习惯、文明各国所承认的一般法律原则、司法判例以及权威公法学家的学说。一般说来,获得普遍承认的国际法渊源有两个,这就是规约第 38 条规定中的前两项:国际条约和国际习惯;而就这两者比较而言,王铁崖教授主编的《国际法》一书认为,"条约是国际法的最主要渊源"[2]。

国际强行法作为国际法的一个范畴,尽管有其特殊性,但它的渊源与国际法的渊源不可能存在着本质的差别;换言之,国际强行法的渊源也主要是国际条约和国际习惯。然而在国际法学界里,有些学者却只愿意承认其中的一点,从而否定了另一点。下面的介绍及分析将有助于我们对这些学者的主张有进一步的了解。

1. 关于国际条约

一种颇得赞许的观点认为:国际强行法规则只能由诸如《国际联盟盟约》以及《联合国宪章》这种多边条约来予以创立;尽管在当代体制下习惯强行法的存在是可以想象的,但没有根据表明,习惯具有创立强行法的作用。[3]

---

[1] 参见〔英〕M. 阿库斯特:《现代国际法概论》,汪瑄、朱奇武等译,中国社会科学出版社 1981 年版,第 28 页。
[2] 王铁崖主编:《国际法》,法律出版社 1981 年版,第 27 页。
[3] See *The Concept of Jus Cogens in International Law*, Papers and Proceedings II, Conference on International Law, Lagonissi(Greece), April 3-8,1966, Geneva,1967, p. 12.

英国的施瓦曾伯格（G. Schwarzenberger）教授即持有这种主张。依他之见，条约的作用在于补充、编纂或废除国际习惯法。他认为，在由诸如像1914年以前存在着的那种无组织的国际社会——在此种社会中没有强行法形成的余地——向我们今日生活在《联合国宪章》指导下的有组织的国际社会转变过程中，条约是一个有用的工具。因而，人们可以通过条约的方式来创立强行法，但这仅限于缔约各方之间。由于国际习惯法和文明各国所承认的一般法律原则中缺乏强行法存在的根据，所以，多边条约构成了国际强行法的唯一渊源。在这方面，《国际联盟盟约》、《巴黎非战公约》以及《联合国宪章》为此提供了合适的例证。①

对于施瓦曾伯格的主张，美国教授利希饮（Lissitzyn）提出了反对意见。他认为，承认某项条约作为条约能够创立强行法是有困难的，因为许多多边条约都规定有终止和退出条款，而所有条约均可以由这种或那种方式予以终止。强行法不能依据契约来创立，但强行法的条约宣示却有助于确定这类规则的内容。强行法的渊源处于条约背后并超越于条约之外。在利希饮看来，《联合国宪章》第103条并没有创立宪章的强行法性质，也没有涉及有关条约是否无效问题，而仅仅是在可能的情况下，为宪章义务与其他条约所规定之义务相冲突的情形提供了某种解决办法。②

2. 关于国际习惯

印度的穆尔蒂教授在提出是否存在着习惯强行法这一问题时阐述道，如果某些种类的协议意欲颠覆法律体系本身，或扰乱该法律体系的目的，那么，该法律体系拒绝承认这类协议的法律效力应当说是必然

---

① See *The Concept of Jus Cogens in International Law*, Papers and Proceedings Ⅱ, Conference on International Law, Lagonissi(Greece), April 3-8, 1966, Geneva, 1967, pp. 87-88.

② See Ibid., p. 92.

的。存在于该法律体系理念中内在的特性就是强行法,就是那些连协议也无法取代的原则。①

加纳学者阿萨莫阿认为,习惯法是强行法的唯一渊源,而条约则不能创立强行法,因为条约常常可以因其自身的有效期而终止,或由一般国际法规则来予以废除。②

施瓦曾伯格教授不同意穆尔蒂和阿萨莫阿的上述观点。他认为,国际习惯法上有七项基本原则,它们是:主权、同意、承认、善意、国际责任、海洋自由以及自卫。③ 在这些原则中,没有一项能够称得上是强行法,它们中间的每一项原则都可以由国家在其相互关系中予以变更。其中的同意原则为缔约方提供了这样一个机会,即通过该项原则可以将任何国际习惯法规则转换为强行法,或以此来赋予由缔约方自己创立的任何新规则以强行法的特性。这种经过缔约各方同意的强行法可以建立在双边或多边条约的基础上,但无论哪种情况,其法律效力只能局限于缔约方。④

(二) 分析与结论

上述有关国际条约与国际习惯能否成为国际强行法渊源的各种主张,尽管都有其一定的道理,但因这些主张只是孤立地强调了问题的某一个方面,忽视了有关因素之间的内在联系,因而难免失之于片面。

从国际条约与国际习惯的关系来看,国际条约既是国际习惯的编纂,也是对国际习惯的发展;而国际习惯则是国际条约的基础,它是不

---

① See *The Concept of Jus Cogens in International Law*, Papers and Proceedings Ⅱ, Conference on International Law, Lagonissi(Greece), April 3-8, 1966, Geneva, 1967, p. 89.
② See Ibid., p. 96.
③ See Ibid., p. 120.
④ See Ibid., p. 121.

成文的国际条约。作为国际强行法的渊源,这两者之间并无本质上的差别,而仅仅是国际强行法原则或规范的外在表现形式有所不同罢了。一方面,国际条约中没有明文规定的国际强行法原则不等于在一国际习惯法上就不存在;国际条约因某种原因失效或废除,也不等于它所编纂的国际习惯法强行规则同时归于无效。另一方面,国际习惯法上没有的国际强行法原则或规范,国际条约并非不能予以制定和发展。这种情况表明,国际条约和国际习惯不仅可以作为国际强行法的渊源,而且还是它的两个主要渊源,因而在研究和表述这一问题的时候,不能只强调其中一个方面而无视另一个方面。

然而,若将国际条约与国际习惯两相对照,我们也会发现,作为国际强行法的两个主要渊源,二者各有所长与不足。关于国际条约,其长处在于它是国家之间的明示协议,是成文化的。条约的这种特性对于国际强行法原则和规范的确立,以及明确哪些原则和规范属于国际强行法具有极其重要的意义。其不足之处在于:第一,条约本身的特性,也决定了它创立一项具有普遍拘束力的国际强行法原则和规范的可能性很小,除非像《联合国宪章》那样的多边公约有数目众多的国家参加,但类似宪章这样的例子迄今为止还不多见;第二,有些多边国际公约尽管参加方数目也不少,却也正因如此而很难使得该公约的条款具有国际强行法的性质,这是由于许多公约为能赢得世界各国的广泛加入和支持而规定有"允许保留"条款;第三,如果某项条约确立了一项行为规则,并不等于说该项规则已被认为是可以自动地对非缔约方发生效力;如果非缔约方随后依据《条约法公约》第 38 条的规定,以国际习惯的方式接受了该项行为规则,那么,该规则又成为一项习惯,而并不是条约使之获得了普遍的承认。假如某项条约中所包含的规则早已作为习惯法规则而为国际社会普遍接受,那么,结果更是如此。

关于国际习惯,其长处在于它"是各国的重复的类似行为",并与国际条约一样,"被各国认为有法律拘束力"[①]。换言之,国际习惯法上的原则和规范已为国际社会在实践中所普遍承认并接受,否则,对它们的不断"重复"也就无从谈起。其不足之处在于它是不成文的,并且形成的过程较为缓慢,各国的具体做法也往往存在着差别,因而哪些原则和规范属于国际强行法并没有明确的、统一的标准。

尽管国际条约和国际习惯作为国际强行法的渊源各有不足,但国际强行法原则和规范通过该两种方式产生却是国际法上无可辩驳的事实。这两个渊源分别具有其自身的特点,它们相互依存、相互补充,作为国际强行法的共同渊源,已为许多持有客观见解的国际法学者所接受。例如波兰教授纳利克(S. E. Nahlik)就主张,强行法规则的渊源与国际法上其他规则的渊源是一致的。[②] 比利时法学家苏伊教授的观点更为明确,他认为,属于强行法性质的规则不仅可以由条约,而且还可以由习惯来创立。[③]

(三) 国际强行法渊源的特殊性

前已提及,国际强行法这个国际法范畴具有特殊性,具体到渊源问题上,就是国际条约与国际习惯哪一个是最基本的。西方国际法学者对此持有不同主张,而苏联学者则优先强调国际条约。

从实际情况来看,首先,虽然很多国际条约包含有国际强行法原则或规范,诸如尊重国家主权、禁止种族灭绝等,但尚无任何条约明确指出这类原则或规范的国际强行法性质,缔约各方除了因参加条约而受到拘束外,就只能凭借自己的法律意识以及国际习惯法来识别某项原则或规范的强行性了,这就未能体现出条约作为一项明示协议所特有

---

① 王铁崖主编:《国际法》,法律出版社 1981 年版,第 29 页。
② See *The Concept of Jus Cogens in International Law*, Papers and Proceedings Ⅱ, Conference on International Law, Lagonissi(Greece), April 3-8, 1966, Geneva, 1967, p. 97.
③ See Ibid., p. 112.

的优势;其次,某些国际条约(诸如《联合国宪章》和若干关于人道主义问题的多边公约)尽管被认为是国际强行法规则最常见的渊源,但此种条约中有许多原则和规范却来自于习惯法。换言之,条约中所包含的国际强行法原则和规范,主要是对国际习惯法上同类原则和规范的编纂与确立,而国际习惯也通过国际条约使其自身得以明文规定并进一步获得缔约各方的明示承认。在这个意义上讲,"国际习惯是最古老、最原始的渊源"[1],因此也可以说,它是国际强行法最基本的渊源。

将国际习惯视为国际强行法最基本的渊源,并不是说它在法律效力上优于国际条约,也不因此而否定国际条约作为国际强行法另一主要渊源的作用。当今国际社会大量普遍性多边国际公约的出现及其适用,表明它已逐渐成为国际法乃至于国际强行法的最主要渊源,对于国际强行法来讲,其作用与地位同样是不可低估的。

二、国际强行法的其他渊源

(一) 国际法方面

《国际法院规约》第 38 条中除了国际条约和国际习惯以外,还有其他规定,如文明各国所承认的一般法律原则、司法判例和权威公法学家的学说,等等,它们能否成为国际强行法的渊源?

关于文明各国所承认的一般法律原则,某些学者认为,这类法律原则中也包含有强行法规范,但另一些学者则对此持有异议。[2]

斯里兰卡学者阿默拉辛(C. F. Amerasinghe)认为,多边条约是强行法的基本渊源(虽然习惯也是一个渊源),但强行法概念同样可以由

---

[1] 王铁崖主编:《国际法》,法律出版社 1981 年版,第 28 页。
[2] See Jerzy Sztucki, *Jus Cogens and the Vienna Convention on the Law of Treaties: A Critical Appraisal*, Wien·New York: Springer-Verlag, 1974, p. 74.

文明各国所承认的一般法律原则中产生,正如每个国内法律体系都拥有限制契约自由的公共政策原则一样。①

希腊的特内凯兹教授主张,文明各国所承认的一般法律原则源自国内法。这类原则中有些具有强行法的性质(如善意原则),但也有些原则却不具有这种性质(如决定损失如何计算的原则)。②

施瓦曾伯格教授的观点是:文明各国所承认的一般法律原则是条约法的直接或间接产物。由于它们出自条约,所以,这些一般原则只有在缔约各方之间才能构成强行法。③

另一方面,对于文明各国所承认的一般法律原则、司法判例以及权威公法学家的学说能否成为国际强行法的渊源这一问题,有些法学家则持相对谨慎的态度。如英国学者阿库斯特(M. Akehurst)博士就认为:"比较妥善的看法似乎是,绝对法(亦即强行法。——笔者注)规则可以引申自习惯,也许还有条约,但是,引申自国际法的其他渊源大概是不允许的。"④

尽管各国国际法学者对国际强行法的渊源问题争议很大,也没有公认的理论与实践对此加以确认,但有一点是可以肯定的,这就是:即使《国际法院规约》第38条中的其他几项能够成为国际强行法的渊源,也不会是主要的,国际法院只是在没有国际条约或国际习惯规则可供适用的情况下,才会求助于这几项规定。因此,与国际条约和国际习惯相比,它们只能是处于次要的、从属的地位,起辅助性的作用。

---

① See *The Concept of Jus Cogens in International Law*, Papers and Proceedings Ⅱ, Conference on International Law, Lagonissi(Greece), April 3-8, 1966, Geneva, 1967, pp. 90-91.

② See Ibid., p. 112.

③ See V. Nageswar Rao, "*Jus Cogens* and the Vienna Convention on the Law of Treaties", *Indian Journal of International Law*, Vol. 14, 1974, p. 365.

④ 〔英〕M. 阿库斯特:《现代国际法概论》,汪瑄、朱奇武等译,中国社会科学出版社1981年版,第50页。

(二)国内法方面

除了《国际法院规约》第 38 条的各项规定之外,国内法能否成为国际强行法的一个渊源呢?我们知道,国际强行法的概念最初来源于国内法,当然,也不排除国际强行法的某些原则或规范出自国内法或由国内法转化而来,但这只能说明国内法与国际法这两个不同的法律体系是相互渗透、相互补充的。因为任何法律体系都既是互为联系、互为依存,同时又是各自独立的,很难在总体上说谁出自于谁。因此,不能认为国内法是国际强行法的一个渊源。

第三节 国际强行法基本问题之三
——作用

一、国际强行法的作用

国际强行法的作用分为直接作用和间接作用两个方面。

(一)国际强行法的直接作用

国际强行法的一个特殊、同时也是最直接的作用,明显地体现在条约法领域,得出这一结论的根据来自于《条约法公约》第 53 条的有关规定。在该条款中,有这样一段措辞:"条约在缔结时与一般国际法强制规律抵触者无效。"而且,紧接着又强调:"就适用本公约而言,一般国际法强制规律指……不许损抑……之规律。"[1]

应当如何理解这些规定呢?公认的看法是:在条约法领域,国际强行法的作用是通过使抵触性条约无效这一法律武器,来防止违反具有

---

[1] 王铁崖、田如萱编:《国际法资料选编》(第二版),法律出版社 1986 年版,第 759—760 页。

强行性质的国际法原则或规范。① 换言之,假如某项国际强行法规范受到了条约的破坏,那么,该项条约就是无效的;不仅如此,该条约还不能创立与国际强行法规范相冲突的法律并以此取代国际强行法规范。简而言之,国际法主体如无视禁止损抑强行法规范这一规定,而仍然在其相互关系中订立与国际强行法规范相冲突之条约,那么,这类条约将受到无效的法律制裁。

从《条约法公约》的起草过程来看,尽管有关国际强行法的条款作为一个整体,曾经引起过这样那样的问题,但无论是在联合国大会第六委员会(法律委员会)内,还是在讨论《条约法公约》草案的维也纳外交会议上,关于国际强行法的上述作用是从未产生过争议的。②

国际强行法的另一个直接作用,是它对国际法主体的行为也具有拘束力,任何与国际强行法相冲突的行为都是非法的、无效的。对此,本节将在第二题"国际强行法的作用范围"中进一步述及,这里暂且从略。

(二) 国际强行法的间接作用

国际社会赋予国际法上的某些原则和规范以强行法的性质,这将为整个国际法律体系带来重大变化。笔者接下来所要探讨的国际强行法的两个间接作用,会有助于我们加深对这个问题的理解。

首先,国际强行法的适用,使得国家意志受到了某些限制。可以肯定,《条约法公约》中关于国际强行法的若干规定,将在国家关系史上揭开新的一页。至此,毫无限制的国家意志终于接受了对其缔约自由的某种约束;同时,各国也是第一次普遍地在原则上承认了这样一种无可争议的现实,即不得缔结某种无视国家之国际社会作为整体的一般利

---

① See Christos L. Rozakis, *The Concept of Jus Cogens in the Law of Treaties*, Amsterdam · New York · Oxford: North-Holland Publishing Company, 1976, p. 11.

② See Ibid., p. 14.

益和价值的条约。

其次,国际强行法的适用,使得国际法在某种程度上转换成为一种垂直性的法律体系。在这个体系内部,法律规则和规范有等级的高低之分,高级规则为低级规则的适用限定了范围,而低级规则的适用必须符合高级规则的规定,并从高级规则那里获得法律效力和强制力。从某种意义上讲,这与国内法律体系中宪法与其他法律、行政法规的关系相类似。国内法律规则的等级制是基于这样一种事实:即在同一法律体系内部,存在着种种不同的法律渊源,因而在一个金字塔式的社会里,地位优越的机构所制定的法律,与层次较低的机构所制定的法律相比,前者当然比后者具有无可辩驳的较高权威。

然而,国际法毕竟不同于国内法,它具有其自身的特殊性。在国际社会中,不存在着一个超国家的机构进行统一管理,也没有凌驾于国家之上的立法机构来颁布法律,国际法的各主体之间是平等的、相互独立的。因此,若将国内法上依据不同的法律渊源来区分法律原则和规范的等级这一做法完全套用在国际法上,将被证明是不适用的。从《国际法院规约》第 38 条关于国际法渊源的规定来看,它并未明确指出国际条约和国际习惯究竟谁从属于谁;而从国际实践的角度来讲,应当说,一项国际习惯法规则与体现在条约中的有关规则相比,它们的法律效力是同等的。

国际法虽然在某些方面不同于国内法,但国际强行法的适用却也使得国际法律原则和规范形成了等级。当然,这并不是因为在国际社会中存在着各种不同层次、不同职能的立法机构,而是基于共同同意,即立法者们一致赋予某些法律规则以特殊的性质。换言之,因为国家共同同意赋予某些国际法律规则以强行法的特性,因而使得这类规则既优于规定在某些个别条约中的规则,也高于国际习惯法中的普通规范。经过各国共同同意创立的国际强行法原则和规范,其目的在于维护整个国际社会的整体利益,个别国家如为了一己私利而缔结与国际强行法相抵触之条约,或做出类似的行为,将是非法的、无效的。这就是适用国际强行法以后,国际法律原则或规范形成等级制的真正原因。

关于国际强行法的国际社会共同同意主要体现在两个方面:一是承认在国际法律体系中,国际强行法是对国家意志自由的一种限制。这个意向可以从近些年来世界各国的有关态度(诸如反对订立不平等条约、谴责侵略战争及种族歧视、制裁违法行为等),特别是从《条约法公约》的准备工作以及各国加入该公约的情况中得到证明;二是赞同赋予某些国际法原则或规范以特殊的效力,使得与之相抵触的条约归于无效。换言之,国际社会普遍同意使某些国际法原则或规范具有强行法的特性,这一点已为《条约法公约》第53条的获得通过所肯定。

综上所述,无论是国际强行法的直接作用也好、间接作用也罢,都是为了在国际社会中建立起一套公认的、具有强制力的、同时也是较为完善的法律制度,使之成为国际社会成员之间相互交往的行为准则,并以此来维护各个国际法律主体的共同和各自的正当权益。应当说,这才是国际强行法的根本作用和最终目的。

二、国际强行法的作用范围

首先需要说明的是,本节在这里所要探讨的仅仅是国际强行法的空间作用范围,而非它的时间作用范围。

(一)国际强行法的横向作用范围——国际条约、国际习惯以及国际法主体的行为

1. 国际条约。国际条约无论是从理论上还是从实践上来讲,都是国际强行法的一个主要适用领域,这已得到国际社会的普遍认同。考

虑到国内外国际法学界对国际强行法作用的范围在条约领域这一点并无争议,故本题对此不拟赘述。

2. 国际习惯。除了国际条约以外,国际强行法能否适用于国际习惯?的确,《条约法公约》只是规定"条约在缔结时与一般国际法强制规律抵触者无效";换言之,《条约法公约》的有关条款并未涉及除条约以外的其他国际强行法适用范围。但是,我们也不应忘记,规定在该公约第53条中的国际强行法定义及其作用仅仅是"就适用本公约而言"的。如果把国际强行法与《条约法公约》分开来看,人们很难设想,国际强行法在使得与之相抵触的条约无效的同时,会允许具有同类性质之习惯规则得以有效适用。因为国际条约与国际习惯在许多方面是相似的,从某种意义上讲,条约是成文的习惯,习惯则是不成文的条约,这两者只有形式上的不同,而并无本质上的差别。况且,国际法主要是由条约和习惯构成的,作为国际法特殊范畴的国际强行法,它不可能只适用于国际法的这一部分领域(条约),而不适用于国际法的那一部分领域(习惯)。因此,笔者认为,国际习惯应当是国际强行法的一个作用范围。

3. 国际法主体的行为。这既是指国际法主体的缔约行为,同时也指国际法主体在条约领域以外所实施的某些行为(包括作为与不作为)。对于将国际强行法的作用范围扩大适用于国际法主体的行为,国外的国际法学界是有争议的。有些学者如菲茨莫里斯(Fitzmaurice)、达姆(Dahm)和苏伊等人认为,国际强行法是可以适用于国家的各种行为的,其中,菲茨莫里斯还把"一国违反某些战争法规"作为实例来加以说明。[1] 比利时的苏伊教授则明确主张,应将国际强行法概念的适用

---

[1] See Jerzy Sztucki, *Jus Cogens and the Vienna Convention on the Law of Treaties: A Critical Appraisal*, Wien · New York: Springer-Verlag, 1974, p.67.

范围扩大到条约以外的所有国家作为与不作为。他的见解是：与国际强行法相抵触的任何此种作为与不作为均不具有任何法律效力。[1] 在苏联学者乌沙科夫(N. Ushakov)看来，强行法是国际法强制规则的总和，国家不仅不能在协议中，而且也不能在作为与不作为中背离这些规则。[2] 因此，乌沙科夫同意苏伊的观点，即国际强行法效力的产生不仅与条约有关，同时也涉及国家的所有作为与不作为。[3] 加纳学者阿萨莫阿也认为，国际强行法的适用范围超出了条约法之外，它还包括单方行为。[4]

相对来讲，南斯拉夫教授马格拉塞维奇(A. Magarasevic)的观点则比较谨慎。他认为，关于国际强行法不仅应当适用于条约，而且还应适用于国家以及国际组织的行为的主张，在原则上已经得到了认可。但这种国际强行法适用范围的扩大，则远远超出了联合国国际法委员会的设想，并且使得国际强行法的实施问题进一步复杂化。[5]

除上述主张外，还有一些学者持有其他不同的观点。他们认为，国际强行法只适用于与之相抵触的条约，而不适用于违反国际强行法的行为，后者虽然也可能受到无效的制裁，但却是另有原因以及适用的是其他法律制度。斯图基(J. Sztucki)即持有此种主张。[6]

从国际社会的实际状况来看，笔者倾向于赞同苏伊等人的观点。因为条约只是国际法所调整的众多领域中的一个，而且条约本身也是

---

[1] See *The Concept of Jus Cogens in International Law*, Papers and Proceedings Ⅱ, Conference on International Law, Lagonissi(Greece), April 3-8, 1966, Geneva, 1967, p. 86.

[2] See Ibid., p. 93.

[3] See Ibid., p. 109.

[4] See Ibid., p. 96.

[5] See Ibid., p. 98.

[6] See Jerzy Sztucki, *Jus Cogens and the Vienna Convention on the Law of Treaties: A Critical Appraisal*, Wien · New York：Springer-Verlag, 1974, p. 69.

因国际法主体所实施的缔约行为而产生的某种相应结果。因此,除条约之外,国际法主体的行为也需要具有强制性的国际法原则或规范来加以调整,这不仅有利于整个国际法律体系的一致性,同时也符合国际社会及其成员的共同利益和个别利益。

对于国际法主体违反国际强行法的行为(诸如发动侵略战争、侵犯别国主权、破坏别国领土完整等),国际社会的任何一个成员都有权单独或集体宣布该项行为无效,并且可以视具体情况采取相应的制裁措施,而不论其是否是该项行为的直接受害者。在这方面,20世纪90年代初,国际社会共同制裁伊拉克吞并科威特就是一个典型的例子。此外,国际法主体若因实施违反国际强行法的行为造成了严重后果,还要因此而承担法律责任,并应采取具体措施,消除该项违法行为所导致的一切不良后果及其影响,对于不论是在物质上还是精神上给有关方面带来的损失,均应予以赔偿并恢复原状。

(二)国际强行法的纵向作用范围——影响到第三方的条约和未影响到第三方的条约

国际强行法的作用范围是否包括这两类条约呢?对于后者来讲,答案是明确的、肯定的,即尽管某一条约的订立与施行并未给第三方的利益带来任何直接影响,但如果该约与国际强行法原则或规范相抵触,它就应当是无效的,这种情况符合《条约法公约》第53条的规定。因为国际强行法原则或规范所保护的利益,并不仅仅局限于某一特定国家或国家集团,而主要是保护国际社会作为一个整体所具有的普遍利益,从而也就保护了组成这个国际社会的个别成员的利益,这也正是国际强行法原则和规范因何具有法律强制力的原因。

至于前者,即影响到第三方利益的条约如与国际强行法相抵触,其法律后果是什么呢?这一问题要从两个方面来分析。一方面,关于未经第三方同意而为其创设权利与义务的条约。《条约法公约》第 34 条规定:"条约非经第三国同意,不为该国创设义务或权利。"[1] 接着公约还在第 35 条和第 36 条的规定中强调:条约如为第三国创设义务或权利,原则上必须得到第三国的同意。[2] 将这些规定与该公约第 53 条的内容结合起来看,无论是从国际强行法的角度来检验,还是从《条约法公约》为缔约方所设定的缔约义务这一层面来衡量,那种既违反国际强行法并且也未经第三方同意而为其创设权利或义务的条约都是无效的。这种无效不仅仅是对有关的第三方而言,即使是在缔约各方之间,此类条约也不具有法律效力。

另一方面,关于经过第三方同意而为其创设权利与义务的条约。这里我们假定,某一条约为第三方创设了权利或义务,并经该第三方表示同意后予以接受,但这项条约却与国际强行法原则或规范相抵触,那么,该条约是否仍然有效呢?众所周知,《条约法公约》第 53 条只是规定了"条约在缔结时与一般国际法强制规律抵触者无效",而并未具体规定条约是否涉及第三方以及是否得到了第三方的同意。在这种情况下,依笔者之见,对《条约法公约》第 53 条内容的正确理解应当是:不论什么样的条约,亦不管它是否得到了第三方的同意,只要它"与一般国际法强制规律"相抵触,则该条约就应归于无效。这才是衡量某项条约是否有效的一项实质性标准。

由此可见,条约的有效与否不能单单以其是否符合有关国家的意志为准绳,还要看它是否与国际强行法原则或规范相一致。这与尊重国家主权原则并不矛盾,因为个别国家的意志不能违背公认的国际强行法原则。所以,经过以上研究,我们可以得出结论:无论条约是否给

---

[1] 王铁崖、田如萱编:《国际法资料选编》(第二版),法律出版社 1986 年版,第 754 页。
[2] 参见同上书,第 754—755 页。

第三方的利益带来影响、是否经由第三方同意,只要它与国际强行法的原则或规范相抵触,就是无效的。

三、国际强行法的消极作用——被滥用的危险

在国际法学界,国际强行法有可能被滥用的问题已成为学者们关注的一个焦点。

英国的施瓦曾伯格教授指出,强行法的概念也可以被用来逐渐损害条约的尊严。他认为,若将强行法概念与强制性国际司法裁判联系起来,那么,这种危险将会减少。[①]

日本的田畑教授也担心地指出,强行法可以被用来逃避条约义务。所以他主张,为了避免这种危险的发生,有必要(对强行法)作出无偏见的决定。[②]

苏联学者童金教授承认,对强行法的接受将造成这样一种危险,即"条约必须遵守"原则的尊严会逐渐受到损害,而且这种危险不但没有消除,反而在继续增加。然而,童金又认为,这种危险对国际法上的所有规则来讲都是存在的。任何规则都有可能被滥用,但这并不影响对这些规则的采纳。每项规则均有其客观内容,而这种客观内容可以由客观方式来确定。在现代国际法上,强行法的概念具有非常重要的作用,它加强了国际法基本原则的拘束力。[③]

以上各位学者的担忧不无道理。国际强行法原则固然对维护国际社会的稳定具有重大意义,但它的适用应当有一个公认的范围和标准。如果对国际强行法不加区别地任意适用,不仅会影响国际法主体之间

[①] See *The Concept of Jus Cogens in International Law*, Papers and Proceedings Ⅱ, Conference on International Law, Lagonissi(Greece), April 3-8, 1966, Geneva, 1967, p. 88.
[②] See Ibid., p. 93.
[③] See Ibid., p. 103.

的条约关系,而且还将妨碍国际社会的正常交往。因而有些学者主张,为了保证国际强行法能得以恰当、准确地适用,国际司法机构诸如国际法院等,应在这方面扮演重要的角色,即要由国际司法机构来确定哪些国际法原则、规范属于国际强行法,并对这种原则或规范予以适用。

这种为防止滥用国际强行法所提出的设想,其出发点是好的,但它忽略了国际法与国内法之间的差别,将国内法上由法庭来适用法律的情况机械地套用在国际法上,所以在实践中很难行得通。因为国际法的主体主要是国家,而国家是主权的、独立的,国际社会中没有、也不可能有凌驾于国家之上的强制机关来强制适用国际强行法。此外,国际上尽管存在着国际法院这样的司法机构,但它并非当然具有强制管辖权。因此,对国际强行法的适用,主要还是应当依靠国际法主体本身的行动。

在这种情况下,如何看待和怎样防止国际法主体对国际强行法的滥用呢?首先,正如童金教授所指出的那样,这种被滥用的危险并不仅仅局限于国际强行法原则或规范。作为一个特殊的法律体系,国际法上任何种类的原则或规范均有被滥用的可能,这是由整个国际法的特殊性质所决定的,而非国际强行法所独有。其次,国际强行法的形成与确立,既是时代发展的产物,也是国际社会成员所无法回避的现实。只要国际法主体真正从维护世界普遍利益以及自身的长远利益出发,正确适用国际强行法,是完全可以避免因对其滥用而产生的消极作用的。第三,鉴于国际法体系的特殊性,国际司法机构在确立与适用国际强行法时,其作用显然是有限的。然而,这并不等于说国际司法机构在这方面的实践就不具有任何意义,至少其任职法官代表了当今世界各大文化及各主要法系,因此,法官们的决定不可能不对国际法主体的有关行为产生影响。

总而言之，我们不能因为存在着国际强行法被滥用的危险就完全否定其积极作用，更不能以此来作为彻底取消国际强行法的理由。这样做不但不利于国际法律秩序的稳定，同时还会给国际社会的共同利益造成损害。

第四节　国际强行法基本问题之四
——追溯力及其制裁

一、引言

在冷战结束的当今世界，国际社会作为整体，越来越希望把国际关系建立在和平共处与友好合作的基础之上，这就需要采取某些特别的法律措施以维护共同的利益和安全。基于这种考虑，对于国际强行法的研究与应用便逐步引起了国际社会各方面的关注与重视。

《条约法公约》在国际强行法问题上率先迈出了重大的一步，它是世界上第一个对国际强行法作出若干规定的国际性法律文件。从公约第 53 条的内容来看，该条款适用于条约因与某项既存国际强行法规范相抵触而无效的情形，而公约第 64 条则适用于如下情况：即条约缔结后，因与新产生的国际强行法规范相抵触，使得该条约成为无效而终止。第 64 条的内容是："遇有新一般国际法强制规律产生时，任何现有条约之与该项规律抵触者即成为无效而终止。"[1]

以上两项条款是《条约法公约》就国际强行法有关方面所作出的主要规定，这一创举将对当代国际法的不断发展产生深远影响。在一个较为完善的法律秩序中，国际强行法规范的作用在于保护整个国际社会及其行为规则不受个别协议或行为的损害。从这个意义上讲，《条约

---

[1] 王铁崖、田如萱编：《国际法资料选编》（第二版），法律出版社 1986 年版，第 763 页。

法公约》是《国际联盟盟约》、《联合国宪章》以及战后各种多边国际公约所倡导的精神与传统的延续和组成部分。在《条约法公约》中对国际强行法问题作出明确规定,这是国际法的一个新发展,表明世界各国已逐步认识到它们具有某种共同的权益和社会目标这一不可回避的现实;同时也体现了国际社会成员的相互交往正趋向于制度化、法律化,任何一个国际法主体都不能为了一己私利而任意践踏公认的国际法准则。

鉴于国际强行法在国际法律体系中占有如此重要的地位,本节拟对国际强行法的追溯力和制裁问题加以若干探讨。

二、国际强行法的追溯力

关于这个问题,如果从国际强行法的作用范围角度来讲,也可以认为研究的是国际强行法的时间作用范围。

毫无疑问,时间与某一法律规范的适用结合在一起,是确定该项规范的有效性及其实施的一个因素。一项法律原则或规范必然有其发生作用与效力的时间范围,一般来讲,这个时间范围起始于某项法律原则或规范(此处仅指成文法)经立法机构授权生效之日,终止于该项原则或规范因某种原因而失效之时。但是也不可否认,在某些情况下,一些原则或规范所产生的法律效力会超出这个时间限制,而对其生效以前的某种情势发生作用。换言之,这些原则或规范可以对某种情势(法律的抑或事实的)加以追溯适用。

那么,具体到国际强行法,其追溯的效力应当如何呢?这实际上涉及两种情形:其一是国际强行法规则是否具有追溯力;其二是《条约法公约》第53条本身是否具有追溯力。

(一)国际强行法规则是否具有追溯力

联合国国际法委员会在关于《条约法公约》草案第50条(亦即生效后的《条约法公约》第53条——笔者注)的最后评论中,就国际强行法规则的追溯力问题作出如下表述:"问题在于,本条款(指草案第 50 条——笔者注)的规则是非追溯性的。该条款必须与第 61 条(一项强行法新规则之产生)结合起来看。"[①]这一表述说明,在国际法委员会看来,《条约法公约》中所规定的国际强行法规则是不具有追溯力的,同时,委员会还要求在国际强行法规则的追溯力问题上,应与草案第 61 条(亦即生效后的《条约法公约》第 64 条——笔者注)联系起来加以考虑。

从前面述及的《条约法公约》第 64 条的规定来看,它涉及这样一种情况,即某项条约在缔结时是有效的,但由于其条款与后来确立的一项国际强行法新规则相抵触,因而使得该条约成为无效而终止。所谓"成为无效而终止"这种措辞已清楚地表明,一项国际强行法新规则的产生对某一条约的有效性并不具有追溯力,如果该项条约与新产生的强制规则相抵触,那么,后者对前者的影响仅在于使前者"成为无效而终止",却不能使得前者自始无效。换言之,从前者订立到后者产生这段时间内,前者应被认为是有效的。然而,一旦新的国际强行法规则得以确立,则与之相抵触的既存条约就应失去法律效力。因此我们才说,依据公约第 64 条规定而成为无效的条约不是"自始无效"(void ab initio),而是"自现在起无效"(nullity *ex nunc*)。

除公约第 64 条以外,国际强行法规则的非追溯性在《条约法公约》第 71 条第 2 款中还得以进一步强调。该条款规定:"遇有条约依第 64 条成为无效而终止之情形,条约之终止:(甲)解除当事国继续履行条约义务;(乙)不影响当事国在条约终止前经由实施条约而产生之任何权利、义务或法律情势;但嗣后此等权利、义务或情势之保持仅以与一般

[①] *Yearbook of the International Law Commission*, Vol. 1, 1966, p. 68.

国际法新强制规律不相抵触者为限。"[①]

由于国际强行法规则不具有追溯力,因而有学者担心,在这些规则产生以前缔结的条约尽管与后来所出现的国际强行法新规则相抵触,则此类条约还是会在国际社会中毫无阻碍地继续得以适用。这种担心实际上是不必要的。尽管一项国际强行法新规则对先于它而缔结并与之相冲突的条约及其后果不能追溯适用,然而一旦国际强行法新规则产生了,根据《条约法公约》第 53 条、64 条和 71 条 2 款(乙)项的规定,所有条约,无论是在缔结时与某项国际强行法新规则相抵触的,还是先于该项国际强行法新规则而缔结、现在与之发生冲突的,均属无效或成为无效而终止。这些条款的各项规定从不同的侧面反映了一个共同的要求,它表明:国际强行法规则一经确立,是不会允许与之相抵触的任何法律制度与它同时并存的。例如,在早期的国家关系上,曾经存在着许多关于奴隶贸易的条约,但随着时代的发展与进步,后来国际社会一致认为奴隶制度和奴隶贸易为非法,禁止奴隶买卖的强制性国际法规则因而得以逐步确立,为能与这个新出现的国际强行法规则保持一致,有关奴隶贸易的条约便纷纷成为无效而终止。

将《条约法公约》第 53 条和第 64 条的规定结合起来适用,可以使得所有与国际强行法相抵触之条约归于无效。如果只是单独地适用其中一条,则有可能形成漏洞,因为第 53 条只是规定了"条约在缔结时与一般国际法强制规律抵触者无效";换言之,该条款只是明确了后于一项国际强行法规则而订立并与该项强行规则相抵触之条约的法律效力问题,而对先于一项国际强行法规则而订立的条约,如果它与该项强行规则相抵触,其法律效力又该当如何呢?公约第 64 条的规定恰好弥补了这方面的不足。总而言之,将公约第 53 条和第 64 条结合起来适用,

---

[①] 王铁崖、田如萱编:《国际法资料选编》(第二版),法律出版社 1986 年版,第 766 页。

可以有效地废弃与国际强行法原则或规范相抵触之任何条约,从而最大限度地减少此类条约对国际社会所造成的损害。

(二)《条约法公约》第53条是否具有追溯力

关于这个问题,《条约法公约》本身并未给出明确的答案。公约第4条("本公约不溯既往")规定:"以不妨碍本公约所载任何规则之依国际法而无须基于本公约原应适用于条约者之适用为限,本公约仅对各国于本公约对各该国生效后所缔结之条约适用之。"[1]从这项规定来看,问题的关键就在于:国际强行法规则是否"在本公约之外","原应适用于条约"。

此外,《条约法公约》第28条("条约不溯既往")规定:"除条约表示不同意思,或另经确定外,关于条约对一当事国生效之日以前所发生之任何行为或事实或已不存在之任何情势,条约之规定不对该当事国发生拘束力。"[2]由此又引起了另一个问题,即该公约第53条是否包括在这个"不同意思,或另经确定"的范畴之内?

联合国国际法委员会认为:"条约法的编纂必须从这一基点出发,即当今存在着国家绝对不得以条约安排来加以损抑之规则。"[3]换言之,在国际法委员会看来,现代国际法上已经有某些强行法规则存在,而《条约法公约》关于强行法的规定只不过是承认了这个事实,是这一事实的逻辑结果。[4] 显而易见,《条约法公约》第53条的规定是对早已存在的国际强行法规则的编纂,而不属于"国际法之逐渐发展",更不是首次将强行法引入到国际法领域。因此,我们可以得出结论,依照上述《条约法公约》第4条和第28条,该公约第53条中关于国际强行法的

---

[1] 王铁崖、田如萱编:《国际法资料选编》(第二版),法律出版社1986年版,第745页。
[2] 同上书,第752页。
[3] *Yearbook of the International Law Commission*, Vol. 2, 1966, p. 247.
[4] See Ibid., pp. 24-25.

有关规定是"在本公约之外,依国际法原应适用于条约",或属于"另经确定"的范畴,所以"其适用并不受到损害"。也就是说,《条约法公约》的某些规定可以适用于该公约生效以前所缔结的条约,再进一步明确地讲,可以认为公约第53条能够回溯适用,它具有追溯力。

在追溯力问题上,《条约法公约》第52条("以威胁或使用武力对一国施行强迫")的情况与第53条颇为相似。公约第52条规定:"条约系违反联合国宪章所含国际法原则以威胁或使用武力而获缔结者无效。"[1]如果将公约第52条与第53条的规定相比较,人们就会发现,这两个条款的第一句在措辞结构上也是相同的。都是"条约……无效"(英文原文为:"A treaty is void..."")。在整个一部《条约法公约》草案里,仅有这两个条款是此种提法。不仅如此,国际法委员会在关于条款草案第49条和第50条(亦即生效后的《条约法公约》第52条和第53条——笔者注)的评论中还认为,这两项条款具有追溯的效力是不成问题的。[2] 关于公约草案第49条,国际法委员会还进一步表述道,对条约有效性的追溯力终止于现代法律确立之前。[3] 从公约草案第49条的内容来看,这里所谓的"现代法律"显然包括有关禁止诉诸威胁或使用武力的规定。由此可见,条款草案第49条对其生效以前所缔结的条约是有追溯力的,它至少可以回溯适用到《联合国宪章》生效之时。正如国际法委员会所指出的那样,"如果制定某项规则只能从一部条约法公约缔结之日起适用,那将是不合逻辑和不可接受的。"[4]在国际委

---

[1] 王铁崖、田如萱编:《国际法资料选编》(第二版),法律出版社1986年版,第759页。

[2] See *Yearbook of the International Law Commission*, Vol. 2, 1966, pp. 248-249.

[3] See Egon Schwelb, "Some Aspects of International *Jus Cogens* as Formulated by the International Law Commission", *American Journal of International Law*, Vol. 61, 1967, p. 971.

[4] Egon Schwelb, "Some Aspects of International *Jus Cogens* as Formulated by the International Law Commission", *American Journal of International Law*, Vol. 61, 1967, p. 971.

员会看来,条款草案第 49 条的确立,"含蓄地承认了规定在该条款中的规则对于《联合国宪章》生效以来缔结的所有条约,无论如何都是适用的。"①

鉴于条款草案第 49 条和第 50 条在追溯力问题上的情况是类似的,所以我们也可以据此得出结论,即草案第 50 条,也就是现在的《条约法公约》第 53 条的追溯力,可以溯及适用至该公约生效以前任何与国际强行法规则相抵触之条约。

三、对违反国际强行法的制裁

众所周知,《条约法公约》第 53 条和第 64 条都包括在公约第 5 编"条约之失效、终止及停止施行"这个大的范畴之内,但两者又各有不同的职能。第 53 条列在第 5 编第 2 节,涉及的是"条约之失效"问题;而第 64 条则列在第 5 编第 3 节,与"条约之终止及停止实行"有关。公约对于强行法条款的这种排列方法表明,将根据违反国际强行法规则的不同情况,对有关条约采取不同的制裁措施。

除此之外,公约中强行法条款在措辞上的差异,也反映出制裁方法的不同。第 53 条规定的制裁措施是使抵触性条约"无效"(A treaty is void…),而第 64 条的规定却是使抵触性条约"成为无效而终止"(any existing treaty…becomes void and terminates)。这是因为,某些与国际强行法规则相冲突的条约有各自不同的具体情况,因而在制裁方法上也就不能要求整齐划一。

前已提及,由于《条约法公约》既是世界上第一个对国际强行法作出某种规定的普遍性国际文件,又是目前我们研究国际强行法的唯一

---

① Egon Schwelb, "Some Aspects of International *Jus Cogens* as Formulated by the International Law Commission", *American Journal of International Law*, Vol. 61,1967, p.971.

国际法律依据,所以,探讨"对违反国际强行法的制裁"问题,也必须从该公约的有关规定入手。

(一) 依据公约第 53 条的制裁

1. 抵触性条约无效。《条约法公约》第 53 条在句首开宗明义地宣布:"条约在缔结时与一般国际法强制规律抵触者无效。"在对公约有关条文加以仔细研读后,笔者认为,公约所列举的八项致使条约无效的原因中,只有第 53 条的规定是既清楚而又明确地基于维护"公共利益"的目的,也就是说,公约第 46 条至第 52 条的规定主要是为了保护缔约方自身的权益,而公约第 53 条内容的目的则侧重于维护国际社会的普遍利益。所以,第 53 条所确立的无效是自动的、不可挽回的,凡在订立时就与国际强行法原则或规范相冲突的条约,均不具有任何法律效力。

依照《条约法公约》第 44 条第 5 款的规定,"在第 51 条、第 52 条及第 53 条所称之情形下,条约之规定一概不许分离。"[①]换言之,如果一项条约中的某项或某几项条款与国际强行法规范相冲突,将导致整个条约因此而无效。这种严格的规定带有惩罚性质,其目的在于防止以后继续出现类似的非法条约以及订立抵触性条约的非法行为。

2. 抵触性条约无效的后果。既然条约因与一般国际法强行规范相抵触而无效,那么,就会产生相应的后果。《条约法公约》第 71 条在这方面作出了规定,该条第 1 款的内容是:"条约依第 53 条无效者,当事国应:(甲)尽量消除依据与任何一般国际法强制规律相抵触之规定所实施行为之后果;及(乙)使彼此关系符合一般国际法强制规律。"[②]

从上述第一款的起始句和(甲)项的规定来看,其中包含着这样一层意思,即与国际强行法规范相抵触之任何条约以及实施该约的任何

---

① 王铁崖、田如萱编:《国际法资料选编》(第二版),法律出版社 1986 年版,第 758 页。
② 同上书,第 766 页。

行为后果应予废除,并且这种非法条约的无效具有追溯性,它应当溯及适用至该约订立之时,并毫无例外地消除其所有后果,以充分恢复该约产生以前的正常情势。

但(甲)项的规定也有两点不明确之处:其一是"尽量消除"的标准是什么?这种措辞伸缩性很大,争端各方可以任意解释,将来具体适用的时候难免产生争议;其二是根据(甲)项的规定,所要消除的是依据某项条约中与国际强行法规范相抵触之规定而实施行为所产生的后果,这是否意味着,在同一项条约中,依据未与国际强行法规范相抵触之规定而实施行为所产生的后果就不必去消除呢?对此,(甲)项的规定不甚明确,易生误解。这实际上又涉及条约条款是否可以分离的问题。

如前所述,依照《条约法公约》第 44 条第 5 款的规定,在第 53 条所称之情形下,条约的规定是不允许分离的。那么,同样在第 53 条所称之情形下,依据条约规定所实施行为之后果是否可以分离呢?关于这一点,公约没能予以确切说明。从理论上来讲,如果认为这种后果可以分离,恐怕难以解释得通。既然某项条约因个别条款与国际强行法规范相抵触而致使整个条约全部无效,那么,实施这项条约(不论是实施与国际强行法规范相抵触的,还是不相抵触的条款)所产生的后果也将是全部无效的。如果说其中某些后果是有效的,那么,其效力的法律依据是什么?是一项无效的条约?这显然是荒谬的。所以,对公约第 71 条第 1 款(甲)项的正确理解应当是:依据公约第 53 条而无效的条约,对于按照其中任何性质的规定所实施之行为而产生的一切后果,均应完全、彻底地予以消除。

关于公约第 71 条第 1 款(乙)项的规定,国际法委员会作出如下评论:"条约因其缔结时与一项实施中的强行法规则相抵触而自始无效,是一种特殊情况的无效,由无效后果而引发的问题,与其说是缔约方在其相互关系中对各自立场所进行的某种调整,倒不如说它们有义务使其立场与强行法规则保持一致。"①由此可见,(乙)项规定的目的在于确保法律秩序的一致性,而这恰恰是国际强行法规范的一项基本要求。从第71条的规定来看,它所关注的是整个国际法律秩序,而不仅仅是有关缔约方的权益。基于这个目的,(乙)项的规定为保护国际法律秩序提供了一个强有力的手段,从而也维护了国际强行法规范的特殊作用。

应当说,严格遵守公约第71条第1款的规定,是参加非法条约的缔约方采取善后措施中的最后一个步骤。该条款是《条约法公约》所创立的条约无效体系的一个组成部分,它与公约第5编中所有其他条款一样,其适用具有强制性,缔约各方对无效条约的处理,不得违背第71条所规定的各项原则;否则,将构成对《条约法公约》的破坏。

(二)依据公约第64条的制裁

1. 抵触性条约成为无效而终止。依照《条约法公约》第64条的规定,当一项新的国际强行法规范产生时,任何与之相抵触的现有条约应"成为无效而终止"。这就是说,尽管某项条约先于一项国际强行法规范的产生而订立,但如其与后来该项新产生的国际强行法规范相抵触,那么,这一条约的效力将不能继续保持下去。

公约第64条规定的目的与第53条一样,都是为了维护国际社会的普遍利益。但第64条与第53条在制裁措施上是有差别的,前者是"成为无效而终止",侧重点在"终止",后者则强调的是非法条约的"自始无效"。

2. 抵触性条约成为无效而终止的后果。依据《条约法公约》第71条第2款,在遇有条约依第64条成为无效而终止的情形下,条约终止

---

① Christos L. Rozakis, *The Concept of Jus Cogens in the Law of Treaties*, Amsterdam · New York · Oxford: North-Holland Publishing Company, 1976, pp. 134-135.

所产生的后果是:"(甲)解除当事国继续履行条约之义务;(乙)不影响当事国在条约终止前经由实施条约而产生之任何权利、义务或法律情势;但嗣后此等权利、义务或情势之保持仅以与一般国际法新强制规律不相抵触者为限。"[1]换言之,实施公约第64条规定的制裁措施有两项后果:第一,与新国际强行法规范相抵触之原有条约不能继续有效;第二,因实施原有条约而产生的权利、义务或法律情势,如与新产生之国际强行法规范相抵触,是不能予以继续维持的。从上述规定来看,该条款无疑是维护了国际法律制度的统一性,以防止出现国际强行法规范与其他法律制度、法律情势或条约义务相互矛盾,同时存在这样一种混乱局面。

(三) 对国际法主体所实施之非法行为的制裁

以上笔者分别从《条约法公约》第53条和第64条的角度,分析了对违反国际强行法规范所缔结之条约予以制裁的问题,这两个条款所规定的制裁措施尽管都是针对条约而言的,但其对国际法主体的各种违法行为同样适用。换言之,当一个行为在实施时,如与一项国际强行法规范相抵触,则该行为及其后果应属无效;如遇有一项新的国际强行法规范产生时,已经实施之任何行为及其后果如与该项新强行法规范相抵触者,即应成为无效而终止。如因实施此等行为而造成了严重后果或损害,有关当事方应承担国际责任,并向受害方赔礼道歉、赔偿损失或恢复原状。

例如在中英谈判解决香港问题的初期,英国官方曾声称,19世纪英国强加给中国的关于香港地区的三个不平等条约"按照国际法是有效的"。英国这里所说的"国际法"是指西方国家所主张的传统国际法。在传统国际法上,战争被认为是推行国家政策、解决国际争端的合法手

---

[1] 王铁崖、田如萱编:《国际法资料选编》(第二版),法律出版社1986年版,第766页。

段,是主权国家不容置疑的绝对权利;而因战争行为所产生之后果,诸如有关条约的订立等,也被认为是有效的。

但是依照现行国际法,19世纪中叶前后,英国政府为进一步推行其殖民政策而对中国发动的鸦片战争是侵略性的、非法的,而作为这种非法行为产物的三个有关香港地区的条约(1842年的中英《南京条约》、1860年的中英《北京条约》以及1898年的中英《展拓香港界址专条》),是英国使用武力或武力威胁而获致缔结的不平等条约。因此,不论是英国当年发动的侵华战争,还是作为这种非法行为后果的三个不平等条约,都严重侵犯了中国的独立、主权和领土完整,都与新产生的国际强行法规范相抵触,因而是非法的,应当成为无效而终止。由此可见,英国官方的上述主张是站不住脚的。中英关于香港问题的联合声明最终确认了我国于1997年7月1日恢复行使对香港地区的主权,这是对国际法上一项新的强行法规范产生时,业已实施之任何行为及其后果如与该项新强行法规范相抵触,即应成为无效而终止的有力证明。

在当今世界,国际法主体如果违反国际强行法而从事某些非法行为,就必然要受到相应的制裁,而且有关的制裁措施不仅具有法律依据,同时也是完全能够予以实现的。

第五节 国际强行法之理论考察

第二次世界大战以后,新独立国家的兴起使得整个国际社会的结构发生了深刻的变化,同时也促进了国际法的迅速发展。在当前这个复杂多变的世界里,各主权国家纷纷认识到,要更好地维护各自以及共同的利益,就必须在其相互关系中适用某种更为严格的法律原则和规范。因此,强行法作为维护世界秩序的一种法律准则,自20世纪60年代以来日益引起国际社会的普遍重视。

一、国内法律体系中的强行法

国际法与国内法是两个不同的法律体系,它们各自独立、互不隶属,但这并不等于二者之间毫无联系。从国际法与国内法的发展史来看,这两个法律体系彼此之间是互相渗透、互为补充的,因而使得各自的法律体系不断得以充实和发展。本题所要探讨的强行法就属于这种情况,它最初来源于国内法。

强行法(jus Cogens)的概念最早可以追溯到罗马法。[①] 在罗马法《学说汇纂》(The Digest)中,有这样一条准则:"私人之间所订协议不能改变公法。"[②]在古罗马,公法包含有以下两个方面的内容:第一,它是某些法律规范的集合体,这些规范对社会政治结构、国家机关的行为、人民参与政府政治、惩罚罪犯、征收税款等加以明确规定;第二,它是强行规范的集合体,其中不仅包括严格意义上的公法,还包括某些私法规则。

如果从法律的强制性这一角度来看,所有罗马法规则可以分为两大主要部分:一是强行法或称绝对法;二是非强行性法律或称任意法(jus dispositivum)。强行规则禁止缔约各方彼此自由确立某种与一项强行法规则相冲突的法律关系,这类规则要求契约的订立必须合法,否则无效。而任意规则则允许个人有缔约自由,如果当事人另有约定就依其约定,如果没有,就依照法律的规定。在国内法律体系中,有些规则、规范的强行性质至为明显,如果某项契约与之相抵触,法庭会毫无困难地宣布该项契约为无效。问题在于,有些法律规则和规范的强行性质并未明确体现出来,而法庭又必须对某项引起争议的规则和规

[①] See M. Sinclair, *The Vienna Convention on the Law of Treaties*, Manchester: Manchester University Press, 1973, p. 110.

[②] *The Digest* Ⅱ, 14, 38. (罗马法《学说汇纂》第2编,第14章,第38节)

范的性质作出判断,在这种情况下,法庭经常适用的一个标准就是:"私人之间所订协议不能改变公法。"

强行法的概念虽然来自于罗马法,但最早使用"强行法"一词的,却是19世纪一批研究《学说汇纂》的法学家们,例如萨维尼、普霍塔(G. Pukhta)、温德彻德(B. Windcheid)、巴伦(Y. Baron)等学者均在各自的著作中开始使用"强行法"这个词汇。[①] 这些学者为了维护当时新兴资产阶级的利益,不但继承了罗马法律制度中关于公法、私法的分类,还采纳了该法律体系对强行法和任意法的区分,以利于确立资产阶级的法律秩序,捍卫和巩固资产阶级的斗争成果。随着时代的发展,关于强行法和任意法的划分已经超出了资产阶级法学理论的范围,而在整个世界得以广泛应用。正如印度学者拉奥(Rao)所指出的那样:"强行法的概念……获得了世界上所有主要法律体系的接受和承认。"[②]

国际社会发展到今天,在世界各国的国内法律体系中强行法规则更是不胜枚举。例如,许多国家的劳动法都规定有保护工人的条款,在工人受到雇用后的某段期限内,禁止随意解雇;或赋予工人某些权利,诸如工人享有带薪休假的权利等。如果法律同时规定,剥夺这些权利的雇主与雇员之间所订协议应属无效,那么,前面的规定就属于强行法规则。再如,许多国家的法律规定,铁路因对个人人身或财产造成损害或遗失所应负的责任,不能由私人契约加以有效排除。由此可见,国内法中的强行法是与任意法相对而言的,前者是绝对的、命令的、禁止性的原则和规范,后者则是那些服从于缔约方意志的原则和规范。

在现代国内法律体系中,有一个与强行法非常类似的概念,这就是

---

① See L. Alexidze, "Legal Nature of *Jus Cogens* in Contemporary International Law", *Recueil des Cours de L'Academie de Droit International*, Vol. 3, 1981, p. 233.

② V. Nageswar Rao, "*Jus Cogens* and the Vienna Convention on the Law of Treaties", *Indian Journal of International Law*, Vol. 14, 1974, p. 385.

"公共秩序"或称"公共政策"。关于强行法与公共秩序的关系问题,国际上有些学者曾经作过探讨,他们得出的结论很接近。多数观点认为:二者关系密切,"近似相同"(quasi-identical)。例如苏联学者阿列克谢泽认为:"显而易见,在每一个法律体系中,公共秩序或公共政策主要是实体法强行规则的集合体……"[1]而美国学者施韦布的观点是:"为大陆法系或普通法系所适用的公共秩序或公共政策概念,并非与强行法的概念完全一致。"[2]这些结论从一个侧面表明,公共秩序与强行法有着很多相似之处,但又不完全相同。

所谓公共秩序或公共政策,包括有一国的道德、风尚、公共利益以及政策和法律等。所有这些,无论是外国人还是本国人,只要处在该国境内或是在该国管辖之下,就应当予以尊重或遵守。而强行法则是一些具有某种特殊性质的法律原则和规范,这种原则和规范的特殊性质使得私人之间所订契约与之相抵触者归于无效。换言之,缔约各方必须严格遵守这类规则。由此可见,公共秩序与强行法在性质和作用方面是相近的,它们都是为了维护整个社会的共同权利和共同利益。但二者在其内容的范围方面却有着较大差异:强行法所包含的内容仅仅局限于法律领域;而公共秩序的内容则除了法律之外,还包括有道德、公共利益和国家政策等,显然,后者的范围要比前者宽泛得多。而且公共秩序除去它所包括的法律内容外,与强行法相比,二者的强制性也不尽相同。但在实践中,公共秩序与强行法这两个概念往往被混同使用,而且常常是以公共秩序(或公共政策)来代替强行法。所以,这里有提

---

[1] L. Alexidze, "Legal Nature of *Jus Cogens* in Contemporary International Law", *Recueil des Cours de L'Academie de Droit International*, Vol. 3, 1981, p. 240.

[2] Egon Schwelb, "Some Aspects of International *Jus Cogens* as Formulated by the International Law Commission", *American Journal of International Law*, Vol. 61, 1967, p. 948.

请注意区分的必要。

此外,强行法规范的适用与法律责任问题也不是一回事儿。一方面,有些契约既因其与强行法规范相抵触而无效,又涉及当事方的法律责任;而有些契约则仅仅是无效而不涉及当事方的法律责任。例如,一项契约规定为谋杀第三方支付报酬。这项契约就不仅仅是无效的,而且缔约方还要因其共谋犯罪而承担刑事责任。再如,许多国家的法律规定:婚姻是一男一女自愿的终身结合。但如果一男一女订立契约,约定他们的婚姻以一年或数年为限,那么,这种契约无疑是与具有强行法性质的有关法律规定相抵触的,因而该项契约无效。但有关当事方所受到的法律制裁仅此而已,只要该项契约的订立与实施并不是在胁迫的情况下进行的,就不涉及有关当事方的法律责任问题。

另一方面,承担法律责任的情况并不仅仅是由于订立与强行法规范相抵触的契约而引起的,如果订立违反其他法律规范的契约,也会出现承担法律责任问题。

综上所述,可以看出,在国内法律体系中,强行法是占有重要地位的。国内法上的一句法律格言说得好:"有权利,就有强行法。"(*ubi jus,ibi jus coqens*)[①]国内法如此,国际法亦然。可以毫不夸张地说,强行法是任何一个法律体系所赖以存在的基础。人们很难设想,只有任意法而无强行法的法律体系将如何产生和存在。我国国际法学者李浩培教授对强行法的地位问题曾作出过如下表述,他认为:"在国内法上,法律规则在等级上有高下的不同:强行法规则处于上位,而任意规则处于下位,法律之所以作出这种区别,显然是因为前者涉及国家的重要利

---

① See Jerzy Sztucki, *Jus Cogens and the Vienna Convention on the Law of Treaties: A Critical Appraisal*, Wien·New York: Springer-Verlag, 1974, p. 10.

益和社会的一般幸福,而后者并无这种性质。"①

　　这一结论同样适用于当前国际法上强行法的实际情况。但与国内法不同的是,国际法上并没有明确规定哪些规则是强行法,哪些规则是任意法,也没有超国家的权威性机构来裁判某项条约是否与国际强行法相抵触。之所以如此,其根本原因就在于国际法具有国内法所没有的特殊性。国际法的主体主要是国家,而国家是主权的、独立的,国际法的强制性主要体现为主权国家的相互约束和自我约束,因而国际法上的强行法也不同于国内法上的强行法,它有其自身所独具的特点。

二、国际法律体系中的强行法

　　国际法作为一个法律体系,在许多方面与国内法有着实质性的差别。然而,应当承认,存在于国际秩序与国内秩序之间的某些重大差别,以及前者所特有的那种非集中的特性,正在缓慢但却是稳步地消失。为了寻求共同的利益,世界各国在其相互交往过程中,都日益把那些明确的、通常带有相对强制性的法律规范作为自身的行为准则。这一发展趋势,使得国际法逐渐演变成为一个综合性的、其内部各法律分支紧密相关且行之有效的法律体系。

　　第二次世界大战以后,在非集中型的传统国际法中,发生了许多具有重大意义的变化,其中例子之一就是强行法概念被引入到条约法领域,以作为一项法律制度对迄今为止缺乏约束的国家缔约自由力图加以限制。目前,国际上存在着这样一种看法,即主张国家享有超越法律规定之外缔约的绝对自由,认为一项国际协议只要缔约各方表示同意就属有效,并对各缔约方具有拘束力。除此之外,再无其他条件。

---

　　① 李浩培:"强行法与国际法",中国国际法学会主编:《中国国际法年刊》(1982),中国对外翻译出版公司1982年版,第39页。

的确，从原则上讲，在所有主要法律体系中，法律主体均享有彼此之间订立契约的自由。然而需要指出的是，这种缔约自由是有条件的，某些法律规则禁止订立与其相冲突的契约，任何无视这些法律规则而订立的抵触性契约应属无效。这类法律规则通常被称之为强行法。

那么，具体到国际法，情形又当如何？一般来讲，国家缔结国际条约的权利是没有限制的，它们可以就任何事项达成协议、缔结条约。问题在于，这个一般前提下是否存在着某些例外？换言之，在缔约各方的彼此关系中，是否可以用条约规定来否定所有一般国际法规范？国际法上是否存在着限制国家缔约自由的一般法律规则？进一步明确地讲，是所有国际法规范都具有任意法的性质，还是其中存在着某些具有强行法性质的规范？而后者按其性质是不允许缔约各方以协议相背离的。关于这些问题，国际社会至今仍存有争议，各种主张与实践亦很不统一，以下笔者就着重从理论方面对此进行进一步探讨。

有关国际强行法的理论，最早要追溯到自然法学派与实在法学派之间的分歧。根据自然法学派的主张，在实在法之上存在着一个自然法，它是独立于国家意志而存在的，对所有国家具有拘束力，各国必须遵从自然法的规定。

自然法学派的主张早在格老秀斯之前就已经逐步被接受了。到了格老秀斯时代，他又将"万民法"(*jus gentium*，对此他又称之为"自愿法"——voluntary law)与"自然法"(*jus naturae*)作了区分，并阐述了二者的地位。对自然法学派来说，自然法在等级上高于自愿法，世界各国对此无权加以忽视。依格老秀斯看来，自然法是如此的不可更改，即使是上帝本身也不能改变它。[1]

---

[1] See G. I. Tunkin, *Theory of International Law*, Moscow: Progress Publishers, 1974, p. 147.

一些著名的自然法学派学者,例如普芬道夫(Pufendorf)甚至拒绝承认在自然法之外还有任何自愿法或国际实在法的存在。沃尔夫(Christian Wolff)和瓦泰尔(Emeric Vattel)也认为,国家不能以协议来改变自然法。[1] 瓦泰尔写道:"由于这种法律的不可更改和它所赋予的强制性及不可规避性义务,国家不得以它们自己的协议为这些法律带来任何变化,也不得以单方或多边声明的方式免除其所承担的义务。人们可以根据这个原则来区分协议和条约的合法与不合法,以及区分习惯法是合理与有效的还是非正义的、应受谴责的。"[2]

进一步研读法学家们的著作,我们发现,19世纪大部分国际法学者的观点与上述主张相类似。例如,法学家黑夫特尔(A. W. Heffter)就认为,如果条约的目的在物质上或精神上不可能实现,则所有这类条约归于无效。他还进一步指出,关于条约在精神上不可能实现问题,是指条约的目的有悖于世界伦理。他举出了这类条约的一些例子,诸如维护奴隶制、妨碍个人自由的发展以及侵犯第三国的权利等。[3]

布伦执礼(Bluntschli)写道:"其内容违反普遍承认的人性法(human laws)或国际法强行规范的条约无效。"[4] 马滕斯(F. Martens)与布伦执礼持有相同的观点,他指出,如果一项国际条约限制或破坏了国家的基本权利,则该条约无拘束力。[5]

---

[1] See Alfred Verdross, "*Jus Dispositivum* and *Jus Cogens* in International Law", *American Journal of International Law*, Vol. 60, 1966, p. 56.

[2] G. I. Tunkin, *Theory of International Law*, Moscow: Progress Publishers, 1974, p. 147.

[3] See Alfred Verdross, "*Jus Dispositivum* and *Jus Cogens* in International Law", *American Journal of International Law*, Vol. 60, 1966, p. 56.

[4] G. I. Tunkin, *Theory of International Law*, Moscow: Progress Publishers, 1974, p. 147.

[5] See Ibid., p. 148.

与自然法学派主张相对立的是实在法学派。实在法学派认为，国际法与国内法具有相同的性质，它们都是国家意志的产物；国际法之所以成为具有法律效力的规范体系是基于各国同意，只有国家同意的原则和规范才对国家有拘束力；否则，国际法在国际社会就没有拘束力。实在法学派从18世纪开始形成，到19世纪在西方占据优势地位，它的影响一直延续至今。

第二次世界大战前流行于欧洲各国、后又传播于拉美的规范法学派，就继承了实在法学派的主要理论思想。具体到强行法问题，规范法学派认为，国际法并不包含有强行规范（强行法），国家可以通过条约，在其相互关系中确立任何国际法律规范。①

规范法学派的主要代表人物凯尔森（Kelsen）赞同这样一种观点，即一般国际法的所有规范都是任意性的，而强行规范仅具有区域性质，并且不能与两国或多国所缔结的条约规范相抵触。他的这一观点在其新版《国际法原理》一书中表述得尤为具体。②

第二次世界大战前后，关于强行法的争论，是自然法学派与实在法学派两种主张分歧的进一步反映。

一些学者强调，一般国际法全部是由非强制性规范组成的，因为国家总是可以自由地缔结条约，其中包括缔结那些在当事方之间可能与一般国际法相背离的条约。例如卢梭（Charles Rousseau）就认为，由于国际法独特的结构，使得公共秩序原则在国际法中几乎不存在。他补充道：一项国际条约的目的不合法这个前提，在实际上无任何

---

① See G. I. Tunkin, *Theory of International Law*, Moscow: Progress Publishers, 1974, p. 148.

② See Ibid.

意义。[1]

国际法院前法官加埃塔诺·莫雷利(Gaetano Morelli)认为,调整国际法产生的规范,在条约的目的问题上并未限制国家的自由。[2] 他虽然承认国际法上存在着强行规范,但对此却作出完全不同的解释。在莫雷利看来,一项条约如与一项国际法强行规范相抵触,该条约并非无效,而"在缔约双方之间是有效的,只是对于那项强行规范来说是非法的"[3]。他的这种主张等于仍然是拒绝接受强行规范,因为既然强行法的一个特点是禁止两国或多国以协议背离这类规范,那么,一项违反强行规范的协议就应当是无效的。

与上述主张相反,在现代国际法上,还有许多学者认为,一般国际法的某些原则是具有强行法特性的,所有与这类规则相抵触的条约应属无效。

英国法学家麦克奈尔认为,国际法强行规则是存在的,这种规则为任何法律体系所具有。他写道:"很难设想,任何社会无论是个人的还是国家的,其法律对缔约自由不作任何限制。"[4]麦克奈尔注意到,在每个文明的社会内,都存在着一些法律规则和道德原则,按照法律的规定,个人不得无视这些原则和规则。将这一思想运用到国际法上,他阐述道,习惯国际法位于较高等级并且不能由缔约国加以排除或更改,习惯国际法中的"规则是通过条约的明示或习惯的默示方式为国际社会所接受的,因为它们对于保护国际社会的公共利益或维护各国所承认

---

[1] See Alfred Verdross, "*Jus Dispositivum* and *Jus Cogens* in International Law", *American Journal of International Law*, Vol. 60, 1966, p. 56.

[2] See Ibid.

[3] G. I. Tunkin, *Theory of International Law*, Moscow: Progress Publishers, 1974, p. 150.

[4] A. McNair, *The Law of Treaties*, Oxford: Clarendon Press, 1961, pp. 213-214.

的公共道德标准来说很有必要。"①

苏联学者童金教授指出:"苏联国际法学说所采取的立场是:一项国际条约必须与国际法的基本原则相符合。"他进一步阐述道:"一项条约的有效,是在国际法提供的法律标准的基础上加以确定的。如果一个区域性条约与一项普遍承认的带有强行性质的国际法原则相冲突,那么,这项条约在法律上是无效的。"所以,童金教授认为:"一般结论是,强行原则与规范在当代国际法上的存在,几乎获得了普遍的承认。"②

我国国际法学界研究强行法的文章和著作虽不多见,但在强行法是否存在这个问题上观点还是很明确的,即承认国际法上有强行法原则和规范的存在。例如,王铁崖主编的我国高等院校法学教材《国际法》一书中就认为:"国际法的基本原则属于强行法的范畴,而并非任意选择的原则。"并进一步指出:"在基本原则之外,国际法上还有其他规则属于强行法的范畴。"③

李浩培教授的阐述则更为具体。他认为:"任何法律秩序,不可能只含有任意法规则,可以由法律主体任意排除适用。认为主权国家有权将一切国际法规则以条约排除适用的理论,倾向于否定国际法的法律性,这是同国际社会的客观实际和客观需要相违反的。违反强行法规则的条约无效的原则,是各文明国家承认的一般法律原则,是久已存在的一个重要的法律原则。"④

综上所述,各国法学家们关于国际法上是否存在着强行法原则和

---

① A. McNair, *The Law of Treaties*, Oxford: Clarendon Press, 1961, pp. 214-215.
② G. I. Tunkin, *Theory of International Law*, Moscow: Progress Publishers, 1974, pp. 155-157.
③ 王铁崖主编:《国际法》,法律出版社 1981 年版,第 50—51 页。
④ 李浩培:"强行法与国际法",中国国际法学会主编:《中国国际法年刊》(1982),中国对外翻译出版公司 1982 年版,第 62 页。

规范问题,反对和赞成的两种观点针锋相对、互不相让,双方均提出了自己的论据,也分别以一些有名望的学者为代表。诚然,一个新事物的出现常常会引起争论,这是很自然的。问题在于,双方的主张是否具有充分的理论根据? 实践中能否行得通? 笔者认为,由于在强行法问题上的分歧,其实质是自然法学派与实在法学派两种主张的对立,所以要解决这个问题,首先须从分析这两个学派的观点入手。

从自然法学派与实在法学派的主张来看,二者各有可取之处,但也都存在着缺陷与不足。自然法学派主张法律对国家具有拘束力,各国对此必须予以遵守,这是它的可取之处。当然,按照自然法学派的观点,这种对国家具有拘束力的法律是自然法,它与适用于国家之间关系的国际法还不是一回事儿。但这一学派毕竟认为,国家在国际社会中的行为不是任意的,而必须要遵从一定的规则。正是从这个意义上讲,笔者认为该学派的主张有其一定的可取之处。

第二次世界大战前后,有些法学家以自然法学派的主张作为理论依据,并由此得出结论:国际法上是有强行法存在的。但这一时期法学家们所主张的"自然法理论"已不是早期那种纯粹意义上的"自然法"了。早期自然法最终把自己归结为"正义"、"理性"和"法律良知"等,而现代法学家们所主张的自然法与早期的自然法相比,出现了两点新变化:其一是着重强调国家行为必须受某些法律原则和规范的约束;其二是自然法的内容有所发展,除了那些所谓"正义"、"理性"和"法律良知"等抽象内容外,还增加了许多国际法上具体的原则和规范,并且自然法与国际法之间的界限也更加模糊不清。所以,主张强行法的现代法学家们,是以这种变化了的自然法理论作为自己主张的理论基础的。

自然法学派理论的缺陷在于:把自然法凌驾于实在法之上,从而也就凌驾于国家意志之上,认为自然法是独立于国家意志而存在的。这就完全忽略了国家之国际社会的特点,从而导致否定国家主权倾向的滋长。这种主张是不可取的,也不符合当前国际社会的现实。

实在法学派主张,国际法是国家意志的产物,国际法之所以对国家具有拘束力是基于各国同意。这种观点无疑是正确的,也正是它的可取之处。但实在法学派却由此得出结论:只有国家同意的原则和规范才能对国家具有拘束力,如果没有国家同意这种意思表示,国际法在国际社会就没有拘束力。对这种主张有必要进一步加以探讨。如果按照这种逻辑推演下去其结论将是:只要一国声称反对某项国际法原则或规范,就可以规避该项原则或规范对这个国家的效力。可以设想,如果世界各国纷纷从其自身利益出发,对这项或那项国际法原则和规范提出异议或反对,从而宣称自己不受此类法律的约束,那将使得整个国际秩序陷于混乱,造成国际局势的动荡不定,归根结底,不利于世界各国自身利益的维护。由此可见,实在法学派理论的缺陷在于,它过分强调了国家意志,将国家意志凌驾于国际法之上,从而导致否定国际法,因而也就当然地否定了强行法的存在。

经过分析,我们看到,无论是自然法学派,还是实在法学派,其主张都有合理的一面,也都有其极端的一面。它们的某些极端主张不仅在理论上站不住脚,在实践中也很难行得通。但这两个法学流派的合理主张却因时代的不断进步,以及经过法学家们的进一步发展和实践的检验,而愈加丰富、完善和切实可行,并逐步成为强行法规范所赖以产生和存在的理论基础。

三、国际强行法的理论基础

在以上研究的基础上,我们可以初步得出结论,即国际法中是存在着强行法原则和规范的,否则,就无法解释当前国际社会的许多现象。那么,应当如何认识国际强行法的理论基础?

前已提及,自然法学派和实在法学派的主张都既有其合理的一面,又有其极端的一面。强行法学说则摒弃了这两个法学流派中不合理的主张,而吸收了二者中的合理成分并以此作为自身的理论基础。具体来讲,一方面,强行法学说赞同自然法学派所主张的"国家行为必须遵从一定规则"的观点,强调国际法上的某些原则和规范具有强行性质,国家对此必须予以遵守,如果国家间通过订立条约或协议来违反这些原则或规范,其所订条约或协议应属无效。但强行法学说不同意自然法学派将法律凌驾于国家意志之上的观点,认为国际法(包括强行法在内)虽然对国家有拘束力,但这种法律毕竟是国家意志的产物,它之所以有法律效力是因为国家同意受其约束,而不是其本身所具有的"正义"、"理性"等特性的结果。

另一方面,强行法学说赞同实在法学派所主张的"国际法是国家意志的产物"这种观点,但反对该学派过分强调国家意志的倾向。按照实在法学派的观点,国际法是由国家所创立的行为规则,那么,国家也可以改变它,这完全由国家的意志来决定,强行法学说对此持有异议。它认为,一旦通过国家意志产生了强行法规则和规范,国家就不能对此随意加以改变,无论是单方或通过双边、多边条约的方式进行更改均在禁止之列。而要改变这种代表整个国际社会共同(或称协调)意志的强行法原则或规范,就必须经过一定的法定程序,并得到世界各国的普遍认可和接受。

这就是强行法学说的理论基础。尽管法学家们对强行法还持有各种不同的观点,主张也各异,但随着时代的发展和研究的深入,有关强行法的理论与实践已逐步摆脱了那种模糊不清、捉摸不定的状态,变得愈加明确和具体。到了20世纪60年代末期,国际社会第一次在《条约法公约》中以多边条约的形式对强行法的某些方面作出了规定。这充分说明,强行法已得到当代世界大多数国家的认可,并为今后强行法体系的形成和完善奠定了基础,同时也为进一步研究这个问题提供了法律依据。

第六节 国际强行法之实践考察

当今国际社会作为整体,越来越希望将国际关系建立在和平共处与友好合作的基础之上,这就需要采取某些严格的法律措施以维护共同的利益和安全。基于这种考虑,对于国际强行法实践的研究亦逐步引起了世界各国的普遍关注与重视。

一、国际司法判例

从国际司法判例来看,涉及国际强行法的案件不是很多,而在这并不很多的案子中,也大多是法官们在裁判时的意见陈述,但从中我们可以看到国际强行法在国际司法裁判这个重要领域内的具体运用情况,有助于我们较为全面地了解和认识国际强行法。

(一)"西南非洲案——第二诉讼阶段"(the South West Africa Case,Second Phase),埃塞俄比亚、利比里亚诉南非,国际法院审理,1966年。

田中(Tanaka,日本)法官在其发表的异议意见中认为:"假如我们可以在国际领域中采用某一类型的法律,即近来由国际法委员会审议的强行法,一种与任意法形成对照的强制性法律(任意法可以通过国家间协议的方式来加以改变),那么,有关保护人权的法律无疑会被认为是属于强行法。"[1]

(二)"北海大陆架案"(the North Sea Continental Shelf Case),联

---

[1] *International Court of Justice Reports of Judgments, Advisory Opinions and Orders*,1966,p. 298.

邦德国诉丹麦、荷兰,国际法院审理,1969 年。

国际法院在受理此案时,《条约法公约》的强行法条款已在维也纳外交会议上获得了通过。在这一背景下,帕迪利亚·内尔沃(Padilla Nervo,墨西哥)法官发表其个别意见认为:"对于宣告创立国际法原则的条款,单方无权提出保留,属于强行法范畴的习惯规则不能从属于单方保留。"①

田中法官亦在同时发表的异议意见中声称:"假如一项保留涉及等距离原则,那么,它对国际习惯法形成所产生的否定作用不是不可以避免的。在这种情况下,保留的本身将无效,因为它与大陆架制度中的一项基本原则是相对立的,而大陆架的有关制度必须被承认是强行法。"②

(三)"巴塞罗那电力公司案——第二诉讼阶段"(the Barcelona Traction Case, Second Phase),比利时诉西班牙,国际法院审理,1970 年。

在本案中,国际法院法官阿莫恩(Ammoun,黎巴嫩)发表其个别意见认为,经过长期的联合国实践,强行法这个概念已经获得了较大程度的效力,它作为国际法上的一项强制性规范得到了认可,其原则还体现在《联合国宪章》的序言中。③

应当承认,从严格意义上讲,对于上述实例能否证明在国际法上存在着公认的强行法原则和规范,国际法学界是有争议的。因为在所列举的案件中,仅仅是某个(或某些)法官的个别意见或异议意见,而并非国际法院的正式判决,与此同时,还存在着其他法官提出的对立主张;

---

① *International Court of Justice Reports of Judgments, Advisory Opinions and Orders*,1969,p. 97.
② Ibid.,p. 182.
③ See Ibid.,p. 304.

况且,这些案例中没有一个是直接涉及强行法问题的;相反,无论是国际法院判决,还是国际法院法官们的个别意见或异议意见,更多的则是涉及国际法上的其他问题而非强行法。

然而,同样不容否认的是,国际法院的判决以及国际法院法官们的意见,虽然是就特定案件而得出的特定结论,但有许多却是带有普遍意义的,对以后类似案件的审理,甚至对新的国际法原则和规范的确立,都具有指导作用和产生不可低估的影响,这种情况在国际、国内的司法实践史上是屡见不鲜的。上述案例虽未正面涉及强行法,但还是从不同角度和不同程度上对强行法作出了某种表述与强调;有些法官在陈述其意见时,更进一步明确使用了"强行法"这个词汇。这些至少表明,强行法问题已在国际司法界引起了广泛注意,并为一些法官所肯定。尽管目前尚无直接涉及强行法问题的案例,但在国际法院所审理的为数不多的案件中,间接地、侧面地涉及强行法问题的案例仍可以毫无困难地举出数起,这说明已有必要重视和认真研究国际法上的强行法问题。对此,人们再也不能视而不见了。

二、国内司法判例

《国际法院规约》第 38 条规定,法院在裁判案件时所适用的法律应包括司法判例在内。按照笔者的理解,该条款规定的"司法判例"不仅仅局限于国际司法判例,它同时还应包括国内司法判例在内。因此,这里有必要对与强行法有关的几个主要国内司法判例作一简单介绍与分析。

(一)"美国诉阿尔弗雷德·克虏伯等案"(U. S vs. Alfred Krupp and others),1947—1948 年。

设在纽伦堡的美国军事法庭审理了此案。被告被指控的罪名之一是:在与战争行动直接相关的劳动中使用法国战俘,包括强迫战俘制造和运送军火和其他军需品。被告的行为被认为是违反了1929年订立的《关于战俘待遇的日内瓦公约》第31条。该条第1款规定:"战俘所完成的工作应与作战行动没有任何直接关系。特别禁止使用战俘从事一切性质武器和弹药的制造和运输以及送交战斗单位的物资的运输。"①

被告方面的辩解理由是:被告的所为是以法国维希政府与德国之间所订立的一项协议为依据的。法庭驳回了被告的辩解。法庭认为:首先,没有可靠证据证明存在着这样一项协议;其次,即便是有这样一项协议,那也是违反道德的,因此在国际法上是无效的。②

(二)"荷兰 Bebeers-Instituut v. Nimwegen and Manner 案",1952年。

荷兰阿纳姆(Arnhem)地方法院在审理此案时认为,1938年9月29日的慕尼黑协定(规定将捷克斯洛伐克的部分领土割让给德国)在国际法上是无效的,因为四大国(英、法、德、意)企图宰割一国的领土和人民,而被宰割的国家却并不是慕尼黑协定的缔约方。③

(三)"科赫案"(In re Koch),1959年。

波兰瓦沃德什普地方法院(Voivodship Court)在审理该案时,论及了1907年海牙第四公约附件中的某些规定。法院认为,这些规定构成了强行法;换言之,对公约中所包含规则的适用,不取决于任何国家的自由意志。④

有关强行法的国内司法判例暂举这几例。将这几个判例与前面的国际司法判例对照来看,我们发现这二者之间既有共同之处,又有明显

---

① 王铁崖等主编:《战争法文献集》,解放军出版社1986年版,第162页。
② See *Trials of War Criminals before the Nuremberg Military Tribunals under Control Council Law*, No. 10, Vol. 9, Washington, U. S. Govt. Printing Office, 1950, p. 1395.
③ See *International Law Reports*, Vol. 18, 1957, p. 250.
④ Ibid., Vol. 30, 1966, p. 303.

的差别。共同之处在于,无论是国际司法判例还是国内司法判例,都直接或间接地、明示或默示地承认了强行法的存在,并在司法实践上把强行法作为一项标准,具体应用到特定案件的审理过程中。但另一方面,二者的差别也是很明显的。详而言之,在前面所列举的三个国际司法判例中,虽然都或多或少涉及了强行法,但却尚无一例明确宣布某项国际协议因与国际强行法相抵触而属无效;与此形成鲜明对照的是,在所列举的三个国内司法判例中,就有两个明确宣布某项国际协议为无效,尽管它们的理由各不相同。由此可见,国内法院比国际法院更倾向于适用"公共秩序"、"强行法"这类概念,这可能是由国内法与国际法这两个不同法律体系的各自性质所决定的。

司法判例作为国际法的辅助性渊源之一,载入了《国际法院规约》第 38 条,这表明它已在国际上获得了普遍的承认。国际法院的判决虽然原则上只对本案及案件的当事国具有拘束力,但它在适用和解释国际法时要对国际法的原则和规范加以认证和确定,"而这种认证和确定不仅为国际法院在审判其他案件时以及其他国际法院在审判案件时所援用,而且往往在一般的国际实践中受到尊重。"[①]因此,虽然一般来讲国际司法判例并不直接地表现为国际法,但却有助于国际法原则和规范的形成。由于国内法院是国家的一个机关,所以,国内司法判决更不能直接表现为国际法,而只能是在一定条件下表现一个国家的国际法观点。但是,"一个国家的国际法观点对于国际法的形成是有影响的,而许多国家通过司法判例所表现出来的同样的国际法观点,就对于国际法的形成有重大的意义。"[②]因而我们可以得出结论,涉及强行法的国际、国内司法判例对国际强行法的确立与发展,无疑具有很大的推动

---

① 王铁崖主编:《国际法》,法律出版社 1981 年版,第 33 页。
② 同上。

和促进作用,对于强行法的研究工作来说,这也是一个不容忽视、不可低估的重要方面。

三、国际公约

在许多重要的国际公约中,通常都规定有禁止性条款,它们要求各缔约国不得在将来订立与本公约所含义务相抵触的协议。此外,由于这类条款自身的性质,还决定了在该公约生效之时,所有与其相抵触的既存协议同时归于无效。这种情况下,公约内容所具有的强行法特性是毋庸置疑的。还有某些国际公约虽然不尽明确,但也规定了若干具有国际公共政策性质的原则,这些原则授权给有关国家或国际组织以介入的权利,而无须证明是否与自己有直接或者物质上的利益关系。从以下实例中,我们可以了解到国际公约在这方面的具体规定。

(一)禁止以特别协议与公约条款相背离的国际公约

1.《国际联盟盟约》(The Covenant of the League of Nations,1919年)

第20条第1款:"联盟会员国各自承认凡彼此间所有与本盟约条文相抵触之义务或谅解均因本盟约而告废止,并庄严保证此后不得订立类似协议。"①

该条第2款:"如有联盟任何一会员国未经加入联盟以前负有与本盟约条文抵触之义务,则应采取措施以摆脱此项义务。"②

2.《联合国宪章》(The United Nations Charter,1945年)

第103条:"联合国会员国在本宪章下之义务与其依任何其他国际协定所负之义务有冲突时,其在本宪章下之义务应居优先。"③

---

① 王铁崖、田如萱编:《国际法资料选编》(第二版),法律出版社1986年版,第857页。
② 同上书,第857—858页。
③ 同上书,第888页。

3.《芝加哥国际民用航空公约》(*The Chicago Convention on International Civil Aviation*,1944年)

第82条:"缔约各国承认本公约,即废止彼此间所有与本公约条款相抵触的义务和谅解,并约定不再承担任何此类义务和达成任何此类谅解。一缔约国在成为本组织的成员国以前,曾对某一非缔约国或某一缔约国的国民或非缔约国的国民,承担了与本公约的条款相抵触的任何义务,应立即采取步骤,解除其义务。任何缔约国的空运企业如已承担了任何此类与本公约相抵触的义务,该空运企业所属国应以最大努力立即终止该项义务,但无论如何,应在本公约一经生效可以采取合法行动时,终止此种义务。"①

第83条:"任何缔约国在不违反前条的规定下,可以订立与本公约各规定不相抵触的协议,任何此种协议,应立即向理事会登记,理事会应尽速予以公布。"②

4.《布鲁塞尔会议关于贩卖非洲奴隶问题的总议定书》(*The General Act of the Brussels Conference Related to the African Slave Trade*,1890年)

第96条:"缔约各国间过去缔结的各专约,凡与本总议定书相悖的规定,均被废止。"③

5.《伯尔尼版权公约》(*The Berne Copyright Convention*,1886年)

第20条:"本联盟各成员国政府之间有权订立专门协定,只要这种协定授予作者的权利比本公约所授予的权利更为广泛,或其中包括并不违反本公约的其他条文。现在协定中的条文只要符合上述条件,也

---

① 王铁崖、田如萱编:《国际法资料选编》(第二版),法律出版社1986年版,第563页。
② 同上书,第563—564页。
③ 世界知识出版社编:《国际条约集(1872—1916)》,世界知识出版社1986年版,第137页。

可继续适用。"①

(二) 授予第三方以介入权的国际公约

1.《国际法院规约》(The Statute of the International Court of Justice, 1945年)

第62条第1款:"某一国家如认为某案件之判决可影响属于该国具有法律性质之利益时,得向法院声请参加。"②

该条第2款:"此项声请应由法院裁决之。"③

2.《德属西南非洲的委任统治书》(The Mandate for South West Africa, 1920年)

第7条第2款:"受委任国同意,受委任国和另一国际联盟会员国发生的关于委任统治书条款的解释和适用的任何争端,如未能通过谈判取得解决,应提交国际联盟盟约第14条所规定的常设国际法院。"④

以上所列举的国际公约条款都属于国际强行法的范畴。其中第一类公约条款的强行性质至为明显,一国只要接受了这些条款,就必须承担其中所规定的义务;而第二类公约条款的强行性质尽管不太突出,但也不应抹杀,其强行性是通过"附带条件"(诸如一国认为某项判决将影响到其本国利益,或争端当事国未能通过谈判获致解决)这种间接方式体现出来的。对于此类情况,公约授权给有关国家或国际组织(如国际法院或常设国际法院)在相应条款所附条件一旦成就之时,即应按照公约所规定的特定方式解决有关问题,而绝不允许对这种特定方式予以任何变更或规避。由此可见,在国际公约这一重要领域内,国际强行法不仅是实实在在地存在着,而且也正日益发挥着其特有的重要作用。

---

① 郑成思:《版权国际公约概论》,中国展望出版社1986年版,第143页。
② 王铁崖、田如萱编:《国际法资料选编》(第二版),法律出版社1986年版,第1034页。
③ 同上书,第1034页。
④ 同上书,第97—98页。

四、国际实践

关于国际强行法在国际实践中的具体运用，可以从国际社会所发生的某些重大历史事件着手予以分析。

（一）国际社会拒绝承认日本的侵华行为及其后果

1931年，侵华日军发动了"九一八"事变，在不到四个月的时间内，就全部占领了中国东北三省。1932年1月7日，美国国务卿史汀生（Stimson）向中日两国政府发出了内容相同的照会。其主要内容是："美国政府不能认许任何事实上的情势的合法性，也不拟承认中、日政府或其代理人间所缔订的有损于美国或其在华国民的条约权利——包括关于中华民国的主权、独立或领土及行政完整，或关于通称为门户开放政策的对华国际政策在内——的任何条约或协定；也不拟承认用违反一九二八年八月二十七日中、日、美均为缔约国的巴黎公约之条款与义务的方法，而获致的任何局势、条约或协定。"[①] 这一照会史称"不承认主义"（The Doctrine of Non-Recognition）。同年2月16日，国际联盟表示支持史汀生提出的这份照会。[②]

1932年1月29日，日军进攻上海，淞沪抗战爆发。2月16日国际联盟理事会向日本发出呼吁，要求日本遵守国联盟约。3月11日，国际联盟通过决议指出："国际联盟会员国的义务是，不承认用违反国联盟约或巴黎公约的手段所造成的任何情势、条约或协定。"同时，国际联盟还成立了一个委员会，专门处理上海战争事宜。[③] 在此之前，日本在中国东北匆忙拼凑的傀儡国——伪"满洲国"于3月1日宣告成立。

---

① 王绳祖主编：《国际关系史资料选编》上册（第二分册），武汉大学出版社1983年版，第588页。
② 同上。
③ 参见颜声毅等编著：《现代国际关系史》，知识出版社1988年版，第199页。

1933年2月24日,国际联盟大会再次通过决议,声明对日本扶持的伪"满洲国"不给予事实上或法律上的承认。决议主张根据《国际联盟盟约》、《凯洛格—白里安公约》和《华盛顿公约》来解决中国问题,要求日本退出中国东北,恢复中国对日战区的主权,在该地成立具有广泛自治权的新政府机构,并承认日本在该地的"特殊利益"。①

诚然,史汀生"不承认主义"的真实意图是要保住美国的在华特权和利益;受英、法控制的国际联盟所通过的相关决议,其目的也是欲以小的代价(承认日本在中国东北的"特殊利益")来换取大的好处(防止日本独占中国东北),这一切都反映了美、英、法等列强与日本在华既勾结又争夺的矛盾斗争。但在这场瓜分中国的激烈角逐过程中,美、英、法等国以法律(或称国际强行法)作为阻止日本扩张的有力武器,在"维护中国主权"的名义下,动员整个世界舆论对日本的侵略行为予以谴责,使得日本在国际社会中陷于孤立境地。这一事实表明,即使是在当时那种强权政治的时代,仍有不容背离的公理和正义存在,任何国家的行为只能遵循一定的规则,而不能为所欲为。

(二) 苏、美、英三国关于奥地利的宣言

1943年10月30日于莫斯科发表的这项宣言宣布:"三国政府认为一九三八年三月十五日德国对奥地利强迫实施的兼并是无效的。三国政府认为它们决不受从该日起在奥地利实施的任何改变的拘束。三国政府声明它们希望看到重建一个自由和独立的奥地利,以便为奥地利人民自己以及面临同样问题的邻国开辟道路,找到为持久和平唯一基础的政治和经济安全。"②

---

① 参见王绳祖主编:《国际关系史(十七世纪中叶——一九四五年)》(修订本),法律出版社1986年版,第415页。
② 王绳祖主编:《国际关系史资料选编》(上册第二分册),武汉大学出版社1983年版,第753页。

在比利时法学家苏伊看来,此项宣言的主张是基于这样一种共识,即"禁止任何非法的领土变更"被认为是一项强行法规则。[1]

(三)塞浦路斯问题

1960年8月16日,塞浦路斯成为一个独立的共和国,同时制定了一部意在平衡该岛塞浦路斯希腊族和塞浦路斯土耳其族利益的宪法。该宪法的各项基本条款和塞浦路斯的领土完整与主权将由同一天在塞浦路斯首都尼科西亚(Nicosia)签订的三项条约予以保证。这三项条约是:由塞浦路斯、希腊、土耳其和英国签订的《关于建立塞浦路斯共和国的条约》、由这四个国家订立的《保证条约》,以及由塞、希、土签订的《同盟条约》。这些条约涉及的内容有:维护宪法所确立的秩序,英、希、土联合或分别进行干预的权利,禁止塞浦路斯同其他任何国家联合或实行分治,希腊和土耳其在塞浦路斯驻军,以及英国保留对该岛两个作为军事基地的地区的主权,等等。

关于对塞浦路斯进行干预问题,以塞为一方,以希、土、英为另一方的《保证条约》(The Treaty of Guarantee)第4条规定:"一旦本条约的规定遭到破坏,希腊、土耳其和联合王国有义务就保证这些规定得到遵守所必需的交涉或措施进行共同磋商。如果证明无法采取共同的或一致的行动时,三个保证国各自保留为恢复本条约所建立状况采取行动的权利。"[2]

1963年后期,由于当时希、土两族的政治分歧,并牵涉到希腊和土耳其两国政府,致使塞浦路斯的局势逐步恶化,同年12月,该岛国发生了骚乱和武装冲突。

12月27日,联合国安理会开会审议塞浦路斯提出的控诉,其中指

---

[1] See Erik Suy, "The Concept of *Jus Cogens* in Public International Law", *The Concept of Jus Cogens in International Law*, Papers and Proceedings Ⅱ, Conference on International Law, Lagonissi(Greece), April 3-8, 1966, Geneva, 1967, pp. 68-69.

[2] 《国际条约集(1960—1962)》,商务印书馆1975年版,第173页。

责土耳其进行侵略,并通过武力威胁和使用武力侵害塞浦路斯的领土完整和政治独立,干涉塞浦路斯内政,而土耳其则否认这些指控。塞浦路斯代表明确提到了当时《条约法公约》草案第 50 条(即生效后的《条约法公约》第 53 条)关于强行法的有关内容,认为尼科西亚《保证条约》第 4 条的规定为保证国单方面干涉塞浦路斯内部事务提供了依据,因而这一规定是不平等的,是强加给塞浦路斯的;认为该条款既与《联合国宪章》第 2 条第 4 款关于禁止"使用威胁或武力,……侵害任何会员国或国家之领土完整或政治独立"的规定相抵触,又与《条约法公约》草案第 50 条所规定的一般国际法强行规范(如禁止干涉内政)相冲突,因此,塞浦路斯代表主张,尼科西亚《保证条约》应属无效。

1964 年 3 月 4 日,联合国安理会通过决议,决定成立联合国驻塞浦路斯维持和平部队,并要求秘书长同有关四国政府取得协议,任命一个联合国调解专员,以促进对塞浦路斯问题的和平解决并寻求一项一致同意的解决办法。但安理会在其所作决议中,避免对尼科西亚《保证条约》的有效性问题发表意见。该条约后来一直在生效。

就塞浦路斯问题所发生的争执来看,尽管安理会决议回避了尼科西亚《保证条约》的有效性问题,且该条约后来也一直在生效,但塞浦路斯毕竟是从强行法的角度对《保证条约》的合法性及有效性提出了疑问,这至少反映了塞浦路斯作为国际社会的一个成员,在强行法问题上所具有的法律意识。

(四)"小条约"问题

第三次联合国海洋法会议经过长达 9 年的艰苦谈判,终于产生了《联合国海洋法公约》,公约于 1982 年 12 月 10 日起开放签字。当天签署《海洋法公约》的国家和组织共有 119 个。[1] 而美国则以公约中关于

---

[1] 《人民日报》1982 年 12 月 12 日。

深海采矿条款不符合美国利益为由,宣布拒绝在公约上签字。不仅如此,美国还于1982年9月2日,即《海洋法公约》开放签字的前夕,与英国、法国和当时的联邦德国签订了一项关于深海多金属结核临时安排的协议,也就是所谓的"小条约",以此来同《海洋法公约》相对抗,其目的是要凭借它们所拥有的资金和技术优势,私下瓜分属于全人类共同继承财产的海洋资源。

美国等国的上述做法在国际上引起了广泛的批评。参加第三次联合国海洋法会议的许多国家的代表在发言中对美国拒绝签署公约表示不满,要求美国重新审查它对公约的立场,并严正指出,美国同英、法、联邦德国于1982年9月2日签订的协议,企图在公约范围以外进行关于国际海底资源的开发活动是非法的。[1] 代表"七十七国集团"国家和拉丁美洲集团讲话的秘鲁代表阿方索·阿里亚斯·施赖贝尔说,"七十七国集团"认为,根据与公约正文和附件不一致的国家立法和多边协议而采取的任何关于开发国际海底资源的措施,"在国际上将是无效的,并将导致其他国家也采取保护它们利益的必要措施。"[2]牙买加总理爱德华·西加指出:美国与一些西欧国家签订的"小条约"没有任何合法性,"它是违背海洋法公约的条款的"。[3] 中国代表团团长韩叙在其发言中也指出,任何在公约以外对国际海底开发另搞一套的行为,如单方面立法活动或所谓"小型条约"等都是非法的、无效的。[4]

上述各国代表的观点从一个侧面表明,国际社会,特别是广大发展中国家,对于"小条约"是持反对态度的。从时间上看,无论是"小条约"

---

[1] 参见沈韦良、许光建:"第三次联合国海洋法会议和海洋法公约",中国国际法学会主编:《中国国际法年刊》(1983),中国对外翻译出版公司1983年版,第433页。
[2] 《人民日报》1982年12月9日。
[3] 《人民日报》1982年12月12日。
[4] 参见沈韦良、许光建:"第三次联合国海洋法会议和海洋法公约",中国国际法学会主编:《中国国际法年刊》(1983),中国对外翻译出版公司1983年版,第434页。

的订立还是《海洋法公约》的开放签字,都发生在《条约法公约》制定之后,换言之,强行法原则早已为国际公约所确认,它对世界各国特别是发展中国家在"小条约"问题上的态度不可能没有任何影响,只不过从笔者现有掌握的资料来看,一些国家在阐述自己的态度时未明确使用"强行法"这个词汇罢了。

也许有人会问,美国等西方国家订立"小条约"之时,《海洋法公约》尚未生效,前者如何能与后者相冲突而归于无效?这个问题的确有表述清楚的必要。笔者认为,《海洋法公约》虽然在当时尚未生效,但该公约中有许多原则和规范并不是首次出现,公约中的许多规定是对国际法上早已实行的既存原则和规范(诸如领海主权原则、公海自由原则、禁止贩奴和海盗行为等)的编纂、统一和重新确认,即使是美国强烈反对的"人类共同继承财产"原则也早在1967年就由马耳他常驻联合国代表帕多(Arvid Pardo)提出,并为联大决议所确认,以后更为世界各国所普遍接受。因此,虽然当时《海洋法公约》尚未生效,但公约中所规定的许多原则和规范不论是在过去、现在还是将来,都仍然是世界各国从事海洋活动所应遵循的行为准则,而这些准则中有许多具有强行法的性质,美国等西方国家签订的"小条约"与之相抵触,当然是非法的、无效的。

(五)国际社会反对伊拉克吞并科威特

1990年8月2日凌晨,伊拉克十万大军在战斗机、武装直升机、重型坦克、装甲车和迫击炮的支援下,向只有两万人军队、面积为1.8万平方公里、盛产石油的邻国科威特发动了突然袭击。当天上午,科威特首都陷落,一天之内,伊军便完全占领了整个科威特。[1]

8月4日,伊拉克宣布由9名军人组成的"自由科威特临时政府"

---

[1] 参见"伊拉克入侵科威特纪实",《参考消息》1990年8月16日。

成立。在国外的一些科威特官员发表谈话说,由伊任命的领导临时政府的这9名军官全是伊拉克人。① 8日,伊拉克宣布伊、科"两国永久合并"、"科威特国家永远消失"。② 9日,伊拉克限令所有国家在8月24日以前必须把驻科大使馆移往巴格达。这样,伊向在科威特设有使馆的六十多个国家提出了新的挑战。③ 17日,伊拉克议长马赫迪·萨利赫在声明中宣布扣留外国人质。④ 28日,伊拉克总统萨达姆·侯赛因发布总统令,宣布科威特为伊拉克的第19个省。⑤ 9月14日,伊拉克军队强行进入法国、加拿大、荷兰和比利时驻科威特使馆,扣留法国使馆武官(后于当天获释)和3名法国人质。⑥ 24日,伊拉克政府宣布取消科威特货币——第纳尔。⑦ 27日,伊拉克宣布限令科威特公民将本国国籍改为伊拉克国籍。⑧

一个独立的主权国家如此迅速地被其强邻所吞并,这使得整个世界感到震惊。联合国安理会为此先后通过了一系列决议,呼吁国际社会采取共同行动以反对侵略。8月2日,伊拉克入侵科威特的当天,安理会召开紧急会议通过第660号决议,谴责伊拉克对科威特的入侵,认为这一事件破坏了国际和平与安全,要求伊拉克立即无条件地将其入侵科威特领土的全部军队撤至入侵前的位置。⑨ 8月6日,联合国安理

---

① 参见"伊拉克宣布'临时政府'组成人员",《参考消息》1990年8月6日。
② 参见"伊拉克入侵科威特纪实",《参考消息》1990年8月20日。
③ 同上。
④ 参见"伊拉克扣留外国人质",《人民日报》1990年8月19日。
⑤ 参见"伊拉克宣称科威特为其第19个省,联合国秘书长对伊决定表示遗憾",《人民日报》1990年8月30日。
⑥ 参见"法国就伊军侵犯法使馆对伊加强制裁,伊拉克否认其军队进入外国驻科使馆",《人民日报》1990年9月16日。
⑦ 参见"伊拉克取消科威特货币",《人民日报》1990年9月25日。
⑧ 参见"中东最新动态",《参考消息》1990年9月29日。
⑨ 参见"联合国安理会紧急会议通过决议,要求伊拉克立即从科威特撤军",《人民日报》1990年8月3日。

会通过第 661 号决议,决定对伊拉克进行强制性经济制裁和武器禁运。① 8月9日,安理会十五个成员国一致通过的第 662 号决议宣布,伊拉克无论以何种方式、何种借口吞并科威特,均不具有法律效力,都是无效的。决议呼吁所有国家和国际组织拒绝承认这一吞并,不要从事任何可能造成间接承认这一吞并的活动和交往。② 8 月 18 日,安理会一致通过了第 664 号决议,要求伊拉克政府允许外国公民立即撤离伊拉克和科威特,允许他们立即与他们国家驻伊拉克和科威特的领事官员进行接触。决议还要求伊拉克不得采取任何危害外国公民人身安全和健康的行动。③ 9 月 16 日,安理会又以十五票对零票一致通过了第 667 号决议,强烈谴责伊拉克军队侵犯外国驻科威特使馆的行为,并要求伊拉克立即释放被扣留的外交人员和外国侨民。决议要求伊拉克遵守安理会各项有关决议,遵守关于外交关系和领事关系的《维也纳公约》和国际法,保护驻科威特和伊拉克外交使团及其工作人员的安全,并且不得采取任何阻碍使领馆履行职责的行动。④ 9 月 25 日,安理会以十四票赞成、一票(古巴)反对通过了第 670 号决议,决定对伊拉克和被其占领的科威特实行空中封锁,并禁止伊拉克船只进入各国港口。⑤ 10 月 29 日,安理会通过第 674 号决议,要求伊拉克停止扣留第三国国民为人质,不得虐待和迫害科威特及第三国公民。决议还认为,伊拉克

---

① 参见"联合国安理会通过决议,对伊拉克实行制裁措施",《人民日报》1990 年 8 月 8 日。

② 参见"联合国安理会通过决议宣布,伊拉克吞并科威特无效",《人民日报》1990 年 8 月 11 日。

③ 参见"联合国安理会通过决议,要求伊拉克允许外国人离境",《人民日报》1990 年 8 月 20 日。

④ 参见"联合国安理会通过第 667 号决议,谴责伊拉克侵犯外国驻科使馆",《人民日报》1990 年 9 月 17 日。

⑤ 参见"安理会通过 670 号决议,对伊拉克实行空中封锁",《人民日报》1990 年 9 月 29 日。

必须对因其入侵和非法占领科威特而使科威特和第三国及其公民和企业所遭受的任何损失、破坏或伤害承担责任。11月28日,安理会一致通过科威特提出的一项决议案,强烈谴责伊拉克改变科威特人口构成和销毁科威特合法政府的档案材料的行径。11月29日,安理会以十二票赞成、两票反对、一票弃权的多数票,通过第678号决议,授权联合国成员国在伊拉克于1991年1月15日之前仍拒不执行安理会有关决议的情况下,使用一切必要手段,维护、执行有关决议,恢复海湾地区的和平与安全。[①]

与此同时,世界各国对于伊拉克赤裸裸的侵略行径也纷纷予以谴责。它们在声明中认为,伊拉克吞并科威特是对国际法准则的肆意践踏,呼吁伊、科两国以和平方式解决争端。不仅如此,许多国家还根据联合国决议相继对伊拉克采取了经济封锁、军事威慑等一系列制裁措施,诸如停止从伊拉克进口石油和向伊拉克运送粮食等一切物品,冻结伊、科两国在国外的一切资产,中止经济合作,停止对伊拉克贷款和向伊拉克出售武器,关闭伊拉克经过沙特和土耳其的三条输油管道,禁止伊拉克的一切进出口,等等。[②] 截止到1990年9月7日,已有106个联合国成员国开始执行安理会通过的决议,对伊拉克实施贸易禁运。[③] 除了采取政治、经济等项措施以外,阿拉伯部队和以美国为首的多国部队开始进驻海湾,以防止伊拉克进一步扩大侵略和迫使伊军撤出科威特。另外,国际社会对伊拉克的制裁还扩大到其他方面。如9月20日晚,亚洲奥委会理事会特别代表大会以表决方式决定,暂停伊拉克参加

[①] 参见"联合国安理会关于海湾危机的十二项决议",《人民日报》1991年1月14日。
[②] 参见"伊拉克入侵科威特纪实",《参考消息》1990年8月19日。
[③] 参见"联合国秘书长说,106国对伊拉克实施禁运",《人民日报》1990年9月9日。

22日在北京举行的第十一届亚运会的权利及其理事会的会籍。① 同时科威特人民也在组织抵抗活动,已经形成的几个抵抗运动中心,负责组织和领导人民通过游击战和常规战争,抗击伊拉克入侵者。正如美国《华盛顿邮报》在科威特采访的记者所说,这个盛产石油的王国是"被占领了,但是没有被征服。"②

在国际社会采取上述各项措施仍未能迫使伊拉克撤出科威特的情况下,以美国为首的驻海湾多国部队于1991年1月17日凌晨,向伊拉克发动了代号为"沙漠风暴行动"的大规模空袭。③ 2月15日,伊拉克宣布有条件地从科威特撤军。④ 24日,多国部队向伊拉克军队发起地面进攻。⑤ 26日,伊拉克总统萨达姆通过巴格达电台正式下令伊军撤出科威特。⑥ 27日伊拉克宣布放弃对科威特的领土要求,同意考虑向科威特支付战争赔款。⑦ 28日伊拉克宣布无条件地全面接受联合国安理会自1990年伊拉克侵吞科威特以来通过的所有十二项决议;当天上午(北京时间),美国总统布什向全国发表讲话,宣布科威特的独立已经恢复,海湾战争基本结束。他还宣布,以美国为首的多国部队将在1991年2月28日下午一时(北京时间)实行停火。⑧ 3月2日,联合国

---

① 参见"亚奥理事会特别代表大会表决决定,暂停伊拉克参加本届亚运会",《人民日报》1990年9月21日。
② 参见"科威特人正在组织抵抗",《参考消息》1990年8月18日;"科威特市发生反占领行动",《人民日报》1990年8月10日;"科威特加强武装斗争抗击入侵者",《人民日报》1990年8月24日。
③ 参见"海湾爆发战争",《人民日报》1991年1月18日。
④ 参见"伊拉克宣布同意从科撤军",《人民日报》1991年2月16日。
⑤ 参见"多国部队向伊军发起地面进攻",《人民日报》1991年2月25日。
⑥ 参见"萨达姆下令伊军撤出科威特,布什称伊军放下武器才停战",《人民日报》1991年2月27日。
⑦ 参见"伊宣布放弃对科领土要求,同意考虑向科付战争赔款",《人民日报》1991年2月28日。
⑧ 参见"布什宣布多国部队实行停火,伊无条件接受安理会十二项决议",《人民日报》1991年3月1日。

安理会通过一项决议,重申安理会在伊拉克入侵科威特后通过的十二项决议继续有效,并要求伊拉克采取进一步的行动来结束海湾地区的敌对行动。① 3日,伊拉克外长阿齐兹致信联合国秘书长德奎利亚尔和安理会主席,表示伊拉克接受安理会2日通过的第686号决议,并允诺加以执行。② 5日,伊拉克革命指挥委员会宣布废除伊拉克自1990年8月2日入侵科威特后制定的一切法律和决定,其中包括伊拉克宣布吞并科威特的决定。伊拉克还同意退还它从科威特拿走的黄金、货币、民用飞机和艺术博物馆内的财产,并将在尽可能短的时间里将这一决定兑现。③

列宁曾经指出:"凡是把一个弱小民族合并入一个强大国家而没有得到这个民族的同意合并、希望合并的明确而自愿的表示,就是兼并或侵犯别国领土的行为,不管这种强迫合并是发生在什么时候,不管这个被强迫合并或被强制留在别国版图之内的民族的发展或落后情形如何,最后,不管这个民族是居住在欧洲或是居住在远隔重洋的国家,都是一样。"④

伊拉克对科威特的武力侵吞,违背了科威特人民的意愿,因而在当今国际社会激起了强烈反响。世界各国为反对伊拉克的侵略行为而采取的各项制裁措施,体现了第二次世界大战结束后,国际社会在维护国际法的尊严方面所形成的从未有过的一致(当然,安理会在伊拉克侵略科威特问题上成功地通过了一系列决议这个事实也表明,联合国作为普遍性的国际政治组织,在解决国际争端方面能否扮演重要的角色要

---

① 参见"安理会通过海湾问题新决议",《人民日报》1991年3月4日。
② 参见"伊拉克接受安理会686号决议",《人民日报》1991年3月5日。
③ 参见"伊拉克废除吞并科威特法律",《人民日报》1991年3月7日。
④ 列宁:"关于和平问题的报告",《列宁全集》第26卷,人民出版社1959年版,第227—228页。

取决于大国的授权。换言之,安理会五大常任理事国赋予它多少权力,在处理国际事务过程中它就能发挥多大的作用)。对此,美国普林斯顿大学近东问题名誉教授伯纳德·刘易斯认为,要是到1990年一个国家竟能入侵和吞并一个邻国,而世人只是口头上斥责一通而不采取有效的行动,那就会成为国际秩序被打破的第一步。[①] 科威特埃米尔贾比尔·萨巴赫在1990年9月27日第四十五届联合国大会全体会议上发言时指出,一国凭借武力占领、兼并一个主权独立国家、一个联合国成员国,并企图从世界政治地图上抹去其名称,实为第二次世界大战结束以来所罕见。伊拉克的侵略行动给整个海湾地区间的稳定与安全以及世界稳定造成了深远的有害影响。[②]

海湾危机爆发后,我国政府在各种场合反复重申了在这个问题上的立场,这就是:"我们明确反对伊拉克入侵和吞并科威特,要求伊拉克立即、无条件地从科威特撤军,恢复科威特的独立、主权、领土完整和合法政府。同时我们主张在联合国有关决议的范围内和平解决海湾危机。为此,我们尽了自己的最大努力。"[③]

正是因为伊拉克的所作所为粗暴地践踏了诸如相互尊重国家主权与领土完整、互不侵犯、禁止使用武力和武力威胁、和平解决国际争端等这类具有国际强行法性质的国际法准则,从而引起了国际社会的极大愤慨和同声谴责,使得伊拉克陷于四面楚歌的孤立、被动境地,最后不得不在各项制裁措施面前宣布无条件接受联合国安理会各项有关决议,从科威特撤出了其军队。所有这一切均表明,时代发展到今天,国际强行法已为世界各国所普遍接受,它是维护国际和平与安全的法律

[①] "美国名流纵论海湾危机",《参考消息》1990年8月17日。
[②] "科威特埃米尔在联大发言,强烈谴责伊拉克侵略兼并科威特",《人民日报》1990年9月26日。
[③] "钱外长在西班牙外交政策研究中心发表重要讲演",《人民日报》1991年2月28日。

保障,肆意践踏它的国家不能不为此付出惨重的代价,其违法行为必将受到国际社会的严厉制裁。

上述各项实例告诉我们,在国际交往过程中,国家已自觉不自觉地在不同程度上运用了国际强行法,并以此为武器来捍卫自身的利益和维护国际秩序。因此,我们可以说,国际强行法的实际应用已为国际实践所证明。

经过以上对国际强行法实践的考察,笔者相信,随着时代的发展和人类的进步,国际强行法在维护世界和平与安全、发展国际间的友好及合作、促进国际法律制度的统一和完善方面,将发挥着愈来愈大的作用。

第七节　国际海洋法研究之一
——领海

领海是连接一国领陆和内水、沿着国家的海岸、受国家主权支配和管辖下的一定宽度的海水带。1982年的《联合国海洋法公约》(以下简称《海洋法公约》)第2条采纳并补充了1958年的《联合国领海及毗连区公约》(以下简称《领海及毗连区公约》)第2条关于领海的定义,新《海洋法公约》规定:"沿海国的主权及于其陆地领土及其内水以外邻接的一带海域,在群岛国的情形下则及于群岛水域以外邻接的一带海域,称为领海"。

一、领海的法律地位

历史上,关于领海的概念经历了一个长时期的形成过程,关于领海的法律地位,也曾在长时期内有过争论。然而,历次有关的重大国际会议和几个重要的国际公约都确认,领海是沿海国领土的组成部分,处于沿海国的主权管辖之下。但此种主权须受无害通过这一国际惯例的限制，该国际惯例现已获得国际社会的普遍接受而成为习惯国际法规则；同时，该习惯国际法规则还明确规定在《领海及毗连区公约》和《海洋法公约》之内。领海的法律地位涉及沿海国的权利和义务，以及其他国家的权利和义务两个方面。

根据传统惯例和确定在《领海及毗连区公约》及《海洋法公约》中的有关规则，沿海国的权利和义务主要有：

1. 沿海国的主权及于其领海的水域、上空，海床和底土，外国船舶可以在领海上无害通过，但外国航空器未经许可不得飞越该国领海的上空；否则，即构成对国家领空的侵犯。

2. 沿海国在领海享有属地最高权。因而领海内之一切人和物（除享受外交特权与豁免者外）均受沿海国管辖。领海内之一切外国船舶均应遵守沿海国的法律和规章制度。沿海国有权制定关于外国船舶无害通过的规章，有权对领海内危害沿海国安全和秩序的外国船舶、船员和乘客行使刑事管辖权，必要时，可以扣押外国商船和逮捕船上的犯罪人员。但纯属外国船舶的内部事务，除非船长请求，沿海国一般不加干预。

3. 沿海国对领海内的一切资源（包括生物和非生物资源）享有开发和利用的专属权利，任何国家或个人非经沿海国同意不得加以开发或利用。外国渔船在一国领海内捕鱼须经该国的同意。

4. 沿海国得制定有关航行、关税、移民、卫生、电缆和管道以及助航设备和设施的保护、水域保护和海洋生物资源养护等方面的规章制度。对于违反上述规章制度的外国船舶及其负责人，沿海国有权给予相应的制裁。

5. 沿海国享有沿海航运的专属权利。沿海国通常将沿岸两个港口间的航行和贸易权保留给本国人，这个惯例通常被纳入到各国的通商航海条约中。除非条约另有相反的规定，外国船舶不得从事这类业务。

6. 沿海国在领海有保持战时中立的权利。战争时期,沿海国若为中立国,交战国不得在该沿海国的领海内交战或伏击敌国船舶,也不得在该国领海内拿捕商船。该沿海国有权对交战国军舰的通过制定规章。如果为保护国家安全之必需,沿海国还可在其领海的特定区域内暂时停止外国船舶的无害通过。

非沿海国在沿海国领海的唯一权利是无害通过权。根据《领海及毗连区公约》和《海洋法公约》之规定,无害通过概念的具体含义为:

1. 通过是指穿过领海但不进入内水或不从内水驶出的航行。这种航行必须是"继续不停"和"迅速前进",只有在遇到不可抗力或遇难的场合下才能停船和下锚。潜水艇通过一国领海时必须上浮至海面航行并展示其国旗。通过时必须遵守沿海国的法律和沿海国为无害通过而制定的规章以及关于防止海上碰撞的国际规则。

2. 无害是指不损害沿海国的和平、安全或良好秩序。《海洋法公约》第19条列举了12种非无害的情况。如果外国船舶在通过时从事其中任何一项活动,其通过就不是无害的。

至于外国军用船舶在一国领海能否享有无害通过权,国际上对此存在着争议,各国实践也不尽一致。很多国家对外国军舰通过其领海都要求应事先通知或取得许可。

二、领海的宽度和测算领海的方法

(一) 领海的宽度

一国的领海,它的外部界线与海岸要有一定的距离,这个距离,就是领海宽度。换言之,领海的宽度是从领海的基线量起直到领海的外部界线为止的距离。领海的外部界线,是一条其上每一点与基线的距离都等于领海宽度的线。划定领海外部界限的方法有平行线法、交圆法、共同正切线法三种。一国的领海宽度究竟应当由谁来确定?又应扩展到多远？是否要有统一的领海宽度？这是长期以来关于海洋权斗争的一个首要问题。自从领海的概念提出后，几百年来，从来就没有一个公认的、统一的领海宽度，而且直到《海洋法公约》通过为止，世界上所有国家的领海宽度都是由各国自行确定的。美、英、日等海洋强国曾一向宣称3海里是国际法所确认的领海宽度，这是毫无根据的，既不符合历史事实，也不符合现实情况。

从历史情况来看，自18世纪的"大炮射程说"将领海宽度定为3海里之时起，3海里的宽度就始终没有得到普遍承认。当时有些国家已经规定了超过3海里的领海宽度，例如，瑞典、挪威于1745年定为4海里，西班牙于1760年定为6海里等。此后，各国所规定的领海宽度普遍有增大的趋势。从现实情况来看，目前各国的领海宽度仍然很不统一。据不完全统计，主张3海里的有23个国家，4海里的有4个国家，6海里的有10个国家，12海里的有56个国家，18海里的有1个国家，30海里的有4个国家，50海里的有4个国家，100海里的有1个国家，130海里的有1个国家，200海里的有16个国家。从中可以看出，主张12海里领海宽度的国家最多，占各国总数的1/3强。[1]

《海洋法公约》第3条规定："每一国家有权确定其领海的宽度，直至从按照本公约确定的基线量起不超过12海里的界限为止。"相邻或相向国家之间的领海界限，如两国之间无相反的协议，以一条之上每一点都与两国领海基线的距离相等的线——即"等距离中间线"为准。该公约现已生效，其第3条之规定成为目前国际社会关于领海宽度的一个统一的标准。

(二) 领海的测算方法

按照目前的国际实践，测算领海的宽度有两种方法：一种叫正常基

---

[1] 转引自魏敏等编：《国际法讲义》，法律出版社1983年版，第81页。

线法(或低潮线法),一种叫直线基线法。

所谓基线(base line),是沿海国划定领海外部界限的一条起算线。沿着这条线向外划出一定宽度的海水带,就是领海。

正常基线或低潮线(normal base line or low water line):以退潮时海水退到离岸最远的那条线,即最低的退潮线为领海的基线,这是一条循着海岸线的曲线。正常基线法适用于海岸线不太曲折而沿岸岛屿又不多的情况,它是传统国际法所承认的领海起算方法,现有很多国家采用或者部分采用这种正常基线法。《海洋法公约》第5条规定:"除本公约另有规定外,测算领海宽度的正常基线是沿海国官方承认的大比例尺海图所标明的沿岸低潮线"。

直线基线法(straight base line):沿着海岸和近岸岛屿的最外缘选择一些适当的点作为基点,以直线把这些基点连接起来,使这些直线构成沿着海岸的一条折线,从而形成全部领海的基线。直线基线法适用于海岸非常曲折或者紧接海岸有一系列岛屿的情况。挪威、冰岛、印度尼西亚、柬埔寨等国的全部海岸线均采取直线基线法;瑞典、芬兰、意大利等几十个国家在部分海区采用了直线基线法。

国际上承认直线基线法始于1951年12月18日国际法院对"英国诉挪威渔业案"的判决,这一判决支持了挪威采取的直线基线法。该判决宣称:如果一国海岸曲折或靠近海岸有一连串的岛屿得采用直线基线法。《海洋法公约》第7条第1款规定:"在海岸线极为曲折的地方,或者如果紧接海岸有一系列岛屿,测算领海宽度的基线的划定可采用连接各适当点的直线基线法"。由此可见,直线基线法现已为许多国家的实践和国际司法判决、国际公约所确认。

三、领海的法律制度

前已提及,领海是沿海国领土的组成部分,处于该国的主权之下。

但是领海与一国内水相比又有所不同,这主要是指外国商船在领海内享有无害通过权;另外,沿海国对领海内的外籍船舶所行使的民事、刑事管辖权亦不像外籍船舶处于一国内水时那样严格,即这种民事、刑事管辖权的行使同时还要受到"船旗国管辖原则"的某些限制。

(一) 无害通过(innocent passage)问题

所谓无害通过,是指外国船舶在不损害沿海国和平、安全和良好秩序的条件下,不需要事先通知沿海国,也不需要获得沿海国的批准,就可以在该沿海国的领海内享有通过的权利。但外国船舶在无害通过时必须具备两个条件:一是无害的,即通过必须要遵守沿海国的法律和规章,不得损害沿海国的安全和公共秩序,亦不得进行捕鱼活动或给沿海国带来污染;二是通过必须继续不停地迅速进行,除非出现事故、遇难、不可抗力、救助等意外情况。潜水艇在通过领海时,必须浮出水面并展示其国旗。

关于外国船舶在领海内的无害通过涉及两种情况:一是商船的通过问题,二是军用船舶的通过问题。外国商船通过领海,这是早已公认的国际法规则,各国在理论和实践上都是没有异议的。当然,这种无害通过权并不是绝对的,而必须遵守沿海国的有关法律和规章,不得损害沿海国的和平、安全和良好秩序及利益。另一方面,沿海国对于无害通过其领海的外国商船,也不得仅因通过而征收通行税,亦不得在执行领海制度的法令上对不同的外国商船有差别待遇。

至于军舰及其他军用船舶是否有权通过外国领海问题,在国际上一向存在着重大的意见分歧,各国的实践和主张也不一致。《领海及毗连区公约》和《海洋法公约》则规定,一切国家的船舶均享有无害通过领海的权利。这里的"船舶"是包括了商船和军用船舶在内的。此种规定有利于海洋大国,却不利于其他沿海国家维护自身的主权和安全。许多国家对此提出反对意见,我国代表在联合国第三次海洋法会议上也多次重申我国政府的立场,"主张规定沿海国有权按照本国法律和规章,要求外国军舰在通过领海前应事先通知该国或经该国许可。"[①]但我国政府的这一主张未能为大会所采纳,《海洋法公约》在有关领海无害通过的条款中,对军舰通过领海的制度没有作出明确规定。

(二) 沿海国在领海内的司法管辖权

外国商船在一国领海应遵守该国的法律和规章,对船舶的内部事务沿海国一般不作管辖。沿海国可作管辖的,在民事方面有:(1)船舶在航行中引起的本身民事责任,如碰撞和救助;(2)船舶在领海内停泊或从内水驶出并通过领海时所发生的、涉及沿海国及其国民的民事责任。遇有这些情况,沿海国得对该外国籍船舶作民事上的强制执行。在刑事方面有:(1)罪行的效果及于沿海国;(2)罪行的性质属于扰乱沿海国的和平、安全和良好秩序;(3)罪行属于应予取缔的国际犯罪行为,如偷运毒品、贩卖人口等;(4)船长或船旗国领事请求帮助。遇有这些情况,沿海国有权进行侦查和逮捕。此外,对于发生在内水的犯罪,在船舶驶出内水通过领海时,沿海国也有权进行侦查和逮捕。

四、中华人民共和国的领海制度

中国的海岸线很长,约一万八千多公里,领海对中国具有重大的政治、经济、国防等意义。但在新中国成立前,虽曾于 1931 年宣布领海为 3 海里,测定领海宽度的方法也同英美等国一样,采用低潮线为基线,然而在实际上并未建立起严格的领海制度。相反,在不平等条约的束缚下,中国不能自主地行使领海主权,外国船舶可以在中国的领海自由活动,也可以深入到中国的内河港口,这些都是有损于中国主权、不符

---

① 沈韦良、许光建:"第三次联合国海洋法会议和海洋法公约",中国国际法学会主编:《中国国际法年刊》(1983),中国对外翻译出版公司 1983 年版,第 411 页。

合中国人民的根本利益的。

新中国成立后,为了捍卫国家的领海主权,中国政府于1958年9月4日发表领海声明,规定了中国的领海制度。该声明的主要内容有:(1)中国的领海宽度为12海里,此项规定适用于中华人民共和国的一切领土。(2)中国领海划法采用直线基线法,从基线向外延伸12海里的水域是中国的领海。在基线以内的岛屿都是中国的内海岛屿。(3)一切外国飞机和军用船舶,未经中同政府的许可,不得进入中国的领海和领海上空。任何外国船舶在中国领海航行,必须遵守中国政府的有关法令。(4)以上(2)、(3)两项规定的原则同样适用于台湾及其周围各岛,澎湖列岛,东沙、西沙、中沙、南沙群岛以及其他属于中国的岛屿。

1992年2月25日第七届全国人民代表大会常务委员会第二十四次会议通过并公布施行的《中华人民共和国领海及毗连区法》,进一步规定了中国的领海制度。其中规定,中国领海宽度为12海里,采用直线基线法。中国对领海的主权及于领海的上空、海床及其底土。关于无害通过问题,该法规定:"外国非军用船舶,享有依法无害通过中华人民共和国领海的权利。外国军用船舶进入中华人民共和国领海,须经中华人民共和国政府批准。"外国潜水艇和其他潜水器通过中国领海,必须在海面航行,并展示其旗帜。外国船舶通过中国领海,必须遵守中国法律、法规,不得损害中国的和平、安全和良好秩序。中国政府"有权采取一切必要措施,以防止和制止对领海的非无害通过"。外国船舶违反中国法律、法规的,由中国有关机关依法处理。"外国军用船舶或者用于非商业目的的外国政府船舶在通过中华人民共和国领海时,违反中华人民共和国法律、法规的,中华人民共和国有关主管机关有权令其立即离开领海,对所造成的损失或者损害,船旗国应当负国际责任。"

1996年5月15日,第八届全国人民代表大会常务委员会第十九次会议在批准《联合国海洋法公约》的决定中重申:《联合国海洋法公约》有关领海内无害通过的规定,不妨碍沿海国按其法律规章要求外国军舰通过领海必须事先得到该国许可或通知该国的权利。

五、无害通过与过境通行

无害通过一般只限于平时,在战时,交战国有权禁止外国船舶通过其领海。即使是在平时,沿海国也可以暂时停止外国船舶在特定的领海海域内无害通过,或者对领海的某些区域作为禁区予以关闭。

在海洋自由时期,没有领海与公海的区分,整个海洋都是"共有物",它为所有人利用,任何人不得对其主张权利。海洋自由使得各国船舶在海上通行无阻,有利于商业和航海事业的发展。后来,沿海国出于对本国安全和利益的考虑,纷纷在沿海划定自己的管辖范围,并对这部分海域主张主权,从而逐步形成了领海制度。为了协调沿海国与海洋航行双方的利益,在长期的国际实践中产生了"无害通过"这一惯例。

与无害通过这一传统海洋法中的习惯规则相比,过境通行(transit passage)则是一个新的法律概念。按照《海洋法公约》第38条第2款的规定,过境通行是指"专为在公海或专属经济区的一个部分和公海或专属经济区的另一部分之间的海峡继续不停和迅速过境的目的而行使航行和飞越自由"。

由于《海洋法公约》将领海宽度的上限规定为12海里,这将使得一百多个宽度窄于24海里的海峡被划入到一国或几国的领海范围之内,成为有关国家的领峡,其中经常用于国际航行的海峡有三十多个。[①]

[①] 沈韦良、许光建:"第三次联合国海洋法会议和海洋法公约",中国国际法学会主编:《中国国际法年刊》(1983),中国对外翻译出版公司1983年版,第411页。

因此,关于国际航行海峡的法律制度问题,在海洋大国和海峡沿岸国之间引起了激烈的争执。发展中国家强调,沿岸国对这种海峡享有主权,主张沿岸国拥有制定和执行一切必要的法律和规章的权利;外国的非军用船舶可以无害通过,外国军用船舶的通过则须事先通知沿岸国并得到许可。与此相反,一些海洋大国则强调这种海峡是用于国际航行的,主张外国军舰和飞机可以像在公海上一样,不受任何约束地自由航行和飞越。作为妥协,《海洋法公约》一方面规定海峡沿岸国对所属海峡行使主权和管辖权,有权制定管理海峡航行的法律和规章;另一方面,又为这类用于国际航行的海峡规定了过境通行和无害通过两种制度。

关于过境通行制度,《海洋法公约》主要规定了以下内容:所有船舶和飞机均享有过境通行的权利(第38条第1款)。过境通行制度不应影响海峡沿岸国对海峡水域及其上空、海床和底土行使其主权或管辖权(第34条第1款)。船舶和飞机在行使过境通行权时,应毫不迟延地通过或飞越海峡;不得对沿岸国的主权、领土完整或政治独立进行任何武力威胁或使用武力;除因不可抗力或遇难而有必要外,不得从事与过境通行无关的活动,并应遵守关于海上安全、防止污染、民用航空等国际规章(第39条);沿岸国可对过境通行制定法律和规章,行使过境通行权的外国船舶或飞机应遵守这种法律和规章,否则,应对海峡沿岸国遭受的任何损失和损害负国际责任(第42条)。海峡沿岸国不应妨碍过境通行,并应将其所知的海峡内或海峡上空对航行或飞越有危险的任何情况妥为公布;过境通行不应予以停止(第44条)。无害通过制度应适用于下列用于国际航行的海峡:(1)如果海峡是由海峡沿岸国的一个岛屿和该国大陆形成,而且该岛向海一面有在航行和水文特征方面同样方便的一条穿过公海或穿过专属经济区的航道。(2)在公海或专属经济区的一个部分和外国领海之间的海峡。在这两类海峡中的无害通过不应予以停止(第45条)。

从《海洋法公约》的上述规定中我们可以看到,过境通行制度是由无害通过转化而来的,但它又不等同于无害通过,二者既有一致之处,又有不同的地方。它们的不同在于:(1)从适用的对象上讲,过境通行适用于国际航行的海峡,而无害通过则主要适用于领海。(2)从内容上看,无害通过主要是指船舶(我国主张仅适用于商船)的通过,而过境通行则不仅适用于一切船舶(商船和军舰),还包括飞机在内。(3)从沿海国所享有的权利来说,沿海国有权停止领海的无害通过,但海峡沿岸国却不能停止用于国际航行的海峡的过境通行(根据上述《海洋法公约》第45条的规定,有两类海峡的无害通过沿岸国也不能停止)。

然而,过境通行与无害通过又有相同之处。诸如二者的通行都必须是持续不停地迅速通过;都不得侵犯沿岸国的主权和政治独立;都必须遵守沿岸国的法律和规章;沿岸国虽然有义务不妨碍过境通行,但与无害通过的情形一样,沿岸国有权制定有关通行制度的法律、规章,等等。

过境通行是介于航行自由和无害通过之间的一种新制度,它既不同于公海上的自由航行,也不同于须经沿海国认为是无害的无害通过。尽管《海洋法公约》规定过境通行制度不影响海峡水域的法律地位和沿岸国行使主权,但这一规定限制了沿岸国家的权利、有利于海洋大国却是显而易见的。而在无害通过的情况下,外国船舶所受到的限制比过境通行要多些,这对沿海国的主权更有保障。

在联合国第三次海洋法会议关于海峡航行制度的斗争中,有不少非海峡国,包括部分发展中国家,或出于对本身航行利益的考虑,或想以允许海峡通行来换取海洋大国对经济区问题的让步,一般采取中立态度。后来多数海峡国家也对海洋大国作了一定程度的妥协。所以,《海洋法公约》明确规定:划归到各国领海内的用于国际航行的海峡,同时适用于过境通行和无害通过两种制度。这是发展中国家与海洋大国之间长期斗争、妥协的结果。

第八节 国际海洋法研究之二
———大陆架

一、大陆架在法律上的概念

大陆架(continental shelf)原是地质地理学上的概念,早在19世纪末叶便为地质学家们所使用。从地质地理学上看,大陆架"是指从海岸低潮线起,海底以极其平缓的坡度向海洋方向倾斜延伸,一直到坡度发生显著增大的转折处为止的这一部分海床"[1]。

最早把大陆架作为法律问题提出来的,是1945年9月28日美国总统杜鲁门发表的大陆架公告,宣布:"处于公海下但毗连美国海岸的大陆架的底土和海床的自然资源属于美国,受美国的管辖和控制。"一个月后,墨西哥总统也宣布对大陆架的自然资源享有权利。美、墨两国虽然没有提出大陆架的确切法律概念和范围,但在海洋法发展史上却开创了扩大国家管辖范围的先例。此后,许多国家相继以各种形式宣布其大陆架的主权范围。到第三次联合国海洋法会议召开前,已有八十余国公布了有关大陆架的法律文件,一般以200米水深为限。这样,大陆架就作为一个法律问题进入了国际法领域,并在自然科学关于大陆架概念的基础上,逐步形成了大陆架的法律概念。

1958年的《联合国大陆架公约》(以下简称《大陆架公约》)给大陆架下的定义是:"'大陆架'一词是用以指:(1)邻接海岸但在领海范围以

---

[1] 周子亚:"论联合国第三次海洋法会议与《海洋法公约》",《吉林大学学报》1984年第3期。

外、深度达 200 公尺或超过此限度而上覆水域的深度容许开采其自然资源的海底区域的海床和底土;(2)邻近岛屿海岸的类似的海底区域的海床和底土。"由此可见,大陆架是沿海国领海底土以外的陆地领土的全部自然延伸。这个定义结束了自 1945 年杜鲁门发表大陆架公告以来大陆架概念的混乱状态,为进一步讨论这一问题提供了基础,这是大陆架定义的意义所在,应当予以肯定。但另一方面,200 公尺水深及可开采限度的规定是有缺陷的。因为既规定了"200 公尺"水深,又规定了"可开发深度",这实质上是否定了 200 公尺等深线,等于没有给大陆架规定外部界限。另外,"可开发深度"的标准是什么?是指全世界的水平还是沿海国的水平?公约没有明确规定;随着科学技术的发展,"可开发深度"是指 50 年代末的标准,还是将来的标准?也不清楚。这是《大陆架公约》给大陆架所下定义的致命缺陷,它只对掌握先进技术的发达国家有利,因此受到了广大发展中国家的猛烈抨击。

在联合国第三次海洋法会议上,经过多方协商,各国就大陆架的法律概念达成了协议。《海洋法公约》第 76 条关于大陆架的主要规定如下:

1. 沿海国的大陆架包括其领海以外依其陆地领土的全部自然延伸,扩展到大陆边外缘的海底区域的海床和底土,如果从测算领海宽度的基线量起到大陆边外缘的距离不到 200 海里,则扩展到 200 海里的距离。

2. 大陆边包括沿海国陆块没入水中的延伸部分,由陆架,陆坡和陆基的海床和底土构成,它不包括深洋洋底及其洋脊,也不包括其底土。

3. 在大陆边超过 200 海里的情况下,应以下列两种方式之一划定大陆边的外缘:(1)那里的沉积岩厚度为至大陆坡脚距离的 1%;(2)从大陆坡脚向外延伸不超过 60 海里。

4. 按上述方法划定的大陆架界限,不应超过领海基线外 350 海里,或 2500 米等深线外 100 海里。

5. 以上规定不妨碍相向或相邻国家间划分大陆架界限的问题。

将上述规定与《大陆架公约》的有关内容相比较,我们看到:(1)《海洋法公约》以更加明确的语言肯定了大陆架是沿海国陆地领土的"全部自然延伸",这一规定符合大陆架的自然特征,也与大陆架的地质地理概念基本一致,从而使得大陆架的法律概念建立在比较科学的基础之上,也说明了大陆架的自然资源应归沿岸国所有。而在这方面,《大陆架公约》只有"邻接海岸"这一提法,显然是不够完整的。(2)《海洋法公约》对大陆边超过 200 海里的特殊情况规定了划定大陆架外界的两种方法。这两种方法同样符合大陆架的自然情况,并对大陆架作了外部限制,比较科学、合理,也更稳定,不至于因科学技术的进步而失去法律规范的稳定性和持久性。(3)《海洋法公约》对大陆架的规定照顾了各方面的利益,使窄大陆架的国家可将其大陆架延伸至 200 海里,宽大陆架的国家可延伸到 350 海里。(4)《海洋法公约》的规定将大陆架与专属经济区的宽度统一起来,使沿海国对 200 海里范围内的自然资源(无论是生物资源还是非生物资源)都享有主权权利。

但《海洋法公约》关于大陆架的规定也有缺陷,主要是其第 76 条第 3 款的规定:"大陆边……由陆架、陆坡和陆基的海床和底土构成。"在第三次海洋法会议上,中国代表团要求将大陆边的具体构成规定得灵活一些,建议将第 3 款的规定改为"大陆边一般地包括陆架、陆坡、陆基",即加上"一般地"三个字,因为并非所有的大陆边都包括陆架、陆坡、陆基这三种结构。这个建议受到了一些国家的好评,但未能得到充分讨论的机会。[①]

[①] 参见沈韦良、许光建:"第三次联合国海洋法会议和海洋法公约",中国国际法学会主编:《中国国际法年刊》(1983),中国对外翻译出版公司 1983 年版,第 416—417 页。

大陆架问题关系到我国的重大利益。《海洋法公约》中规定的大陆架定义基本上是以自然延伸原则为基础的,这符合我国在大陆架问题上的一贯立场。

二、大陆架的法律地位

大陆架是沿海国经济资源的极其重要的组成部分,并对沿海国的国防安全具有重要意义。所以,大陆架处于一种什么样的法律地位,是世界各国都十分关心的问题。

关于大陆架的法律地位,《大陆架公约》第 2 条规定:沿海国为了勘探和开采自然资源的目的,对大陆架行使主权权利。这种权利是专属性的。

《海洋法公约》对大陆架的法律地位,作出了同样性质的规定。具体内容如下:

1. 由于大陆架是沿海国陆地领土的"全部自然延伸",所以沿海国对勘探、开发大陆架行使主权权利。

2. 此项权利是专属性的,它专属于沿海国,即如果沿海国不勘探、开发大陆架及其自然资源,任何人未经沿海国明示同意,均不得从事这种活动。

3. 由于大陆架在法律上属于沿海国,所以沿海国对大陆架的权利并不取决于有效或象征的占领或任何明文公告。

4. 沿海国对在大陆架上建造人工岛屿、设施和结构应有专属权利和专属管辖权。

5. 沿海国对大陆架的权利不影响其上覆水域或水域上空的法律地位,任何国家的船舶和飞机有权自由航行和飞越。沿海国对大陆架权利的行使,不得对航行和其他国家的其他权利和自由有所侵害,或造成不当干扰。

6. 其他国家有在沿海国大陆架上铺设海底电缆和管道的权利,但在大陆架上铺设这种管道,其路线的划定须经沿海国同意,同时应顾及现有的电缆和管道并不得加以损害。

7. 沿海国对从测算领海宽度的基线量起 200 海里以外的大陆架上的非生物资源的开发,应向国际海底管理局缴付费用或实物,管理局应根据公平分享的标准将其分配给公约各缔约国,同时考虑到发展中国家的利益和需要,特别是其中最不发达国家和内陆国的利益和需要。

三、相邻或相向国家间的大陆架划界问题

由于大陆架是大陆在水下的自然延伸,而在同一大陆上又常有许多不同的国家存在,因此,国家在行使对大陆架的权利时,经常会出现相互重叠或冲突的情况,这就产生了在同一个大陆架上相邻或相向国家间的划界问题。例如,北海大陆架就涉及联邦德国与丹麦、联邦德国与荷兰以及英国与挪威等几个国家的划界;波罗的海大陆架就涉及苏联、芬兰、民主德国和波兰等国的划界。

《大陆架公约》第 6 条规定,相邻相向国家间大陆架的划分,首先应由有关各方协议决定;如果在大陆架上有特殊情况,则根据特殊情况,有关各国协议划定一条疆界线;如果没有协定,也没有特殊情况,则可采用等距离中间线原则划定疆界。

对于《大陆架公约》的这一规定,国际上有不同的解释。一种意见认为,这种规定使得等距离中间线已成为大陆架划界的国际法原则;另一种意见则反对第一种看法,理由是:《大陆架公约》虽然规定了等距离中间线原则,但其地位并不是特别重要。从公约条文的排列次序来看,大陆架的划界首先应由有关各方协议确定,其次是根据特殊情况由有关各国协议划定,第三才可以考虑采用等距离中间线原则,即这一原

则是处于第三位的义务。总之,各国对此理解很不一致,因而实践上常常发生争议。

1966年联邦德国就北海大陆架的划界问题与丹麦、荷兰发生了严重分歧。丹、荷两国主张,大陆架疆界应按等距离原则来确定,联邦德国则坚决反对。1967年2月,这一争端被提交到国际法院。1969年国际法院作出判决,确认《大陆架公约》对非缔约国联邦德国无拘束力,等距离原则也不是大陆架权利上一项习惯法规则。法院在判决中指出:"划分应依公平原则,以协议进行,并考虑各种有关情况,尽可能做到将各该国陆地领土在海内并在海水下自然延伸的各个部分划归各该国,但不得侵占其他当事国陆地领土的自然延伸。"

国际法院的判决强调了自然延伸是大陆架划界的首要原则,是沿海国对大陆架享有主权权利的根据,同时也强调了公平原则是大陆架划界的主要原则。根据这个判决可以认为,以等距离划界不是强制性的,也不存在任何单一的划界方法;即使在适用等距离中间线原则时,也要考虑是否符合公平原则。

1977年仲裁法院就英法关于划分大陆架争端作出的裁决,也认为划界必须按照公平原则来决定。

在联合国第三次海洋法会议上,关于大陆架划界问题的主要分歧仍然是划界的原则问题。这方面一直存在着两个对立的利益集团:一个是"公平原则"集团,有五十多个国家,包括中国、阿根廷、美国等,主张应根据公平原则通过协议来划定大陆架,适当的时候可考虑采用等距离中间线原则,但要顾及各种特殊情况;另一个是"中间线"集团,有三十多个国家,包括挪威、英国、日本等,这一集团主张等距离中间线应是划界的唯一合理原则。在这两种意见相持不下的情况下,《海洋法公约》第83条作出了如下折中而且是不明确的规定:"海岸相向或相邻国家间大陆架的界限,应在国际法院规约第38条所指国际法的基础上以协议划定。以便得到公平解决";"在达成协议以前,有关各国应基于谅解和合作的精神,尽一切努力作出实际性的临时安排,并在此过渡期内,不危害或阻碍最后协议的达成。这种安排应不妨害最后界限的划定"。

上述规定只是强调了有关国家以协议划定大陆架,对采取哪种原则进行划分却并未作出明确规定,仅仅笼统地提到"应在国际法院规约第 38 条所指国际法的基础上以协议划定"。《国际法院规约》第 38 条规定了国际法院在裁判案件时所应适用的法律,其中有国际条约、国际习惯、各国所承认的一般法律原则、司法判例以及权威最高之国际公法学家的学说等。但发生争端时,究竟应当依据其中哪一项来划定大陆架的界限?《海洋法公约》对此没有明确规定,争议各方均可提出有利于自己的解释。实际上,该公约第 83 条的规定并没有解决这两种主张的对立。因此,中国代表在联合国第三次海洋法会议的发言中指出,关于大陆架的划界原则,公约有关条款的规定是有缺陷的,并对这一问题表明了自己的原则立场。

四、中国的大陆架

中国是世界上大陆架最宽广的地区之一,辽阔的大陆架使中国拥有许多著名的近海渔场和极其丰富的油气资源。

根据中国大陆架的具体情况,考虑到已经形成的国际惯例,关于大陆架的定义,中国主张"自然延伸说";关于大陆架的划分,中国主张"自然延伸原则"和"公平原则"。

就海底资源来讲,具有重大意义的是东海大陆架。这部分大陆架是中国陆地领土的自然延伸,并与中国大陆形成一个完整的整体。因此,中国对东海大陆架享有无可争辩的主权。但是,日本政府和韩国政府却根本无视东海大陆架这一自然状况,早在 1974 年就签订了所谓

《日韩共同开发大陆架协定》,单方面划分了理应属于中国的大面积大陆架作为它们的共同开发区,虽经中国多次抗议,仍于1980年5月在该开发区进行钻探、开发。日本政府曾声称,他们是根据"等距离原则"来划分东海大陆架的。然而,根据国际法院的判例,"等距离原则"并非是一般国际法原则,陆地的"自然延伸"才是大陆架划界的首要原则;此外,根据《海洋法公约》的规定,大陆架的界限应由有关国家以协议划定,以便得到公平的解决。因此,日本政府和韩国政府的做法是违反国际法院判决和《海洋法公约》所确立的原则与精神的。

1996年5月15日,第八届全国人民代表大会常务委员会第十九次会议在批准《联合国海洋法公约》的决定中指出:"按照《联合国海洋法公约》的规定,中华人民共和国享有200海里专属经济区和大陆架的主权权利和管辖权。"

1998年6月26日,第九届全国人民代表大会常务委员会第三次会议通过并公布施行的《中华人民共和国专属经济区和大陆架法》规定,中国的大陆架为中国领海以外依本国陆地领土的全部自然延伸,扩展到大陆边外缘的海底区域的海床和底土;如果从测算领海宽度的基线量起至大陆边外缘的距离不足200海里,则扩展至200海里。中国与海岸相邻或者相向国家关于专属经济区和大陆架的主张重叠的,在国际法的基础上按照公平原则以协议划定界限。中国为勘查大陆架和开发大陆架的自然资源,对大陆架行使主权权利;对大陆架的人工岛屿、设施和结构的建造、使用和海洋科学研究、海洋环境的保护和保全,行使管辖权;同时中国还拥有授权和管理为一切目的在大陆架上进行钻探的专属权利。任何国际组织、外国的组织或者个人对中国的专属经济区和大陆架的自然资源进行勘查、开发活动或者在中国的大陆架上为任何目的进行钻探,必须经中国主管机关批准,并遵守中国的法律、法规。

第九节　国际空间法研究之一
——空中劫持

一、空中劫持概况

空中劫持(aerial hijacking)是第二次世界大战后国际法上出现的一个新问题。第二次世界大战后,航空事业的发展为各国人民之间的往来、旅游、贸易等带来很大的方便,但另一方面,各国国内和国际上的尖锐矛盾与斗争也反映到航空领域中,因此不断出现在飞机上的犯罪行为以及劫持飞机和破坏飞机的事件,使得国际民用航空安全受到严重威胁,给各国人民的生命和财产造成了巨大的损失。

在国际民用航空事业的发展史上,第一起空中劫持事件是1930年(有的资料说是1932年、1933年)在秘鲁发生的;1947年在保加利亚发生了第二起劫机事件。截至1958年,全世界发生的此类事件总共22起。[1] 这表明当时的空中劫持事件尚未对国际民用航空的安全构成严重威胁。进入20世纪60年代以后,劫机事件的次数逐渐增加。最初,事件多发生在北美、中美洲国家。60年代中后期,东欧、西欧、中东又连连发生空中劫持事件,所及范围以及事件的发生率都大大超过了以往。在1968年以前,这类事件每年不超过6起,1968年突然上升到30起,[2]1969年则高达91起。[3] 据统计,在1960年至1977年的不到二十年间,全世界共发生劫机事件五百五十多起。[4] 进入70年代以来,虽

---

[1] 参见贺丁:"空中劫持及有关的国际公约",《人民日报》1983年5月14日。
[2] 参见魏敏等编:《国际法讲义》,法律出版社1983年版,第104页。
[3] 参见赵维田:《论三个反劫机公约》,群众出版社1985年版,第9页。
[4] 参见贺丁:"空中劫持及有关的国际公约",《人民日报》1983年5月14日。

然劫机事件在个别年份有所下降,但其总数却仍然是增加的,而且性质、情节和后果也更加严重,机上旅客、机组人员常常被扣为人质或被绑架、杀害。

我国也发生过劫机事件。1982年7月25日,有5名歹徒企图劫持从西安飞往上海的班机,结果未能得逞。1983年5月5日,卓长仁等六名歹徒将从沈阳飞往上海的民航296号班机劫持到南朝鲜(1992年《中韩建交公报》签署后称其为韩国。——笔者)的春川机场。

关于劫机的动机,大多数是出于政治目的,但也有少数刑事犯罪分子是为了逃避本国法律的惩罚,或者是为了讹诈及图谋财物而劫机的。不管劫机是出于什么目的,都给机组人员和乘客的生命安全、公私财产以及飞机造成了严重的威胁与损害,从而引起国际社会的高度重视,成为国际法上一个亟待解决的重要问题。

在国际民用航空组织的主持下,国际社会先后制定了三个关于空中犯罪、劫持飞机以及危害民航安全的国际公约。这三个公约是:

1. 1963年9月14日在东京外交会议上通过、1969年12月4日生效的《关于在航空器内的犯罪和其他某些行为的公约》,简称《东京公约》,我国于1978年通知加入;[①]

2. 1970年12月16日在海牙外交会议上通过、1971年10月14日生效的《关于制止非法劫持航空器的公约》,简称《海牙公约》,我国于1980年通知加入;[②]

3. 1971年9月23日在蒙特利尔外交会议上通过、1973年1月26日生效的《关于制止危害民用航空安全的非法行为的公约》,简称《蒙特利尔公约》,我国于1980年通知加入。[③]

---

① 参见魏敏等编:《国际法概论》,光明日报出版社1986年版,第197页。
② 参见同上。
③ 参见同上。

上述三个公约对劫持罪的定义、罪行的管辖及有关国家对劫持罪犯的引渡和起诉等问题分别作出了规定。

二、空中劫持罪的定义

《东京公约》并没有就"劫持"或"空中劫持"给出明确的定义,只是在公约的第 11 条中笼统地提到了这种罪行。第 11 条规定,在发生空中劫持时,"缔约国应采取一切适当措施,恢复或维护合法机长对航空器的控制"(第 1 款);作为"航空器降落所在地的缔约国应准许其旅客和机组成员尽速地继续其旅行,并将航空器和所载货物交还给合法的所有人"(第 2 款)。1983 年,我国民航 296 号班机被劫持到南朝鲜,南朝鲜方面迅速将飞机、机组人员和乘客归还给我国,这种做法的法律根据就是该公约第 11 条的规定。

《海牙公约》是专门处理空中劫持问题的国际公约。公约第 1 条给非法劫持航空器的罪行下了定义:"凡在飞行中的航空器内的任何人:(甲)用暴力或用暴力威胁或用任何其他恐吓方式,非法劫持或控制该航空器,或企图从事任何这种行为,或(乙)是从事或企图从事任何这种行为的人的同犯,即是犯有罪行。"这一定义包含了以下几点要素:(1)犯罪行为发生在航空器内(地点);(2)犯罪行为发生在飞行中(时间);(3)使用暴力或暴力威胁,或任何其他恐吓方式(手段);(4)目的是为了劫持或控制航空器(动机)。

《海牙公约》还对"飞行中"的含义作了明确的规定:"在本公约中,航空器从装载完毕、机舱外部各门均已关闭时起,直至打开任一机舱门以便卸载时为止,应被认为是在飞行中。航空器强迫降落时,在主管当局接管对该航空器及其所载人员和财产的责任前应被认为仍在飞行中。"(第 3 条第 1 款)公约把空中劫持罪局限在"飞行中"的航空器内的行为,这是它的一个不足之处。因为危及国际航空安全的行为并不都是发生在飞行中的航空器内,在航空器内放置定时炸弹或对地面的航空器进行武装袭击,或破坏地面航行设备等活动也不断发生并严重危及人们的生命安全。据统计,从1949年到1970年3月,有22架航空器遭到破坏或毁灭,造成四百多名乘客和机组人员丧生。①

关于空中劫持罪的定义,《蒙特利尔公约》弥补了《海牙公约》的不足。该公约第1条第1款规定:"任何人如果非法地和故意地从事下述行为,即是犯有罪行:(甲)对飞行中的航空器内的人从事暴力行为,如该行为将会危及该航空器的安全;或者(乙)破坏使用中的航空器或对该航空器造成损坏,使其不能飞行或将会危及其飞行安全;或者(丙)用任何方法在使用中的航空器内放置或使别人放置一种将会破坏该航空器或对其造成损坏使其不能飞行或对其造成损坏而将会危及其飞行安全的装置或物质;或者(丁)破坏或损坏航行设备或妨碍其工作,如任何此种行为将会危及飞行中航空器的安全;或者(戊)传送他明知是虚假的情报,从而危及飞行中的航空器的安全。"

《蒙特利尔公约》在空中劫持罪的概念问题上发展了《海牙公约》的有关规定,除了"非法劫持或控制"航空器外,又加上"危及该航空器的安全"的行为;除了"飞行中"外,又加上"使用中"一词,从而扩大了空中劫持罪的范围。根据《蒙特利尔公约》第2条(乙)款的规定,"从地面人员或机组为某一特定飞行而对航空器进行飞行前的准备时起,直到降落后24小时止,该航空器应被认为是在使用中"。这样,那些通过放置定时炸弹或采取其他方法破坏航空器安全的非法行为都包括在公约规定的空中劫持罪行之列,使得空中劫持不仅包括对在"飞行中"的航空

---

① 参见魏敏等编:《国际法概论》,光明日报出版社1986年版,第198页。

器,而且包括对在"使用中"的航空器所实施的行为,因而成为广义的空中劫持。

三、对劫持罪行和罪犯的管辖权问题

对劫持罪行与罪犯的管辖权问题比较复杂。按照《东京公约》的有关规定,管辖权的主要根据是"旗国法"。该公约第3条规定:"(1)航空器登记国对在该航空器内所犯的罪行和行为有权行使管辖。(2)每一缔约国应采取必要的措施,以实施其作为登记国对在该国登记的航空器内所犯的罪行的管辖权。(3)本公约不排斥按照本国法行使任何刑事管辖权。"在这项条文中,第(1)、(2)两款规定的是登记国管辖权,第(3)款则确立了航空刑事管辖上的"并行管辖"体制。也就是说,《东京公约》为航空器登记国规定了对罪行实行管辖的权利,并规定了采取必要措施以保证行使这种管辖权的义务。公约虽承认非登记国也有管辖权,但没有规定这种义务。

《海牙公约》对管辖权问题作了进一步的规定。公约第4条具体规定了缔约国行使管辖权的几种情况:"(甲)罪行是在该国登记的航空器内发生的;(乙)在其内发生罪行的航空器在该国降落时被指称的罪犯仍在该航空器内;(丙)罪行是在租来时不带机组的航空器内发生的,而承租人的主要营业地,或如承租人没有这种营业地,则其永久居所,是在该国。"(第1款)该条还规定:"当被指称的罪犯在缔约国领土内,而该国未按第8条的规定将此人引渡给本条第1款所指的任一国家时,该缔约国应同样采取必要措施,对这种罪行实施管辖权。"(第2款)同时还作出了"本公约不排斥根据本国法行使任何刑事管辖权"的规定(第3款)。《海牙公约》规定的对劫机罪享有管辖权的国家的范围,要比《东京条约》更广泛、更具体,与《东京条约》的有关规定相比,《海牙公约》在这方面无疑是前进了一大步。

《蒙特利尔公约》在管辖权问题上作出了与《海牙公约》基本类似的规定,但增加了一条:"罪行是在该国领土内发生的",该国亦得行使管辖权(第5条第1款〔甲〕项)。

上述三个公约在管辖权问题上的规定,使得与罪行有关的所有国家都享有管辖权,目的在于避免让罪犯逍遥法外。然而这三个公约虽然规定了各缔约国的管辖义务,却未规定管辖的优先次序,因而在实践中将发生管辖权的冲突,产生几个国家同时要求对同一罪犯行使管辖权的现象。为解决这种冲突,有些人主张规定优先次序,并提出各种具体建议,如有的主张登记国优先,有的主张降落地国优先。从上述三个公约的有关规定来看,这个问题并未得到切实解决,在今后的国际实践中,还存在着就此发生争执的可能性。

四、引渡问题

关于对劫持罪犯的引渡问题,《东京公约》第16条只作了简单的规定:"(1)在某一缔约国登记的航空器内所犯的罪行,为引渡的目的,应看做不仅是发生在所发生的地点,而且也是发生在航空器登记国领土上。(2)在不妨碍前款规定的情况下,本公约的任何规定不得解释为同意给予引渡的义务。"

为了同劫持罪行进行有效的斗争,有关引渡的问题在《海牙公约》和《蒙特利尔公约》中又进一步作出了内容相同的规定。这两个公约的第8条均规定了如下内容:

1. 劫机罪行应看做包括在缔约各国间现有引渡条约中的一种可引渡的罪行。缔约各国承允将此种罪行作为一种可引渡的罪行列入它们之间将要缔结的每一项引渡条约中。

2. 如一缔约国规定只有在订有引渡条约的条件下才可以引渡,而当该缔约国接到未与其订有引渡条约的另一缔约国的引渡要求时,可以自行决定认为本公约是对该罪行进行引渡的法律根据。引渡应遵照被要求国法律规定的其他条件。

3. 缔约各国如没有规定只有在订有引渡条约时才可以引渡,则在遵照被要求国法律规定的条件下,承认上述罪行是它们之间可引渡的罪行。

4. 为在缔约各国间的引渡的目的,罪行应看做不仅是发生在所发生的地点,而且也是发生在按照公约规定应行使管辖权的国家领土上。

从以上规定中可以看出,引渡的范围是比较广泛的。无论在缔约国之间是否订有引渡条约,空中劫持罪行都可作为可以引渡的罪行而予以引渡;在缔约国之间订有引渡条约时,应将空中劫持罪行列入该条约内。但上述三个公约并没有将空中劫持作为强制性引渡的对象,其原因是空中劫持多出于政治动机,情况比较复杂。多数国家认为,空中劫持是否作为政治罪适用"政治犯不引渡"原则应由有关国家的法律予以规定;而有些国家则主张把空中劫持排除于政治罪之外,因而不适用"政治犯不引渡"原则,而应作为强制性引渡的对象。三个公约关于引渡问题的上述规定是各种不同主张妥协的产物。一方面,劫持飞机的罪行虽多出于政治目的,但已不属于不能引渡的政治犯的范围,劫机罪犯是可以被引渡的,并且公约为引渡罪犯提供了便利条件;另一方面,考虑到劫机罪行的政治因素,公约又没有规定强制性的引渡义务,没有引渡条约的国家可以自行决定其是否引渡罪犯。

五、起诉问题

《东京公约》对起诉问题没有作出明文规定。《海牙公约》和《蒙特利尔公约》则在各自的第 7 条中规定如下:"在其境内发现被指称的罪犯的缔约国,如不将此人引渡,则不论罪行是否在其境内发生,应无例外地将此案件提交其主管当局以便起诉。该当局应按照本国法律以对待任何严重性质的普通罪行案件的同样方式作出决定。"这项规定表明,缔约国对于空中劫持的嫌疑犯要么引渡要么起诉(aut punire, aut dedere),行使管辖权的国家的法院应当审理该案件,并负有义务使危害民用航空安全的罪犯受到严厉惩罚。

我国就曾审理过一起这样的案件。1985年12月19日,一位名叫阿利穆拉多夫的苏联民航飞机副驾驶员在执行飞行任务时,将一架安-24型苏联民航国内班机劫持到中国境内。哈尔滨市人民检察院于1986年2月23日对阿利穆拉多夫提起公诉,1986年3月4日,哈尔滨市中级人民法院经开庭审理,依照《中华人民共和国刑法》判处劫机犯阿利穆拉多夫有期徒刑8年。① 根据我国加入的《海牙公约》和《蒙特利尔公约》第7条的规定,劫机犯所在国有权在不引渡的情况下,按照本国法律对该罪犯提起公诉并进行审判。我国正是据此对这一案件行使司法管辖权的。我国之所以没有把劫机犯引渡给苏联,从法律上讲,主要是两国之间没有引渡协定。

六、中国关于保障民航安全的若干规定

中国政府高度重视保障人民生命财产和民航的安全,一向反对诸如劫持飞机、扣留人质、绑架、暗杀和个人冒险等恐怖行为,认为这些活动危害国际和平与社会稳定,使无辜的人们受害,使公共和私人的财产蒙受损失。

中国是《东京公约》、《海牙公约》和《蒙特利尔公约》的参加国,三个公约的有关规定是中国处理劫持飞机事件的国际法依据。

在国内法方面,1979年中国颁布的《中华人民共和国刑法》第3条

---

① 《解放日报》1986年3月6日。

中规定,凡在中华人民共和国船舶或飞机内犯罪的适用本法。1981年3月15日,中国公安部发出通告,对劫持飞机及其他危害飞行安全的行为都作了相应的规定。通告要求:自1981年4月1日起,在中华人民共和国境内各民用机场,对乘坐国际航班的中外籍旅客及其所携带的行李、物品实行安全技术检查,严禁将武器、凶器、弹药、剧毒、放射性物品以及其他危害飞行安全的危险品带上飞机,发现携带上述物品者,由机场安全检查部门审查处理;对有劫持飞机和其他危害飞机飞行安全嫌疑者交当地公安机关处理。1981年9月1日起,这项规定又扩大适用于国内民用航空运输。1982年12月,中国国务院又发布了关于保障民用航空安全的通告,规定对乘坐国际、国内民航班机的中、外籍旅客及其所携带的行李物品,除经特别准许者外,在登机前都必须接受安全技术检查。

1995年10月30日第八届全国人民代表大会常务委员会第十六次会议通过并于1996年3月1日起施行的《中华人民共和国民用航空法》规定:"飞行中,对于任何破坏民用航空器、扰乱民用航空器内秩序、危害民用航空器所载人员或者财产安全以及其他危及飞行安全的行为,在保证安全的前提下,机长有权采取必要的适当措施。"该法还禁止旅客随身携带法律、行政法规规定的禁运物品、危险品乘坐民用航空器。除因执行公务并按照国家规定经过批准外,禁止旅客携带枪支、管制刀具乘坐民用航空器。

1997年3月14日第八届全国人民代表大会第五次会议修订并于1997年10月1日起施行的《中华人民共和国刑法》第121条规定:"以暴力、胁迫或者其他方法劫持航空器的,处10年以上有期徒刑或者无期徒刑;致人重伤、死亡或者使航空器遭受严重破坏的,处死刑。"第123条进一步规定:"对飞行中的航空器上的人员使用暴力,危及飞行安全,尚未造成严重后果的,处5年以下有期徒刑或者拘役;造成严重后果的,处5年以上有期徒刑。"

2009年8月27日第十一届全国人民代表大会常务委员会第十次会议通过并施行了《全国人民代表大会常务委员会关于修改部分法律的决定》。依照该决定对《中华人民共和国民用航空法》的修改,以暴力、胁迫或者其他方法劫持航空器的,对飞行中的民用航空器上的人员使用暴力、危及飞行安全的,违反本法规定,隐匿携带炸药、雷管或者其他危险品乘坐民用航空器,或者以非危险品品名托运危险品的,隐匿携带枪支子弹、管制刀具乘坐民用航空器的,故意在使用中的民用航空器上放置危险品或者唆使他人放置危险品,足以毁坏该民用航空器,危及飞行安全的,盗窃或者故意损毁、移动使用中的航行设施,危及飞行安全,足以使民用航空器发生坠落、毁坏危险的,依照刑法有关规定追究刑事责任。

七、"卓长仁劫机案"分析

1983年5月5日,中国民航296号班机在从沈阳飞往上海的途中,遭到以卓长仁为首的6名武装暴徒的劫持,飞机被迫在南朝鲜的春川机场紧急降落。1983年8月18日,南朝鲜汉城(后改称首尔)刑事地方法院分别判处6名罪犯4至6年徒刑;1984年8月13日,南朝鲜当局提前释放了6名劫机犯并于当天将他们送往台湾。

这一案件涉及以下国际法问题:

(一) 中国对此案的管辖权

按照《海牙公约》和《蒙特利尔公约》的有关规定,结合这次劫机事件的具体情况来看,中国是被劫持飞机的注册登记国;劫机事件是在中国领空内发生的;6名劫机罪犯是中国人;受害的机组人员和旅客除3名日本旅客外也都是中国人;此外,罪犯为劫机而从事的盗窃枪支弹药、伪造证件、密谋策划等犯罪行为也都发生在中国。因此，中国是最有资格对本案行使管辖权的国家。如能将6名罪犯交还中国处理，不仅有利于事件得到最迅速和圆满的解决，还可以使罪犯得到应有的、恰如其分的惩罚。这样做既符合公约的规定，也合乎情理。

（二）南朝鲜当局应将罪犯引渡给中国

这与前一个问题有着密切的关系。在国际法理论上，引渡是指一国把在本国境内而被他国追捕、通缉或被判刑人，根据有关国家的请求，移交给请求国审判或处理。在空中劫持问题上，引渡制度是制止罪行发生的有效方法之一，它的实施使罪犯的企图难以得逞，并将给任何潜在的犯罪分子造成精神上的威慑，使其不敢轻举妄动。因此，《海牙公约》和《蒙特利尔公约》特别把空中劫持罪行视为一种可以引渡的罪行。遇有空中劫持事件发生，有关缔约各方即可按照公约的规定自行认为劫机罪是相互间可引渡的罪行，以使请求国能够对劫机罪犯予以惩治；如缔约各方之间未订有引渡条约，则公约可以作为引渡的法律依据。

中国与南朝鲜均参加了上述两个国际公约。依照公约的规定，中国方面对这次劫机事件具有当然的管辖权。因此，中国民航当局一再要求南朝鲜当局引渡这6名罪犯，以便按照中国的法律和有关国际公约的规定，对其予以惩处。中国方面的这一要求是完全正当的，也是具有充分法律依据的。更何况卓长仁一伙又是在逃的刑事犯罪分子，按照一般国际法原则，刑事罪犯应准予引渡。

3. 南朝鲜当局对劫机犯重罪轻判，没能认真履行其依国际公约所承担的义务。根据《海牙公约》的有关规定，劫机行为是一种"严重性质"的罪行(第7条)，对于这种罪行必须"给予严厉惩罚"(第2条)。南朝鲜当局既然不同意将罪犯引渡给中国处理，就应当按照国际公约的有关规定对罪犯给予严惩。然而，南朝鲜当局对劫机犯仅仅作出4至

6年的判决,这显然是不符合《海牙公约》的上述规定的,南朝鲜当局没能切实履行国际公约所规定的义务。

撇开国际公约不谈,即使按照南朝鲜自己的法律,这种判决也是很轻的。南朝鲜1974年的《飞机航行安全法》第8条规定:"以暴力或威胁等方法劫持航行中的飞机的人,处以无期或七年以上的徒刑。"第9条规定:"凡有第8条罪行,使人致死伤的人,处以死刑或无期徒刑。"[1]卓长仁等6名暴徒在劫机过程中开枪轰击驾驶舱门,击伤机组人员,却仅被南朝鲜地方法院判处4至6年徒刑,这与南朝鲜自身的法律规定也是相违背的,显然是重罪轻判。

然而,即使是如此之轻的刑罚也没能予以彻底执行。南朝鲜法院对卓长仁等暴徒所作的判决宣布还不到1年,南朝鲜当局就于1984年8月13日宣布提前释放劫机犯。对此,中国外交部发言人于1984年8月14日发表声明,抗议南朝鲜当局的这种做法。声明指出:"众所周知,劫机是一种危害国际民航安全的严重刑事罪行,理应按照有关国际公约的规定严厉惩处。但是,南朝鲜当局不仅没有这样做,反而进一步屈从台湾当局的压力,提前释放6名罪犯,使他们逍遥法外,中国政府和人民对于南朝鲜当局这种违背有关国际公约的规定、纵容损害国际民航安全的行为极为不满和愤慨,并表示严正的抗议。"[2]

总之,劫机事件发生后,南朝鲜方面虽然将飞机、乘客和机组人员迅速交还给中国,但在如何处理6名劫机罪犯的问题上,双方却未能达成一致意见。

---

[1] 陈体强:"南朝鲜当局必须严惩劫机犯",《人民日报》1983年8月25日。
[2] "外交部发言人发表声明抗议南朝鲜当局提前释放卓长仁等六名劫机罪犯",中国国际法学会主编:《中国国际法年刊》(1985),中国对外翻译出版公司1985年版,第625页。

第十节　国际空间法研究之二
　　——外层空间法律制度

一、外层空间的法律地位

（一）外层空间活动概况

　　第二次世界大战以后，由于科学技术的飞速发展，人们开始注意到对宇宙空间的探索和利用。1957年10月4日苏联成功地发射了第一颗人造地球卫星，开辟了人类外空活动的新时代。1961年4月12日，世界上第一个载人宇宙飞船由苏联宇航员加加林驾驶进入了运行轨道。1969年7月20日，美国"阿波罗号"宇宙飞船第一次到达了月球，实现了早先人类的梦想。1981年4月14日，美国航天飞机成功地完成了预期的空间飞行，在人类探索和利用空间的历史上又增添了新的一页。航天飞机能够连续使用，具有很大的经济效益，可以利用它把卫星放入外空轨道，也可以利用它来截获卫星、进行修理；更重要的是，航天飞机使得空间站的建立成为可能。

　　中华人民共和国成立以后，在外层空间的探索和外空技术的应用方面也取得了很大的成就。1970年4月，我国发射了第一颗人造地球卫星。此后，我国先后多次成功地发射卫星，其中包括按预定计划回收卫星和用1枚运载火箭发射3颗卫星。[①] 不仅如此，1985年10月我国政府宣布，用我们自己的运载火箭承揽国际卫星发射业务。1987年1月28日和2月20日，中国长城工业公司相继与美国的特雷公司、泛美太平洋卫星公司正式签订合同，由我国用"长征三号"火箭分别为这两

[①] 参见《北京晚报》1986年10月12日。

家公司发射通讯卫星。① 我国代表还在 1987 年 2 月 17 日的联合国和平利用外空委员会有关会议上宣布:中国将向国际用户提供卫星试验服务,出租整个可回收的科学探测和技术试验卫星。② 2003 年 10 月 15 日北京时间 9 时,我国航天员杨利伟搭乘由长征二号 F 火箭运载的神舟五号飞船首次进入太空。他和技术专家的创举使得中国成为世界上第三个掌握载人航天技术的国家,杨利伟成为中国第一位进入太空的太空人。2008 年 9 月 27 日北京时间 16 点 43 分 24 秒,我国神舟七号航天员翟志刚在太空开始出舱,16 点 45 分 17 秒,翟志刚迈出了其太空第一步,16 点 59 分结束太空行走,返回轨道舱,翟志刚成为中国历史上首位进行太空行走的宇航员。这一切表明,我国空间科学技术的发展及其应用,已经进入到世界先进行列。

(二) 外层空间的概念及其法律地位

外空活动的发展,引起了国际法上的一系列问题,首先是外层空间的法律地位问题。所谓外层空间,从自然科学的角度讲,是指地球大气层以外的空间。但从法律上讲,目前尚没有任何国际公约给外层空间下定义,然而有一点是肯定的,即外层空间是高于国家领空的宇宙空间。有人认为,外层空间是国家管辖范围以外的空间。这种提法不够严谨,因为公海、南极的上空也是国家管辖范围以外的空间,但不能把它们笼统地一概称之为"外层空间"。

外层空间的法律地位问题就是国家主权是否及于外层空间的问题。国家对其领空具有完全的和排他的主权,这是当代国际法公认的原则,已为 1919 年的巴黎《航空公约》和 1944 年的芝加哥《国际民用航空公约》所确认。但是,国家的领空主权是否也及于外层空间? 有少数

---

① 参见《人民日报》1987 年 2 月 22 日。
② 参见《人民日报》1987 年 2 月 19 日、3 月 11 日。

学者以罗马法上"谁有土地,就有土地的上空"(*Cujus est solum, ejus est usque ad coelum*)这一格言为依据,认为国家主权同样及于领土的无限上空。而多数学者则认为,国家对外层空间不拥有主权。笔者认为后者的主张是正确的。

从外空的实际情况来看,由于地球不停地自转和围绕着太阳旋转,国家领土同外层空间的关系始终是不确定的,国家主权范围无限度地向空间伸展没有任何实际意义;从国家的实践来看,自从1957年第一颗人造地球卫星发射成功以来,时至今日,尚没有任何国家因卫星飞越其领土上的外层空间而提出抗议。这表明各国已经默认了外层空间的自由探索和利用,不认为外层空间属于它们的主权管辖范围;从有关的国际公约来看,也不承认国家主权及于外层空间。1967年的《外层空间条约》对外空的法律地位作出如下规定:"外层空间,包括月球与其他天体,应任由各国在平等基础上并依照国际法探测及使用,不得有任何种类之歧视,天体之所有区域应得自由进入。"(第1条)"外层空间,包括月球与其他天体,不得由国家主张主权或以使用或占领之方法,或以任何其他方法,据为己有。"(第2条)

总之,外层空间(包括月球和其他天体)不是国家主权所及的范围,任何国家不得通过主权要求、使用或占领等方式将其据为己有。这就是外层空间的法律地位。但有一点需要说明的是,外层空间不属于任何国家领土主权的管辖范围,并不意味着外层空间是无主物,而是属于全体人类的共有物。换言之,外层空间和天体的自然资源应归全体人类共同所有,任何国家不得垄断或独占。

(三)外层空间与空气空间的划界

由于外层空间和空气空间具有不同的法律地位,因而应当适用不同的国际法原则和规则。这就产生了外层空间与空气空间的划界问题。二者之间的界限应划在何处?也就是说空气空间在哪里结束?外层空间从哪里开始？这个问题一直争论很大，至今仍未能解决。大体上有个两方面的分歧：一是有无必要给空气空间和外层空间划界；二是两者之间的界限应如何划定。下面就这两个方面的分歧逐一介绍和分析。

1. 关于有无必要划界问题

这方面历来就有两种对立的主张，即功能论和空间论。功能论者不主张划分二者的界限，认为空气空间和外层空间是连续性的，划分界限是人为的和不必要的；主张按照飞行器的功能来确定其适用什么法律。如果是航天器，则其活动为航天活动，应适用外空法；如果是航空器，则其活动为航空活动，应受航空法的管辖。笔者认为，功能论是不尽妥当的。首先，外层空间与空气空间具有两种不同的法律地位，客观上是存在着差别的，不能将二者混为一谈。如果在实践上否认外空与领空的差别，将不利于维护国家领空主权。其次，随着当代科学技术的迅猛发展，在可预见的未来将出现一种既能航空又能航天的飞行器——航空航天飞机，简称空天飞机，它代表了今后数十年内航天运载技术的发展方向。[①] 这种空天飞机应当适用哪种法律？它使得功能论遇到了严重的挑战，因此在实践上难以行得通。

空间论者则主张以空间的某种高度来划分空气空间和外层空间的界限，以确定两种不同法律制度所应适用的范围，这有利于各国对其领空有效地行使主权。目前世界上绝大多数国家都持这种主张。

2. 关于如何划界问题

外层空间在物理学上的概念是指没有空气存在的空间，距地面约十万公里以上。而人造地球卫星目前在离地面一百公里左右的高度就可以运行，因此，物理学概念上的外层空间并不等于法律概念上的外层

[①] 有关"空天飞机"的情况详见《光明日报》1987年3月13日。

空间。在法律上,空气空间应到何等高度为止,外层空间又从何等高度开始,二者之间的界限应如何划定,国际上对此也有很多不同的主张。主要有以下几种观点:

(1) 地心引力理论。有些学者主张国家领空主权应限定在地球引力终点(大约在距地球150万公里的地方)。他们认为这个高度从国家主权和国家安全的角度来看是最合理的。但据科学证明,地球的不同部分其引力也不尽相同,因而这种主张是不现实的。

(2) 空气空间理论。这种理论根据地质学的标准将地球大气层的最外缘作为外层空间的起点;换言之,国家主权及于大气层的最高限度内,距地面约为16000公里。这一理论也不妥当,因为地球表面的大气层界限是不明确的,大气层的最外缘究竟该划在何处,这个问题就连物理学家也未能解决。

(3) "卡曼管辖线"理论。这一理论主张以离心力开始取代空气成为飞行动力的地方作为空气空间与外层空间的界线。这一界限离地面约八十三公里。由于该分界线是由美籍匈牙利科学家希奥多·冯·卡曼计算出来的,因此被称为"卡曼管辖线"。但由于各地区大气层的条件有较大差异,因而影响到这条线的稳定性。

(4) 卫星轨道理论。这种理论主张,国家主权及于人造卫星不依靠大气可以运行的最低限度,一般为100—110公里。这一主张早在1958年国际空间法学会第一次学术讨论会上就已提出。根据该项主张,目前发射的所有人造地球卫星都在外层空间内。国际法协会在1978年马尼拉年会上通过的决议中宣布:"在海拔约100公里及以上的空间,已日益被各国和从事外空活动的专家们接受为外层空间。"[1]

---

[1] 贺其治:"外层空间的定义和定界问题",中国国际法学会主编:《中国国际法年刊》(1982),中国对外翻译出版公司1982年版,第92页。

现在较多的国家倾向于这种主张。但这种理论也存在一个问题,即由于外空技术的不断发展,使得卫星能够在更低的高度运行,因此,根据这种理论所划定的界限也是不稳定的。

上述各种划界理论均有其不足之处,目前国际上还没有任何一个公约来明确规定领空与外空的界限。

(四)关于领空过境权

空气空间与外层空间的界限问题没有解决,而外层空间活动却仍然在进行,这就引起另一个问题,所谓过境权(或称通过权)问题。也就是说,人造卫星发射后尚未到达外层空间而穿过邻国领空以及发射物或其构成部分在返回地面前越过别国领空时,是否构成对邻国或别国主权的侵犯。

有些学者认为,目前各国普遍接受自由探索和利用外层空间原则这一事实,就意味着承认自由通过权,因为自由通过是探索和利用外层空间的必要条件。在航空方面,不承认领空的自由飞越权(芝加哥《国际民用航空公约》规定的非航班飞行除外)是一项有效的国际法规则,但这并不一定使飞机的飞行完全无法进行,因为往往可以为飞机找到另外一条航线。但对于外层空间活动来说,自由通过别国领空却是不可缺少的条件。联合国许多决议和条约既已承认外层空间的自由探索和利用原则,实际上就是默认了发射物的上述过境权。但一般认为,过境权虽然在原则上可以确立,却并非绝对自由,而是有条件的,即必须是必要的和不损害过境国安全的过境。在这一点上,国家领空的过境与国家领海的过境有相似之处。

总之,进行外层空间活动而通过国家领空,迄今为止,国际社会尚未制定有明确的、可遵行的规则。

二、有关外层空间的国际条约和法律原则

（一）联合国外层空间委员会

各国在外层空间的活动，势必产生一系列的国际法问题，除了外空和其他天体的法律地位外，还有国家对外空物体的管辖权和外空物体可能引起的国际责任等问题。因此，在苏联于1957年发射第一颗人造卫星后，1958年联合国大会通过决议，设立了一个由18个国家（包括美国和苏联）组成的"和平利用外层空间特设委员会"；1959年联合国大会又通过决议，将委员会成员扩大到24国，名称中去掉"特设"二字，改称"和平利用外层空间委员会"（简称"外空委员会"），作为探索与和平利用外层空间的国际合作及协调中心。这是一个常设机构，下设法律和科技两个小组委员会。外空委员会专门负责审查、研究和促进外空领域中的国际合作，负责研究探索和利用外层空间所引起的法律问题，从事制定和编纂国际空间法的工作，现已取得很大成效。外空委员会先后制定了五个重要的国际公约，其中1967年的《外层空间条约》是最基本的公约。

我国自1970年成功地发射人造地球卫星以来，外空活动和有关这方面的国际交往与合作日益增多。1980年我国以观察员身份出席外空委员会会议，1981年我国正式加入了外空委员会，并积极参加该委员会及其下属两个小组委员会的工作。

（二）有关外层空间的国际条约

在制定有关外空的国际条约之前，联合国大会曾于1961年和1963年通过了有关外空问题的两项决议，为各国利用外空活动作出了几项原则性的规定。这两项文件虽然不具有法律拘束力，但其所宣布的原则是得到普遍认同的，对各国进行外空活动起着国际间协调和指导作用，为以后制定有关外层空间及天体的国际公约提供了法律基础，

从而也奠定了国际法上外层空间法的原则基础。

关于外层空间法,主要是由国际公约所构成。目前在联合国外空委员会主持下签订的国际公约有:

1. 1966年12月19日经联合国大会通过、1967年1月27日开放签字并于1967年10月10日开始生效的《关于各国探索和利用包括月球和其他天体在内的外层空间活动原则的条约》(简称《外层空间条约》);

2. 1967年12月19日经联合国大会通过、1968年4月22日开放签字并于1968年12月3日开始生效的《营救宇航员、送回宇航员和归还发射到外层空间的物体的协定》(简称《营救协定》);

3. 1971年11月29日经联合国大会通过、1972年3月29日开放签字并于1973年10月9日开始生效的《空间物体造成损害的国际责任公约》(简称《国际责任公约》);

4. 1974年11月12日经联合国大会通过、1975年1月14日开放签字并于1976年9月15日开始生效的《关于登记射入外层空间物体的公约》(简称《登记公约》);

5. 1979年12月5日经联合国大会通过,1979年12月18日开放签字并于1984年7月11日开始生效的《指导各国在月球和其他天体上活动的协定》(简称《月球协定》)。

《外层空间条约》是1961年和1963年联合国大会通过的关于外空问题两项决议的发展和补充,是国际上第一个规定外空活动法律原则的"造法性"条约,因此,被称为"外层空间宪章"。其他各有关条约的制定均以《外层空间条约》的精神为指导,并使该条约规定的原则更加具体、更加完善,由此形成了一整套外空法律制度。1984年1月12日我国交存了加入书,同日该条约对我国生效。①

---

① 参见魏敏等编:《国际法概论》,光明日报出版社1986年版,第403页。

(三) 有关外层空间的法律原则

上述条约和协定,规定了一系列用于指导各国外空活动的法律原则:

1. 禁止各国将外空包括其他天体在内据为己有原则。在早期,世界各国都主张对其国家领土上空的无限高度拥有主权。自从出现了外层空间活动以后,各国学者对外空的法律地位提出了各种各样的理论。有的提出"无主物说"(res nullius),主张外空和其他天体是"无主物",允许各国占有,适用先占原则;有的提出"共有物说"(res communis),认为外空和其他天体应为各国共同所有,各国可以共同使用,但不能实行占有;还有的提出外空和其他天体是"全人类的共同继承财产"(common heritage of mankind),主张由国际组织对外空活动实行统一管理,在外空活动中所取得的利益应由各国分享。目前国际上对"无主物"说普遍持否定态度,对"共有物"和"人类共同继承财产"的主张则尚存有争论。《外层空间条约》第 2 条规定,各国不得以任何方式将外空包括月球与其他天体据为己有。1979 年的《月球协定》第 11 条也规定:月球及其自然资源均为全体人类的共同财产(第 1 款);国家不得依据主权要求以任何方法将月球据为己有(第 2 款)。

2. 为全人类的共同福利而探索和利用外空原则。《外层空间条约》第 1 条规定,探索及利用外层空间,包括月球与其他天体,应为所有国家谋福利和利益,不论其经济或科学发展的程度如何。该条约在序言中还指出,为和平目的探索和利用外层空间的进展,关系到全人类的共同利益。在 20 世纪 60 年代末《外层空间条约》订立时,发展中国家正在兴起,但尚未能够参加外空活动。该条约在其规定中列入了"要为所有国家谋福利而不论其经济或科学发展的程度如何"这一内容,表明条约已经注意到发展中国家兴起这一历史事实,但却没能明确提出照顾不发达国家的利益,这不能不说是《外层空间条约》的一个缺陷。

3. 外层空间自由利用原则。《外层空间条约》第 1 条规定,所有国家应在平等、不受任何歧视的基础上自由地探索和利用外层空间,自由地进入天体的一切区域(第2款);外空包括月球与其他天体,应有科学考察自由(第3款)。但上述各项自由并非是毫无限制的,根据条约的规定,各国探索和利用外空活动必须符合国际法和《联合国宪章》,并且是为了和平之目的。

4. 和平利用、探索外层空间原则。《外层空间条约》在序言中规定,为和平目的,发展、探索和利用外空;第3条规定,探索和利用外空应遵守国际法,包括《联合国宪章》在内,以利于维持国际和平与安全。关于这一原则,在接下来的"外空非军事化"问题中还将进一步论及,这里从略。

5. 对遇难的宇航员提供救助原则。航天飞行有时会发生事故。1968年的《营救协定》规定,各缔约国于获悉或发现外层空间发生事故时,有义务立即通知发射当局和联合国秘书长(第1条);对于因意外事故或紧急情况而降落在缔约国领土或降落在公海上,或不属任何国家管辖的任何其他地方时,各缔约国应立即给予降落的宇航员一切可能的援助,并提供一切协助,必要时,发射当局与降落地国应合作进行搜寻和援救(第2条、第3条);保证将此项人员安全而迅速地送回发射国当局(第4条)。

6. 发射国对其外空活动承担国际责任原则。人类的许多活动既有有益的一面,也有有害的一面,外空活动亦不例外。从事外空活动致使他国利益受到损害的要承担国际责任。损害他国利益的情况可分为两种:一种是从事违反国际法的外空活动致使他国的利益受到损害,如利用卫星对他国进行战争宣传、政治煽动等,因此而损害他国的主权和利益。对于这种情况,从事外空活动的国家应负国际责任,无论该活动是由政府部门进行的,还是由非政府部门进行的。《外层空间条约》第6条规定,缔约国对其本国在外层空间,包括月球与其他天体之活动,无论是由政府机关或由非政府社团进行，均负有国际责任。另一种是由外空物体造成的自然人或法人的生命、财产的损害，有关国家应负国际责任。《外层空间条约》在第7条中对此作了规定。1972年的《国际责任公约》又作了进一步的规定：发射国对其空间物体在地球表面，或给飞行中的飞机造成损害，应负有赔偿的绝对责任（第2条），对在地球表面以外的其他地方，对另一发射国的空间物体或所载人员或财产造成损害时，如果损害是由于发射国的过失而造成的，则发射国对损害负有责任（第3条）；两个或两个以上的国家共同发射外空物体时，对所造成的任何损害应负共同责任（第4条）。关于处理损害责任的程序以及赔偿问题，该公约也作了详细的规定。

1978年1月24日，苏联一颗核动力人造卫星"宇宙-954号"坠入加拿大境内，给加拿大的一大片地区造成放射性污染。加拿大根据1972年的《国际责任公约》向苏联提出了赔偿要求。1981年4月，两国签订了一项协议，规定苏联向加拿大支付300万美元的赔偿金。

7. 对外空发射物体实行登记国管辖原则。《外层空间条约》第8条规定，发射物登记国对其发射物及其所载人员拥有管辖权、控制权；如果发射物在缔约当事国境外寻获，应送还该当事国。

8. 外空活动国际合作原则。《外层空间条约》第9条规定，缔约国探索及利用外层空间，包括月球与其他天体，应以合作与互助原则为准绳。合作与互助有如下内容：(1)缔约国应在平等基础上给予其他缔约国观察其所发射太空物体飞行的机会（第10条）；(2)缔约国应将其外空活动的性质、进行状况、地点及结果通知联合国秘书长、公众及国际科学界（第11条）；(3)月球与其他天体上的所有站所、装置、器材以及太空飞行器应依互惠原则对其他缔约国代表开放（第12条）。

国际合作的形式有双边的、区域性的，也有在联合国主持之下进行的。如原欧洲共同体国家成立了"外空合作委员会"、我国与法国等国订有外空合作协议,[①]等等。

三、有关外层空间的几个问题

(一) 卫星遥感地球

利用卫里遥感地球资源,是 20 世纪 70 年代以来国际上发展的一项新的空间技术。这项新技术是通过安放在卫星和其他飞行器上的传感器来接收各种地物散发的信息,并将这些信息传递到地面接收站转译为数据和资料,从而可以较准确地掌握地球资源及其环境条件。通过遥感提供的资料对农业、水利、森林、地质学、地理学、生态学和海洋学等均有很大价值。首次用于遥感地球的卫星是 1972 年 7 月 23 日由美国发射的"陆地卫星一号"。1975 年和 1978 年,美国又相继发射了"陆地卫星二号"和"陆地卫星三号",开始了卫星遥感的新阶段。陆地卫星运行的高度达 917 公里,每天绕行地球 14 周,每 18 天便可对整个地球扫描一次,获取大量关于地球资源的数据和资料。接着,苏联也先后发射了"宇宙-1010"等地球资源卫星。其他国家和组织如印度、法国、欧洲航天局、日本、印尼(与荷兰合作)也已发射或计划研制地球资源卫星。我国第一座地球资源遥感卫星地面站也于 1986 年 12 月 20 日在北京举行了落成典礼。[②] 这个地面站是 1979 年邓小平访美期间,中美两国政府签订的科技合作项目,由中国科学院负责引进和建设。该地面站的建成,填补了我国在这项高技术领域的一项空白,标志着我国在卫星数据的接收与处理技术方面,步入了当前世界的先进行列。

遥感技术的发展和广泛应用,对解决有关国家在经济发展中遇到的实际问题起着重要作用。但如果这项技术使用不当,也可能对国家

---

① 参见《人民日报》1985 年 6 月 22 日。
② 参见《人民日报》1986 年 12 月 21 日、12 月 19 日。

的安全和经济发展带来损害,从而引起国际纠纷。因此,有必要制定相应的法律规则。第四十一届联合国大会于 1986 年 12 月 3 日通过了《关于从空间遥感地球的原则》[①](共 15 项,简称《遥感原则》),为世界各国今后进行遥感活动提供了行为依据。

从事卫星遥感活动涉及的国际法问题主要有以下几个:

1. 从事卫星遥感是否必须取得被感国的事先同意。

发展中国家主张,卫星遥感的合法性必须以被感国的事先同意为条件。它们以联合国大会通过的关于各国对其自然资源享有永久主权的一系列文件为法律依据,认为任何未经许可从事外空遥感一国自然资源的活动都是对其主权的侵犯。美国和一些西方国家则极力反对这种"事先同意"的主张,它们认为各国自由探索和利用外层空间是外空条约业已确认了的国际法规则,"事先同意"的主张违背了外空自由的原则。苏联、法国在这个问题上则采取折中立场,它们不要求卫星遥感必须取得被感国的事先同意,但主张对散发卫星遥感的数据和资料应给予一定的控制。联合国大会通过的《遥感原则》对这个问题未能作出明确规定。

2. 经遥感所获资料能否公开发表或自由转让给第三国。

发展中国家主张:必须严格控制有关其国家自然资源的遥感数据和资料,未经被感国的明示认可,遥感国不得泄露被感国自然资源的资料或以任何方式将上述资料转给第三国;被感国有权"充分和无限制地"取得有关其自然资源的遥感数据,并有权参加对该国领土的遥感活动。

美国和其他一些西方国家反对对遥感数据的散发加以限制。其理由是:(1)各国在平等基础上自由取得遥感数据是国际法所许可的;(2)遥感资料对世界各国均有好处,如果不公开,将被美国等少数国家

---

① 参见《人民日报》1986 年 12 月 5 日。

所垄断;(3)从技术上讲,卫星遥感的范围不是以国界为限的,而是以技术上所能达到的范围为准的,要求将成百万张的图片按照国界截成小块,这在技术上和经济上都是不可取的和不必要的;(4)根据联合国的有关文件以及美国关于新闻自由的法令,美国政府不可能禁止其公民接受从美国空间计划中获得的数据和资料。

苏联、法国在控制遥感数据的散发问题上,与发展中国家的立场有相似之处。它们也主张未经自然资源所属国的明示同意,不得公布有关的遥感数据,或将其转给第三国。1977年苏联在其原来主张的基础上,提出按照地面分辨率将遥感数据分为全球性、区域性和地方性三类。凡地面分辨率在50米以内者为地方性数据,这类据数涉及防务和经济潜力等重大利益,须经有关国家许可后才可提供,而全球性和区域性两类数据则可自由散发。在外空科技小组委员会审议中,许多国家对于这种分类的必要性以及分类的标准和方法表示异议。法国则主张对分辨率在10米以内的数据加以限制。

对于遥感资料能否自由传播问题,联合国大会通过的《遥感原则》也未能作出明确的规定。

从问题的整个发展来看,在最初一个时期,发展中国家从维护国家主权出发,曾竭力主张从事卫星遥感活动必须取得被感国的事先同意。但在后期,除少数情况下仍继续提及这一问题外,争论的重点则主要集中于对卫星遥感数据和资料的散发是否必须加以限制的问题上。近些年来,争论重点又有了新的发展,关于被感国能否以优惠价格优先取得有关其领土的遥感数据和资料问题获得了更多、更广泛的重视和讨论。

3. 被感国能否以优惠的价格优先获得有关其领土的遥感数据和资料。

发展中国家主张,被感国应在任何第三方之前及时地和不受歧视地获得有关其领土的原始数据和分析过的资料,遥感国应对传播任何对被感国利益产生不利影响的数据和资料承担国际责任。

关于这个问题,联大通过的《遥感原则》中的原则十二规定如下:一旦对被感国所辖领土的原始数据和处理过的数据制就,该国即应不受歧视地在合理费用条件下获得这些数据。被感国亦应在同样基础和条件下获得已有的分析过的资料,在这方面,应对发展中国家的需要和利益给予特别考虑[①]。这项规定支持了发展中国家的主张。

(二) 卫星直接电视广播

所谓卫星直接电视广播(以下简称直播),是指一般电视机在现有条件下增加小天线、调频器等设备,使之能够直接收看卫星转播的电视节目,从而避免目前卫星转播电视节目须由地面接收站接收并由电视发射台转播才能收看的情况。用卫星直接电视广播,可以促进各国人民之间的相互了解,有助于教育和卫生的改进、新闻和情报的交流、经济和农业的发展以及文化水平的提高。但这项技术的滥用也会造成许多不良后果:如对别国进行恶意宣传、煽动和干涉;广播别国法律所禁止的节目诸如暴力、犯罪和淫秽行为;以及宣传别国所不欢迎的生活方式等。因此,联合国和其他国际组织近年来一直试图制定有关直播的法律规则。

外空法律小组委员会从1974年起开始审议卫星直播问题。1977年3月,该委员会就以下九项原则取得基本一致意见。这九项原则是:(1)宗旨和目标;(2)国际法律的适用性;(3)各国的权利和利益;(4)国际合作;(5)发射国的责任;(6)进行协商的义务和权利;(7)和平解决争端;(8)版权和有关权利;(9)通知联合国的义务。这九项原则除第八项较新外,大体上在1967年的《外层空间条约》中均已有规定。

1982年12月10日在第三十七届联合国大会上,通过了一项关于

[①] 王铁崖、田如萱编:《国际法资料选编》(续编),法律出版社1993年版,第442页。

直播的决议,题为"各国利用人造地球卫星进行国际直接电视广播所应遵守的原则"。① 这项决议的内容与上述九项原则大体相同,表决时我国投了赞成票。

关于卫星直接电视广播所涉及的国际法问题主要有以下两个:

1. 直播前应否取得收视国的同意

发展中国家主张,利用卫星进行直播必须取得收视国的同意,直播应遵循尊重主权和不干涉内政原则。这一立场受到大多数国家包括苏联、东欧等国家的支持。

一些西方国家对此表示反对。认为各国都可以自由地通过卫星进行国际直播,正如它们可以自由地通过无线电台向外国广播那样。对自由传播消息作出限制,违反了联合国关于世界人权文件所确认的人人有权跨越国界以寻求、接受和传递信息及见解的规定。因而它们主张,进行直播活动无须经过收视国的同意。

法国则采取中间立场,认为应"尊重广播和收视国双方的权利"。中国政府认为,在从事卫星直播活动时,不应和尊重国家主权原则对立起来,而是应当在尊重国家主权原则的基础上进行。开办卫星直播必须由广播国和接受国进行协商并达成协议或安排。第三十七届联合国大会通过的决议中也规定,广播国在开办国际直播之前必须同接受国达成协议或安排。② 这一规定体现了尊重国家主权这一基本原则的立场,因而是符合发展中国家和大多数国家的利益的。

2. 关于国家责任

这是有关卫星直播的又一个引起较大争议的问题。1977年外空法律小组委员会拟定的九项原则中,对"国家责任"原则作出如下规定:

---

① 王铁崖、田如萱编:《国际法资料选编》(续编),法律出版社1993年版,第444—447页。
② 参见贺其治:"卫星国际直接电视广播的法律问题",中国国际法学会主编:《中国国际法年刊》(1983),中国对外翻译出版公司1983年版,第127—128页。

〔所有国家,在人造地球卫星从事直播电视的领域中,对本国所为,或者在其管辖下所为,以及符合本文件所规定的各种原则的种种活动,承担国际责任。〕[1]这一条文明确规定了各国对其本身或其管辖下的任何机构,包括非政府机构对另一国进行的直播活动都应承担国际责任。但有些国家则对这一规定持有不同意见,认为在它们的国家内,直播业务在许多情况下是由私人机构来进行的,依照其本国法律,国家对私人机构的电视广播活动不承担国际责任。由于各国对这段条文的内容存在着争议,因此它被置于括号之内,表明该项原则未能最后确定下来。

1982年第三十七届联合国大会通过有关决议时,对这一条内容仍坚持了原来的规定,即要求广播国对其管辖范围内所从事的利用卫星进行国际电视直播活动承担国际责任。

(三) 外空非军事化

随着外空科学技术的迅速发展,外空军事化的趋势正在日益加强。一些大国为了加紧对空间的争夺,竞相研制新型的外空武器,把军备竞赛扩展到外层空间。这一危险的发展趋势严重地威胁着世界和平与各国人民的安全,在国际上引起了严重关切。

自从1957年第一颗人造地球卫星上天以来,美国与苏联两国出于军事上的需要,每年都向外空发射大量卫星。仅截止到1983年,就总共发射了 2,114 颗军用卫星,平均每三日发射一颗,约占发射卫星总数的 75%。[2] 而且,这两个国家还致力于发展高能激光、粒子束、微波束等宇宙空间武器系统。这些武器是靠发射高能量定向电子、光子来打击敌方目标的,具有精度高、速度快的优点,不仅可以用来摧毁对方的军用卫星,或者摧毁对方来袭的以及地面的导弹核武器,执行所谓反卫

---

[1] 〔荷〕盖伊斯贝尔塔. C. M. 雷伊南:《外层空间的利用与国际法》,谭世球译,上海翻译出版公司1985年版,第89页。方括号为原文所有。

[2] 参见贺其治:"加强制止外空军备竞赛的法律措施",《国际问题研究》1984年第4期。

星和反弹道导弹的双重任务。这样不仅保护了自己的国土和核战略武器免遭袭击,又能够保持对对方的进攻和反击能力,1983年3月23日,当时的美国总统里根发表了称之为"星球大战"的讲话,要求建立宇宙空间反弹道导弹系统;1984年1月26日,里根总统签署了一项关于国家安全的指令,决定开展对该项计划的研究工作。苏联同样毫不示弱,也加紧研制外空武器。

外空军事化的结果只能是给动荡不安的国际关系增添新的不稳定因素,增加战争的危险。国际社会强烈反对把军备竞赛扩展到外层空间,并要求采取切实的法律措施,来制止和扭转这一危险趋势的发展,以确保外层空间真正用于和平目的。目前国际法上有关防止外空军事化的多边条约、国际条约和协定主要有:

1. 1963年8月5日美国、英国及苏联三国在莫斯科签订的《禁止在大气层、外层空间和水下进行核武器试验条约》(简称《部分禁止核试验条约》)。该条约第1条第1款规定,禁止、防止并且不在外层空间进行核武器试验或其他核爆炸。[1]

2. 1967年的《外层空间条约》。该条约第4条规定,禁止在环绕地球的轨道上放置任何载有核武器或任何其他类型大规模毁灭性武器的实体;必须把月球和其他天体绝对用于和平目的;禁止在天体上建立军事基地、设施和工事;禁止在天体上试验任何类型的武器以及进行军事演习。

3. 1979年的《月球协定》。该协定第3条规定,月球应专门用于和平目的(第1款);禁止在月球上使用武力或以武力相威胁,禁止利用月球实施任何此类行为或从事任何此类威胁(第2款);不得在环绕月球的轨道上或飞向及飞绕月球的轨道上,放置载有核武器或任何其他种

---

[1] 参见《国际条约集(1963—1965)》,商务印书馆1976年版,第206—207页。

类的大规模毁灭性武器的物体,或在月球上或月球内放置或使用此类武器(第3款)。

总的来说,这些国际法律文件确认了外空只能用于和平目的,提倡和平探索和利用外空的国际合作。但是,这些条约没有明文禁止利用外空进行军备竞赛,没有全面禁止在外空进行任何军事活动,没有禁止一切外空武器。比如说,上述条约虽然禁止在地球轨道、月球以及其他天体和外层空间放置核武器和大规模毁灭性武器,但现在有些国家却在研究粒子束、激光、微波定向能武器以及其他类型的外空武器,对此国际社会欲加禁止,尚无章可循;又如,对"和平目的"的解释也各有不同。一种主张认为,"和平目的"即"非军事目的"。这样,任何军事活动,包括军用卫星,原则上都应禁止。另一种观点是,"非侵略性"活动均属"和平目的",而对于防御性的军事活动则不应加以限制和禁止。由于防御与进攻界限难分,这种解释实际上是为外空军备竞赛大开绿灯。所以说,上述国际法律文件尽管有其积极意义,但已经不能适应目前的需要,不足以从根本上防止外空军备竞赛,因而有必要缔结新的国际协议,以便实现"外空非军事化",并应以实现"外空非武器化"作为当前阶段的主要目标。

我国政府一贯主张和坚持外层空间应当用于和平目的,为全人类的福利和利益服务;坚决反对在外空进行军备竞赛,主张禁止一切外空武器,包括反卫星武器,认为应尽快谈判一项全面禁止外空武器的条约。

对于如何制止外空军备竞赛和外空军事化问题,许多国家以及一些外空法专家先后提出了许多积极的建设性意见,诸如缔结一项或多项全面禁止外空武器的国际条约;努力建立国际核查监督机构;进一步实施、补充和加强已有的法律制度等。总之,某些大国军备竞赛的步步升级已将外空转变成未来战争的潜在战场,这进一步加剧了国际紧张局势。制止外空军备竞赛,实现外空的非军事化,关系到国际和平与安全,涉及世界各国的切身利益。敦促有关国家尽早开始外空武器谈判,缔结一项或多项全面禁止外空武器的国际条约,并将条约的实施置于有效的国际监督核查之下,已成为国际社会当前重要任务之一。

第十一节　中国与国际法之一
——国家主权豁免与"湖广铁路债券案"

国家主权豁免包括国家豁免和国家财产豁免两个方面。国家及其财产享受豁免是国际法上的一项重要原则。

一、国家豁免

（一）国家豁免的内容

一般认为,国家豁免主要包括司法豁免、行政豁免和税收豁免三个方面。

1. 司法豁免。是指未经他国同意,不得在另一国法院对他国提起诉讼的管辖豁免;未经他国同意,不得令其为审理程序上的行为,如出庭作证等诉讼程序的豁免;以及即使一国同意在他国法院作为被告或主动作为原告参加民事诉讼,在未经该国同意时,仍不得根据法院决定对它采取强制措施的执行豁免。西方有些学者把管辖豁免称为属人理由的豁免（immunity *ratione personae*）,因为管辖豁免主要涉及具有法律人格的国家;而将执行豁免称为属物理由的豁免（immunity *ratione materiae*）,因为执行豁免主要涉及国家财产。

2. 行政豁免。是指在未征得一国同意的情况下,不得对该国采取行政性的强制措施。例如,不得对以该国国家名义享有的财产实行强制的社会保险或摊派捐献。

3. 税收豁免。是指对以国家名义享有所有权的财产和从事的民事行为,未经该国同意,不得对之征收关税或捐税。例如,对外国驻内国使馆所有或租赁的使馆馆舍以及该使馆办理公务的收入,内国均不得征税。

在国际关系上,具有重要意义的是国家作为国际法主体的司法豁免。

(二) 国家豁免问题提出的主要场合

国家豁免问题提出的场合有多种情况,但主要是在涉及国家的涉外民商事法律关系发生争议时,便往往会提出国家在诉讼中的法律地位问题,亦即一个国家能否在外国法院被诉的问题。

从各国实践来看,国家豁免问题大多在以下具体场合被提出:

1. 国家在外国法院直接被诉。

2. 国家虽然在外国法院没有直接被诉,但在某个诉讼中涉及国家,该国家为了维护其权利而主张豁免。

3. 在有的案件中,国家通过明示或默示的方式放弃了管辖豁免,但在判决作出以前或以后,如果牵涉到对它采取诉讼保全或强制执行措施,也会提出国家豁免问题。因为依照国际惯例,放弃管辖豁免并非意味着同时放弃了诉讼程序豁免和执行豁免。

4. 一国在他国法院提起诉讼时,由于对方当事人提出反诉,便产生该国是否对反诉享有豁免问题。

(三) 国家享受豁免的根据

长期以来,国家享有豁免权已经得到国际法学者、各国司法实践、有关法律文件、政府意见以及联合国国际法委员会的充分肯定。

国家豁免权与国家的属地管辖权(亦称领土管辖权)一样,是由国家主权派生出来的一项国家权利,因此也可以说,国家豁免原则是从国家主权派生出来的一项独立的国际法原则。我们知道,主权是国家所具有的独立自主地处理自己对内对外事务的最高权力。国家主权具有两方面的特性,即在国内是最高的,对外是独立和平等的。国家主权在本国领土内享有最高权这一特性派生出属地管辖权,而国家主权在国际关系中的平等和独立这一特性则派生出国家豁免权。由此可见,国家豁免权是国家固有的权利,国家豁免原则来源于国际法的基础——国家主权。

(四) 关于国家豁免的理论

关于国家豁免的理论是伴随着在国际交往过程中,国家及其财产豁免问题的出现和发展而产生的。在这个问题上,传统理论中有绝对豁免论和限制豁免论两种主张;第二次世界大战以后,在国际法理论界又出现了废除豁免论与平等豁免论两种观点。前两种理论均在一些国家的实践中得到贯彻和支持,而后两种学说一般来讲还仅限于理论上的探讨。

1. 绝对豁免论(The Doctrine of Absolute Immunity)

绝对豁免论是最古老的关于国家豁免的理论。该理论认为,一个国家,不论其行为的性质如何,在他国应享有绝对的豁免,除非该国放弃其豁免权;享有国家豁免的主体包括国家本身、国家元首、中央政府及各部、其他国家机构、国有公司或企业等;国家不仅在直接被诉的情况下享受豁免,而且在涉及国家的间接诉讼中也享受豁免;此外,这种理论还主张在国家未自愿接受管辖的情况下,应当通过外交途径解决有关国家间的民商事争议。绝对豁免论在"比利时国会号案"、"佩萨罗号案"等重要判例中获得了支持,著名国际法学家奥本海、海德、戴西、菲茨莫里斯、哈克沃斯等均赞同这一理论。

在19世纪,绝对豁免论几乎得到西方所有国家实践的采纳。第二次世界大战以后,苏联、东欧国家及许多发展中国家仍坚持绝对豁免论。应当指出,绝对豁免论对国家豁免原则在国际法上的确立发挥了巨大的作用，它是发展中国家在涉外民商事交往过程中用来保护自己、反对强权和维护国家主权的有力武器。但绝对豁免论本身也存在着一定的缺陷，一是在提法上有欠科学；二是将国家本身同国有公司或企业在豁免问题上混同起来，这是不恰当的；三是强调通过外交途径解决涉及国家的涉外民商事争议的主张，也不利于涉外民商事纠纷的及时有效解决。

2. 限制豁免论（The Doctrine of the Relative or Restrictive Immunity）

限制豁免论产生于19世纪末，亦称相对豁免论或有限豁免论，苏联和其他东欧国家的学者称之为职能豁免论。限制豁免论将国家的活动划分为主权行为与非主权行为、或统治权行为与事务权行为、或公法行为与私法行为。按照这种理论，在国际交往过程中，一个国家的主权行为在他国享有豁免，而其非主权行为在他国则不能享受豁免。换言之，它仍然承认国家豁免是国际法上的一般原则，但也将国家不享有豁免的情况作了区分。依照限制豁免论的主张，区分主权行为与非主权行为的标准有三种：即目的标准、行为性质标准以及将这两者相结合的混合标准，其中，赞同行为性质标准的观点居多。限制豁免论还主张以法院地法来识别外国国家的所谓主权行为与非主权行为。我国有学者认为，限制豁免论与国家主权原则是不相容的，它将国家行为划分为主权行为与非主权行为也不够科学。

3. 废除豁免论（The Doctrine of Abolishing Immunity）

废除豁免论产生于20世纪40年代末50年代初，英国国际法学家劳特派特是这一理论的创始人。废除豁免论主张从根本上废除国家豁免原则，认为在某些情况下出现的国家豁免是一种例外。这种理论既反对绝对豁免论，也拒绝限制豁免论，而主张以国内立法和国际协议的方式来实现废除国家豁免原则的目的。由于废除豁免论企图根本否定久已确立的国家豁免原则,因而从总体来讲,它在理论和实践上均不足取。

4. 平等豁免论(The Doctrine of Equal Immunity)

平等豁免论是民主德国国际经济法教授弗里兹·恩德林首先提出来的。这种理论认为,国家豁免权是从国家平等原则派生出来的权利,同时它又是国家主权的一个实质组成部分;由于国家主权不是绝对的,国家豁免权同样也不是绝对的,国家主权和豁免权在其他国家的主权面前均会受到限制;国家豁免权受到的限制是基于国家主权平等,是为了国家间平等互利地正常交往,因而国家不享有绝对豁免,而享有平等豁免,从而否定了绝对豁免论的观点。平等豁免论将国家豁免内容中的管辖豁免称为"关于组织的豁免",把执行豁免称为"关于资产的豁免"。对于前者,这种理论认为,国家有两类组织:一类是享有国家豁免的组织,指依靠国家预算来维持并实现其政治、行政或社会和文化职能的国家机构或组织;另一类是已当然放弃豁免的组织,指具有独立经济责任的国有公司或企业。

应当肯定的是,平等豁免论克服和避免了绝对豁免论的不足及缺陷,是一种解决国家豁免问题的新尝试。但这种理论构想还有待于在实践中进一步发展和完善。

二、国家财产豁免

在国际交往过程中,国家财产同样享有特殊的法律地位。当国家作为民商事主体参与涉外民商事法律关系时,国家财产亦应享有豁免权。

(一)国家财产豁免的内容

国家财产豁免(immunity of state property)是指国家作为一个主权者在参与涉外民商事活动时,其财产所享有的豁免权利。具体来讲,国家财产豁免的内容包括以下三个方面:

1. 司法管辖豁免。是指未经一国同意,他国法院不得对该国的国家财产实行司法管辖,即任何国家的法院不得受理以外国国家财产为标的的诉讼,除非经该外国同意。

2. 诉讼程序豁免。是指一国法院在外国国家明确表示放弃司法管辖豁免、参加诉讼时,也不能认为法院地国的全部诉讼程序对该外国都适用,特别是不得要求外国国家提供诉讼担保,亦不得以诉讼担保为由,扣押或查封外国的国家财产。

3. 强制执行豁免。是指一国同意在他国以原告或被告身份参加诉讼时(即同意放弃管辖豁免及诉讼程序豁免时),如果未经该国同意,他国法院仍不得依其判决对该国的国家财产予以强制执行。

上述国家财产豁免的三方面内容是既相互联系又相互区别的。当一国自动表示放弃某一方面的豁免时,并不意味着它同时也放弃了另外两个方面的豁免权。

(二) 国家财产豁免原则的运用

国家财产享有豁免权来源于国家主权、平等这些国际法上的基本原则。早在13世纪,教皇格里高里九世在其教令中就提出了"平等者之间无管辖权"(*par in parem non habet jurisdictionem*)的法律格言,为国家财产豁免原则的形成奠定了理论基础;19世纪初,国家财产豁免原则已为西方法学家们所接受;进入20世纪,这一原则在各国的司法实践中得到了普遍的认同;时至今日,该原则仍为世界各国所广泛承认。但是,这项原则自其问世以来,在它的适用范围问题上,各国的理论、立法和司法实践存在着诸多分歧,即便是同一个国家在不同的历史时期,其立场和政策往往也会发生变化,与此相适应,还先后产生了前述"绝对豁免论"、"限制豁免论"等学说之争,因而使得国家财产豁免原则在实践中的运用日益复杂起来。

国际社会发展到今天,主权国家直接或间接从事国际经济活动的现象越来越普遍。但由于国家所处的特殊地位,使得如何处理好它在国际民商事交往过程中与一般民商事主体之间的关系,就成为非常现实而紧迫的问题。总结各国实践,有以下做法可资借鉴:

1. 通过缔结或加入一些涉及国家及其财产豁免的多边国际条约,宣布放弃一部分豁免权。例如,许多国家缔结或加入了1969年的《国际油污损害民事责任公约》,该公约第11条第2款规定:"关于为缔约国所有而用于商业目的的船舶,每一国都应接受第9条所规定的管辖权受理的控告,并放弃一切以主权国地位为根据的答辩。"这里所指的公约第9条规定,油污损害事件发生地的缔约国法院对案件具有管辖权,即缔约国用于商业性目的的国有船舶不享受豁免。

2. 通过与有关国家订立双边条约对国家及其财产豁免问题作出相应的规定。例如,我国与苏联于1958年缔结的《中苏关于互驻双方的商务代表处的法律地位的协议》第4条规定,商务代表处享有主权国家所享有的包括对外贸易在内的一切豁免,但双方同意下列情况作为例外:(1)关于商务代表处代表本国政府与驻在国所签署的对外贸易合同的争议,如果没有仲裁处理或其他有关管辖权的保留规定时,由该国法院管辖,但法院不得作出诉讼保全的裁判;(2)关于上述争执对商务代表处所作的已生效的法院终审判决,可以强制执行,但执行对象仅限于商务代表处的货物和债权。这一规定对缔约国双方商务代表处所享有的豁免权的范围作出了一定的限制。

3. 通过协商放弃豁免。即在民商事活动中,双方于争议发生后通过协商明示放弃豁免。例如,1982年上海远洋运输公司的"建德"号轮与苏联水产加工船"日涅兹诺沃斯克"号相撞,造成中方船只受损,苏方船只沉没。两国船舶都属于国有财产,从法律上讲,双方都享有豁免权。但为了有利于争议的解决,中、苏双方都主动放弃了对各自国有船舶所享有的豁免权,协议按第三国即英国的法律来处理纠纷,使争议及时得到了圆满解决。

国家财产豁免原则是国际法上的一项重要原则,否定或限制这一原则将给国家间的正常交往带来损害。但另一方面,考虑到维持国际民商事关系的稳定和促进国际民商事往来的健康发展,实践中形成了上述一些做法,这些做法既坚持了国家财产豁免原则,又避免了国家间因财产豁免而发生矛盾和摩擦,将原则性与灵活性有机地结合起来,对促进国家间的经贸合作、维护正常的涉外民商事法律关系起到了积极作用。

三、中国的有关实践及立场

在国家主权豁免问题上,中国始终坚持国家享有豁免这一公认的国际法原则。目前,中国尚无关于国家豁免的专门立法。中国《民事诉讼法》(2007年修正)第237条规定:"对享有外交特权与豁免的外国人、外国组织或者国际组织提起的民事诉讼,应当依照中华人民共和国有关法律和中华人民共和国缔结或者参加的国际条约的规定办理。"这只是一个原则性的规定。1986年颁布的《中华人民共和国外交特权与豁免条例》虽然就与国家豁免相重叠的外交豁免问题作出了规定,但国家豁免与外交豁免毕竟是国际法上两个不同领域的问题。因此,中国这方面的立法工作还有待于进一步加强。

在条约实践方面,中国曾经缔结或参加的一些双边或多边国际条约中有的涉及国家豁免问题。例如,前述中国于1980年参加的《国际油污损害民事责任公约》第11条第2款的规定即是。作为缔约国,中国将严格遵守该公约的有关规定。中国主张世界各国在相互尊重主权和平等互利的基础上,通过协商达成协议,以消除各国在国家豁免问题上的矛盾和分歧。再如,2004年12月2日第五十九届联合国大会通过了《联合国国家及其财产豁免公约》,确立了国家及其财产在外国法院享有管辖豁免这个一般原则,为统一各国的相关立法和实践提供了基础。中国政府于2005年9月14日正式签署了该公约,充分体现了中国对通过法治促进国际和谐交往的坚定支持。

在司法实践方面,就现有掌握的资料来看,到目前为止,中国法院尚没有审理过涉及外国国家及其财产豁免的案件,因此,我们还不能从这方面来说明中国的理论与实践。但是,自新中国成立以来,中国国家在其他一些国家或地区的法院有过被诉的情况,诸如"湖广铁路债券案"(将在下文中分析)等。对此,中国政府已明确地阐释了自己在国家主权豁免问题上的立场和态度,归纳起来,主要有以下几点:

1. 坚持国家及其财产豁免是国际法上的一项原则,反对限制豁免论和废除豁免论。

2. 坚持国家本身或者以国家名义所从事的一切活动均享有豁免,除非国家自愿放弃豁免。亦即中国坚持绝对豁免论。

3. 在中国目前的实践中,已开始将国家本身的活动与国有公司或企业的活动区别开来,认为国有公司或企业是具有独立法律人格的经济实体,不应享受豁免。这表明,中国现在所坚持的绝对豁免论已经不是原来意义上的绝对豁免论。

4. 主张通过达成协议来消除各国在国家豁免问题上的分歧。

5. 外国国家如果无视国际法,任意侵犯中国的国家豁免权,中国可以对该外国国家采取相应的对等措施。

6. 中国到外国法院特别出庭抗辩该外国法院对以中国为被告之案件的管辖权,不得视为接受该外国法院的管辖。

四、"湖广铁路债券案"分析

(一)案情

1979年11月,美国公民拉塞尔·杰克逊等9人在美国阿拉巴马州地方法院对中华人民共和国提起诉讼,要求偿还他们所持有的中国清朝政府于1911年发行的湖广铁路债券的本息。1982年9月,该法院作出了对中国不利的缺席判决,要求中方偿还本息4130多万美元。1984年2月27日该法院撤销了不利于中方的判决,同年10月26日,又驳回了原告的起诉。原告不服,上诉到美国联邦第11巡回法院。1986年7月25日,该巡回法院宣布,承认中国政府享有不接受外国法院裁判权的绝对主张,驳回上诉,维持阿拉巴马州法院1984年的判决。原告还不罢休,又于同年8月要求美国最高法院复审此案。但美国最高法院拒绝听取他们的申诉,于1987年3月9日驳回了原告的请求,作出了维持联邦第11巡回法院判决的裁定。至此,历时八年之久的"湖广铁路债券案"得以最后终结。

从国际法角度看,"湖广铁路债券案"主要涉及两个国际法问题:一是恶债不予继承;二是国家主权豁免。

(二)恶债不予继承

恶债不予继承在国际法上是一项久已确立的原则。国际法上的恶债是指被继承国为了实现与继承国的根本利益相违背的目的而承担的一切债务,其中包括一国出于镇压本国人民或殖民地人民的需要而向外国举借的债务。恶债的特点是它的不可转移性,即国际法上公认的"恶债不予继承"原则。奥地利著名国际法学家菲德罗斯认为:"在领土前主消灭的场合,按照国际法,更多的义务归领土继承者负担,但是,即使在这种场合,对于国家债务也没有全部继承,因为内国债权人完全不是通过一般国际法受到保护的,而外国债权人无论如何在债务是为了战争目的或者政治目的而约定的范围内,也不是通过一般国际法受到保护的。"① 由此可见,一笔债务是不是恶债,不是根据债务的形式,而

---

① 〔奥〕阿·菲德罗斯等:《国际法》(上册),李浩培等译,商务印书馆1981年版,第311页。

是根据债务的性质来决定的。那么,湖广铁路借款是一种什么性质的债务呢?只要回顾一下这笔借款成立之初的有关情况,就可以明确这个问题。

根据清朝政府与英、美、法、德四国银行团签订的所谓《湖广铁路借款合同》,湖广铁路系指"湖北、湖南两省境内粤汉铁路"和"湖北省境内川汉铁路"。前者由武昌起经岳阳、长沙至宜章,与广东商办粤汉铁路衔接,是一条连接中国南北交通的大动脉。清朝末年,中国南方各省掀起了推翻清王朝的武装斗争。孙中山曾在南方数省亲自发动领导了十次大规模的武装起义,特别是 1911 年 4 月 23 日,在借款合同签订前夕,孙中山和黄兴发动了震惊中外的广州起义,给清王朝政权以沉重打击。当时为了军事目的而修筑铁路,已经成为清政府的一项重要国策,修筑湖广铁路就是为了便于镇压南方各省的革命运动。可见湖广铁路借款的战争性质是很明显的。湖广铁路借款时,清朝政府的统治已处于风雨飘摇之中,在财政上也到了山穷水尽的境地,它赖以苟延残喘的唯一希望只有寄托在大借外债上。

此外,"湖广铁路债券案"还是在 19 世纪末、20 世纪初帝国主义列强为了巩固和扩张其在华势力范围、争夺在华铁路修筑权的背景下产生的。他们通过所谓铁路投资,不仅攫取长期的高额利润,而且于某些地方还控制着铁路沿线的资源以及行政权和警察权。早在 1907 年起,英、日、德、法等国就在此项贷款问题上进行了激烈的明争暗斗,并于 1909 年背着中国在柏林达成了英、德、法银行财团贷款协议,迫使清朝政府签订所谓湖广铁路借款"合同"。美国见此,唯恐坐失良机,强迫清政府允许美国也参与此项"合同"。最后,英、法、德、美四国于 1910 年在巴黎达成协议,并于 1911 年 5 月 20 日同清朝政府正式签订了《湖广铁路借款合同》。根据该合同,为建造湖北、湖南、广东、四川等地四段铁路而筹借款 600 万金英镑。英、法、德、美四国银行得以清朝政府名义发行债券到金融市场销售。这种债券就是所谓的"湖广铁路债券"。从合同中所规定的内容来看,上述帝国主义国家不但在债款利息、销售铁路器材等方面获取巨额利润,而且可以通过对铁路及其两侧的矿权和警权的控制在中国瓜分势力范围,必要时还可以通过帝国主义控制下的海关来控制中国在这一地区的财权。由此可见,这个合同的掠夺性质和帝国主义性质是极为明显的,它是帝国主义列强强加给中国的一个不平等条约。而对于不平等条约,我国政府历来主张予以废除。因此,在法律上,中国政府根本无承认湖广铁路债券的义务。

由于湖广铁路借款严重损害了中国的主权,违背了中国人民的根本利益,因而这项借款从开始谈判到最后签字,均遭到中国人民的强烈反对。借款成立以后,中国人民开展了撤废合同和拒绝借款的斗争,川、鄂、湘、粤四省人民掀起了轰轰烈烈的"保路运动",不久即在四川转变成为声势浩大的武装起义。清政府慌忙抽调鄂军入川镇压。鄂军的调动削弱了湖北封建统治政权的力量,给湖北革命党人发动武昌起义提供了有利条件和时机。因此可以说,湖广铁路借款是辛亥革命爆发的最直接因素,它是清王朝反动统治覆灭的导火线。

综上所述,可见湖广铁路借款是中国封建统治阶级与国际帝国主义列强相互勾结的产物。从历史的角度看,此项借款的形成具有两方面的因素:一方面是行将覆灭的清朝政府为了维护其反动统治、镇压中国人民的革命斗争,急需得到国际帝国主义的支持;另一方面,进行侵略扩张的帝国主义列强为了在华划分势力范围和攫取在中国的种种特权,以借款的形式来达到它们企图控制中国的目的。从法律上讲,湖广铁路借款根本违背了广大中国人民的利益,历来为中国人民所痛恨。该借款赖以为据的《湖广铁路借款合同》,其侵犯中国主权的严重性不亚于帝国主义列强强加于中国的一切不平等条约,因此,该合同根本不具有任何法律效力。对于湖广铁路借款这种恶债,无论从国际法的角度,还是从新中国政府的阶级性质来看,我国都理所当然地不予承认。

(三)国家主权豁免

依照国际法,一个主权国家未经其同意,不受另一国法院的管辖,一国法院不得对外国的国家行为和财产行使管辖权。这就是前已论及的"国家主权豁免"理论。它的依据是已为《联合国宪章》明文确认了的国家主权平等原则。

国家主权豁免原则在国际上早已获得普遍承认。国际法学家奥本海认为:"按照'平等者之间无统治权'的规则,没有一个国家可以对另一个国家主张管辖权。因此,虽然国家能在外国法院提起诉讼,然而它们通常不能在外国法院被诉,除非他们自愿服从该法院的管辖权。"①事实的确如此。在国际法上,一国不受其他任何国家的管辖,其他任何国家的法院未经同意亦不得对外国国家提起诉讼。这是一个已被国际社会普遍接受的原则,而且这个原则的适用性,不因有关国家政府是否得到承认而有所不同。

美国是最早确立国家主权豁免原则的国家之一。在1812年,美国最高法院首席法官马歇尔在审理"交易"号船诉讼案中就认为,美国对法国军用船舶无管辖权,因为该船是国家船舶,享有司法豁免。马歇尔认为:"一个主权者在任何方面不从属于另一主权者,他负有最高的义务不把自己或其主权权利置于另一主权者管辖之下,从而贬损其国家的尊严。"②美国法院的这一判例,后来经常被援引为给予主权豁免的法律依据。当时,欧洲大陆国家如德国、法国、比利时等也都承认了外国国家豁免原则。

然而,自20世纪以来,特别是第二次世界大战后,有些欧洲大陆国

---

① 〔英〕劳特派特修订:《奥本海国际法》(第八版,上卷第一分册),王铁崖、陈体强译,商务印书馆1981年版,第201页。

② 转引自陈体强:"湖广铁路债券案与国家主权豁免问题",《世界知识》1983年第6期。

家开始主张对国家主权豁免加以限制,认为对于外国国家的"主权行为"予以豁免,而对其"非主权行为"(或称"私法上行为"包括商业活动等)则不能给予豁免。但究竟什么是主权行为、什么是非主权行为,事实上难以区分,在实践中也是各行其是。

20世纪50年代初,美国在这个问题上也开始改变政策。1952年,美国国务院代理法律顾问泰特致函美国司法部称,以后对外国的"事务行为"法院可以行使管辖。这封"泰特公函"(Tate's Letter)代表了美国政府的政策,反映了美国采取这一做法的意图。1976年,美国国会又进一步通过了《外国主权豁免法》(*The Foreign Sovereign Immunity Act*,简称 *FSIA*),正式以立法形式把外国主权豁免问题纳入到美国的司法管辖范围。这个《豁免法》将对外国主权豁免问题的决定权由国务院转移至法院;规定任何人都可以在美国法院对任何外国国家提起诉讼;否认了外国国家历来享有的执行豁免。美国的这个立法从根本上破坏了国家主权平等原则,违反了《联合国宪章》,为国际上对主权国家的滥诉起到了推波助澜的消极作用。

美国法院依据其国内立法,未经中国同意就受理了所谓"湖广铁路债券案",将中华人民共和国列为被告,通过邮寄渠道向中华人民共和国外交部长发出传票,并且还作出过所谓的"缺席判决",所有这些做法都是违反国际法的。根据公认的国际法,中国作为主权国家,在外国享有绝对的主权豁免,除非自愿,它不受任何外国法院的管辖。美国的国内法不能强制适用于中国,某些国家主张的限制国家主权豁免的理论与实践,并不能代替公认的国际法。此外,即使按照美国国内法的规定,美国的1976年《豁免法》也不能回溯适用。因为所谓"湖广铁路债券"的发行是在20世纪初,距本案起诉时已有七十多年之久,欲将该法适用于本案,显然有悖法理。所以,对于美国法院的"传票"和所谓"缺席判决",中国政府断然予以拒绝。中国政府的这种做法完全符合国际法,是有充分的法理根据的。

1984年10月31日,中国外交部新闻发言人就湖广铁路债券问题发表如下谈话:"中华人民共和国外交部获悉,美国阿拉巴马州联邦地方法院于10月26日驳回了原告就湖广铁路债券问题对中华人民共和国提出的诉讼。这个法院的上述裁决有助于消除两国关系中的一项隐患,对这一积极行动我们表示欢迎。同时,我们愿重申中国政府对此案的一贯立场,即根据国际法,中国作为主权国家享有主权豁免,不受任何外国法院的管辖。湖广铁路债券是旧中国反动政府勾结帝国主义,维持其反动统治和镇压中国人民革命斗争而举借的外债,根据'恶债不予偿还'这一公认的国际法原则,中华人民共和国政府概不承担偿还的义务。"[①]

现在,"湖广铁路债券案"早已最终了结,这个结果是值得欢迎的。此案的妥善处理,将对促进中美民商事往来、人民友好以及两国间政治、经济、外交、文化等各方面关系的进一步发展产生有益的影响。

第十二节 中国与国际法之二
——香港及澳门问题

一、国家领土与领土主权

香港、澳门问题与国家领土和领土主权密切相关。

（一）国家领土的概念及其组成部分

国家领土是指地球上隶属于一国主权支配下的特定部分。领土是国家的构成要素之一,是国家行使其最高权力的对象和范围,也是国家

[①] "外交部新闻发言人就湖广铁路债券问题发表谈话",中国国际法学会主编:《中国国际法年刊》(1985),中国对外翻译出版公司1985年版,第626页。

的物质基础。一个国家不可能没有确定的领土。

从国家领土的概念可以看出,领土具有两个重要的要素:其一是,领土具有固定的地理范围,即它是地球的特定部分。每个国家都占据着地球的特定部分,不是漫无边际,更不得随意扩张。至于领土特定部分的面积大小,并不影响领土的性质;其二是领土具有严格的法律界限,即领土处于国家的主权管辖之下,国家对其占有的地球的特定部分具有完全的和排他的主权,即领土主权。国家对其领土具有最高的支配和管辖的权力。没有主权的领土是不存在的;换言之,不隶属于国家主权之下的地球特定部分是不能称其为领土的。

国家领土由领陆、领水、领空和底土四个部分组成:(1)领陆。指国家主权管辖下的全部陆地和岛屿。(2)领水。指国家主权管辖下的全部水域,包括领陆内的水域和沿岸的内水及领海。(3)领空。指领陆和领水之上一定高度的空气空间。(4)底土。指领陆和领水下面的全部底土。

(二) 国家领土的取得

国家领土的取得,就是国家领土主权的取得。国家领土常以先占、时效、割让、征服、添附而取得,这五种方式在传统国际法上称为"五种领土取得方式"。

1. 先占。指对"无主地"实行"有效占领",由此取得该地的主权。

2. 时效。指占有他国的某块土地,在相当长的时期内不受干扰地连续占有而取得其主权。

3. 割让。指一国根据条约将部分土地的主权移转给他国。19世纪以前,割让有赠与或出卖等形式;20世纪以后,大部分割让是由于战争后的和约及不平等条约造成的。从现代国际法的观点来看,由战争或不平等条约所造成的割让都是违反国际法的。

4. 征服。指战争结束后战胜国将战败国灭亡而兼并其领土的行为。征服并非战时占领或兼并,战争中的占领或兼并不构成领土主权的移转。征服只有在被征服国已不复存在时才构成领土主权的移转。而以征服取得被征服者的领土主权是国际法所不允许的。

5. 添附。指领土因自然状态的变化或人工力量而增添的新部分。包括自然添附和人工添附。前者如涨滩、三角洲等,后者如堤堰、防波堤、人工岛屿等。人工添附不得损害邻国的利益。

从现代国际法观点来看,对以上五种领土取得方式的合法性应区分具体情况而加以分析和对待。

(三) 国家领土的变更

国家领土的变更,就是国家领土主权的变更。现代国际法认为,国家领土的变更应以平等和自愿为基础。因此,符合现代国际法的领土变更方式主要有:

1. 交换领土。指为了便于边境管理和适应当地的历史条件,有关国家在平等自愿的基础上交换其部分领土的行为。

2. 全民投票。指在有争议地区进行全民投票以决定该地主权的归属。全民投票应确保该地区全体居民投票的充分自由,其合法性取决于该地居民的意志是否真正得到了充分自由的表达。

3. 收复失地。指国家为恢复其对某些领土的历史性权利而收回被他国非法侵占的领土的行为。

4. 添附(具体情况如前文所述)。

(四) 国家领土的意义

领土对任何一个国家来讲都是十分重要的。

1. 领土是构成国家的基本要素之一,迄今为止,尚没有任何国家没有自己的领土。在战争中有时会出现这样一种情况:即一国领土全部被侵占(例如第二次世界大战中的波兰),政府被迫流亡国外,该被侵占的国家似乎是消失了,但这只不过是个暂时的现象。从政治上、法律上讲,被侵占的领土并不构成敌国的领土,而仅仅是被占领的国家暂时被剥夺了对其领土行使主权而已。

2. 领土是国家物质财富的主要源泉,是国家及居住其上的人民赖以生存的物质基础。有了它,国家才能存在,一国的人民才能生存,才能通过人民的劳动,向自然界索取生活资料,例如开采矿藏、利用河流灌溉等,人类才能得以生存和延续下去。因此,没有领土的国家是不可想象的。

3. 领土还是国家行使最高权力的对象和范围。国家是个政治概念,因而需要管辖。但管辖的范围除另有规定外,主要是针对自己的领土及领土上的人、物和领土上所发生的事件的管辖。没有领土则谈不到国家的管辖,也就谈不到主权,国家领土是国家行使主权的空间。

(五)国家领土主权不可侵犯原则

前已提及,领土主权是指国家在其领土范围内行使的最高及排他的权力。领土主权包含三个意义:(1)国家领土不可侵犯;(2)国家在其领土范围内享有属地管辖权;(3)国家对其领土内的自然资源拥有永久权利。

领土是国家生存的条件、独立的重要标志和行使管辖权的范围。领土主权是国家主权的重要组成部分,所以,在国际关系中要互相尊重国家的领土完整和保障领土的不可侵犯,这已成为当代国际法上的一项基本原则。《联合国宪章》第2条第4款明确规定:"各会员国在其国际关系上不得使用威胁或武力,或以与联合国宗旨不符之任何其他方法,侵害任何会员国或国家之领土完整或政治独立。"我国与印度、缅甸于1954年共同倡导的和平共处五项原则的第一项和第二项、亚非会议十项原则的第二项,以及1970年联合国大会通过的《国际法原则宣言》等都对尊重国家主权和领土完整、不得侵犯国家的领土完整原则给予了重新确认。

领土完整的含义不是指一国领土在地理上必须是完整的一部分，它是一个政治上、法律上的概念，是指一国领土的完整性和不可分割性，即属于一国的领土一寸都不能丢，不能被侵略、被掠夺、被分裂、被占领、被肢解、被蚕食，否则，就是破坏国家的领土完整；一国在本国领土上拥有完全的、独占的、排他的管辖权，任何国家对这种权利不得干预、侵犯或剥夺。因此，在现代国际关系中，首先，要求国家不得以武力或武力威胁来破坏一国的领土完整；其次，国家边界不可侵犯，禁止对一国边界进行骚扰和挑衅行为，以维护国家边境的和平与安宁。另外，大军压境，也同样是对一国领土主权的直接威胁；第三，不得以任何借口侵犯别国领土主权，如"根据友好条约"、"应合法政府的请求"等对别国实行占领。任何侵犯他国领土主权的行为，都是国际违法行为，应当受到相应的谴责和制裁。

二、香港问题

（一）有关香港的三个不平等条约

1840年，英国政府为了进一步推行殖民侵略政策，对中国发动了鸦片战争，进攻中国东南沿海地区。在兵临南京城下的情况下，强迫清朝政府于1842年同它缔结了《中英南京条约》，割去了中国广东省新安县（现深圳市）所属的香港岛，攫取了一系列特权；1856年，英国政府为了扩大侵略并使鸦片贸易合法化，又发动了第二次鸦片战争。在英法侵略军攻陷北京的情况下，强迫清朝政府于1860年签订了《中英北京条约》，割去了广东省新安县所属的九龙司，即九龙半岛南端界限街以南的中国领土；1898年英国又趁清朝政府于1894年中日战争中战败之机，强迫清朝政府同它缔结了《中英展拓香港界址专条》，"租借"了新安县深圳河以南、九龙半岛界限街以北地区及其附近岛屿，即所谓"新界"，租期为99年。这些历史事实表明，中英《南京条约》和《北京条约》

都是英国发动侵略战争的直接产物,中英《展拓香港界址专条》则是英国和其他列强力图瓜分中国、强占"租界地"的结果。这三个条约都是非法行为的产物,都是英国使用武力和威胁而获致缔结的不平等条约,其内容严重侵犯了中国的主权和领土完整,因而是非法的、无效的,中国政府和人民从来是不承认的。中英关于香港问题的《联合声明》的签署,证明了不平等条约不仅应当废除,而且可以废除,在国际法上树立了一个废除不平等条约的范例。

根据国际法,新国家、新政府没有义务继承旧条约,特别是经过革命而建立的新政府,对于旧的不平等条约就更不能继承。新国家、新政府有权根据国际法的基本原则,对旧条约重新加以审查并决定取舍。根据1949年《中国人民政治协商会议共同纲领》第55条的规定,中国政府对于旧条约应"加以审查,按其内容分别予以承认,或废除,或修改,或重订"。这项规定宣布了中国政府对待旧条约的基本立场和态度,其中包括了废除不平等条约这一不可争辩的权利。中国政府经过审查以后,认为关于香港的三个条约是不平等的,是帝国主义强加给中国人民的,不能接受这三个条约。中国政府对香港问题的一贯立场是:不受这些不平等条约的约束,在条件成熟的时候收回整个香港地区,并保持香港的繁荣与稳定。

(二) 以和平方式解决香港问题

香港是历史遗留问题,是中英两国历史上的争端。中英《联合声明》的签署,树立了以互谅互让精神和平解决国际争端、解决历史遗留问题的范例。香港问题之所以能够和平解决,取决于两国领导人的远见卓识以及政治家的风度,但归根结底是中英两国力量对比的产物。列宁曾经指出:任何条约都是由力量对比关系的变化而引起的。这一理论同样适用于今天的中英《联合声明》。20世纪90年代末的中国已不是鸦片战争时期和第二次世界大战前的那个中国了,今日之中国是联合国安理会五个常任理事国之一,综合国力日益强大,恢复对香港行使主权是大势所趋、水到渠成。

(三) 香港的法律地位

1. 为什么要在香港实行"一国两制"

首先,现在的中国已不是旧中国了,不可能因收回香港而改变政治制度;其次,中国目前在经济上还相对落后,香港的地位又很特殊,这就决定了我们在搞经济建设时,在很大程度上需要借助于香港。中国恢复行使对香港的主权是确定无疑的,但恢复行使主权后不能完全采取在内地实行的同样政策,不能将目前内地的制度搬到香港。否则,香港作为自由港、世界三大金融中心之一的地位就会发生变化,每年近百亿的外汇收入必然会受影响,外资将会流走。因而,中英双方协商的结果就是《联合声明》的签署,要在香港实行"一国两制"。英国答应将对香港的主权交还中国;中国承诺对香港实行的基本政策方针五十年不变。联合声明也是条约,缔约双方都应当享受权利并承担义务;第三,中国内地的根本制度是社会主义,维持香港现行制度至少五十年不变,并不会因此而动摇中国的根本制度。邓小平指出,"一国两制"要讲两个方面,一方面是社会主义国家里允许一些特殊地区搞资本主义,不是搞一段时间,而是几十年、成百年不变;另一方面,也要确定整个国家的主体是社会主义。"两制"是两个方面,不是"一制",而是"两制"。[①]

2. 实行"一国两制"是否是对中国主权的限制

从形式上看,实行"一国两制"看似是对主权的一种自我限制,因为中央政府的主权毕竟不充分,但实际却并非如此。中国恢复对香港行使主权后,实行港人治港,香港享有高度的自治权,但中国政府对香港

[①] 参见《人民日报》1987年4月17日。

并非完全放任不管。邓小平在 1987 年 4 月 16 日会见香港基本法起草委员会委员时,就"港人治港"问题发表谈话。他说,切不要以为香港的事情全部由香港人来管,中央一点都不管,就万事大吉。这种想法是不实际的。中央确实不会干预特别行政区的具体事务,中央不需要干预。但是,如果香港发生了危害到国家根本利益的事,或者出现损害香港自己的根本利益的事情,那时,北京能不过问吗? 如果中央把什么权力都放弃了,就可能出现一些混乱,损害香港的利益。所以,保持中央的某些权力,对香港有利无害。邓小平还说,1997 年后,香港有人骂中国、骂中国共产党,我们还是允许他骂。但是如果变成行动,把香港变成一个在"民主"的幌子下反对大陆的基地,那就不行。① 因此,虽然中国政府实行"一国两制"制度,但从法律上讲,并非是对中国主权的限制。

3. 香港有对外进行经济联系权,是否可以认为香港是类似于国家的政治实体

不能得出这一结论。香港对外交往是以"中国香港"的名义与有关国家发生的经济来往,它不是一个政治实体,更不是国际法的主体,它只是中华人民共和国的一个特别行政区。香港的某些对外交往权是中央政府赋予的。1987 年 6 月 26 日,香港被海关合作理事会接纳为该理事会的单独成员。在这项决定通过前,中国政府发表声明指出,根据中英《联合声明》,中国决定于 1997 年 7 月 1 日对香港恢复行使主权。自该日起,香港将成为中华人民共和国的一个特别行政区。中国将对香港特别行政区负有国际责任。香港特别行政区可以以"中国香港"的名义继续成为海关合作理事会的单独成员。②

---

① 参见《人民日报》1987 年 4 月 17 日。
② 参见《人民日报》1987 年 6 月 28 日。

(四) 中英《关于香港问题的联合声明》的形式

中英关于香港问题的协议采用了联合声明的形式,这样做的目的在于:既要使中英协议具有法律上的拘束力,又因香港问题是中国的内政,政府不能就中国内政问题与外国订立条约;而且联合声明可以分别阐述各自的立场,因而采用这一形式是合适的。

从形式要件来看,中英《关于香港问题的联合声明》于1984年9月26日在北京草签,双方草签时不是按国际惯例签上首席代表的姓或姓名的第一个字母,而是签全名;同年的12月19日,由中国国务院总理赵紫阳和英国首相撒切尔夫人在人民大会堂正式签字,而且双方后来还分别予以批准并互换批准书,开创了联合声明也要互换批准书的先例,在此以前联合声明是很少有互换批准书的;除此之外,中英两国还将这一联合声明提交联合国秘书处依照条约登记的程序予以登记;英国亦通过其条约转化为国内法的程序将该《联合声明》纳入到其国内法体系。从实质要件来看,中英《关于香港问题的联合声明》确立了两国在香港问题上的权利与义务。由此可见,中英《关于香港问题的联合声明》是国际法上条约的一种,是广义的条约。

三、澳门问题

(一) 澳门问题的由来

澳门位于珠江三角洲南端,由澳门半岛、凼仔岛和路环岛三部分组成,总面积为16.143平方公里。澳门半岛与广东珠海市相连,距香港仅四十海里(即位于香港西南偏西约四十海里处)。澳门现有人口四十多万,其中90%以上是中国居民。在澳门长期定居的葡萄牙后裔约一万人左右。

澳门自古以来就是中国的领土,原属广东省香山县管辖。早在明朝正德十二年(1517年),葡萄牙人就以进贡为名来到广东,因无文书证明被令回国。但他们久留不去,在广东沿岸进行贸易。明嘉靖十四年(1535年),葡萄牙人贿赂了广东地方官吏,获准在澳门停船贸易。从此以后,葡萄牙人就开始在澳门海面经营各种买卖。明嘉靖三十二年(1553年),葡萄牙人以货物被水浸湿为由,要求上岸晒货,广东地方官吏在收受贿赂后答应了他们的要求。于是,葡萄牙人开始上岸居住。他们在澳门租地搭棚,存放货物,每年要向明朝政府缴纳租银1000两(1691年减为600两,1754年又减为500两)。明嘉靖三十六年(1557年),葡萄牙人得以在澳门定居。后来,他们逐渐扩大居住地区,修筑城墙炮台,私设官吏。从此,澳门就长期被葡萄牙人盘踞,成为西方殖民主义者在中国领土上建立的第一个侵略基地,也是西方国家在华占有租借地的开端。不过这时,葡萄牙人尚须缴纳一定的租金,中国对澳门的主权未变,中国政府不仅派员在澳门征收税饷,并且受理该地的民刑案件。所以,澳门和以后英、法、俄、德、日等列强用武力在我国攫得的租借地,毕竟还不完全相同。

鸦片战争后,葡萄牙人见英国以武力夺得香港岛,也仿效英国来扩大自己的占地。1849年,葡萄牙人擅自宣告澳门为自由港,封闭中国在澳门的海关,驱逐清朝政府的官吏和海关人员,停止向中国缴纳租税并占领了整个澳门半岛。1851年占凼仔岛,1864年再占路环岛。

葡萄牙人为使其统治澳门合法化,迫使腐败无能的清朝政府于1887年3月26日在里斯本与葡萄牙政府签订了《中葡会议草约》(又称《里斯本议定书》)。该草约第2条规定:"定准由中国坚准,葡国永驻、管理澳门以及属澳之地,与葡国治理他处无异。"[1]清朝统治者同葡萄牙政府签订的这一出卖国家领土主权的条约,从一开始就遭到了中

---

[1] 王铁崖编:《中外旧约章汇编》(第一册),三联书店1957年版,第505页。

国人民的强烈反对,因而始终未能就葡萄牙占领澳门的界址问题达成协议。就这个草约本身而言,清朝政府在签约之前曾再三郑重声明,约文所列条款绝非正式割让,而葡萄牙对此也一再表示同意;[①]并且草约第3条还明文规定:"定准由葡国坚允,若未经中国首肯,则葡国永不得将澳地让与他国。"[②]这些足以表明,清朝政府并非将澳门正式割归葡萄牙所有。

1887年11月,葡萄牙政府派代表前来北京谈判商约。清朝政府的总理衙门虽曾因国内舆论的反对,一度表示拒绝将《中葡会议草约》的各项内容重新订入商约之内,并且对于草约也不主张批准,[③]但后来由于葡方代表的坚持,清朝政府最终还是同意将草约中关于澳门地位的条款写入1887年12月1日签订的《中葡北京条约》之内。[④] 此外,通过这个商约,葡萄牙还攫取了与其他资本主义列强相同的在华特权地位。后由于中国人民的坚决反对,1928年4月,当时的中国政府外交部通知葡萄牙政府终止了1887年12月1日的《中葡北京条约》。

(二) 中国政府在澳门问题上的立场和基本方针

新中国成立后,中国政府也认为1887年12月1日的《中葡北京条约》是不平等条约,是非法的、无效的,对其拒绝加以承认。因此,葡萄牙对澳门的统治早已失去了条约依据。中国政府在澳门问题上曾多次阐明了自身的立场:澳门是中国的领土,澳门问题属于历史遗留问题,并一贯主张在适当时机通过谈判和平解决,在未解决之前暂时维持现状。

---

① 参见中国近代经济史资料丛刊编辑委员会编:《帝国主义与中国海关》(第六编),科学出版社1959年版,第39、79页。
② 王铁崖编:《中外旧约章汇编》(第一册),三联书店1957年版,第506页。
③ 参见中国近代经济史资料丛刊编辑委员会编:《帝国主义与中国海关》(第六编),科学出版社1959年版,第95页。
④ 参见王铁崖编:《中外旧约章汇编》(第一册),三联书店1957年版,第523页。

1972年3月8日,中国常驻联合国代表在致联合国非殖民化特别委员会主席的信中,重申了中国政府的立场,指出:"香港和澳门是被英国和葡萄牙当局占领的中国领土的一部分,解决香港、澳门问题完全是属于中国主权范围内的问题,根本不属于通常的所谓'殖民地'范畴。因此,不应列入反殖宣言中适用的殖民地地区的名单之内。"[①]联合国非殖民化特委会于同年6月15日通过决议,向联合国大会建议从上述的殖民地名单中删去香港和澳门。1972年11月8日,第二十七届联合国大会通过决议,批准了该特委会的报告。

中国解决澳门问题的基本方针是:(1)一定要在20世纪末,即2000年以前收回澳门,并恢复行使主权;(2)在恢复行使主权的前提下,保持澳门的稳定和发展;(3)恢复行使主权后,按照"一个国家,两种制度"的指导思想和《中华人民共和国宪法》第31条的规定,在澳门设立特别行政区,继续实行资本主义制度,五十年不变。[②]

1974年,葡萄牙发生民主革命,推翻了萨拉查独裁统治。新政府奉行非殖民化政策,并于1976年2月颁布了《澳门组织章程》,确定澳门是葡萄牙管理下的特殊地区,而不再是殖民地,并撤走了派驻澳门的5000名守军。1979年2月8日中葡建交时,两国政府就澳门的主权问题达成了谅解,肯定了澳门是中国的领土。双方同意在适当时候,通过两国政府间的谈判来解决澳门归还中国问题。

(三)澳门问题最终获致解决

1984年中英香港问题达成协议后,澳门问题的解决随即提上了日程。1986年6月30日,中葡关于澳门问题的首轮会谈在北京举行。两国政府经过八个多月的四轮谈判,最终达成了解决澳门问题的协议。

[①] 《我国代表团出席联合国有关会议文件集》,人民出版社1972年版,第18页。
[②] 参见吴学谦:"在六届人大五次会议上所作的中葡关于澳门问题的联合声明草签文本的报告",《人民日报》1987年4月3日。

1987年4月13日上午,中葡两国政府《关于澳门问题的联合声明》在北京人民大会堂正式签署,《联合声明》宣布,中华人民共和国政府将于1999年12月20日恢复对澳门行使主权。1988年1月15日,中葡两国政府代表在北京互换文本,中葡《联合声明》开始生效,澳门正式进入过渡期。1993年3月31日,第八届全国人大第一次会议通过了《中华人民共和国澳门特别行政区基本法》以及《澳门特别行政区长官的产生办法》、《澳门特别行政区立法会的产生办法》和《在澳门特别行政区实施的全国性法律》等三个附件。以此为起点,澳门进入了后过渡期。1998年5月5日,澳门特别行政区筹备委员会在北京宣告成立,标志着澳门回归祖国的工作进入实质性阶段。1999年12月20日,中国正式恢复对澳门行使主权。

澳门问题的解决,使中国得以恢复对这块与祖国分离长达四百多年的土地行使主权,洗刷了民族耻辱。它再一次证明了"一国两制"这个创造性的重要构想是完全实事求是的,是富有生命力的。澳门问题的圆满解决,也是通过和平谈判方式解决国际争端的又一成功例证。对澳门恢复行使主权,是中国政府为维护国家领土主权与完整所作出的另一巨大贡献。

第十三节 全球化与国际法

一、引言

与国内法相比,国际法是一个特殊的法律体系,两者在规范的形成、主体、客体、实施方式等诸多方面均存在着重大差异。而在国际法领域,其自身的发展也有个逐步演变的过程:从奴隶制时期的国际法经过封建制时期的国际法渐进发展到近现代国际法和当代国际法。

近现代国际法的形成是以一系列重要原则之确立为标志的。这些原则包括：禁止侵略战争，废除殖民主义，国家对其违法行为承担责任，反对种族歧视、种族隔离和种族灭绝，战争罪犯须负刑事责任，承认国家及民族的自决权，承认并尊重基本人权，和平解决国际争端，等等。此类原则构成了近现代国际法的基础。

进入当代后，国际法的发展呈现出两大新特点：一是其形成更加民主化，二是其适用更加普遍化，这些都有赖于国际法主体相互间的密切合作。而国际法主体的自觉遵守以及国际法自身的法律强制性，为这种密切合作提供了有力保障。鉴于国际法的特殊性，国际法主体间的密切合作在当代集中体现为两个方面：一方面，国际法主体有创设相关行为规则的共同意愿；另一方面，国际法主体一致承认相关规则具有法律拘束力。

二、"全球化"现象解读

在国际法上，国家数量的增加、国际组织和其他非国家之国际行为主体的参与早已不是新生事物。但是，当国际社会已经迈入 21 世纪的今天，我们对于这些重大变化以及由此带来的广泛影响不能再予以忽略，因为它们不仅影响国际体制和国际法律秩序，还波及国际法的基石——国家主权，甚至在某些场合影响了公民个人的权益。现如今，新信息技术可以使得各类消息瞬间传遍全球各个角落，不论事件发生在何时何地，人们均可以通过广播、电视、互联网等媒体在第一时间知悉事件的全过程，世界各地、各界人士就是在以这种史无前例的方式了解着国际大家庭内政治、经济、文化、社会等各个领域的发展变化。因此，我们所处的这个新时代被称之为全球化时代。

那么，什么是"全球化"？首先，全球化的基础是科技革命。前已提及，正是以互联网为代表的新信息技术的出现，才使得人们在世界的任何地方、任何时间内都可以相互交流、相互沟通,与此同时,各种经济要素也可以从对新信息技术的利用中受益。例如,跨国企业就能够通过利用新信息技术像规划国内市场那样来规划国际市场。其次,全球化的体现是国际法主体之间的密切合作。当今世界,国际社会成员的相互依赖程度日益加深,各国人员间的流动规模也大大超过以往。此外,各个国家目前还面临着许多共同的问题甚至威胁,诸如人口过度膨胀、破坏环境、贫穷、落后和饥饿、移民、国际恐怖主义、核武器及其扩散等。这些均要求国际社会寻求某些不局限于一国或数国的、具有普遍性而又广泛参与的新型国际合作形式。概括而言,笔者认为,"全球化"是指这样一种现象:伴随着科学技术的飞速发展和国际交往的不断扩大,日益增加的跨国行为主体面临着越来越多独自难以解决的全球性挑战和威胁(诸如资本、商品、人员、信息、理念、污染以及疾病等的跨国流动和传播),因而需要国际法主体之间密切合作以共同寻求解决办法。也正是在这一大背景下,本节将尝试着对全球化给国际法带来的变化及影响进行具体分析与评价。

三、近现代以来国际法的发展

近现代国际法的发展始于17世纪。1648年欧洲三十年战争结束后,确立了威斯特伐里亚体系(Westphalian System),主权概念成为该体系的核心内容。在那个时代,对主权的理解是绝对的,它是指君王的自然权利,当然,其中也包括君王从事战争的权利。于这个基本前提下,国家作为国际社会独立的行为主体,逐步发展出一系列规范其相互关系的法律,诸如战争法、海洋法(如公海自由)、外交关系法等。国际常设法院在1927年审理著名的"荷花号案"(The Lotus Case)时曾经指出,国际法调整着独立国家间的关系,这类法律规则产生自国家本身的意愿,国家通过国际公约或普遍接受的习惯法律规则来表达它们的意愿或共同目的。因此,对独立国家进行限制是不可想象的。①

进入19世纪,伴随着1815/1818年维也纳会议的召开,国际法出现了新的重要发展势头。1818年以后,产生了河流管理委员会来对国际河流进行统一的协调和管理,这是机构性国际合作的肇始。与此同时,科技领域的协作也渐趋成熟,1865年成立了国际电信联盟。在这一时期世界各国逐步认识到,如果某些问题涉及不止一个国家的利益,那最好由独立的常设国际机构予以解决。换言之,国家自有史以来首次承认它们解决国际争端的能力是有限的,因而有必要在适当的时候采用某种机构性解决办法。

1899年和1907年两次海牙和平大会是机构性国际合作的又一实例,与会各国大多试图努力通过国际机构来维持世界和平。海牙和平大会推动了1919年国际联盟的建立。不过,事实表明国际联盟的运作并不成功,它没有切实解决国家间的冲突,因而未能最终维持国际和平与安全。1945年成立的联合国借鉴了国际联盟的经验与教训,对国际组织的职能和作用进行了重大调整,最终丰富、完善了机构性国际合作这一重要的国际法实践。具有突出意义的是,《联合国宪章》禁止在会员国之间使用威胁或武力,②要求将国际武装冲突提交联合国加以解决。这一规定无疑是对传统意义上的国家主权施加了一定的限制,自此,战争权被从国家主权中剔除出来,尽管根据《联合国宪章》第51条之规定,会员国在遭受武力攻击时仍有权单独或集体自卫。此外,《联合国宪章》还呼吁各成员国继续合作以维持国际和平与安全、保障人权、促进会员国经济与社会的发展等。《联合国宪章》确立了

---

① The Lotus Case(Fr. v. Turk.)P. C. I. J. (ser. A), No. 10, 1927, p. 18.
② 参见《联合国宪章》第2条第4款。王铁崖、田如萱编:《国际法资料选编》(第二版),法律出版社1986年版,第863页。

当代国际法的基本原则,诸如国家主权、平等互利、不干涉内政、民族自决、领土完整和不可侵犯、诚实履行国际义务、和平解决国际争端等。

由此可见,当代国际法是从19世纪的传统国际法发展、演变而来的,只不过在20世纪中后期国际法至少又增添了两项新内容,即政府间常设国际组织和国际人权。即便如此,国际法仍严格限定于国际公法,其本质主要是国家间的法律。既然国际法主要是国家间的法律,则其主体、渊源、原则以及争端解决手段等也是有限的。例如,就国际法的主体而言,主要包括国家和以联合国为代表的政府间国际组织;在渊源方面一般认为,《国际法院规约》第38条所列各项即国际条约、国际习惯、一般法律原则、司法判例和各国权威最高之公法学家学说等构成了国际法的渊源。然而,20世纪中后期特别是进入当今全球化时代,国际法的新发展并不仅仅局限于此,它在以下诸多方面都发生了重大的、实质性的变化。

四、参与国际事务的行为主体在日益增加并呈多元化发展趋势

第二次世界大战结束后,国际社会进入了非殖民化时期。以前受帝国主义、殖民主义压迫和统治的殖民地、附属国纷纷走向独立、步入政治舞台,成为世界大家庭的新成员;苏联、南斯拉夫的解体,捷克斯洛伐克的分立,黑山共和国自塞尔维亚共和国的独立等,都使得国家的数量越来越多。1945年联合国成立之时,其创始会员国只有51个,而截止到2006年6月,联合国的会员国已达192个。[①] 此外,自联合国成立以来,政府间国际组织的数量也在显著增加。五十多年前,联合国几乎

---

① 继黑山共和国于2006年6月28日加入为会员国之后,联合国目前一共有192个会员国(http://www.un.org/chinese/members/unmember.htm)。

是世界舞台上最主要的机构类行为主体。但时至今日,类似的国际性机构还有北大西洋公约组织、经济合作与发展组织、世界贸易组织以及若干区域性机构诸如非洲统一组织、阿拉伯国家联盟、欧洲联盟、美洲国家组织、东南亚国家联盟、亚太经济合作组织等。

近些年来,非政府组织(Non-Governmental Organizations,简称NGOs)在国际社会的作用也日益突出。它们积极参加各种国际会议,在国际事务中争取更大的发言权和参与权。非政府组织类别广泛,在许多领域都很活跃,其中较为著名的有大赦国际组织、绿色和平组织、国际笔会、国际奥林匹克委员会以及国际商会等。虽然给非政府组织作出定义并不容易,但一般认为,作为一个非政府组织应当具备如下基本要素:即非政府组织必须是由私性主体设立,独立于国家,实行法治,以公共利益而非私性利益为目的,其活动具有跨国性,有最基本的组织结构等。[1] 通常而言,在国家不足以代表某些利益的领域,才会有非政府组织产生。的确,在国际法的形成领域也是如此。如果某些方面缺少利益代言人,则对非政府组织参与国际法制定的需求就会增加。

像在国际经贸界,非政府组织的影响就越来越大。例如,《马拉喀什建立世界贸易组织协定》第5条第2款规定:"总理事会可就与涉及WTO有关事项的非政府组织进行磋商和合作作出适当安排。"[2] 根据这一条款,WTO可以与非政府组织订立协议。在"美国禁止某些虾及虾制品进口案"中,WTO上诉机构将《关于争端解决规则与程序的谅解》第13条解释为专家组有权向非政府组织寻求信息和技术建议。[3]

---

[1] OECD, "Voluntary Aid for Development. The Role of Non-governmental Organizations", G. A. Res. 1296, U. N. ECOSOC(XLIV)(May 23, 1968).

[2] 世界贸易组织(WTO)秘书处编:《世界贸易组织乌拉圭回合多边贸易谈判结果:法律文本》,对外贸易经济合作部国际经贸关系司译,法律出版社2000年版,第7页。

[3] United States-Import Prohibition of Certain Shrimp Products: Report of the World Trade Organization Appellate Body, WT/DS58/AB/R(November 6, 1998).

此外,非政府组织还可以通过向各国政府游说或施加压力来影响国际法的制定。凡此种种,毫无疑问提高了非政府组织在国际社会中的地位。可以预言,一些重要的、有影响力的非政府组织成为国际法的主体也许只是个时间问题。

目前,参与国际事务的行为主体还包括跨国公司和个人。跨国公司是当今世界经济的主要运行体和载体,它既享受国际法上的权利(如投资保护),又承受着国际法上的义务(如保护环境、尊重人权)。从传统国际法来看,个人只是人道主义法和人权法的保护对象。而在当代国际法上,个人除了仍然是受保护的对象之外,也同时行使着他们的权利(如向国际人权机构申诉)、履行他们相应的义务(如依照国际法对其所犯罪行承担刑事责任)。论及个人可以成为参与国际事务的行为主体,便不能不关注当今在国际社会危害甚广的恐怖主义。恐怖主义实际上是一种国际犯罪。联合国安理会在 2001 年 9 月 28 日通过的第 1373 号决议中指出,恐怖主义是对国际和平的威胁甚至破坏,呼吁各成员国根据《联合国宪章》第七章的有关规定,采取一切手段打击恐怖主义行为对国际和平与安全造成的威胁。[1] 第 1373 号决议针对的对象是美国"9·11"事件以后从事恐怖主义行为的个人,因而不同于国家恐怖主义。那么,能否认为联合国安理会的这一决议等于是在国际法上默示地承认了恐怖分子之行为主体资格呢?对此还有待于进一步深入研究。不管怎样,跨国公司和个人虽然不是国际法的主体,但只要其行为与国际性事务有关,就需要由国际法来加以规制和调整,因而客观上推动了国际法的丰富和完善。

---

[1] Threats to International Peace and Security Caused by Terrorist Acts, G. A. Res. 1373, U. N. S. C. (September 28, 2001).

综上所述可以看到,在全球化这个大的时代背景下,非国家之行为主体参与国际事务的现象越来越多、越来越普遍,其影响力也在日益增加,这使得当代国际法的发展体现出新的特色。

五、国际法渊源的发展呈现新态势

在全球化背景下的当今国际社会,《国际法院规约》第38条之各项规定是否还能足以代表国际法的渊源?就国际条约法而言,当今的国际条约(不论是双边的还是多边的)数量在迅速增加,调整的领域也日益广泛:从军备控制到货物买卖,从人权到服务贸易,从保护生物多样性到外商投资等,均有国际条约作出规定。尤其值得一提的是,国际社会新行为主体的出现亦使得当代国际法具有了某种新特征。问题的关键在于,国际社会是否允许国家或政府间国际组织以外的其他行为主体如非政府组织主动参与国际法的制定?从前文论及的情形来看,允许其参与的趋势是存在的,而这将大大改变条约法的性质。

对国际习惯法来讲,情况也是如此。国际习惯法是指世界各国长期的、反复的、普遍的、前后一致的实践,并共同视其为具有法律拘束力的一系列原则、规范的集合体,[①]它的确立要有一个缓慢的过程,并且数量有限,效力也不稳定。然而,由于科学技术的飞速发展,经济贸易合作的日益扩大以及世界局势的动荡不定,国际习惯法因其自身的特点已远远不能满足目前国际社会的需要。如何解决这一矛盾?可否设想以国际会议的形式(须有足够数量的国家参加)来直接确立国际习惯法(即所谓的即时习惯法)?这个问题恐怕短时期内难以获致有效解决。但随着时间的推移和社会的发展,此矛盾将会越来越尖锐,凸显了作为国际法渊源之一的国际习惯法在现今世界所面临的困境

[①] 参见李浩培:《国际法的概念和渊源》,贵州人民出版社1994版,第88—94页。

和尴尬。

至于国际法的第三个主要渊源——一般法律原则,其重要性也在不断增加。一般法律原则是指大多数不同法律制度、不同法律文化、不同法律传统的国家所普遍接受的国内法原则。[①] 由于目前非国家的行为主体(包括政府间国际组织和非政府组织)越来越积极地参与国际法的确立进程,这就敦促作为国际法主体的国家通过其国内法来认可国际社会在某些领域(诸如人权等方面)所达成的共识,从而反过来进一步推动了一般法律原则的丰富和完善。

以上分析表明,全球化的发展已经导致传统国际法的渊源开始出现某些新变化。与此同时,在传统国际法渊源之外,还产生了调整国际事务规则的新来源。这些规则有的来自于普遍性国际机构如国际货币基金组织、世界银行、联合国国际贸易法委员会等,有的来自于区域性机构如欧洲联盟等。另外,由于国家越来越多地参与国际事务,其对许多跨越国界的事项诸如进出口管制、庇护、难民的法律地位、境外商事活动的域内效力等也纷纷通过国内法予以规定。这些都使得国际法的来源呈现出多元化的发展态势。因此,人们有理由预期,传统国际法的各项渊源在不久的将来可能需要作出某些调整。

六、国际法的新领域和新型争端解决机构不断出现

传统国际法有其固有的组成部分,它包括海洋法、战争法、人道主义法、外交关系与领事关系法等。随着时代的发展,在过去数十年里国

[①] 王铁崖教授主编的《国际法》一书关于"一般法律原则"介绍了三种主张:一是认为一般法律原则是国际法的一般原则,或者是国际法的基本原则;二是将一般法律原则视为"一般法律意识"或者所谓"文明国家的法律良知"所产生的原则,认为国际社会像国内社会一样有一种共同的法律意识,可以从这种共同的法律意识引申出来一些原则而构成一般法律原则;三是一般法律原则为各国法律体系所共有的原则。笔者赞同其中第三种观点。参见王铁崖主编:《国际法》,法律出版社 1995 年版,第 15—16 页。

际法还出现了若干新领域,诸如国际组织法、人权法、外层空间法、国际刑法、国际环境法、国际经济法(如 WTO 规则)、关于难民的国际规定等。作为国际法的新分支,这些部门法已渐趋发展成熟。与此同时,国际法的各个部门其法内部分工亦越来越细。例如,在和平解决国际争端方面,可以诉诸的手段就有直接谈判、订立协议、申请仲裁、提起诉讼、交由相关国际组织解决等多种选择;国际法的基本原则更加受到重视。例如,不干涉内政原则往往与国家责任联系在一起,以共同约束作为国际法主体的国家所从事的各种行为;一些新的国际法原则陆续形成,并逐步获得国际社会的普遍认同。例如,国家对其自然资源拥有不可剥夺的永久主权原则、国际海底及外层空间属于全人类共同继承财产原则等。

全球化时代国际法之实质性变化的另一个体现,是新型争端解决机构的不断出现。这类机构的管辖范围也大大拓宽,它们不仅可以解决国家之间的争议,还可以受理跨国商事纠纷,甚至还能够跨国实施刑法。半个世纪以前,国际法上有影响的争端解决机构基本上只有国际法院一家。而在当今世界,国际法院不过是一系列国际争端解决机构中的一个。除此之外,在人权领域就有联合国人权委员会、欧洲人权法院、美洲国家间人权法院以及非洲人权法院等;在其他方面,还有联合国国际刑事法院、联合国前南国际刑事法庭、联合国卢旺达国际刑事法庭、联合国国际海洋法法庭、国际组织行政法庭、WTO 争端解决机构、解决投资争议国际中心(受理外国投资方与东道国政府间的投资争议)等;甚至在国家放弃管辖豁免的前提下,一国国内法院还可以受理以国家作为当事方的诉讼案件;当然,如果国家从事商业活动而又与对方当事人合意选择了以仲裁方式解决争端,则遇有争端发生时,双方也可以诉诸国际商事仲裁机构进行解决。

七、国际法与其他部门法的界限逐渐模糊

随着国际法调整领域的不断扩大和细化,它与其他相关部门法之间的界限也越来越模糊。这主要体现为两个方面:

首先,国际公法(亦即国际法)与国际私法之间的界限日益不确定。在五十多年前这种区别是显而易见的:国际公法主要是调整国家相互间、政府组织相互间以及国家与政府组织相互间关系的法律,国际私法则主要是调整跨越不同法域的、含有涉外因素的私性主体即自然人相互间、法人相互间以及自然人与法人相互间民商事关系的法律。在理论上讲,这一划分至今仍然是正确的,但从实践来看,此种区分却面临着新的挑战。因为随着国际公法的发展,其调整范围逐渐涵盖到私性领域,形成了公私因素的结合,例如欧盟法和电子商务法即是如此。事实上,我们如今面临的是一个由全球化带来的各种公私因素互相渗透、互相交错的法律环境,在这个空前复杂的法律环境下,一家公司可以起诉一个外国政府,尽管被告主张主权豁免但仍有可能败诉,因为被告所从事的行为是商业性的;[1]一外国投资商如果认为东道国的法律对它是歧视甚至是敌视性的,它也可以会同该东道国一起去解决投资争端国际中心(ICSID)仲裁解决它们的争议;[2]一公民还可以以其求职申请被拒乃属就业歧视因而违反欧共体法为由,向欧洲法院起诉并赢得这场官司;[3]一被告虽然可以以"不方便法院"为由请求其本国法院驳回

---

[1] See, e.g., Republic of Argentina v. Weltover, Inc., 504 U.S. 607(1992).

[2] See *International Convention on the Settlement of Investment Disputes between States and Nationals of Other States*, March 18, 1965, 575 U.N.T.S. 159(entered into force 1966).

[3] See Case 14/83, Von Colson and Kamann v. Land Nordrhein-Westfalen, 1984 E.C.R 1891, [1986]2 C.M.L.R. 430(1986).

由外国原告提起的诉讼,但该被告的请求却遭到其本国法院的拒绝,因为原被告双方所属国在这方面承担有双边条约义务。① 这类例子可以说是不胜枚举。

其次,国际法与国内法之间的界限也愈加不明确。传统划分标准认为,国际法存在于国际层面,适用于国际法的主体;而国内法则仅存在于一国领域内,适用于国内事项。但在现实世界,事情远非如此简单,这两者往往在许多领域都是交错在一起的。例如,对于外国公司海外行为所引起的纠纷是应由国际争端解决机构管辖还是应由国内争端解决机构管辖?② 对外国官员进行商业贿赂是应由国际法调整还是应由国内法调整?③ 如果一外国人在法院地犯有严重罪行,是否会因其事先未被告知他(她)有权向其本国驻法院地国的领事寻求帮助而撤销对他(她)的有罪判决?④ 在内国承认及执行域外司法判决或仲裁裁决

---

① See Irish Nat'l Ins. Co. v. Aer Lingus Teoranta, 739 F. 2d 90(2d Cir. 1984).
② 这类问题实际上取决于国内法院对国内法与国际条约所确立的国际管辖权原则相互关系的解释。See Asahi Metal Indus. Co. v. Superior Court of California, 480 U. S. 102 (1987); Hartford Fire Ins. Co. v. California, 509 U. S. 764(1993); also see Restatement (Third) of Law: Foreign Relations Law of the U. S. 403(1986).
③ 在美国,既适用其国内法即《美国反海外腐败法》(也有的译为《美国反海外贿赂法》, The Foreign Corrupt Practices Act,简称 FCPA, 15 U. S. C. 78dd-1 to -3[amended 1998]),又适用国际公约如美国参加的由经济合作与发展组织(OECD)制定的《禁止在国际商业交易中贿赂外国公职人员公约》(The OECD Convention on Combating Bribery of Foreign Public Officials in International Business Transactions, December 18, 1997, International Legal Materials, Vol. 37, 1998, p. 1)。
④ 对这一问题的回答取决于一国国内法(如刑事诉讼法、宪法等)以及《维也纳领事关系公约》的有关规定。See The Vienna Convention on Consular Relations, Apr. 24, 1963, art. 36, 596 U. N. T. S. No. 8638, as interpreted by the International Court of Justice. See Germany v. United States(LaGrand Case), 1999 I. C. J. 104.

时是依据国际法还是依据国内法?① 凡此种种,不一而足。

在当今现实中,有许多案件是同时交叉跨越国际公法与国际私法、国际法与国内法领域的。当然,这些新变化并不能否定区分国际公法与国际私法、国际法与国内法的重要意义。恰恰相反,此类区分实际上有助于界定相关法律规则的效力以及识别谁有权来制定、改变它们。但是我们也必须承认,在实践中有些领域是很难非此即彼地截然分开的,很多问题、很多纠纷的解决,其实要靠各个部门法的综合运用及其相互间的协作与配合。

八、全球化对国家主权提出新挑战

国家主权是1648年威斯特伐里亚和会以后确立的国际法律秩序的核心。但随着全球化的发展,国家主权已逐步受到了侵蚀。具体表现为以下两个方面:第一,主权国家逐渐发现,它们拥有绝对权利与自由的领域在不断减少,而与此同时,它们则越来越多地受到国际规则的

---

① 这取决于向何国请求承认与执行。在美国,要看各州法律是如何规定的,也可以适用 *The Unif. Foreign Money Judgments Recognition Act*,(13 U. L. A. 149[1986]),当然,还可以适用国际礼让原则(the principles of international comity)。See, e. g., Somportex Ltd. v. Phila. Chewing Gum Corp.,453 F. 2d 435(3d Cir. 1972)。在加拿大,将适用英、加两国签署的《相互承认与执行民商事司法判决的条约》(*The Convention Between the United Kingdom of Great Britain and Northern Ireland and Canada Providing for the Reciprocal Recognition and Enforcement of Judgments in Civil and Commercial Matters*, Apr. 24,1984, T. S. No. 10 [1988]Cm 306.)。在欧盟各成员国间适用的文本是:Art. 32-52 of *the Council Regulation on Jurisdiction and the Recognition and Enforcement of Judgments in Civil and Commercial Matters*(44/2001,2001 OJ [L 12]1)。在中国,则适用《中华人民共和国民事诉讼法》第265条、第266条和第267条(这部《民事诉讼法》根据2007年10月28日第十届全国人民代表大会常务委员会第三十次会议《关于修改〈中华人民共和国民事诉讼法〉的决定》修正,该决定自2008年4月1日起施行。本书中所引用的《民事诉讼法》条款是修正后的条款)。即向我国法院请求承认和执行外国法院判决、裁定或国外仲裁机构裁决的,人民法院应当依照我国缔结或参加的国际条约、或者按照互惠原则办理,但不得违反我国法律的基本原则或者国家主权、安全、社会公共利益。换言之,在我国承认和执行域外司法判决或仲裁裁决既要依据国际法,也要依据国内法,是这两类规范的重叠适用。

限制;第二,主权国家亦逐渐认识到,它们不再是国际社会的唯一主宰,随着政府间国际组织和其他私性行为主体(诸如非政府间国际组织、跨国公司乃至个人)的出现,对国际法的制定、遵守及实施等也产生了越来越大的影响,相应地,主权国家的社会地位及其影响力则受到了某种程度的削弱。

毫无疑问,以前被认为是属于一国主权范围内的某些事项,诸如人权、环境保护等,现在已经成为当代国际法的组成部分,国家间通过相互订立国际条约对此加以规制并相约承担条约义务。实际上,在全球化这一大的时代背景下,各国利益相互交错、相互融合,而且国际上的事情又总是相互的,权利与义务也是统一的,任何一个国家都不能在国际社会打着绝对主权的旗号而为所欲为。即使作为国家主权原则渊源的威斯特伐里亚和平体系,其自身也允许对主权原则有着某种偏离。例如,作为该和平体系基础的《威斯特伐里亚和约》,就要求各缔约方应当在其各自的管辖范围内允许宗教信仰自由,并且应当承认新教和旧教享有同等的权利。[①] 因此,国家主权不仅意味着国家的对内最高权和对外独立权,它还构成了国家在这个相互制约的国际社会中所处的地位。在国际大家庭内,各国主权是平等的,体现于国际法律秩序上就是它们具有同等的享受权利、承担义务的能力。换言之,它们都有权主张国际权利、参与解决国际争端、通过条约及/或习惯来创设并实施国际法。

与此同时,正如前文所述,各主权国家也向其他参与国际事务的行为主体敞开了大门,承认它们有能力在国际社会享有某些权利、承受某些义务,并允许它们加入到国际法的制定、履行乃至实施的进程中来。当然,这些行为主体的法律地位并不能等同于国家的法律地位,只是在

---

① 参见唐贤兴:《近现代国际关系史》,复旦大学出版社 2005 年版,第 9 页。

某些情况下,其中的政府间国际组织才可以在国际法上具备与国家相同的法律地位。然而,既然世界各国合意设立这类机构,那也就表明它们同意授权给机构来制定法律规则,并以此来约束成员国自身。

以上分析表明,全球化的确给国家主权带来了新的挑战。与早期传统国际法上那种国家绝对主权之观念相比,全球化的发展从某种程度上讲甚至冲击、侵蚀了国家主权。但是,我们也不应对这种挑战或冲击估计过高。从根本上讲,国家主权在当今世界并没有发生实质性变化,主权国家之国际法律人格不应受到任何限制。它不仅自身有权创设、履行并实施国际法,还同样有权决定国际社会的其他行为主体能否参与到这一进程中来。当然,非政府组织和其他私性行为主体的出现,亦迫切需要国际法能够正面回答它们的合法性及其法律地位等敏感问题,而这些又完全取决于国家作为主权实体的共同同意。换言之,国家仍然是当代国际法的基本主体和掌控者。

九、分析与结论

全球化给国际法带来的影响是巨大而又深远的,它丰富了国际法的内容,拓宽了国际法的调整领域,同时也向国际法提出了新的挑战。但是,从目前情况来看,国际法的性质并未发生根本改变,其原因就在于国家仍然是当今国际体制的最重要支柱,在未来的历史长河中,国家是不会轻易消失的。不过,与传统国际法上的国家相比,现阶段国家的作用有了很大的扩展,在国内法律体系、超国家法律体系(如欧盟法)和国际法律体系中,都可以看到国家活跃的身影。国家通过其自身的各项活动,促进了国内法、超国家法以及国际法相互间的借鉴、渗透、吸纳与融合,推动了国际法向多元化方向演变和发展。

显而易见,国际社会在全球化时代更加需要国际法的调整。一些重要法律理念诸如国家主权、不干涉内政、禁止非法使用武力、条约必须遵守、和平解决国际争端等,仍然被视为国际法的基本原则并且具有强行法的性质,任何行为主体,不论是国家的还是非国家的,必须承受国际社会这些基本原则的约束。与此同时,国家以及非国家行为主体仍有权在国际法的框架内追求其各自的利益或目标。随着时代的发展和国际社会的进步,国际法不仅不会走向终结,而且在今后还会变得更加重要,其自身也将不断出现许多基本的结构性变化。

第三章 国际商事仲裁篇

第一节 国际商事仲裁基本问题之一
——强行法的适用

国际经贸关系的健康有序发展,离不开完善成熟的仲裁机制。为了适应国际商事交易的需要,世界各国的国内法以及相关国际条约均鼓励当事人将其跨国商事争议交付仲裁解决。然而,不论是国内法也好、国际条约也罢,它们对国际商事仲裁的支持都不是无条件的,而是要求国际商事仲裁既要尊重双方当事人的意愿,同时也要遵守相关的国内或国际强行法规定。国际商事仲裁中的当事人意思自治及协商一致,与严格遵守强行法的规定是一对矛盾。尽管不同国家对国际商事仲裁与强行法之关系各有不同的认识,但对于公平、公正、社会正义、善良风俗等基本利益却都有一个最低的法律保护底线,对此,国际商事仲裁员是不得逾越的。

根据普遍公认的意思自治原则,合同当事各方有权协议确定支配其合同的准据法。[①] 因而在国际商事仲裁领域,仲裁员往往面临着一

[①] 由国际社会公认的当事人意思自治原则几乎见诸于与国际商事仲裁及国际商事合同有关的所有主要国际条约或国际文件中。例如,《纽约公约》第5条第1款(甲)项、《联合国国际贸易法委员会仲裁规则》第1条、联合国贸法会《联合国仲裁示范法》第34条第2款第1(a)项(以上三项条款的具体规定分别见赵秀文主编:《国际经济贸易仲裁法教学参考资料》,中国法制出版社1999年版,第2、47、43页)、制定于维也纳的《联合国国际货物销售合同公约》(1980年)第6条、第9条(该两项条款的具体规定分别见韩德培、李双元主编:《国际私法教学参考资料选编》(下),武汉大学出版社1991年版,第350、351页),等等。

项困难的决定,即能否在仲裁中适用合同当事人没有选择但却带有强行法性质的相关法律规则。本节以下的研讨将试图对此作出回答。

一、国际商事仲裁中强行法的可适用性

为了便于探讨强行法的可适用性问题,首先需要明确什么是国际商事仲裁中的"强行法"。笔者认为,这里所谓的"强行法"是指在国际商事关系中必须适用的强制性法律规范,而不论是否同时存在着调整该商事关系的其他法律规则。换言之,强行法调整的事项,要么属于公共政策范畴,要么体现了某一公共政策,其位阶是如此之高、权威是如此之大,即使冲突规范指明要适用某一特定的准据法,也不得规避这类法律规则的效力。之所以如此,正是由于该类法律规则自身所具有的强行性质决定的。在合同领域,尽管当事方明示或默示地将其合同置于一国法律支配之下,但另一相关国家的强行法同样有义务予以适用。一般而言,强行法所保护的对象是某一社会的整体及重要利益,这类法律通常包括竞争法、证券法、环境法、税法、货币管制法、征收和国有化方面的法律,等等;在吸纳外资方面,东道国的国内法也往往对某些事项作出强制性规定,诸如授予特许权、投资协议的批准与无效以及履行各种法律或行政性手续等。需要指出的是,这类法律规定的适用同样离不开国际私法的一般原则,正是国际私法上的冲突规范为强行法在实践中的应用提供了法律依据。

尽管当事人意思自治是国际私法上的一项普遍原则,仲裁员对此应当予以尊重,但该原则还是要受到同等重要的一般法律原则以及公共政策的制约。[1] 这种制约的一个具体体现,就是某一行为必须符合

---

[1] D. W. Bowett, "State Contracts with Aliens: Contemporary Developments on Compensation for Termination or Breach", *British Yearbook of International Law*, Vol. 59, 1988, p. 53.

行为地法上强行法的要求。之所以如此,完全是基于维护国家主权和社会公共利益的考虑,并且为国际私法的理论与实践所确认。既然强行法对合同关系施加某些限制是正当的,合同当事方对是否接受这类限制也就丧失了自由裁量权。这种强行法除了来自于国内法之外,还可以引申自某项"真正的国际公共政策"(truly international public policy),[①]即引申自那些必须强制实施的国际性原则。[②]

以强行法来限制当事人自主选择法律的适用,这一现代发展趋势已为有关国际条约所确认。例如,1980年制定于罗马的《关于合同义务法律适用的公约》(以下简称《罗马公约》)第7条规定:"一、根据本公约适用某一国的法律时,如依其情况,与另一国有着密切的关系,则该另一国法律的强制性规定得认为有效,但必须依该另一国的法律,亦不论何种法律适用于该合同均必须适用此种强制性规定时为限。在考虑是否认为此种强制性规定为有效时,应注意此种规定的性质和目的,以及其适用或不适用的后果。二、本公约并不限制适用法院地法的强制性规定,不管原应适用于该合同的为什么法律。"[③]1985年制定于海牙的《国际货物买卖合同法律适用公约》(以下简称《海牙公约》)第17条

---

① "真正的国际公共政策"是对"国际礼让"(international comity)的某种新表述。尽管其确切内容还不尽明确,但它包含有国际社会成员所普遍认同的公平、正义理念,各国对此均有义务予以尊重,否则便会游离于国际社会的法律共同体之外,而正是这一法律共同体构成了国际私法的基础。"真正的国际公共政策"将为某一外国的利益提供保护,即使这些利益并未为该外国的国内法所确立亦然。国际公共政策最通常的体现,是一个管辖体制对另一个管辖体制之公共利益的充分尊重(See Jacob Dolinger," World Public Policy: Real International Public Policy in the Conflict of Laws", *Texas International Law Journal*, Vol. 17,1982, pp. 167,170,187-188)。

② See Ahmed El Kosheri and Fatek Riad, "The Law Governing a New Generation of Petroleum Agreements: Changes in the Arbitration Process", *Foreign Investment Law Journal*, Vol. 1,1986, pp. 257,274.

③ 余先予主编:《冲突法资料选编》,法律出版社1990年版,第455页。

亦规定:"无论法院地法是否支配买卖合同,本公约均不妨碍其必须适用的条款的适用。"①

就实际情况而言,契约自由与强行法的关系"是同一枚硬币的两面,显现一面就意味着终结另一面"②。因此,鉴于强行法的法律特性,合同的法律选择总是要服从于国内或国际强行法之要求的。③法国著名国际私法教授巴迪福曾经指出,对于私性选择而言,"法院地公法应居优先是其自然本性"④。因而,如果认可双方当事人在合同中订立的法律选择条款将会导致排除法院地强行法适用的话,法院往往就会拒绝接受当事人所选择的准据法,上述《罗马公约》和《海牙公约》的相关规定就是例证。

意思自治是国际商事仲裁的基石,当事双方的意愿在仲裁领域要比在司法领域体现得更为充分、更为具体。就法律适用而言,国际商事仲裁中所适用的"法律"可以是一国国内法、国际条约,也可以是商事法、和解协议、公允及善良原则,还可以是双方当事人自己创设的原则和规则。尽管如此,当事人的意愿也并非毫无限制。举例来讲,争议的可仲裁性与强行法的关系也是"同一枚硬币的两面",如果某一争议涉

---

① 余先予主编:《冲突法资料选编》,法律出版社1990年版,第447页。
② Bernardo M. Cremades and Steven L. Plehn, "The New *Lex Mercatoria* and the Harmonization of the Laws of International Commercial Transactions", *Boston University International Law Journal*, Vol. 2, 1984, pp. 317, 325, FN. 37.
③ See Hessel E. Yntema, "'Autonomy' in Choice of Law", *American Journal of Comparative Law*, Vol. 1, 1952, p. 341; Hans Smit, "The Future of International Commercial Arbitration: A Single Institution?", *Columbia Journal of Transnational Law*, Vol. 25, 1986, pp. 9, 23.
④ Henri Battifol, " Public Policy and the Autonomy of the Parties: Interrelations Between Imperative Legislation and the Doctrine of Party Autonomy", *Lectures on the Conflict of Laws and International Contracts* (Hessel E. Yntema Reprint ed., 1982), pp. 68, 79.

及公法调整的范围,则该项争议便不能通过私性仲裁来解决。[1]如有些国家就禁止将与反托拉斯法、证券法、知识产权法等有关的公法上的争议交付仲裁。[2]

二、国际商事仲裁员对强行法的适用

有观点认为,强行法源自于国家法律体系,因此只能在诉讼中由国家法院去适用。而国际商事仲裁庭不是一国法院,因而也就没有法院地法可供考虑。所以,法院地法上的强行法优于与其相冲突的当事人选用的其他实体法且应由法院地的法官强行适用的做法,并不能应用于国际商事仲裁,因为国际商事仲裁庭的权限是由双方当事人以协议赋予的,其法律特性是契约自治。据此,该看法得出结论,仲裁员应受当事人意愿亦即受他们选择之法律的约束,而不受与当事人所选法律相冲突的另一个相关法律体系中强行法的支配。[3]

然而,近几十年来的国际商事仲裁实践并不完全支持这一观点。首先,仲裁员是可能会考虑适用当事人在其合同中所没有选择的强行法的,因为仲裁员既要确保其所作裁决最终能得以承认与执行,同时也要努力维护国际商事仲裁这一有效的争端解决机制之声誉;其次,虽然国际商事仲裁缺乏国家管辖地(a national forum),但仍有其进行仲裁的具体所在地点,而该仲裁所在地国法律上的强行法仍不容忽视。例

---

[1] See Filip de Ly, "The Place of Arbitration in the Conflict of Laws of International Commercial Arbitration: An Exercise in Arbitration Planning", *Northwestern Journal of International Law and Business*, Vol. 12, 1991-1992, pp. 48, 61, FN. 49.

[2] See Philip J. McConnaughay, "The Scope of Autonomy in International Contracts and Its Relation to Economic Regulation and Development", *Columbia Journal of Transnational Law*, Vol. 39, 2001, p. 607.

[3] See Pierre Lalive, "Transnational (or Truly International) Public Policy and International Arbitration", *Comparative Arbitration Practice and Public Policy in Arbitration* (ICCA Congress Series No. 3, Pieter Sanders ed., 1986), pp. 257, 270-271.

如,《纽约公约》第 5 条第 1 款及(戊)项就作出规定,缔约国对于业经裁决地所在国之主管机关撤销或停止执行的仲裁裁决得拒绝承认与执行。[①]

在国际商事仲裁实践中,已有相当数量的仲裁庭通过行使其自由裁量权,适用了当事人所选合同准据法以外的另一国的强行法,还有些仲裁庭宣称它们打算这样做。[②] 就国际私法而言,当事人意思自治原则是一项基本的冲突规范,据此可以明确一项合同的法律适用。但是,国际私法上还会有其他冲突规范将指向适用某些强行法,哪怕是有关强行法具有公法的性质也同样会得到适用。这里需要指出的是,我们对合同之准据法不能仅作抽象的理解,一些具有公法性质的合同(例如合同一方是自然人、法人,而另一方则是国家、政府或其公共实体等)往往需要以合同履行地的强行性公法规则来进行调整。[③]

那么,应当如何确定应予适用的强行法?它们来自何方?要明确这类法律的渊源的确是一个存有争议的问题。传统观点认为,强行法系产生于调整合同的实体法;现代观点则认为,强行法同时还来自于与合同实体法不同的另一相关国家的实体法。其实,对于强行法包含在当事人选择的合同实体法中这一看法,理论界并无分歧。因为即使双

[①] 参见赵秀文主编:《国际经济贸易仲裁法教学参考资料》,中国法制出版社 1999 年版,第 2—3 页。

[②] See ICC Case No. 4132/1983, *Yearbook of Commercial Arbitration*, Vol. 10, 1985, FN. 49(abstract); ICC Case No. 2136/1982, *Yearbook of Commercial Arbitration*, Vol. 8, 1983, p. 158(abstract); see also Sigvard Jarvin and Yves Derains, *Collection of ICC Arbitral Awards* 1974-1985, (1990), pp. 453, 490, 499, 507.

[③] See Rainer Geiger, "The Unilateral Change of Economic Development Agreements", *International and Comparative Law Quarterly*, Vol. 23, 1974, p. 73, pp. 83-85; see also Ahmed El Kosheri and Fatek Riad, "The Law Governing a New Generation of Petroleum Agreements: Changes in the Arbitration Process", *Foreign Investment Law Journal*, Vol. 1, 1986, pp. 259-266.

方当事人合意排除了其选择法律中的强行法,仲裁员在审理时仍要全面适用当事人所选之准据法,其中当然也包括适用该准据法上的强行法,除非这种适用将违反"真正的国际公共政策"。① 此外,还应当指出,与国内公共政策不同的是,公法上强行规则的适用并不取决于当事双方对准据法的选择。②

然而,对国际仲裁员而言,真正棘手的问题在于,如何看待来自合同双方所选准据法以外的另一个相关法律体系中的强行法。笔者认为,在以下三种情形下,该另一个相关法律体系中的强行法应当予以适用:

第一,对于合同履行地的基本经济贸易规则,仲裁员应予适用,③即使这些强行法的适用使得合同之履行发生困难,甚至履行不能亦然。④ 国际商事仲裁员适用强行法的主要政策性考虑,是基于增进一国公共利益的需要。世界各国对此也都非常强调和重视,许多联合国

---

① 例如,一国国内法也许在订立合同方面对国属实体施加了某些限制,而对私性实体则不加限制。一国可能要求其公共实体只能从国内采购某些货物、必须遵从某些价格规定,以及/或必须以本币来支付等。在这种场合,仲裁员所作裁决依据的是相关法律之精神实质,而非依据相关法律之字面意思。

② See Jacob Dolinger, "World Public Policy: Real International Public Policy in the Conflict of Laws", *Texas International Law Journal*, Vol. 17, 1982, pp. 184-185.

③ 国际商会仲裁院的某些仲裁案件采用了这种实践。例如,在 Case No. 2136 一案中(该案涉及一家德国公司授权给另一家西班牙公司之特许协议的履行争议),仲裁员指出:"即便是该特许合同要受德国法支配,未能获得授权的后果也应依照西班牙(合同履行地)的法律来考察。"(See Sigvard Jarvin and Yves Derains, *Collection of ICC Arbitral Awards 1974-1985*, [1990], p. 456)

④ 例如,在一件荷兰买方与奥地利卖方的争议仲裁案中,被申请人(奥地利卖方)请求仲裁庭将合同认定为无效,理由是该合同不符合奥地利汇兑法(See Dutch Buyer v. Austrian Seller, *Yearbook of Commercial Arbitration*, Vol. 7, 1982, pp. 141, 142-143)。

决议及宣言均纷纷予以确认和支持。[1] 因此,尽管仲裁与诉讼不同,仲裁员没有义务必须去维护某一国家的公共利益,但仲裁员也不能对国际社会在尊重各国公共利益问题上所达成的共识视而不见,更不能置之不理,因为这不仅仅涉及的是仲裁员所作裁决能否在有关国家得以顺利承认与执行,它还关系到其所属仲裁机构或仲裁庭的声誉,严重时还会影响、动摇乃至改变人们对仲裁这一争端解决方式的看法。所以说,如果国际商事仲裁被用来作为规避一国公共政策的工具,而该国在其规制某些商事交易方面又具有政府利益的话,那将是极其危险的。严格来讲,国际商事仲裁能否继续生存,将取决于国家对它的容忍程度。

第二,对于未来仲裁裁决承认与执行地国的强行法,仲裁员应予适用。[2] 因为仲裁员必须要确保其所作裁决不违反将来被请求承认与执行地国的公共政策。之所以强调这一点是基于如下假设,即被请求承认与执行地的法院将以其自身的公共政策标准来决定是否认可一项仲裁裁决。例如,《纽约公约》第 5 条第 2 款(乙)项就规定,若被申请承认及执行地所在国法院认定承认或执行某一裁决有违该国的公共政策,得拒绝承认及执行该项仲裁裁决。[3] 因此,仲裁员所得出的仲裁裁决,

---

[1] 例如,联合国 1962 年的《关于自然资源永久主权宣言》、1974 年的《建立国际经济新秩序宣言》、《建立国际经济新秩序行动纲领》、《各国经济权利和义务宪章》等均承认各国对其本国境内的一切财富、自然资源和一切经济活动都享有不可剥夺的充分永久主权;尊重各国的经济独立,任何国家都有权依据本国的利益自由处置本国的自然资源;为了开发自然资源而被引进的外国资本,必须遵守东道国的各种规章制度,服从东道国国内法的管辖;在一定条件下,东道国政府有权对外资实行征收或国有化(上述四项法律文件的具体内容详见姚梅镇主编:《国际经济法教学参考资料选编》(上册),武汉大学出版社 1991 年版,第 1—39 页)。

[2] See Julian Lew, *Applicable Law in International Commercial Arbitration*, Dobbs Ferry. New York: Oceana Publications, Inc., 1978, p.537.

[3] 参见赵秀文主编:《国际经济贸易仲裁法教学参考资料》,中国法制出版社 1999 年版,第 3 页。

不应违反作为未来被请求承认与执行地国之公共政策一部分的强行法。[1]

第三,对于与合同或双方当事人有密切联系国家的强行法,或考虑到具体情况显然有必要适用某一相关国家强行法的,仲裁员应予适用。在这方面,前述《罗马公约》第 7 条第 1 款即是一例。同时,也有学者对此持赞同态度。例如,兰多教授(Professor Lando)就曾指出,仲裁员还必须实施与合同有密切联系国家的强制规则,只要根据具体情况实施这类强制规则是公平的及合理的。在该学者看来,合同履行地一般被认为是与合同有着最密切联系的地点。[2] 这第三种情形通常出现于双方当事人没能为其合同协议选定一个准据法的场合。尽管在此时仲裁员有权适用他认为与本合同有关的强行法,但不能因这一适用而阻挠当事人意图的实现,因为仲裁员有义务尊重双方当事人的合理期望。从国际实践来看,合同履行地国的强行法往往被认为是与合同的联系更为密切,从而能够在仲裁中得以适用。[3] 但是,适用合同履行地国的强行法,也应以不违反"真正的国际公共政策"为前提。

三、国际商事仲裁中的国际公共政策

多数学者认为,国际商事仲裁制度兼有契约性和司法性这一双重性质,是相互联系、不可分割的一个整体。[4] 因而,仲裁员的管辖权也

---

[1] See Ole Lando,"The Law Applicable to the Merits of the Dispute", *Essays on International Commercial Arbitration*(Petar Sarcevic ed.,1989),p. 158.

[2] See Ibid.,pp. 157-158.

[3] See Leo J. Bouchez,"The Prospects for International Arbitration: Disputes Between States and Private Enterprises",*Journal of International Arbitration*,Vol. 8,1991,pp. 85-86.

[4] 参见张潇剑:《国际私法论》(第二版),北京大学出版社 2008 年版,第 530 页。

要取决于两个因素,即双方当事人的共同授权与有关国家法律的认可。[①] 但从实践的角度来看,往往还会面临另一个问题,那就是国际公共政策会给仲裁员的管辖权带来哪些影响? 例如,一当事方可能会质疑仲裁员的管辖权,理由是其基础合同自始便与国际公共政策相冲突,从而导致该合同中所包含的仲裁条款无效。在这种情形下,仲裁员就要首先考察该案的具体事实,以确定双方当事人的合同是否违反了国际公共政策。即使该合同的确违反了国际公共政策,根据当前通行的国际商事仲裁实践,基础合同的无效,并不必然导致其所包含的仲裁条款也当然无效,[②] 基础合同中的仲裁条款应独立于其所载合同而存在,这即所谓的"仲裁条款独立性理论"。

仲裁条款独立性理论现已为许多国家的国内立法、有关国际文件以及各主要常设仲裁机构的仲裁规则所采纳。例如,1995 年的《中华人民共和国仲裁法》(简称《仲裁法》)[③]第 19 条第 1 款规定:"仲裁协议独立存在,合同的变更、解除、终止或者无效,不影响仲裁协议的效力。"[④]《中国国际经济贸易仲裁委员会仲裁规则》第 5 条第 4 款规定:

[①] See Bernard Poznanski, "The Nature and Extent of an Arbitrator's Powers in International Commercial Arbitration". *Journal of International Arbitration*, Vol. 4, 1987, p. 71.; Sigvard Jarvin, "The Sources and Limits of the Arbitrator's Powers", *Arbitration International*, Vol. 2, 1986, p. 140.

[②] See Adam Samuel, "Separability in English Law-Should an Arbitration Clause Be Regarded as an Agreement Separate and Collateral to a Contract in Which It Is Contained?", *Journal of International Arbitration*, Vol. 3, 1986, pp. 103-104.

[③] 这部《仲裁法》为《全国人民代表大会常务委员会关于修改部分法律的决定》所修正,该决定已由第十一届全国人民代表大会常务委员会第十次会议于 2009 年 8 月 27 日通过并施行。本书中所引用的《仲裁法》条款是修正后的条款。

[④] 赵秀文主编:《国际经济贸易仲裁法教学参考资料》,中国法制出版社 1999 年版,第 199 页。

"合同中的仲裁条款应视为与合同其他条款分离地、独立地存在的条款,附属于合同的仲裁协议也应视为与合同其他条款分离地、独立地存在的一个部分;合同的变更、解除、终止、转让、失效、无效、未生效、被撤销以及成立与否,均不影响仲裁条款或仲裁协议的效力。"[①]再如,《联合国仲裁示范法》第16条第1款规定:"仲裁庭可以对它自己的管辖权包括对仲裁协议的存在或效力的任何异议作出裁定。为此目的,构成合同的一部分的仲裁条款应视为独立于其他合同条款以外的一项协议。仲裁庭作出关于合同无效的决定,不应在法律上导致仲裁条款的无效。"[②]又如,《伦敦国际仲裁院仲裁规则》第23条第1款亦规定:"仲裁庭有权对其管辖权包括对仲裁协议的存在或效力的任何异议作出裁定。为此目的,构成另外一项协议一部分的仲裁条款应视为独立于该另外一项协议的仲裁协议。仲裁庭作出的关于该另外一项协议不存在、无效或失效的决定,不应在法律上导致仲裁条款的不存在、无效或失效。"[③]

仲裁条款独立性理论在国际社会获得普遍认同的事实,表明仲裁员有权对违反国际公共政策的合同进行管辖。但对这类合同仲裁员是否行使以及如何行使管辖权则很值得研究。具体而言大致涉及两种情形:第一,由仲裁员提出有关合同与国际公共政策相冲突;第二,由一方当事人提出有关合同与国际公共政策相冲突。

关于第一种情形,有个著名案例给予了说明。在"阿根廷贿赂案"

[①] 中国国际经济贸易仲裁委员会、中国海事仲裁委员会、中国国际商会仲裁研究所编:《仲裁与法律》,第96辑,法律出版社2005年版,第110页。

[②] 赵秀文主编:《国际经济贸易仲裁法教学参考资料》,中国法制出版社1999年版,第37页。

[③] 同上书,第338—339页。

中,[1]被申请人一家英国公司要在阿根廷境内获得一笔合同佣金,这笔佣金是本案申请人与该英国公司此前通过双方协议认可的。该协议确认了英国公司将得到合同金额10%的份额。仲裁员认为,佣金中的主要部分是用来向阿根廷政府的在职官员行贿的,因此,尽管双方当事人都没有提及公共政策问题,也均希望仲裁庭根据案件本身的是非曲直解决其相互间的争议,但仲裁员最终却确认所涉合同为无效。仲裁员指出,该合同的目的是行贿,因而同所有与案件相关的法律[2]上之公共政策相抵触。所以,仲裁员拒绝对本案作出裁决。[3]

关于第二种情形,也有一个国际商会仲裁院的案例予以涉及。[4]在该案中,伊朗当事方(申请人)要求希腊当事方(被申请人)向其支付因其促成伊朗政府与希腊当事方之间的合同而应给予的佣金。而被申请人希腊当事方则辩称,它与申请人之间关于支付佣金的协议应属无效,因为申请人的作用是通过给伊朗官员秘密回扣以及支付报酬的方式,向伊朗政府施加影响。尽管并无证据表明申请人试图或已经向伊朗政府官员行贿,但仲裁员注意到了以往伊朗体制中腐败现象蔓延的情况以及申请人此次代理被申请人所获成功的事实;仲裁员还在此提及了上述"阿根廷贿赂案",认为本案涉及的伊朗政府与希腊当事方所订合同系属无效,因而拒绝指令被申请人向申请人支付佣金。

以上两个案件的审理结果充分表明,仲裁员在维护国际商事交易

---

[1] See Julian Lew, *Applicable Law in International Commercial Arbitration*, Dobbs Ferry. New York: Oceana Publications, Inc., 1978, pp. 553-555(discussing ICC Case No. 1110/1963).

[2] 本案仲裁员首先提到了作为争议仲裁地法的法国法律和法国的公共政策,继而又提到了阿根廷法律。See Julian Lew, *Applicable Law in International Commercial Arbitration*, Oceana Publications, Inc., 1978, pp. 554-555.

[3] See Ibid., p. 555.

[4] See Sigvard Jarvin and Yves Derains, *Collection of ICC Arbitral Awards 1974-1985*, (1990), p. 507(discussing ICC Case No. 3916/1982).

秩序、促进商事法的健康发展与完善方面肩负着重要的历史责任。从这个意义上讲,仲裁员有义务对明显违反国际公共政策的行为作出反应,而不论有关当事人是否向仲裁员提及公共政策问题。

四、国际商事仲裁中的当事人意思自治与公法

一国法上的强行法比较多地体现于公法领域。由公法来调整某些私性法律关系,其目的就在于保护社会公共利益不致受到侵害,而且对这种保护不允许法律主体自我放弃。在同一项国际商事交易中,往往有若干个国家的法律可以同时进行调整,因而授权当事人依据意思自治原则来协议确定其所订合同的准据法,就可以最大限度地减少因适用不同国家法律而给当事人正当期望带来的不确定性,从而增加当事人对他们合同关系发展的可预见性。

问题在于,当事人经意思自治确定的合同准据法能否包括一国的公法。从理论上讲,当事人的意思自治应当是全面的,双方只要能够达成协议,就既可以选择私法,也可以选择公法作为准据法;就现实而言,如果在进行国际商事交易之初,有关当事人就明确了将要依照哪一国的公法来调整其相互间的合同关系,则可在他们的谈判以及后来的商事行为中,把有关权利义务和履约成本等因素考虑在内。

但这里需要指出,与当事人选择一国私法作为调整合同关系的法律不同的是,当事人在合意选择一国公法作为合同准据法时要受到某些限制。其中突出的一点,就是合同的准据法所属国应当与合同履行地国以及仲裁裁决的被请求承认与执行地国是同一个国家;否则,该公法性质的准据法可能在仲裁实践中得不到应用;即使得以应用,依其规定所作出的仲裁裁决在有关国家恐怕也难以获得承认与执行,除非该准据法的内容在合同履行地国及仲裁裁决的被请求承认与执行地国之国内法上有相同或类似的规定。这种情况下,该准据法的内容要么构

成了所谓的"一般法律原则",要么也可能属于国际公共政策范畴;或者除非是合同履行地国及仲裁裁决的承认与执行地国在互惠基础上,接受了该公法性质的准据法之规定。如果没有上述限制,一般来讲,依照"公法无域外效力"这一传统理论与实践,即便是当事各方合意选择了某一国的公法作为准据法,也不能使得该准据法在其他国家发生效力。所以,在国际私法以及国际商事仲裁实践中,当事人通过意思自治将公法确定为合同准据法的情况并不多见。不过,也有的国家法律认可外国公法在其本国境内具有效力。例如,《瑞士联邦国际私法》第13条第2款就规定:"外国法律的规定,即使具有公法性质,也可以予以适用。"[①]

在这方面,有一个司法判例——"荷兰公司股票案"(法国最高法院判决,1966年)[②]很值得关注。虽然在该案中具有公法性质的准据法

[①] 余先予主编:《冲突法资料选编》,法律出版社1990年版,第189页。
[②] "荷兰公司股票案":第二次世界大战后,荷兰政府在1944年11月7日颁布了一项法令,通告所有持荷兰公司股票的外国人必须在规定的时限内向原发行公司进行登记,提交旧股票以换取新股票;逾期不办理手续的,股票即告作废,股权转归荷兰政府所有。本案中,法国持股人拉巴迪在向荷兰发行股票的公司登记时,已经超过了有效登记期限,被荷兰公司宣布其所持股票作废。拉巴迪便在法国巴黎的塞纳区法院向该荷兰公司提起了诉讼,但被一审法院判决败诉。拉巴迪不服,上诉至巴黎上诉法院。上诉法院认为,本案应依照法国冲突规范所指引的准据法来处理。该冲突规范是:持股人的权利义务适用股票发行地法,在本案中即为荷兰法。但上诉法院认为,荷兰1944年11月7日法令中关于"误期登记股票作废,该股权转归荷兰国库所有"的规定,不利于维护法国股东的利益;而且,这一法令所规定的措施属于无偿征用,并具有公法性质,它违背了《法国民法典》第545条带有"国际公共秩序"性质的规定,因而法院拒绝适用。上诉法院判定拉巴迪仍然对原先的股票拥有所有权,发行股票的荷兰公司应将更换的新股票交付原持股人拉巴迪。荷兰公司不服上诉法院的判决,上诉到法国最高法院。最高法院认为,荷兰1944年法令虽然具有公法性质,但它是荷兰法的一个组成部分,因此,本案应予适用。荷兰当局所采取的措施并非是无偿征用,而是为整顿、治理经济环境所采取的正当措施,它并没有违反法国的公共秩序。持股人拉巴迪藐视荷兰政府的有关法令,应承担由此造成的一切后果。法国最高法院于1966年1月25日作出终审判决:本案适用荷兰法,荷兰公司胜诉。这样,一场旷日持久、历时十几年的股票登记案,最终以"适用外国具有公法性质的法律"来调整当事人之间的私性权利义务而告结束(案例引自徐冬根:"论法律直接适用理论及其对当代国际私法的影响",中国国际法学会主编:《中国国际法年刊》(1994),中国对外翻译出版公司1996年版,第81—82页)。

（荷兰1944年法令）并非案件双方当事人根据意思自治原则所合意选择，争议的解决也不是经由仲裁方式来进行，但审理该案的法国最高法院法官在法院地（法国）适用外国（荷兰）公法的实践却颇具特色，富有借鉴意义和研究价值。它表明，在国际私法上通过冲突规范[①]的指引去适用外国公法是有先例可循的。而当事人意思自治原则也是国际私法的冲突规范之一，只要符合某些特定条件，当事人依照该原则在国际商事交易中确定一国公法为适用于其国际商事合同的准据法，应当同样可行。

五、分析与结论

强行法（国内的抑或国际的）在国际商事仲裁中的适用是个不争的事实。但国际商事仲裁员在适用这类法律时应当充分说明理由，而且其宗旨是促进国际经贸关系以及国际商事仲裁制度的健康发展。强行法的根本目的在于保护国内或国际社会的公共利益，因而如果一项合同在其订立、履行等环节上与强行法有着某种实质性的联系，则不论双方当事人是否合意选择了有关强行法，它都应当被用来调整当事人之间的合同关系。

在合同领域，当事人意思自治是法律选择的首要原则，裁判者可以据此确定双方当事人意欲适用于合同关系的准据法。而强行法的适用同样有其特定的冲突规范来指引；换言之，这种强行法的适用也具有国际私法上的依据，它并非是任意的。

在适用强行法方面，仲裁员的主要作用在于界定实体法，确定合同履行地及仲裁裁决实施地，甄别、解释有关的强行性法律及至最终解决争议。即使同案件有关联的强行法与合同双方所选之准据法分属于不

[①] 本案的冲突规范是：持股人的权利义务适用股票发行地法。

同国家的法律体系,仲裁员也有义务适用该相关的强行法。由此可见,从某种意义上讲,强行法在国际商事仲裁领域中的适用,对当事人选择支配合同实体法的自由是一个限制。

第二节 国际商事仲裁基本问题之二
—— 公共政策的适用

近几十年来,国际商事仲裁作为解决国际商事纠纷的一种有效手段,其重要性日益突出,并且越来越受到商界人士的普遍认可和欢迎。这是因为与司法诉讼相比,国际商事仲裁具有其自身所独具的优势:仲裁是由真正中立的第三方所主持进行的,当事各方的意思自治能够得到更大程度的尊重,仲裁程序灵活多样,争议解决迅速及时,费用相对低廉,可充分保护当事双方的商业秘密,仲裁协议及仲裁裁决在世界各国更易于得到承认与执行,[①]仲裁员在相关纠纷所涉领域具有专长,[②]等等。

但是,尽管国际商事仲裁具有上述优势,却并不意味着它在解决国际商事纠纷方面不存在任何问题。事实上,它的成功运用与否往往要取决于有关国家的意愿。换言之,国家的司法机关是可以并且的确是将其意志或其自身的"公平"、"正义"理念强加于仲裁进程的。其具体体现就是:在仲裁程序伊始,便由国家意志来决定哪些纠纷属于可仲裁事项;在仲裁程序进行当中,依然由国家意志去明确某些程序的恰当性

---

① See Gary B. Born, *International Commercial Arbitration in the United States: Commentary and Materials*, Deventer • Boston: Kluwer Law and Taxation Publishers, 1994, pp. 5-8.

② See J. Sorton Jones, "International Arbitration", *Hastings International and Comparative Law Review*, Vol. 8, 1985, p. 213.

以及仲裁员的权限;而在仲裁程序终结后,还要由国家意志认定一项仲裁裁决是否以及(或)在多大程度上能够得到承认与执行。而在整个仲裁进程里,始终贯穿着一个引人注目而又令人无法回避的问题,即公共政策的地位和作用。公共政策对国际商事仲裁具有哪些影响?公共政策在国际商事仲裁领域是否具有支配地位?本节拟对这些问题加以研究和探讨。

一、公共政策辨析

在1824年英国著名的"理查森诉梅利什案"(Richardson v. Mellish)中,伯勒法官(Justice Burrough)曾生动地将公共政策描述成是"一匹桀骜不驯的野马,一旦你骑上它便无法预知它会将你载向何方"("It[The public policy]is a very unruly horse, and once you get astride it you never know where it will carry you.")[1]。自此以后,英美法系国家往往采用"桀骜不驯的野马"这一提法来喻指公共政策,并且确信公共政策会随时将法庭带到不可预见的目的地,产生意想不到的后果。[2] 大陆法系国家则视类似的概念"公共秩序"(ordre public)为"无可救药的变色龙"(an inveterate chameleon),认为它对法律的确定性和可预见性将毫无疑问是个威胁。[3]

与之相对应的是,在国际商事仲裁领域,目前世界各国的国内法以及相关国际公约均强调法律的确定性及可预见性,尤其要确保仲裁的

---

[1] See Michael Mousa Karayanni, "The Public Policy Exception to the Enforcement of Forum Selection Clauses", *Duquesne Law Review*, Vol. 34, 1996, p. 1014.

[2] See Nicholas Katzenback, "Conflicts on an Unruly Horse: Reciprocal Claims and Tolerances in Interstate and International Law", *Yale Law Journal*, Vol. 65, 1956, p. 1087.

[3] See Homayoon Arfazadeh, "In the Shadow of the Unruly Horse: International Arbitration and the Public Policy Exception", *American Review of International Arbitration*, Vol. 13, 2002, p. 43.

"一裁终局"和仲裁裁决能够在国际社会获得普遍的认可。为此,就需要为拒绝或承认与执行国际商事仲裁裁决制定一系列统一的标准和程序。经过国际社会的不懈努力,于1958年签署了《纽约公约》,于1985年由联合国贸法会通过了《联合国仲裁示范法》等重要文件。但这两个文本均要求对国际商事仲裁裁决进行司法审查,以确保其不与法院地的公共政策相抵触。不仅如此,许多国家的国内法也将公共政策作为法院审查国际商事仲裁裁决的一个重要理由。例如,1981年的《法国民事诉讼法》、1987年的《瑞士联邦国际私法》、1996年的《英国仲裁法》以及1991年的中国《民事诉讼法》(于2007年修正)和1995年的中国《仲裁法》(于2009年修正)等均有这方面的规定。

有观点认为,上述国际文件以及各国国内法上的相关规定表明,公共政策现已成为对国际商事仲裁中当事人意思自治的一种最终的和必要的限制,因为公共政策与意思自治这两者之间的关系"显然是相互对立的"。① 由于公共政策本身的确难以把握,从而增加了人们对这一问题的关注。不无担忧的理论界及实务界人士常常提出这样的疑问:公共政策这匹桀骜不驯的野马究竟会将国际商事仲裁载向何方?

然而,正如事实所表明的那样,公共政策不但没有阻碍国际商事仲裁的繁荣与发展,反而作为一种法律手段加强了仲裁在解决国际商事纠纷中的地位和作用。举例来讲,由于可仲裁事项具有宽广的涵盖范围,公共政策便决定了仲裁员对某一争议能否介入以及介入的法律后果如何。对当事人而言,公共政策还可以确保他们的基本权益从程序和实体两个方面不受侵犯。在程序上,要切实维护正当程序及自然正

---

① See Homayoon Arfazadeh, "In the Shadow of the Unruly Horse: International Arbitration and the Public Policy Exception", *American Review of International Arbitration*, Vol. 13, 2002, p. 45.

义,当事各方应享有同等待遇,严禁仲裁员有欺诈、受贿等行为;在实体上,同样要切实维护当事人的缔约自由等订立合同所必须具备的要件,以促进国际贸易及商事交易的持续增长。笔者认为,在当事人的私权领域,存在着诸如约定必须遵守、善意履行义务、禁止滥用权力、禁止歧视、禁止非经正当法律程序的剥夺、保护弱方当事人的合法权益等项重要原则,由于对这些原则的解释及适用在法律上已经施加了严格的限制,因而相关的仲裁裁决除非是非正义的和不公正的,否则不能动辄以违反公共政策为由对其加以排斥。由此可见,国际商事仲裁与公共政策的关系不是对抗性的,而是相辅相成的对立统一体。公共政策为国际商事仲裁的健康发展确立了法律保障,国际商事仲裁为公共政策的应用提供了物质基础和施行空间,并促使公共政策进一步明确、完善及透明。

二、不可仲裁事项与公共政策

不可仲裁事项是指不能通过仲裁方法加以解决的争议事项。法院或仲裁机构都有可能面临着对这一问题的判断,因为它关系到仲裁庭是否有能力对某项争议行使管辖权。从现实情况来看,如果当事人、仲裁机构本身或法院意欲阻挡一项仲裁或否定相关仲裁裁决的话,也会以"约定不可仲裁事项的仲裁协议无效"或"对不可仲裁事项进行仲裁为法律所禁止"等来作为理由。

仲裁裁决领域的公共政策常常被用来作为被请求国法院拒绝承认与执行违反本国法律之仲裁裁决的一项理由。世界各国的立法规定及(或)司法实践均包含有公共政策内容,如果承认与执行仲裁协议或仲裁裁决将违反内国的公共政策,法院就会以剥夺当事人的缔约自由为代价,来拒绝承认与执行有关的仲裁协议或仲裁裁决。

从概念上看,不可仲裁事项与公共政策非常相似,两者具有重叠之处,甚至可以交替使用。在某些国家如美国,与公共政策相冲突的纠纷被法定为不可仲裁事项。[1] 然而,这两者在本质上却属于不同事由,不能将其中一个视为另一个的组成部分。[2] 不可仲裁事项涉及的是仲裁协议或仲裁过程的合法性,它禁止某项特定争议通过仲裁方式加以解决;而公共政策则意味着排斥与法律相抵触的仲裁协议或仲裁裁决,是从宏观上禁止对违反特定国家利益的纠纷加以解决。多数情况下,一当事方主张争议不具有可仲裁性时,是在仲裁程序启动以前提出的;而一当事方在以违反公共政策为由,请求拒绝承认与执行某项仲裁裁决时,则是在该项裁决作出之后。

《纽约公约》对不可仲裁事项和公共政策均有所强调。该公约第5条第2款规定:"被请求承认和执行仲裁裁决的国家的主管机关如果查明有下列情况,也可以拒绝承认和执行:(一)争执的事项,依照这个国家的法律,不可以用仲裁方式解决;或者(二)承认或执行该项裁决将和这个国家的公共秩序相抵触。"[3]从这一规定来看,不可仲裁事项应依被请求国法律来判断,何为公共政策也要由被请求国法律去界定。因而,仲裁员在对某项争议进行管辖时,不论是从实体上还是从程序上,都应关注潜在的被请求国关于不可仲裁事项及公共政策的规定,以避免其作出的仲裁裁决日后被否定。

由于仲裁逐渐成为解决国际商事争议的一种常见手段,仲裁员的地位及作用也日益接近于解决国际商事争议的法官。从这个意义上

---

[1] See Jay R. Sever, "Comment: The Relaxation of Inarbitrability and Public Policy Checks on U. S. and Foreign Arbitration: Arbitration out of Control?", *Tulane Law Review*, Vol. 65, 1991, p. 1663.

[2] 但也有学者认为,(不)可仲裁事项构成了一般性公共政策概念的组成部分。See Li Hu, "Setting Aside an Arbitral Award in the People's Republic of China", *American Review of International Arbitration*, Vol. 12, 2001, p. 24.

[3] 余先予主编:《冲突法资料选编》,法律出版社1990年版,第749页。

讲,仲裁员同样有权识别可仲裁事项,也有权决定何时以及在多大程度上将公共政策应用于国际商事交易当中。在国际经济日益全球化、一体化的当今世界,要求仲裁员纯粹为了当事方的私人利益或完全基于公共利益去进行裁决均是不可能的,也是不适当的。一个切实可行的解决办法,是当某些争议涉及可仲裁事项或运用公共政策时,仲裁员与法官之间应该相互协调与配合,在法官的充分支持和引导下,仲裁员完全有能力于国际商事交易领域依法决定可仲裁事项或适用公共政策。

从近些年来法院及仲裁庭的有关实践来看,不可仲裁事项和公共政策并未成为国际商事仲裁发展的实质性障碍。[①] 各国法院对不可仲裁事项所持的态度也越来越宽容,至少在国际商事交易方面,许多涉及公共政策的纠纷一般也被认为是可以通过仲裁方式加以解决的。[②] 目前,世界上大部分国家都不再认为公共政策会对国际商事争议的可仲裁性构成妨碍,[③] 也都不再将仲裁理解成是对国家司法机构独享正义的冒犯,而是将其视为解决国际商事纠纷的一种普通手段。事实上,仲裁向国际商事交易的当事人提供了某种程度的安全和保护,这种安全和保护即使没有超过,至少也是等同于国家法院所提供的安全和保护。因而,主张严格限制可仲裁事项的观点,无疑将为当事人设置不必要的障碍,是不符合商事交易中的契约自由原则的,也不利于促进国际经济贸易关系的发展。

[①] See Jay R. Sever, "Comment: The Relaxation of Inarbitrability and Public Policy Checks on U.S. and Foreign Arbitration: Arbitration out of Control?", *Tulane Law Review*, Vol. 65, 1991, p. 1667.

[②] See Homayoon Arfazadeh, "In the Shadow of the Unruly Horse: International Arbitration and the Public Policy Exception", *American Review of International Arbitration*, Vol. 13, 2002, p. 53.

[③] See Ibid., p. 54.

三、国际商事仲裁中公共政策的种类

根据《纽约公约》以及各国的国内法,如果一项仲裁裁决与被请求国的公共政策相冲突,则被请求国得拒绝承认和执行该裁决。当某一仲裁裁决系属于外国裁决或是依照外国法律作出的,则被请求国在审查时就会更加谨慎,以确保本地的公共政策不受侵犯。在国际商事仲裁实践中,公共政策的运用往往取决于纠纷的性质,而纠纷的性质和有关当事人的国籍又会涉及不同种类的公共政策,诸如国内公共政策、国际公共政策、跨国公共政策等。运用不同类别的公共政策,决定了对某一仲裁裁决的审查标准各不相同。①

（一）国内公共政策

国内公共政策往往体现在一国的宪法、法律以及司法判例当中。对于一项纯内国仲裁（即该仲裁仅涉及一个国家及／或该国国民），内国法院在承认与执行该裁决时仅仅关注其本地的公共政策,它审查的标准是看有关仲裁裁决是否违反了本国法律的基本原则及社会公序良俗。由于有关交易和纠纷仅与一国有关联,该被请求国法院也就只需要考虑其自身的公共政策。在许多国家,不论一项合同是否包含有仲裁条款,如果它与国内公共政策相抵触,则该合同就属无效。可见,国内公共政策是当事人契约自由的外部界限,当事人只能在公共政策的框架内享有契约自由。

（二）国际公共政策

国际公共政策是指一国用来调整国际性仲裁的法律与准则。对于

---

① 公共政策从不同角度可作不同分类。我国有学者认为:"公共政策是一国国家或社会的重大利益或法律和道德的基本原则,因此可以把它分为两大类,即涉及一国'法律和道德的基本原则'的法律和道德原则,和涉及一国'国家或社会的重大利益'的利益型规则。一旦外国裁决与上述规则发生抵触,法院就会以违反内国公共政策为理由拒绝承认与执行。"参见郭寿康、赵秀文主编:《国际经济贸易仲裁法》,中国法制出版社1999年版,第395—396页。

一项国际仲裁(即该仲裁涉及两个以上国家及／或两个以上国家的国民),被请求国法院不仅要关注其自身的公共政策,同时还应考虑到其他利益相关国家的公共政策以及国际商业的特殊需要。因而,国际公共政策虽然也包含有国内公共政策,但却同样可以将这些国内公共政策运用于国际层面。①

至于在各国公共政策发生冲突时何者应居优先的问题,要取决于争议的性质以及法院地的立法和政策,这需要通过比较有关国家与案件的关系来决定。从本质上看,国际公共政策体现了所涉国家间的利益平衡以及在国际商事交易中公平解决争议的愿望。

例如,在美国法院审理的"帕森斯公司案"(Parsons and Whittemore Overseas Co. v. Societé Generale de l'Industrie du Papier [RAKTA])中,法院为违反公共政策确立了认定标准。法院认为,不能将公共政策等同于国内公共政策,而是应当强调其超国家的性质。②在该法院看来,只有当承认与执行一项外国仲裁裁决将违反"法院地国的道德及正义之最基本理念"时,此项裁决才会被基于公共政策的考虑而加以否定。③ 法院认为,应赋予公共政策狭义的解释并谨慎地予以运用,以免外国法院常常据此为理由来拒绝承认与执行于美国境内作出的仲裁裁决。④ 因此,该法院得出结论:在美国承认与执行本案所涉仲裁裁决并不违反公共政策。基于该项仲裁裁决,一家美国公司因未能履行其在埃及的合同义务而应承担违约责任。这家美国公司辩护的理由是:由于埃及和以色列爆发了中东"六日战争"(the Six-Day War

---

① See Mark A. Buchanan,"Public Policy and International Commercial Arbitration", *The American Business Law Journal*, Vol. 26,1988,pp. 511,513.
② See 508 F. 2d 969,974(2d Cir. 1974).
③ See Ibid.
④ See 508 F. 2d 974(2d Cir. 1974).

between Egypt and Israel),使得美国政府断绝了与埃及的外交关系并中止了对该美国公司履行义务给予财政支持,故而导致其无法继续履行义务。但仲裁庭所作的裁决没有支持美国公司的主张。[1] 可见,依照美国的司法观点,仲裁的国际性可以作为是否承认与执行该项仲裁裁决的一个考虑因素。[2]

世界各国在承认与执行某一外国仲裁裁决之前,都会明示或默示地考虑并运用国际公共政策,因而许多国家在实践中均对国内公共政策与国际公共政策加以明确区分。例如,联邦德国法院对国际公共政策范围的解释,要窄于其对国内公共政策范围的解释。联邦德国最高法院在1986年审理的一个案件中,为违反国际公共政策设定了其自身的识别标准。该最高法院指出:"就德国程序法上的公共政策理念而言,只有在仲裁程序出现了重大瑕疵,而这种重大瑕疵动摇了国家以及经济机能所赖以建立的基础时,有关的外国仲裁裁决才可以被拒绝承认与执行。"[3] 与美国将"道德及正义"视为公共政策的观念不同,联邦德国最高法院的表述将经济因素明确包含在公共政策之中。在联邦德国,其公共政策所体现的经济因素主要有:定价规则、外汇规则、进出口规则以及某些反垄断请求等。[4] 当然,正如美国标准一样,联邦德国这一标准的运用也要求某种行为或事项应严重到足以违反公共政策的程度。

---

[1] See 508 F. 2d 971-972(2d Cir. 1974).

[2] See Kenneth M. Curtin,"An Examination of Contractual Expansion and Limitation of Judicial Review of Arbitral Awards", *The Ohio State Journal on Dispute Resolution*, Vol. 15,2000,p. 347.

[3] Susan Choi,"Judicial Enforcement of Arbitration Awards under the ICSID and New York Conventions", *New York University Journal of International Law and Politics*, Vol. 28,1996,p. 198.

[4] See Christopher B. Kuner, "The Public Policy Exception to the Enforcement of Foreign Arbitral Awards in the United States and West Germany Under the New York Convention", *Journal of International Arbitration*, Vol. 7,1990,pp. 74,77.

与美国和联邦德国法院一样,法国法院也对国内公共政策和国际公共政策进行了区分。[1] 在"丹尼斯·科克利股份有限公司诉雷弗迪案"(Denis Coakley Ltd. v. Reverdy)中,法国上诉法院指出:"支配承认与执行外国仲裁裁决的公共政策并非国内公共政策,而是仲裁裁决所适用的国际法上的公共政策。"[2]实际上,不管法院是否对国内公共政策与国际公共政策作出区分,以公共政策为由去否定一项国际仲裁裁决显然是非常困难的。国际商事交易的连续性和可预见性,要求各国调整国际仲裁的法律应当更加灵活,并且要比调整国内仲裁的规定更加宽松。

(三)跨国公共政策

跨国公共政策是指在国际关系以及国际商事交易中获得普遍认同并得以遵循的那些原则、规则、标准、规范或习惯等,违反它们即是违反跨国公共政策。虽然学界对跨国公共政策的概念存在着争议,但在国际实践中许多国家的法院仍然认可它是公共政策的一种形式,[3]主张对违反这类公共政策的仲裁协议或仲裁裁决得拒绝承认与执行。只有在仲裁具有国际性质并且是受商事法支配的场合,一国法院才需要考虑跨国公共政策。[4] 因此可以说,跨国公共政策是国际公共政策与商

---

[1] See Kenneth M. Curtin, "An Examination of Contractual Expansion and Limitation of Judicial Review of Arbitral Awards", *The Ohio State Journal on Dispute Resolution*, Vol. 15, 2000, p. 347.

[2] Susan Choi, "Judicial Enforcement of Arbitration Awards under the ICSID and New York Conventions", *New York University Journal of International Law and Politics*, Vol. 28, 1996, p. 199.

[3] See Jay R. Sever, "Comment: The Relaxation of Inarbitrability and Public Policy Checks on U. S. and Foreign Arbitration: Arbitration out of Control?", *Tulane Law Review*, Vol. 65, 1991, p. 1665.

[4] See Kenneth M. Curtin, "An Examination of Contractual Expansion and Limitation of Judicial Review of Arbitral Awards", *The Ohio State Journal on Dispute Resolution*, Vol. 15, 2000, p. 348.

事法的混合体。当然,跨国公共政策也带有与商事法相同的弱点,即在其适用、范围乃至存在等诸多方面具有不确定性。①

商事法同任何国家的国内法并无直接联系,它是在所有或大多数从事国际经贸国家之间通行之法律规则的集合体。② 就调整国际商事交易的法律规范而言,商事法与国际惯例、国际立法及国内立法在很大程度上都是相互渗透、相辅相成的。③ 在国际商事交易中,当事双方如果在准据法的选择上未能达成一致,为了避免适用某一不受欢迎的外国法,他们往往指定商事法来调整其所订立的国际合同,特别是在一当事方是国家或国家控制的企业时,更时常会出现这类情况。

在国际经济贸易实践中适用商事法有许多可取之处:它可以为国际交易提供统一规则;促进商业社会创立单一的、相互协调的法律规范;并且由于商事法系来源于习惯与惯例,它远比国家法律要灵活得多,因为国家法律非经法定程序是无法形成或修订的。但是,商事法的适用也存在着不足。一方面,商事法的强行性不如国家法,如果仲裁所涉事项与一国的强制性法律有关,则该仲裁裁决便不能与之相冲突,否则即是违反公共政策;另一方面,商事法本身的不确定性也妨碍了它在国际商事仲裁中的适用。不过,虽然具有这种不确定性,但商事法的现实存在却是毋庸置疑的。目前,有关国际条约、示范法以及国际上的私法机构在不断作出努力,通过创设及阐释普遍接受的商事贸易规范来逐步减少商事法的这种不确定性。

如果一项国际仲裁由商事法来调整,那么,其所运用的公共政策就

---

① See Kenneth M. Curtin,"Redefining Public Policy in International Arbitration of Mandatory National Laws", *Defense Counsel Journal*, Vol. 64, 1997, p. 281.

② See Ole Lando,"The *Lex Mercatoria* in International Commercial Arbitration", *International and Comparative Law Quarterly*, Vol. 34, 1985, p. 747.

③ 参见赵秀文:《国际商事仲裁及其适用法律研究》,北京大学出版社2002年版,第174页。

应当是跨国公共政策;有关法院在对这类仲裁进行司法监督时,亦应适用法律的基本性和一般性原则,而无须考虑所涉争议是否与某一特定国家相关联。从这个意义上讲,跨国公共政策与国际公共政策是有区别的,因为在运用后者时,行使监督权的法院必须要顾及所有利益相关国家尤其是法院地国的公共政策。而构成商事法的各项原则和规范则具有跨国性,它们产生自国家之国际社会,因此必须将其作为国家的国际义务予以尊重,并在案件与特定国家间的关系中保持独立性。

在现实中,涉及跨国公共政策的纠纷并不常见,无论是仲裁还是司法领域,单纯从跨国公共政策角度进行裁判的案件几乎没有。① 其中一个原因是由于跨国公共政策与国际公共政策有着广泛的重合性,跨国公共政策的许多内容大都来自于世界各国的国际公共政策,因而法官往往主要基于对其本国国际公共政策的考虑来作出决定。②

的确,在国际商事仲裁中对跨国公共政策的运用就如同对商事法的适用一样,也是一个容易引发争议的问题,因为在跨国公共政策的内容及适用范围方面,国际社会并无统一、明确的规定和实践,这无疑阻碍了跨国公共政策的进一步发展与完善。然而,如果据此得出结论,跨国公共政策并不存在或没有价值则是不正确的,因为对它的运用能够为国际商事仲裁带来重大影响。法官可以从否定和肯定两个方面来运用跨国公共政策。通过否定性运用,法官依照"违反跨国公共政策"这一理由,得拒绝适用有关冲突规范所指引的准据法;通过肯定性运用,法官对规范跨国交易行为、确立跨国交易原则乃至指导仲裁员决策等

---

① See Mark A. Buchanan, "Public Policy and International Commercial Arbitration", *The American Business Law Journal*, Vol. 26, 1988, p. 530.

② See Jay R. Sever, "Comment: The Relaxation of Inarbitrability and Public Policy Checks on U. S. and Foreign Arbitration: Arbitration out of Control?", *Tulane Law Review*, Vol. 65, 1991, pp. 1687-1688.

均可施加积极影响。可见,虽然跨国公共政策本身不尽清晰,但还是可以通过对它的恰当运用来更好地维护当事人以及有关国家的利益的。任何事物都有一个产生、发展、完善的过程。随着时间的推移以及社会的进步,跨国公共政策也好、商事法也罢,其界限将会越来越清晰,其内容将会越来越明确,从而使得它们的适用也日益具有可预见性。

考虑到国际商事交易对确定性和可预见性的需求,无论是国内法、国际法还是跨国性的商事法,对国际商事仲裁的规制均在逐步放宽,以鼓励并促进国际间经济贸易及商事关系健康有序地不断向前发展。

四、中国基于公共政策对仲裁裁决的司法审查

(一) 司法审查仲裁裁决之意义

一国法院在被请求承认与执行某一国际商事仲裁裁决时,对其进行司法审查是个不争的事实,也是通行的国际实践。由于国际商事仲裁允许当事人合意选择解决其争议的程序法以及实体法,并且认可当事人规避以诉讼手段解决纠纷的不确定性和复杂性,因此,世界各国都纷纷强调对国际商事仲裁裁决进行司法审查的必要性。

起初,各国法院多以怀疑的态度对仲裁裁决进行审查,探究有关仲裁是否意在排斥法院的司法管辖权。现如今,法院则将仲裁视为一种非常有效的争端解决方式加以鼓励。① 国际商事仲裁的目的之一,是要使得其裁决具有可执行性,这就要求仲裁既要尊重当事人的意愿、维护当事人的正当期望、提高国际商事交易的可预见性,又要依靠一国法院在符合其本国法律规定的前提下协助承认与执行。法院在承认与执行一项仲裁裁决前对其加以审查,一方面是基于对在其管辖范围内实

---

① See Edward Chukwuemeke Okeke,"Judicial Review of Foreign Arbitral Awards: Bane,Boon or Boondoggle?",*New York International Law Review*,Vol. 10,1997,p. 32.

施正义的关注,另一方面则是为了防止仲裁的任意专断。[①] 国际商事仲裁的效率体现在它的一裁终局性,这样一来,仲裁进程就不能出现瑕疵。为了确保仲裁的公平和公正,依法对仲裁实施监督就成为一国法院义不容辞的责任。

对一项外国仲裁裁决进行司法审查通常分为两大类:第一类是程序性审查。被请求法院关注的是仲裁程序是否遵循了自然正义的基本要求,仲裁协议依照所应适用的法律是否有效。第二类是实体性审查。被请求法院关注的是仲裁裁决本身的是非曲直,即判断仲裁机构所作裁决是否正确。在第一种情形下,如果仲裁程序不符合自然正义的基本要求以及法律的相关规定,则有关裁决将会被拒绝承认与执行。《纽约公约》第 5 条为这种情形的识别依据确立了若干国际标准,其中就包括有公共政策条款。在第二种情形下,司法审查实质上是允许对仲裁机构所作决定提起上诉,它使得仲裁程序从属于司法程序,并因此否定了仲裁裁决的终局性。大多数国家的法律都拒绝采纳这第二种类型的司法审查。

促进国际经济贸易健康、有序地向前发展符合世界各国的根本利益,因而,各国都很重视作为国际经济贸易争端有效解决途径之一的国际商事仲裁的规范化、法制化。从这个意义上讲,当事人的利益与国家利益应当是一致的。众所周知,国际商事仲裁的基石是当事人意思自治,但如果当事人之间对仲裁协议的解释出现分歧,或者一当事方拒绝善意履行仲裁裁决时,则将会导致司法介入。就实际情况而言,对外国仲裁裁决进行司法审查通常是在一方当事人的请求之下进行的。也正是由于当事人意思自治在国际商事仲裁中具有突出地位,因而寄希望

[①] See William W. Park, "National Law and Commercial Justice: Safeguarding Procedural Integrity in International Arbitration", *Tulane Law Review*, Vol. 63, 1989, pp. 657-658.

于被请求国法院在承认与执行一项外国仲裁裁决时不对其进行司法审查是不现实的。

对仲裁裁决的司法审查虽经一方当事人的请求而启动,但它毕竟是国家通过其法院行使权力的一种形式,其恰当运用与否,关系到是促进还是阻碍仲裁发展这一基本的价值取向。对司法审查持否定态度的观点认为,这种审查影响了仲裁裁决的终局性,从而使得仲裁蜕变成为进行司法管辖前的一次"彩排"(a "dress rehearsal")。[①] 但在笔者看来,对外国仲裁裁决进行司法审查可以确保仲裁过程的公正与完善。这一司法监督措施避免了仲裁的随意性,使得仲裁裁决能够符合仲裁准据法以及当事人的意愿,同时,还可以鼓励法院积极参与到发展国际商事法律的进程当中来。因而不论是从当事人还是从国家乃至于国际社会的角度讲,法院监督、审查仲裁裁决都是具有广泛而积极意义的。

(二) 中国的相关规定及实践

公共政策目前已为世界各国国内法以及相关国际公约所普遍接受,成为国家法院拒绝承认与执行国际商事仲裁裁决的一项主要依据。但各国对公共政策的内涵和范围均有自己的理解,因而赋予公共政策的定义也各不相同。中国对公共政策一向持肯定态度,不过,与英美法系国家使用"公共政策"及大陆法系国家使用"公共秩序"这些概念不同的是,中国立法采用"社会公共利益"(social and public interest)的提法。例如,中国《仲裁法》第58条第3款规定:"人民法院认定该裁决违背社会公共利益的,应当裁定撤销。"中国《民事诉讼法》第258条第2款也规定:"人民法院认定执行该裁决违背社会公共利益的,裁定不予执行。"至于何谓"社会公共利益",目前尚无精确的定义和相关解释,

---

[①] See William W. Park, "Arbitration of International Contract Disputes", *The Business Lawyer*, Vol. 39, 1984, p. 1783.

实际应用时往往由法官来严格掌握。

前已述及,不可仲裁事项与公共政策的关系非常密切。在有些国家,与公共政策相冲突的纠纷被法定为不可仲裁事项;反之,对不可仲裁事项强行作出裁决就必定违反公共政策。一般而言,各国立法往往规定,涉及公共利益的争议应归属法院解决,一般商事纠纷则可交付仲裁。从一些国家的实践来看,下列事项多是不可仲裁的:证券争议、反垄断争议、婚姻家庭争议、破产争议、知识产权的有效性争议,以及某些公法性质(如刑事方面)的争议等。而在中国,婚姻、收养、监护、扶养、继承纠纷以及依法应当由行政机关处理的行政争议,也是不能通过仲裁方式加以解决的。[①]

根据中国《仲裁法》第 58 条第 3 款以及《民事诉讼法》第 258 条第 2 款之规定,一方当事人可以向法院提起、人民法院也可依照职权主动审查某项仲裁裁决是否"违背社会公共利益"。原则上讲,如果一项仲裁裁决是通过欺诈、贿赂、伪造证据等行为获得的,人民法院得以"违背社会公共利益"为由,裁定撤销或不予执行该仲裁裁决。不过,在基于公共政策理由撤销一项涉外仲裁裁决时,比基于同样理由撤销国内仲裁裁决在解释上要施加更严格的限制。这也许就是为什么中国《仲裁法》第 70 条和第 71 条在涉及人民法院撤销或不予执行中国涉外仲裁机构所作裁决的理由时,仅要求援引中国《民事诉讼法》第 258 条第 1 款而非第 2 款(公共政策条款)的原因。由此可见,中国《仲裁法》对涉外仲裁裁决乃至国际商事仲裁裁决的承认与执行采取了相当宽松的态度,它实际上并不鼓励人民法院以公共政策为由去否定这两类仲裁裁决。从司法实践来看,中国这方面的案例也是不多见的。

[①] 见《中华人民共和国仲裁法》第 3 条。赵秀文主编:《国际经济贸易仲裁法教学参考资料》,中国法制出版社 1999 年版,第 196 页。

目前，中国最高人民法院通过不同的案件已经确立了这样的原则：严格限制公共政策在承认与执行仲裁裁决中的运用；从社会公共利益的时代性、发展性出发，坚持对具体案件的不同情况作具体分析，不僵化地适用这一概念。以往案例表明，中国最高人民法院至少明确了以下情况不一定构成对中国社会公共利益的违反：一是仅仅涉及部门或者地方利益的；二是违反中国法律的单项强制性规定的。[①] 从国际范围适用公共政策原则的情况来看，通过个别的司法行为对该原则作进一步定性与具体化是一种司法发展趋势。中国法院实际上也在通过对具体案件的处理来确认可以适用的"社会公共利益"的范围。但在中国有一点是明确的，即公共政策所具备的内容应当包括司法主权。

五、分析与结论

在《纽约公约》的缔约国之间，国际商事仲裁裁决已经比较容易获得承认与执行。各国法院于这一领域的关系在由竞争性转变为互补性，这对于尊重当事人的意思自治、确保仲裁裁决的终局性具有十分重要的积极意义，而司法审查则为国际商事仲裁裁决的公正性和终局性提供了充分的国家制度保障。

由于国际商事仲裁在解决国际商事纠纷方面具有快速高效、可预见性及确定性强等项优势，它目前已成为国际商事交易当事人，尤其是不同国籍的当事人解决其相互间争议的一项主要手段。但是，应当强调指出的是，在国际商事仲裁的诸多优势中，最值得一提的还是其裁决的可执行性，没有这一点，国际商事仲裁作为争议解决方式再好也毫无

---

① 杨弘磊："人民法院涉外仲裁司法审查情况的调研报告"，《武大国际法评论》2009年第9卷。

意义。从当今国际商事仲裁的发展趋势来看,特别是自《纽约公约》签订以来,世界各国对仲裁的司法限制在逐步放宽,使得这种限制仅仅局限于促进仲裁事业健康、有序发展的范围内,因而各国法院很少会以不可仲裁事项或违反公共政策为由,去拒绝承认与执行一项国际商事仲裁裁决。法院经常予以关注的,往往是如何恰当地平衡支持仲裁与维护公共政策这两者之间的关系。

公共政策之目的既在于保障国际社会的整体利益,又在于保障作为国际社会成员之国家的个别利益;同时,它还是促进国际经济贸易关系发展、维护当事人私权的强有力手段。因而就国际商事仲裁而言,不能将其自身演变成为规避公共政策或有关强行法的工具。否则,国际商事仲裁不但会失去其中立地位和作为争端解决方式的存在价值,而且也无法继续获得国家的强有力支持。

第三节 国际商事仲裁中可仲裁性问题之一
——一般法律原则的适用

作为商事争议解决的一个重要机构,仲裁庭的产生并非由国家所创立,而是来自于当事双方的合意。就国际商事仲裁而言,仲裁庭也不需要效忠于某一国家或听命于某一政府。因此,基于双方当事人合意而产生的仲裁庭,就只有在两种场合下无法行使管辖权:其一是双方当事人不同意将他们之间的特定争议提交仲裁;其二是有关争议根本不能通过仲裁方式来解决。前者涉及仲裁协议的适用范围,后者则涉及国际商事仲裁的一项基本问题——争议的可仲裁性。

一、可仲裁性问题法律适用分析

争议的可仲裁性与社会公共利益密切相关,许多国家的法律都规定某些争议不能诉诸仲裁。例如,有国家就禁止将反垄断争议提交仲裁,因为这类争议不仅仅涉及个别当事方的利益,它还与成千上万的消费者利益有关,因而只能通过诉讼来解决。还有些国家不允许将专利的有效性争议交付仲裁,因为专利权限制了竞争,它同样会影响到消费者以最低价格获得产品的权益。可见,争议的可仲裁性问题与公共政策是紧密联系的,因此,各国都倾向于在可仲裁性问题上适用自己的法律。《纽约公约》第 5 条第 2 款及(甲)项就规定:"倘申请承认及执行地所在国之主管机关认定有下列情形之一,亦得拒不承认及执行仲裁裁决:(甲)依该国法律,争议事项系不能以仲裁解决者。"①《联合国仲裁示范法》第 36 条第 1 款及第 2 项(a)也规定:"只有在下列情况下才可拒绝承认或执行不论在何国作出的仲裁裁决:……(2)如经法院认定:(a)根据本国的法律,该争议的标的不能通过仲裁解决。"②

一国法院在其管辖范围内可以很容易地适用本国法。但从仲裁员的角度来看,这种法律的适用却非易事,因为作为一个国际仲裁庭,它并无"本国法"可供支配,它不属于任何国家司法机构的组成部分。因此,在确认争议的可仲裁性时,仲裁庭只能在有关国家的"本国法"中作出选择,而这种选择便不可避免地要借助于冲突规范。由此可见,国际仲裁庭在界定某项争议是否具有可仲裁性问题时需要另辟蹊径,寻求一种与上述《纽约公约》及《联合国仲裁示范法》中简单规定适用法院地"本国法"所截然不同的法律适用方法。

1. 适用仲裁地法。在国际商事仲裁实践中,如果有当事人提出仲裁协议所涵盖的争议具有不可仲裁性,因而主张该仲裁协议无效时,大

---

① 赵秀文主编:《国际经济贸易仲裁法教学参考资料》,中国法制出版社 1999 年版,第 3 页。
② 同上书,第 44—45 页。

多数仲裁庭都会适用仲裁地法来鉴别可仲裁性问题。[1] 这种法律适用主要是考虑到依仲裁地法来调整可仲裁性问题最为适宜,因为仲裁地与本仲裁案联系最为密切。不过,从实际情况来看,当事双方选择仲裁地点时不仅仅是基于方便,可能还有其他考虑;仲裁地点与争议事项之间也不见得具有某种联系;而且,在仲裁程序进行过程中,仲裁地点还是可以变更的;特别是在网络仲裁的场合,并不存在着物理意义上的仲裁地点。因此,以仲裁地作为确定适用于可仲裁性问题准据法的连结点,是具有偶然性的。

2. 适用当事人合意选择的法律。有些仲裁裁决在确定可仲裁性问题时适用了当事双方所合意选择的法律,[2]认为当事人意思自治是国际商事仲裁的基石,因而在决定适用于可仲裁性问题的准据法时,同样应当尊重当事人的意愿。然而,对这一实践也有不同看法。因为各国与争议可仲裁性相关的规定具有强行法性质,[3]而强行法的适用并不以当事人的意志为转移。将当事人意思自治原则推广适用于可仲裁性问题准据法的确定,其实质是对社会公共利益的漠视,而社会公共利益是如此的重要,它不可能从属于当事双方的自由选择。

3. 适用仲裁裁决承认与执行地法。还有观点认为,仲裁员应当依照将来仲裁裁决最有可能被承认与执行地的法律来决定争议的可仲裁

---

[1] See Award in ICC Case No. 1803 (1972), reprinted in *Yearbook of Commercial Arbitration*, Vol. 5, 1980, pp. 177, 180; Award in ICC Case No. 4604 (1984), reprinted in *Journal du droit international*, Vol. 112, 1985, pp. 973, 975; Award in ICC Case No. 6162 (1990), reprinted in *Yearbook of Commercial Arbitration*, Vol. 17, 1992, pp. 153, 158.

[2] See Award in ICC Case No. 6379 (1990), reprinted in *Yearbook of Commercial Arbitration*, Vol. 17, 1992, pp. 212, 215; Award in ICC Case No. 6752 (1991), reprinted in *Yearbook of Commercial Arbitration*, Vol. 18, 1993, pp. 54, 55-56; see also Bernard Hanotiau, "What Law Governs the Issue of Arbitrability?", *Arbitration International*, Vol. 12, 1996, pp. 391, 399.

[3] See Pierre Mayer, "Mandatory Rules of Law in International Arbitration", *Arbitration International*, Vol. 2, 1986, p. 274.

性问题,①因为仲裁庭都希望其所作裁决最终能获得承认与执行。这种观点在仲裁实践中同样面临着挑战。首先,仲裁庭需要确定可能败诉的一方当事人之财产位于或将要位于哪个国家,以便确认仲裁裁决最有可能被请求承认与执行的地点,从而适用该地关于可仲裁性方面的规定。对仲裁员而言,这无疑增加了他们的工作负担,并且常常难以完成此项任务。② 其次,仲裁庭需要在仲裁程序进行之初就知道哪一方当事人即将败诉,这是相当困难的。因此,该项主张的可操作性实在令人怀疑。

除以上三种主要实践和观点外,在如何确定适用于争议可仲裁性之准据法方面还有其他一些考虑,如适用行为地法,适用当事一方或双方之国籍国法,适用对争议亦具有司法管辖权之法院地法,等等。但这些考虑在国际商事仲裁实践中从未占据主要地位。简而言之,在确定可仲裁性问题的准据法方面,目前既存的理论与实践尚无令人满意并获普遍公认者。如果人们注意到关于可仲裁性问题的规定折射的是不同国家的公共政策,则对这一领域法律适用的不完善甚至是缺位便不再会感到意外。世界各国在争议可仲裁性问题上的规定是不同的,因而时常发生冲突,仲裁员则必须在这些不同规定中作出选择。但如果仲裁员能够于一般法律原则(general principles of law)中找到并适用调整争议可仲裁性之规定的话,相信其工作会比较容易完成。

二、一般法律原则在可仲裁性问题上适用的必要性

尽管尚不具备充分、完善的理论基础,就争议可仲裁性问题国际社

---

① See Karl-Heinz Bumockstiegel,"Public Policy and Arbitrability", *Comparative Arbitration Practice and Public Policy in Arbitration*, ICCA Congress Series, No. 3,1987, pp. 177,185-186.

② 有一个仲裁庭曾明确拒绝从事这种调查。See ICC Case No. 6106(1988), reprinted in *ICC Bulletin*, Vol. 5,1994, p. 44.

会还是存在着某些共识的。例如,在"弗哈马道姆(Framatome)公司仲裁案"中,仲裁裁决便认定了一项与可仲裁性有关的一般法律原则。[①]该案的基本案情是:有几家公司其中包括法国的弗哈马道姆公司与伊朗的巴列维王朝政府签订了为伊朗建造核电厂的合同。1979年巴列维王朝被推翻,伊朗新政府取消了该项合同。根据合同中的仲裁条款,弗哈马道姆公司将争议诉诸仲裁。被申请人伊朗新政府在为自己辩解时特别提到了本案争议的不可仲裁性,它认为仲裁庭无权审查伊朗政府放弃核能源的主权决定,仲裁员可以"注意到"(take notice)这类决定,但不能判断其合法性。仲裁庭拒绝了这一抗辩。虽然仲裁庭承认它不能置疑或判断伊朗新政府放弃核能源的主权决定,但它有权从"合同以及纯财政层面上"界定被申请人行为所导致的后果。[②] 因此,本案仲裁庭依据可仲裁性领域中的一项一般法律原则作出了裁决。该项原则是:一仲裁庭永远可以就违约损害赔偿作出裁决,即使这种违约是基于当事一方的主权性决定亦然。后来又有若干仲裁裁决依循了这一原则。[③]

在"弗哈马道姆公司仲裁案"中具有重要意义的是,仲裁员并未提及其所采用的上述原则系来自于何方,是来自该案争议所应适用的准据法呢?还是来自国际法抑或仲裁地法?显然,仲裁员认为该项原则是如此的当然和不证自明,因而并无指明其来源的必要,它是各国法律

[①] See Framatome et al. v. Atomic Energy Organization of Iran, Interim Award in ICC Case No. 3896(1982), reprinted in *Yearbook of Commercial Arbitration*, Vol. 8, 1983, p. 94; see also George R. Delaume, "Comparative Analysis as a Basis of Law in State Contracts: The Myth of the *Lex Mercatoria*", *Tulane Law Review*, Vol. 63, 1989, pp. 575, 596.

[②] See Framatome et al. v. Atomic Energy Organization of Iran, Interim Award in ICC Case No. 3896(1982), reprinted in *Yearbook of Commercial Arbitration*, Vol. 8, 1983, p. 94.

[③] See Award in ICC Case Nos. 6515 and 6516 (1994), reprinted in *Yearbook of Commercial Arbitration*, Vol. 24, 1999, pp. 80, 83; Award in ICC Case No. 7081 (1994), reprinted in *Journal du droit international*, Vol. 130, 2003, pp. 1131, 1134.

体系中所普遍认同的一种法律理念。

实践中还有一些仲裁庭也认同这类原则。但与此同时,这些仲裁庭则指明了它们认为某项争议具有可仲裁性的法律渊源。在反垄断争议方面,有两项仲裁裁决比较典型。[①] 一个是 ICC Case No. 4604。在该案中,一个叙利亚当事方和两个意大利当事方就购买武器合同的违约争议在瑞士启动了仲裁程序。本案争议与法国并无任何联系,但仲裁庭却适用了法国判例法以明确争议的可仲裁性。[②] 另一个是 ICC Case No. 8423。在该案中,两家葡萄牙公司和一家法国公司就它们之间一条限制竞争的合同条款之效力产生了争议,于比利时提请仲裁。仲裁员引用了法国法院的有关判决和美国最高法院在"三菱汽车公司案"[③]中的相关判决,以支持其关于本案争议具有可仲裁性的主张。[④]

不论是从传统的还是现代的国际私法冲突规范来看,这两个仲裁案件在可仲裁性问题上的法律适用方法都颇具新意。法国(在 ICC Case No. 4604 中)和美国(在 ICC Case No. 8423 中)与案件争议既无任何联系又无任何利益,为何它们的法律能分别在这两个仲裁案件中得以适用?显而易见,依审理案件的仲裁员们来看,与案件无关的其他国家法律在可仲裁性问题上对他们的观点可以提供支持;否则,适用与案件毫不相干的法律就无必要,甚至还是错误的。从另一个角度讲,法国法与美国法在可仲裁性问题上的规定,恰好为这一领域存在着一般法律原则提供了例证。上述两个仲裁案件中的法律适用情况已不仅仅

---

① See Award in ICC Case No. 4604(1984), reprinted in *Journal du droit international*, Vol. 111, 1985, p. 973; Award in ICC Case No. 8423(1994), reprinted in *Journal du droit international*, Vol. 26, 2001, p. 153.

② See Award in ICC Case No. 4604(1984), reprinted in *Journal du droit international*, Vol. 111, 1985, p. 978.

③ 对该案的分析详见下一节(本章第四节)相关内容。

④ See Award in ICC Case No. 8423(1994), reprinted in *Journal du droit international*, Vol. 26, 2001, p. 153.

能从冲突法的观点加以解释,法国及美国的法律之所以能够得到适用,是因为它们在争议的可仲裁性问题上贯穿了世界大多数国家的基本理念,因而在仲裁员们的眼中,这一理念可以超越法、美两国的领土疆界,从而具有广泛的适用性。应当说,上述两项仲裁裁决是将跨国共识应用于可仲裁性问题的一个初步尝试。

三、一般法律原则在可仲裁性问题上适用的可行性

在当今国际商事领域,虽然各国法律制度、法律传统以及法律文化各不相同,但对国际商事仲裁却普遍采取了越来越宽松的态度,因而使得通过仲裁方式解决争议的范围和种类也随之不断扩大。这一发展趋势为一般法律原则在可仲裁性问题上的适用提供了前提。从现代观点来看,可仲裁性问题并不仅仅取决于一国的或本位的利益,它还应从促进世界各国的商业及贸易发展这一国际社会的普遍利益来考量。因此,对争议的可仲裁性问题一些国家逐步放宽了限制,这体现了它们共同的或相似的价值观。

此外,依据国际私法上的冲突规范,仲裁员可以选择调整可仲裁性问题的准据法。在国际商事仲裁实践中,同一时间段内可以有不止一个法律来决定是否开始一项仲裁。因而仲裁员在确定准据法时,于许可范围内可以并且也应当分析、比较相关法律的内容,探究它们的宗旨和目的,以得出科学、合理的结论。从各国法律规定的情况来看,对争议的可仲裁性问题各有不同的限制。有的规定某类争议可以仲裁,有的则规定同类争议不得仲裁;有的规定某类争议如属纯国内争议的性质,就不得提请仲裁,而只能由本国法院加以解决,但同时又规定,如果这同类争议具有涉外因素的话,则允许诉诸仲裁。因此,仲裁员在判断一项特定争议是否具有可仲裁性时,比较妥善的办法是首先要综合考虑与争议有关国家的相应规定,结合国际法、商事法、国际习惯等在这

方面的相关内容加以对照、分析,从中抽出共同的一般法律原则予以适用;如果经过这种对照、分析仍无法从中抽出共同的一般法律原则,其次就要考察有关国家对特定争议允许或禁止仲裁之规定的出发点是什么,其中体现了哪些利益,哪国利益大、哪国利益小,还是有的国家对适用其法律根本不具有利益。通过这种综合性的分析、比较来最终确定适用于可仲裁性问题的准据法。

以上分析表明,一般法律原则当前在可仲裁性问题上适用的可行性是存在的。尽管一般法律原则的特性决定了它永远也不会像国内法那样明确,但国际社会对于可仲裁性问题的态度至少有两点是毋庸置疑的:一是已有若干国际、国内案例对于争议的可仲裁性之理论与实践给予了强有力的支持;二是争议的可仲裁性并不因有关争议贯穿着公共政策或受强行法调整就遭到排斥。国际社会的这一立场切实维护了仲裁协议的完整性以及"约定必须遵守"原则的权威性,从而增强了跨国争议解决的可预见度和秩序化,促进了国际商事交易的发展。

当然,也不可否认,仲裁员在确定一项争议是否具有可仲裁性乃至于裁断某项争议时,是无法回避公共政策和强行法要求的;否则,国家就会禁止仲裁员介入对涉及公共政策之争议的解决。因此,即便是为了获得国家对国际商事仲裁的支持,为了使自己所作的仲裁裁决能够得到国家法院的承认与执行,仲裁员也应重视保护合法的公共利益,[1]这可以理解为是将国际商事仲裁扩展至公法领域时所付出的必要代价。

从现实情况来看,也并非一切跨国商事争议都是可以仲裁的。除

---

[1] See Pierre Mayer, "Mandatory Rules of Law in International Arbitration", *Arbitration International*, Vol. 2, 1986, p. 274.

前面提到的反垄断争议、专利的有效性争议之外,有些国家还将涉及诸如破产、劳动合同、证券等领域的争议事项认定为是不可仲裁的,理由是通过司法手段解决这些争议更能确保重大社会公共利益不受侵犯。在此情形下,由于有的国家规定其国内法院在这些领域享有专属管辖权,因而仲裁庭也就无法介入。由此可见,可仲裁性领域的一般法律原则之适用要从属于一国国内法的限制,而这些限制的基础即是基于对社会公共利益的维护。所以,对争议的可仲裁性问题并没有泾渭分明的规则可以一次性地、一劳永逸地彻底解决。

四、分析与结论

以上研究表明,仲裁员在确定适用于争议可仲裁性问题的准据法时,面临着两难的困境。一些国际性文件诸如《纽约公约》、《联合国仲裁示范法》等要求法官于认定一项争议是否具有可仲裁性的场合,要适用法官的"本国法"(亦即"法院地法"),但这类规定并不能为国际商事仲裁员们所参照适用,因为仲裁员在仲裁程序进行中无法适用其自身的本国法,除非是基于当事双方的法律选择。所以,仲裁员要明确可仲裁性问题的准据法就不得不另寻他途,而从目前国际商事仲裁的理论与实践来看,对此尚无既普遍认同而又切实可行的解决办法。

在这种情况下,笔者建议,可以考虑采用一般法律原则作为衡量争议可仲裁性问题的准据法,这一方法在仲裁实践中已有所应用,也取得了良好的效果。之所以如此,一是因为一般法律原则已为不同国家的法律制度所承认,具有普遍性;二是一般法律原则的适用符合整个国际社会的共同利益,提高了跨国商事争议解决的效率和可预见性。

然而,在注意到争议可仲裁性的适用范围及种类正逐步扩大这一发展趋势的同时,我们也不应忽略一个重要事实,即各国国内法都或多或少地强调某些种类的争议是不允许通过仲裁方式加以解决的,因而只能由国内法院专属管辖。这种状况的存在是基于维护国家的重大社会公共利益,同时也是由于国际商事仲裁作为争议的一种解决方式仅具有民间性、私利性等特点所决定的。

一般法律原则的法律拘束力来自于国内法,它反映了各国国内法上的某些理念。但一般法律原则与国家创设的国内法又不完全一样,它仅仅包含了各国国内法上共同的、一般性的规定,例如对公平、公正、正义的基本要求等,这些法律上的核心要素可以直接应用于对现实中各项争端的解决。一般法律原则是公认的国际法渊源之一,并已被规定在联合国《国际法院规约》第38条中,成为国际法院审理案件的一项依据。随着国际经贸关系的不断拓展,国际商事交易的日益扩大,一般法律原则在跨国商事方面的调整领域也会越来越广阔,其内容将更加丰富和完善,具有良好的发展前景及充分的适用空间。

第四节 国际商事仲裁中可仲裁性问题之二
——反垄断请求(以美国为视角)

一、引言

随着国际经济贸易关系的不断发展和扩大,仲裁已经成为不同于传统司法诉讼的解决国际商事争议的另一重要手段。与司法诉讼相比,仲裁具有快速、灵活、高效、经济、便利、专业、保密性强、充分尊重当事人意愿等优势,因而对于从事国际商事交易的各方当事人颇具吸引力。当事人在签订跨国合同的时候,往往纳入一条仲裁条款,期冀借此剔除将来解决争议时可能出现的不稳定状态,以便更好地维护自身的权益。

传统的普通法实践是排斥争议的非司法解决方式的,[1]但 1958 年《纽约公约》在联合国的通过,不仅使得英美国家法院抵制仲裁的态度大有改观,同时也积极促进了国际商事仲裁的繁荣与发展。在美国,自从该国国会于 1970 年批准了《纽约公约》以后,这种良好的发展势头也日益明显,[2]美国法院对商事合同特别是国际商事合同中的仲裁协议逐渐持尊重的态度,[3]对商事仲裁及其裁决也给予承认与执行。[4] 这种立场的转变,主要是基于仲裁作为解决争议的一种手段,其重要性及其受欢迎的程度越来越突出,也反映出美国立法和司法机构积极促进国际商事关系发展、尽量增加交易的可预见性并降低其不确定性等政策考虑。

但是,尽管美国法院对商事仲裁逐渐采取了支持的立场,却依然认为国内某些争议诸如与证券法及反垄断法有关的争议是不可仲裁的,因为这类争议涉及美国的公共政策。[5] 问题在于,在国际层面上对仲裁协议的承认与执行是有其独特意义的,它关系到一国对其国内公共政策的考虑与该国支持跨国仲裁、促进世界贸易繁荣和发展的国策相

---

[1] See Lisa M. Ferri, "International Arbitration-Commerce-Arbitrability of Antitrust Claims Arising from International Commercial Disputes Recognized under Federal Arbitration Act—Mitsubishi Motors Corp. v. Soler Chrysler-Plymouth, Inc., 105 S. Ct. 3346 (1985)", *Seton Hall Law Review*, Vol. 17, 1987, p. 448.

[2] See Michael R. Voorhees, "International Commercial Arbitration and the Arbitrability of Antitrust Claims: Mitsubishi Motors Corp. v. Soler Chrysler-Plymouth", *Northern Kentucky Law Review*, Vol. 14, 1987, p. 65.

[3] See Jill A. Pietrowski, "Enforcing International Commercial Arbitration Agreements: Post-Mitsubishi Motors Corp. v. Soler Chrysler-Plymouth, Inc.", *American University Law Review*, Vol. 36, 1986, p. 58.

[4] See Lisa M. Ferri, "International Arbitration-Commerce-Arbitrability of Antitrust Claims Arising from International Commercial Disputes Recognized under Federal Arbitration Act—Mitsubishi Motors Corp. v. Soler Chrysler-Plymouth, Inc., 105 S. Ct. 3346 (1985)", *Seton Hall Law Review*, Vol. 17, 1987, p. 448.

[5] See Ibid., pp. 448-449.

比孰轻孰重、何者优先的重大选择。[①]

在这一问题上美国法院的实践常常是：国内公共政策不适用于当事方基于国际商事合同而提出的请求。例如，在"三菱汽车公司案"(将于下文详述)中，法官认为，虽然国内政策禁止对反垄断争议进行仲裁，但如果将这类争议提起国际仲裁的话，根据国际礼让，则应确保对该项国际请求实施仲裁；在"谢尔克诉阿尔伯托-卡尔弗公司案"(亦将于下文详述)中，法官同样认为，尽管国内政策不允许通过仲裁方式解决证券法上的争议，但涉及这一领域的国际合同争端却可以提请仲裁；在"帕森斯公司案"中，法官的看法是：国际层面上对不可仲裁事项的界定要比国内层面上界定的范围狭窄。[②] 从这些案例中我们可以看到，当一项争议涉及国际商事合同的时候，美国法院往往将支持商事仲裁的国际政策置于其限制商事仲裁的国内考虑之上。

二、国际性反垄断请求之仲裁

(一)《纽约公约》的规定

《纽约公约》的宗旨在于鼓励国际社会承认与执行由当事方签署的国际商事仲裁协议，并在缔约国之间统一这类仲裁协议的订立标准及仲裁裁决的实施标准，根据公约第2条第1款，各缔约国应当承认就"可以通过仲裁方式解决的事项"所订立的仲裁协议；该条第2款还规定，在当事人之间存在着仲裁协议的情况下，缔约国法院应依一方当事

---

① See Johnson, "International Antitrust Litigation and Arbitration Clauses", *The Journal of Law and Commerce*, Vol. 3, 1983, p. 91; Ovington, "Arbitration and U. S. Antitrust Law: A Conflict of Policies", *Journal of International Arbitration*, Vol. 2, 1985, pp. 53-60.

② See Mitsubishi Motors Corp. v. Soler Chrysler-Plymouth, Inc., 105 S. Ct. 3346, 3355 (1985); Scherk v. Alberto-Culver Co., 417 U. S. 506, 515-516 (1974); Parsons and Wittemore Overseas Co. v. Societe Generale de L'Industrie du Papier (RAKTA), 508 F. 2d 969, 974 (2d Cir. 1974).

人之请求,要求当事人将其争议提请仲裁,除非该法院查明此项仲裁协议是"无效的、未生效的或不可能实行的"。[①]

然而,公约在第 5 条中又明确列举了缔约国法院可以拒绝承认与执行一项仲裁裁决的理由。尤其是它的第 5 条第 2 款授权给被请求承认和执行仲裁裁决的缔约国法院,在其查明存在着下列情形之一时,得拒绝承认和执行一项仲裁裁决:(1)依照该国法律,争议事项是不可以通过仲裁方式解决的;(2)承认或执行该项裁决将与该国的公共政策相抵触。[②] 鉴于《纽约公约》的目的是要推动各缔约国承认和执行外国的国际商事仲裁协议和仲裁裁决,因而对某项仲裁协议涉及的争端系属于不可仲裁事项,或某项仲裁裁决违反了被请求承认与执行国的公共政策这类结论的得出还是应当严加限制,以避免出现滥用这两项标准的情况。

(二) 美国的实践

1. 立法实践

在历史上,美国法院对待仲裁的态度曾经是不友善的,认为于法院之外解决争端意在排除法院的司法管辖权。但随着法院受案数量的日益增加,其对争端的解决也越发感到力不从心,加之商界开始逐渐偏爱以仲裁方式解决商事纠纷,因而于 1925 年出台的《美国联邦仲裁法》(The Federal Arbitration Act,简称 FAA)一举扭转了长期以来美国法院对仲裁所持有的敌意,同时亦清楚地表明了美国国会开始采取尊重并支持仲裁这样一种国家政策。该仲裁法的颁布与实施,为推行鼓励仲裁的联邦政策奠定了制度基础。

---

① 参见余先予主编:《冲突法资料选编》,法律出版社 1990 年版,第 747—748 页。
② 参见同上书,第 749 页。

根据《美国联邦仲裁法》,跨州或跨国商事合同中所规定的通过仲裁方式解决纠纷的书面协议"是有效的、不可撤销的和可以实施的";该法亦允许一当事方请求美国地区法院强迫不配合的另一当事方继续进行仲裁程序,如选定仲裁员、履行仲裁裁决等;该法还要求美国法院对无视仲裁协议之存在而开始的诉讼予以中止;同时该法就法院对仲裁裁决进行司法审查也施加了限制。①

以《美国联邦仲裁法》为开端,目前美国有一系列的实体法和程序法在对鼓励仲裁的联邦政策予以支持;美国还通过加入若干调整仲裁的国际条约来表明它对国际商事仲裁的承诺。1970 年,美国国会在批准《纽约公约》的同时,还为《美国联邦仲裁法》新补充了第二章,以便在美国国内实施《纽约公约》。第二章于 1970 年 7 月 31 日补充进《美国联邦仲裁法》,同年 12 月 29 日生效。该章明确指出,美国法院将依照本章规定实施《纽约公约》。②

2. 司法实践

自美国国会通过《美国联邦仲裁法》以来,美国法院也开始对仲裁采取支持和鼓励的态度。例如,法院对《美国联邦仲裁法》中与可仲裁事项有关的规定往往作出比较宽松的解释;在仲裁条款的内容含糊不清时,法院通常认定当事人之间存在着提请仲裁的意愿。此外,尽管争议的不可仲裁性是法院拒绝承认与执行仲裁协议和仲裁裁决的一项重要理由,但对于国际商事合同所涉及的争议是否属于可仲裁事项,美国法院的实践则往往是放宽在这一领域的国内法限制以适应国际商事活动的需要。

一般而言,美国法院会将某些纯国内性质的争议,诸如涉及专利、

---

① 参见 9 U. S. C. § § 2-5, 9 (1982).
② See Act of July 31, 1970, Pub. L. No. 91-368, 84 Stat. 692 [See codified at 9 U. S. C. § § 201-208 (1982)].

破产、劳动合同、证券或反垄断等事项认定为是不可仲裁的,理由是通过司法手段解决这类争议能够确保重大社会公共利益不受侵犯,而且这些争议也超出了《美国联邦仲裁法》的调整范围。但是,在考察国际商事争议时,美国法院则充分认识到了国际仲裁协议的意义,并且往往将其对跨国利益的关注置于国内利益的考虑之上。对于国际商事交易,如果当事人之间达成的仲裁协议以及管辖权选择协议是合理的话,美国法院一般都会予以承认。

在知识产权领域,美国法院的传统观点是:专利或商标的有效性问题是不可以仲裁的,因为这类问题涉及重大的社会公共利益,所以不宜由仲裁员作出评判;仲裁员的作用主要是基于当事方的意图去解决争端,而不是基于对复杂和专门性联邦法律的解释去解决争端。因而法院认为,知识产权的有效性及相关侵权争议的处理不是仲裁员的长项。[1] 不过在后来,美国专利法进行了修正,规定专利的有效性和这方面的侵权问题也可以提请仲裁解决。[2] 这一修正有效地推翻了美国法院对专利争议可仲裁性问题所施加的限制。但目前世界上仍有许多国家的法院在以公共政策为由,拒绝承认专利的有效性及相关侵权争议可以通过仲裁方式加以解决。

在破产领域,即便存在着仲裁协议,美国国家公共政策仍然要求由法院来审理针对公司的破产请求。但美国也曾有过一个经法院同意将国际破产争议交付仲裁的例子,在该案中,法院强调的是支持《纽约公约》鼓励国际仲裁的立场,并认为支持国际仲裁的考虑要优先于对国内

---

[1] See Jill A. Pietrowski, "Enforcing International Commercial Arbitration Agreements: Post-Mitsubishi Motors Corp. v. Soler Chrysler-Plymouth, Inc.", *American University Law Review*, Vol. 36, 1986, p. 71.

[2] See 35 U.S.C. § 294 (1982).

公共政策的考虑。[1]

在证券领域,美国最高法院于不同案件中对仲裁采取了不同的态度。当审理"威尔科诉斯旺案"(Wilko v. Swan,以下简称"威尔科案")时,美国最高法院认为,根据美国证券法的规定,争议发生前由各当事方达成的将有关争议提交仲裁的国内协议是不能予以执行的,因为与促进仲裁成为一种快速、经济的争议解决方式之考虑相比,体现于自由与竞争性的证券市场中的公共利益更为重要。而通过使仲裁协议无效则可以更好地实现国会制定证券法的意图。[2] 然而在审理"谢尔克诉阿尔伯托-卡尔弗公司案"(Scherk v. Alberto-Culver Co.,以下简称"谢尔克案")时,美国最高法院却拒绝将其在"威尔科案"中的观点应用于此案中,理由是此案"真正带有国际性",故其涉及的政策和考虑远远不同于支配"威尔科案"的政策和考虑。[3]

在"谢尔克案"中,法院所面临的是一项国际商事仲裁协议与1934年美国证券交易法为投资者提供的不可放弃的保护之间的冲突。该案的具体案情是:阿尔伯托-卡尔弗公司是一家美国制造商,从一位德国人手中购买了三家企业的股票以及附随于这些企业的商标权。买卖合同中明确保证,这些商标权是没有瑕疵的;合同还规定:因本合同产生的任何争议将提交位于巴黎的国际商会仲裁院通过仲裁方式予以解决。合同的谈判、签字均是在欧洲进行的。随后,阿尔伯托-卡尔弗公司发现随附的商标权有重大瑕疵,因而在联邦法院向谢尔克提起诉讼,指责谢尔克在商标问题上作了虚假陈述,违反了美国证券交易法的有

---

[1] See Fotochrome, Inc. v. Copal Co., 517 F. 2d 512, 516 (2d Cir. 1975). 在此案中,法院决定在美国境内执行一项外国仲裁裁决。依照美国破产法,执行这一仲裁裁决将使得美国债权人与外国债权人相比处于不利地位。但美国法院在案件中认可了对有关争议可以进行仲裁,而没有明确美国破产法是否涉及禁止性公共政策问题。

[2] See 346 U.S. 438 (1953).

[3] See 417 U.S. 515-517 (1974).

关规定。一审被告谢尔克以买卖合同中存在着仲裁条款为由,请求法院中止诉讼程序,但未获成功。先后受理此案的美国地区法院和美国第七巡回上诉法院均认为,美国在"威尔科案"中的结论已构成支配性先例,因此,本案中仲裁协议的存在,并不妨碍阿尔伯托-卡尔弗依据联邦证券法律寻求司法救济。谢尔克不服判决,上诉至美国最高法院。1974年美国最高法院撤销了第七巡回上诉法院的判决,命令当事双方将其争议提交仲裁。最高法院认为,本案中合同的国际性质使得它有别于"威尔科案"中的合同。在本案中,合同的谈判、签字以及合同标的均在欧洲,而"威尔科案"则与之相反,其所有当事方和与合同有关的事项都位于美国。因此,美国最高法院最终认定,联邦证券交易法的有关规定并不妨碍本案中仲裁协议的实施,而且它确信,美国接受了《纽约公约》即是对该最高法院判决的支持。[1]

美国最高法院对"谢尔克案"的判决限制了其在"威尔科案"中的立场,这表明它已意识到,是两案的重大区别导致了其不同的政策考虑。对于纯国内争议,美国法律毫无疑问应当适用;而对于国际商事交易,仲裁条款则可以通过对解决争议准据法的选择,来促进商事往来的良好秩序和可预见性。此外,美国最高法院关于"谢尔克案"的判决并没有降低美国证券法律的重要性,它只是表明,对于国际层面的商事交易而言,美国国内政策及利益的考虑应居于次要地位。美国最高法院实际上是试图在获得国际商事交易的确定性及可预见性与保护投资者利益之间寻求某种平衡,它在"谢尔克案"中的立场是对以公共政策为由来限制仲裁的一个突破。自"谢尔克案"以后,美国法院对国际商事合同的可仲裁性问题重新进行了审视和思考,并赋予了这一问题以新的意义。不过,尽管美国最高法院在"谢尔克案"中对相互冲突的国际国

---

[1] See Scherk v. Alberto-Culver Co., 417 U.S. 506-520 (1974).

内政策采用了平衡方法,却没能够明确国际利益优先于国内政策考虑的具体情形。但从美国的司法实践来看,"谢尔克案"中的观点对美国法院审理类似案件还是产生了广泛而深远的影响,其中尤为突出的是,美国法院日后用它来界定反垄断请求的可仲裁性问题。

三、反垄断请求的可仲裁性

美国最高法院将《谢尔曼反垄断法》(The Sherman Antitrust Act)描述成是"自由经营的《大宪章》"(The Magna Charta of Free Enterprise),①因为在它看来,《大宪章》保证的是公民个人的基本自由和政治权利,而《谢尔曼反垄断法》对保障美国经济自由化以及自由经营制度则是必不可少的。因此,一般来讲,对于依据《谢尔曼反垄断法》提出的请求,美国法院的立场倾向于通过诉讼解决,而不是要求当事人将其争议交付仲裁。

例如,在审理"美国安全设备公司诉马圭尔公司案"(American Safety Equipment Corp. v. J. P. Maguire & Co.,以下简称"美国安全设备案")时,美国第二巡回上诉法院便认为,要确保反垄断法律实施的公共利益,就不宜采用仲裁方式来解决依照《谢尔曼法》所提出的争议请求。在该案中原告诉称,它与希科克制造公司(Hickok Manufacturing Company, Inc.)签订的一项商标许可协议,非法地扩展了希科克制造公司对该商标的垄断权,同时也不合理地限制了原告的权利,因而违反了美国的反垄断法。但被告马圭尔公司作为该项许可协议的权利受让人,依据协议中的仲裁条款主张将这一争议提请仲裁解决。②

美国第二巡回上诉法院则拒绝允许将这一商标许可协议效力的争

---

① See United States v. Topco Assoc., 405 U. S. 596, 610 (1972).
② See American Safety Equip. Corp. v. J. P. Maguire and Co., 391 F. 2d 821, 823 (2d Cir. 1968).

议交付仲裁审理。其主要理由是：首先，反垄断法在一个自由竞争的经济制度下对于维护公共利益是非常重要的，因而它通过给予胜诉的一方当事人以三倍的损害赔偿来强化它的实施功能；其次，法院认为，引发反垄断请求争议的合同属于附随合同，在这类合同中规定自动管辖选择条款是不适宜的；第三，法院指出，反垄断案件往往涉及复杂的法律原则和经济数据以及详细的证据，因而审理这类案件是仲裁员力所不及的；最后，依照法院的看法，仲裁员是自商界选任的，由他们作出与国家贸易规则有关的决定是不恰当的，尤其是那些来自于外国的仲裁员，他们不熟悉美国的法律和价值观，更不可能对美国反垄断案件作出妥善的决定。基于这些考虑，美国第二巡回上诉法院认为，违反反垄断法的案件将会影响到"成千上万甚至成百万人的利益并可能造成难以估量的重大经济损失"，因而反垄断请求是不宜通过仲裁方式加以解决的。[1]

在美国，还有若干上诉法院审理反垄断争议案件时采用了第二巡回上诉法院在"美国安全设备案"中所持的立场。但同时这些法院也认为，该案所确立的反垄断争议的不可仲裁性原则仅限于适用争议发生前所订立的仲裁协议，而反垄断争议发生后为当事双方所达成的将其提交仲裁的协议是否可以执行，则尚无定论。[2]

在"美国安全设备案"中，美国第二巡回上诉法院从国内层面上论及了反垄断请求的不可仲裁性问题，而美国最高法院后来审理的著名的"三菱汽车公司案"（Mitsubishi Motors Corp. v. Soler Chrysler-Plymouth, Inc.），则从国际层面（即国际商事关系）入手，处理了反垄

---

[1] See American Safety Equip. Corp. v. J. P. Maguire and Co., 391 F. 2d 821-828 (2d Cir. 1968).

[2] See Jill A. Pietrowski, "Enforcing International Commercial Arbitration Agreements: Post-Mitsubishi Motors Corp. v. Soler Chrysler-Plymouth, Inc.", *American University Law Review*, Vol. 36, 1986, pp. 78-79.

断请求争议,从而得出了不同于"美国安全设备公司案"判决的结论。

四、"三菱汽车公司案"

(一) 案件事实

原告三菱公司是一家日本汽车制造商,它是另一家日本公司三菱重工(Mitsubishi Heavy Industries, Inc.)与一家瑞士公司克莱斯勒国际(Chrysler International SA)共同成立的合资企业。该合资企业的目的,是通过克莱斯勒国际的经销商在美国境外分销三菱公司生产的附有"克莱斯勒"(Chrysler)和"三菱"(Mitsubishi)商标的汽车。被告索莱尔·克莱斯勒-普利茅斯公司(Soler Chrysler-Plymouth, Inc.,以下简称索莱尔公司)是一家波多黎各公司,它于1979年10月31日与索莱尔公司和三菱公司签署了一份分销协议,协议规定由索莱尔公司在波多黎各销售由三菱公司生产的汽车。同时,协议中列明了如下仲裁条款:"将来发生于三菱公司及索莱尔公司之间与本协议有关的所有争议,均应在日本依据日本商事仲裁协会仲裁规则和瑞士法律予以最终解决。"[1]

起初,索莱尔公司在销售三菱公司制造的汽车方面是相当成功的。但在1981年早些时候,新车市场出现了萧条,使得索莱尔公司难以完成它曾经承诺的最低销售额,而三菱公司和克莱斯勒国际又禁止索莱尔公司通过向中美、南美以及美国境内转售汽车以缓解困境。此后,索莱尔公司不断膨胀的汽车库存和日益恶化的财政状况,促使三菱公司停止了向索莱尔公司输送汽车并强迫索莱尔公司将汽车储存于日本。当索莱尔公司拒绝为这批储存在日本的汽车(共966台)承担责任时,

---

[1] See Mitsubishi Motors Corp. v. Soler Chrysler-Plymouth, Inc., 105 S. Ct. 3349 (1985).

三菱公司于 1982 年 3 月向美国联邦地区法院提起诉讼，请求法院命令索莱尔公司依据分销协议中的规定，将争议交付仲裁。紧接着，三菱公司还向日本商事仲裁协会提出了仲裁申请，但索莱尔公司拒绝了对它的指控并于同一时间向三菱公司和克莱斯勒国际提起了反诉，指责三菱公司与克莱斯勒国际合谋分割市场以限制贸易，其行为是不公平的，违反了美国的反垄断法。此外，索莱尔公司还认为，它的反垄断请求不属于仲裁条款的调整范围，因为就公共政策而言，依据《谢尔曼法》所提出的请求是不能通过仲裁方式加以解决的。①

（二）法院判决

负责初审的美国地区法院拒绝了索莱尔公司的争辩，认为三菱公司与索莱尔公司所签协议中订立的仲裁条款应当涵盖到反垄断请求。在该法院看来，本案与"美国安全设备公司案"不同。"美国安全设备公司案"涉及的是纯国内的反垄断争议，而本案中的协议及争端却都具有"国际"性，因而应当强调对政策的考虑。在此，初审法院引用了"谢尔克案"中所确立的原则，认为国际性的反垄断争议可以通过仲裁方式来解决，因而驳回了索莱尔公司依据波多黎各法所提出的请求，指出《美国联邦仲裁法》应优先适用于本案，要求三菱公司和索莱尔公司将其争议包括反垄断争议交付仲裁。②

不过，初审法院的以上判决为美国第一巡回上诉法院所部分推翻。上诉法院认为，从法律上讲，反垄断请求是不可仲裁的。③ 在它看来，解决反垄断争议的适当途径是诉讼而非仲裁；最高法院在"谢尔克案"

---

① See Mitsubishi Motors Corp. v. Soler Chrysler-Plymouth, Inc., 723 F. 2d 158 (1st Cir. 1983).

② See Mitsubishi Motors Corp. v. Soler Chrysler-Plymouth, Inc., 105 S. Ct. 3346, 3351 (1985).

③ See Mitsubishi Motors Corp. v. Soler Chrysler-Plymouth, Inc., 723 F. 2d 163 (1st Cir. 1983).

中的观点并不能排除将"美国安全设备公司案"中所确立的禁止仲裁解决国内反垄断争议的原则扩展适用至国际协议。上诉法院强调,反垄断法之目的不在于保护私人企业,而在于通过鼓励竞争来维护公共政策。此外,上诉法院还指出,与"谢尔克案"不同的是,本案当事方索莱尔公司试图在美国本土销售三菱公司产汽车。上诉法院的观点是:以仲裁方式解决国际合同争端涉及的是当事方的私人利益,而维护竞争则涉及公共利益,如何在这两者之间寻求平衡?上诉法院认为,它没有理由以牺牲公共利益为代价去换取对私性仲裁条款的实施。因此,上诉法院得出结论:反垄断问题是不可仲裁的;它同时还指出,在仲裁协议中纳入这类争议并不符合《纽约公约》的要求。[1]

案件的当事双方对第一巡回上诉法院的判决不服,均向美国最高法院提起了上诉。最高法院认为,广义的仲裁条款包含了对反垄断争议的解决。那么,如果本案的双方当事人同意以仲裁方式解决其争议,索莱尔公司的反垄断请求是否具有可仲裁性?在最高法院看来,不能将"美国安全设备公司案"判决中的观点应用于解决国际性质的争端。最高法院在它的判决中指出,一旦当事双方协议将它们的争议提交某一仲裁庭仲裁解决时,该仲裁庭便有义务依照有关的国内法解决其争议;美国法院有机会在仲裁裁决的执行阶段对该项裁决进行复审,以维护社会公共政策;同时,根据《纽约公约》的规定,如果一项仲裁裁决与缔约国的公共政策相违背,则该缔约国亦有权拒绝承认或执行这一裁决。最高法院认为,联邦法院有必要将支持仲裁的联邦国际政策置于不可仲裁性的国内法考虑之上。因此,不论是出于对国际礼让的关注,还是基于对国际仲裁机构解决争端能力的尊重,抑或是对国际商事争端解决之可预见

---

[1] See Mitsubishi Motors Corp. v. Soler Chrysler-Plymouth, Inc., 723 F. 2d 155-169 (1st Cir. 1983).

性的敏感,都要求切实执行有关的仲裁协议,即使是在国内法层面上将来会出现一个完全相抵触的结果也是如此。① 经过以上分析,美国最高法院得出结论:反垄断请求是可以通过仲裁方式加以解决的。②

五、对"三菱汽车公司案"的评析(代结论)

在国际商事仲裁的发展进程中,美国最高法院对"三菱汽车公司案"的判决具有里程碑式的意义。该项判决的实质是出于一种政策性考虑,它表明美国最高法院已经注意到了美国商事交易向全球各地扩张的事实,因而它不希望美国的反垄断法成为这种商事交易国际化发展的桎梏。由于有了最高法院的这一判决,一项有效仲裁协议的某个当事方在美国就不再可能以反垄断请求的不可仲裁性为由,要求取消或推迟进行仲裁。而以往案例表明,在此问题上纠缠会大大延缓仲裁的进程。

美国最高法院对"三菱汽车公司案"的判决是建立在合理的正义与互惠原则基础之上的。该最高法院强调的是支持国际仲裁的国家政策,同时拒绝以纯国内的公共政策问题向国际商事关系施加影响。由于国际商事仲裁具有简便、迅捷以及非正式等特点,它可以避开纷繁复杂的管辖问题,因而成为允许外国当事方寻求某一中立机构快速解决其争议的一种灵活途径,也是国际商界在争端解决方式上的一项基本选择。自美国批准了《纽约公约》以来,其国内法院就逐渐倾向于鼓励当事人将其国际商事合同纠纷交付仲裁解决。③ 正如"三菱汽车公司

---

① See Mitsubishi Motors Corp. v. Soler Chrysler-Plymouth, Inc., 105 S. Ct. 3353-3360 (1985).
② 参见赵秀文:《国际商事仲裁及其适用法律研究》,北京大学出版社 2002 年版,第 86 页。
③ See Jill A. Pietrowski, "Enforcing International Commercial Arbitration Agreements: Post-Mitsubishi Motors Corp. v. Soler Chrysler-Plymouth, Inc.", *American University Law Review*, Vol. 36, 1986, p. 92.

案"所表明的那样,目前美国法院很少能够支持当事方关于仲裁条款不可实施的辩解。在大多数案件中,如果法官认为当事人所签合同具有"真正的国际性"(truly international),诸如在"谢尔克案"和"三菱汽车公司案"中的那些情形,法官就会将对国际礼让的关注置于其对国内公共政策的考虑之上。应当说,从维护国际商事体制的稳定、促进国际商事交易发展的角度而言,美国最高法院对"三菱汽车公司案"判决的影响是积极并富有建设性的。虽然最高法院在判决中仅仅承认了国际性的反垄断争议可以交付仲裁,但它却传递出一个强烈的信息,即美国法院对可仲裁事项的限制正在慢慢放宽,这就使得能以仲裁方式解决争议的领域也随之扩大。而美国是判例法国家,其最高法院关于"三菱汽车公司案"的判决对下级法院认定商事、贸易和金融等领域的可仲裁事项具有重要指导意义;同时,该项判决对其他国家的影响力也不容忽视,它对世界各国采取鼓励仲裁、限制实施地方政策的方针同样起着推动和借鉴作用。

国际商事仲裁作为争议的一种解决方式,现已得到国际社会的广泛认同。就当事人而言,"三菱汽车公司案"判决的积极意义还在于:当事各方应充分认识到起草一项完备仲裁条款的重要性,即仲裁条款的适用范围要尽量订得宽泛些,能够涵盖到当事人之间将来可能发生的一切争议包括反垄断争议,就如同三菱公司与索莱尔公司双方所达成的仲裁协议那样。不过,当事方在草拟仲裁条款时也不能忽略可仲裁性问题,因为根据《纽约公约》或有关国家国内法的相关规定,某些争议的确是不能以仲裁方式加以解决的。这种情况下,如果双方当事人仍然约定将不可仲裁事项提交仲裁,即便作出了裁决,该项裁决也极有可能被有关国家的法院予以撤销或拒绝承认与执行。因而对当事人来讲,需要尽可能地了解、熟悉仲裁,清醒地认识到国际商事仲裁中的机遇、陷阱以及当前的发展趋势,以切实维护自身的合法权益。

第五节　国际商事仲裁中法院的作用之一
——司法监督

商事仲裁的司法监督,是指一国法院依据国内法律或国际公约的有关规定,对商事仲裁协议、商事仲裁程序以及商事仲裁裁决等事项进行审查,以决定是否给予支持和协助的行为。从这一定义来看,商事仲裁的司法监督既包括法院对仲裁的积极肯定,亦包括法院对仲裁的消极否定,是两者的统一体。因此,对本节所论及的商事仲裁的司法监督应作广义的理解。[①]

一、商事仲裁司法监督的法律基础

（一）商事仲裁司法监督的必要性

前已提及,商事仲裁的基石是当事人意思自治,仲裁庭之所以对有关争议享有管辖权是源于双方当事人的授权。例如,我国《仲裁法》第4条规定:"当事人采用仲裁方式解决纠纷,应当双方自愿,达成仲裁协议。没有仲裁协议,一方申请仲裁的,仲裁委员会不予受理。"《中国国际经济贸易仲裁委员会仲裁规则》第5条第1款亦规定:"仲裁委员会根据当事人在争议发生之前或者在争议发生之后达成的将争议提交仲裁委员会仲裁的仲裁协议和一方当事人的书面申请,受理案件。"但是,当事人的意思自治并不是毫无限制的。他们授权仲裁庭解决其争议的协议必须符合法律规定;仲裁程序的进行亦必须合法,以体现公平和正义;由于仲裁庭本身并无强制执行的权力,因此,在其裁决未能得到自

---

① 参见朱克鹏:"论国际商事仲裁中的法院干预",《法学评论》1995年第4期。

愿、切实履行的情况下,还需要请求有关法院予以承认和执行。所有这一切,均应在法院的监督下进行。

由此可见,法院对商事仲裁进行监督,一方面可以有效地防止仲裁员武断裁判,纠正仲裁程序中的错误,以实现社会公正;另一方面,法院行使国家强制力,在传唤证人、保全财产和证据、执行仲裁裁决等方面给予仲裁以支持,可以有效地保障仲裁程序的顺利进行,提高仲裁效率,切实维护当事人的合法权益。[①] 总之,仲裁机构的民间性、仲裁程序的灵活性、解决纠纷一裁终局的快捷性等特点,决定了对仲裁进行司法监督是十分必要的,这已为通行的国际实践所证明。只不过是各国法律根据本国国情,对仲裁监督的力度与范围规定得有所不同而已。[②]

(二) 商事仲裁司法监督的法律依据

商事仲裁司法监督的法律依据既包括国内法,也包括相关的国际法。《仲裁法》是我国制定的第一部仲裁领域的系统性法典。该法适用于平等主体的公民、法人和其他组织之间发生的合同纠纷和其他财产权益纠纷,确立了民商事纠纷或裁或审、一裁终局的原则,它的实施有利于促进和维护仲裁自治、效益和公正等价值理念的实现。《仲裁法》颁布后,我国最高人民法院专门发出通知,要求各级人民法院认真学习、宣传和贯彻执行《仲裁法》,依法审理和执行涉及仲裁的各种案件。[③] 从实际情况来看,自《仲裁法》实施以来,各级人民法院严格遵守法律的规定,及时审理涉及仲裁的各种案件,依法认真执行仲裁裁决,维护仲裁裁决的权威;同时对仲裁依法监督,确保仲裁公

[①] 参见高菲:"中国法院对仲裁的支持与监督——访最高人民法院院长肖扬",《仲裁与法律》2001年合订本。

[②] 参见同上。

[③] 参见同上。

正,以维护国家法制统一和法律的权威,科学地发挥仲裁制度的作用与功能。①

与此同时,最高人民法院还充分发挥司法解释的指导功能,发布了三十余件司法解释或者司法解释性质的文件,对审判工作中具体适用仲裁法的问题作出规定。这些司法解释体现了人民法院充分尊重当事人的仲裁意愿,鼓励和支持仲裁发展的态度。②

此外,《中华人民共和国民事诉讼法》(简称《民事诉讼法》)在仲裁管辖权、财产保全以及仲裁裁决的执行等问题上也作出了若干规定,是我国法院监督商事仲裁的重要依据之一。

在国际商事仲裁方面,我国是《纽约公约》的缔约国。根据该公约,我国法院对请求承认与执行的外国仲裁裁决有义务也有权利进行司法监督,以决定是否给予承认和执行。

(三) 商事仲裁司法监督的原则

从国内外的有关实践来看,对商事仲裁进行司法监督主要应当遵循以下两项原则:

1. 充分尊重当事人意思自治、积极支持鼓励仲裁原则

当事人意思自治是实施仲裁的根本特征,它体现在仲裁的各个环节。仲裁协议的订立、仲裁庭的组成、仲裁机构和仲裁地点的选择、仲裁规则的适用等均需要当事双方在平等自愿的基础上协商确定。双方当事人一旦合意选择以仲裁方式解决其争议,法院就应当给予支持,并监督、保证这一意愿能够顺利实现。

对于当事人而言,仲裁协议一旦有效订立,当事双方就必须严格遵守,协议范围内所发生的争议只能以仲裁方式加以解决。如果一方当

---

① 参见高菲:"中国法院对仲裁的支持与监督——访最高人民法院院长肖扬",《仲裁与法律》2001年合订本。
② 参见同上。

事人违反仲裁协议而向法院提起诉讼,另一方当事人有权依据该协议要求法院终止司法程序,将有关争议交由仲裁机构审理。例如,《民事诉讼法》第 255 条规定:"涉外经济贸易、运输和海事中发生的纠纷,当事人在合同中订有仲裁条款或者事后达成书面仲裁协议,提交中华人民共和国涉外仲裁机构或者其他仲裁机构仲裁的,当事人不得向人民法院起诉。当事人在合同中没有订有仲裁条款或者事后没有达成书面仲裁协议的,可以向人民法院起诉。"

对于法院而言,如果当事人之间存在着解决争议的仲裁协议,而一方当事人又将其争议提请法院解决的,法院应当拒绝受理,或者根据另一方当事人的请求裁定终止司法程序。例如,《仲裁法》第 5 条规定:"当事人达成仲裁协议,一方向人民法院起诉的,人民法院不予受理,但仲裁协议无效的除外。"《纽约公约》第 2 条第 3 款亦规定:"当事人就诉讼事项订有本条所称之协定者(即仲裁协议——笔者),缔约国法院受理诉讼时应依当事人一造之请求,命当事人提交仲裁,但前述协定经法院认定无效、失效或不能实行者不在此限。"由此可见,一项有效的仲裁协议可以排除法院的司法管辖权。

2. 严格依法行使监督权原则

法院对商事仲裁进行司法监督必须严格依照法律规定,以减少并避免武断和主观随意性。《仲裁法》规定,人民法院有权就仲裁协议的效力作出裁定,裁定的依据就是该法第 16 条和第 17 条的规定。《仲裁法》第 58 条还为人民法院撤销仲裁裁决列出了七种情形;《民事诉讼法》第 258 条也为人民法院不予执行我国涉外仲裁机构作出的裁决规定了五种情况;《纽约公约》第 5 条同样列举了各国法院得拒绝承认与执行外国商事仲裁裁决的七种情形。所有这些规定均表明,法院对商事仲裁进行监督是非常必要的,但这种监督应当依法来进行。只有这样,才能既为仲裁提供强有力的支持,切实维护当事人通过仲裁解决争议的意愿,又可以防止当事人、仲裁庭对仲裁制度的滥用,从而引导仲裁走上健康发展的道路。

在我国,为了确保人民法院对商事仲裁能够依法严肃、认真地行使监督权,最高人民法院还专门创设了逐级报告制度,并为此下发了有关通知,即《最高人民法院关于人民法院处理与涉外仲裁及外国仲裁事项有关问题的通知》[1]和《最高人民法院关于人民法院撤销涉外仲裁裁决有关事项的通知》[2]。根据这两项通知,我国最高人民法院确立了"受理具有仲裁协议的涉外经济纠纷案"(意即法院拟否定该仲裁协议——笔者)、"不予执行涉外仲裁裁决"、"拒绝承认和执行外国仲裁裁决"和"撤销涉外仲裁裁决"等四项报告制度,这有利于人民法院正确适用法律,维护仲裁协议的效力和裁决的权威。[3]

二、商事仲裁司法监督的范围与程序

(一) 商事仲裁司法监督的范围

从国内外的有关实践来看,商事仲裁司法监督的范围主要包括对仲裁协议的监督、对财产保全和证据保全的监督以及对仲裁裁决的监督三个方面。[4]

1. 对仲裁协议的监督

仲裁协议是指双方当事人同意将他们之间可能发生或已经发生的争议交付仲裁解决的一种书面共同意思表示。

一项有效的商事仲裁协议应当具备以下要件:

---

[1] 1995年8月28日,法发〔1995〕18号。
[2] 1998年4月23日,法〔1998〕40号。
[3] 参见高菲:"中国法院对仲裁的支持与监督——访最高人民法院院长肖扬",《仲裁与法律》2001年合订本。
[4] 参见徐前权:"论我国仲裁监督体制",《法学评论》1997年第6期。

(1)仲裁协议的主体必须合格,即签订仲裁协议的双方当事人必须具有行为能力。一般而言,各国通常适用当事人的属人法来判断其是否具有签订仲裁协议的行为能力。

(2)仲裁协议的订立必须以双方当事人的自愿与平等协商为基础,不允许一方当事人将自己的意志强加于另一方。

(3)仲裁协议中约定的提交仲裁解决的争议必须具有可仲裁性,即必须是有关国家法律允许通过仲裁方式处理的事项。否则,仲裁机构便不能受理当事人提交的案件,即使受理并作出了裁决,该项裁决也是无效的,不会得到有关国家法院的承认与执行。

(4)仲裁协议的形式必须合法。尽管世界各国在这方面的规定不尽一致,但绝大多数国家的法律及有关国际公约都要求仲裁协议必须采用书面形式,只有少数国家或国际条约承认口头形式。因此,一项仲裁协议究竟应当采用何种形式方为有效,须依仲裁地国法和仲裁裁决的承认与执行地国法的有关规定来判断。[①]

一项合法有效的商事仲裁协议应当具有如下法律效力:(1)它是排除法院管辖权的重要依据;(2)它是仲裁机构行使管辖权的重要依据;(3)它是仲裁程序得以进行的重要依据;(4)它是仲裁裁决得以承认和执行的重要依据。[②] 由于仲裁协议具有这些法律效力,所以在当事人之间发生争议时,一方往往对仲裁协议是否存在或其是否有效持有异议。在商事交易实践中,关于仲裁协议的效力,主要涉及两个方面的问题:一是由谁来确定仲裁协议的效力?二是确定仲裁协议效力所依据的标准是什么?下面笔者就分别对此予以探讨。

[①] 参见张潇剑:《国际私法论》(第二版),北京大学出版社 2008 年版,第 546—547 页。
[②] 参见同上书,第 554—555 页。

(1) 有权确定仲裁协议效力的机构

从各国商事仲裁的实践来看,仲裁机构和法院都有权确定仲裁协议的效力。

那么,在仲裁机构方面,这种权力的依据是什么？一种观点认为,仲裁机构或仲裁庭对仲裁协议效力的认定权,来源于各国国内立法以及一些相关机构的规定。例如,联合国贸法会的《联合国仲裁示范法》第16条第1款以及该委员会的《仲裁规则》第21条第1款均规定,仲裁庭可以对它自己的管辖权,包括对仲裁协议的存在或效力的任何异议作出裁定。世界各国的仲裁立法和仲裁机构的仲裁规则对仲裁机构或仲裁庭就仲裁协议的效力作出决定的权力也都有专门规定。例如,我国《仲裁法》第20条第1款规定:"当事人对仲裁协议的效力有异议的,可以请求仲裁委员会作出决定……"《中国国际经济贸易仲裁委员会仲裁规则》第6条第1款亦规定:"仲裁委员会有权对仲裁协议的存在、效力以及仲裁案件的管辖权作出决定。如有必要,仲裁委员会也可以授权仲裁庭作出管辖权决定。"

另一种观点认为,仲裁机构或仲裁庭对仲裁案件的管辖权和仲裁协议效力认定权的依据,是双方当事人之间的仲裁协议,认为按照当事人意思自治原则,在他们约定将其争议交付仲裁解决时,即意味着将协议项下的一切争议,包括对该协议效力的异议交由仲裁解决。因此,当双方当事人就仲裁协议的效力产生争议时,如果一方当事人将此项争议提交仲裁机构,该仲裁机构依照当事人之间的仲裁协议,即可取得对该项争议的管辖权,并就该仲裁协议的效力作出裁定。

笔者认为,上述两种观点均有其合理性,在实践中也都有所体现。可以说,当事人意自治是基础,各国国内立法及有关机构的规定是前提。只有将这两者有机结合起来,才能比较合理地解释仲裁机构认定仲裁协议效力的权力依据。

需要指出的是,仲裁庭与仲裁机构这两个概念并不是在任何情况下都能够完全重合的。在临时仲裁的情况下它们是一致的,因为临时仲裁庭本身就是一个机构,即临时仲裁机构,当仲裁案件审理结束并作出裁决后,这一临时仲裁机构的使命也就完成了,该仲裁庭即不复存在。但在常设仲裁的情况下,仲裁机构与仲裁庭就是两个不同的概念,因为它们的功能各不相同。仲裁庭的功能是负责对特定仲裁案件的审理,其使命随着仲裁裁决的作出而结束;常设仲裁机构的主要任务,则是负责对整个机构日常运转工作进行管理,它并不参与对特定仲裁案件的审理,只是对仲裁提供某些服务,诸如受理仲裁申请,收取仲裁费,协助组成仲裁庭,提供秘书、翻译、庭审等方面的服务,等等。有的仲裁机构还有权就仲裁协议的效力作出初步或最终决定。例如,瑞典斯德哥尔摩商会仲裁院可就仲裁协议的效力作出初步裁定,以决定是否受理该特定的仲裁案件。如果回答是肯定的,则将案件移交给仲裁庭,仲裁庭仍然有权对该仲裁案件所涉及的仲裁协议的效力作出最后裁定。

我国的情况则有所不同。按照我国《仲裁法》和有关仲裁机构仲裁规则的规定,有权对特定仲裁案件所涉及的仲裁协议的效力作出决定的不是仲裁庭,而是仲裁委员会这一常设机构。此点可以从上述《仲裁法》第 20 条第 1 款、《中国国际经济贸易仲裁委员会仲裁规则》第 6 条第 1 款的有关规定中得到证明。而依据《中国国际经济贸易仲裁委员会仲裁规则》第 6 条第 1 款的规定,只有在必要时,仲裁委员会才可以授权仲裁庭作出管辖权决定。

不仅规定如此,在仲裁实践中我国也是这种做法。例如,在"多宁轮滞期费争议案"中,争议双方(中国某远洋运输公司和山西某外贸公司)签订的租船合同中有一个仲裁条款,但该仲裁条款对仲裁机构的约定不明确,被申请人山西某外贸公司遂对该仲裁条款的效力提出了异议。已组成的仲裁庭便将这一异议提交到中国海事仲裁委员会作出决定。经过审理,1996年2月9日该仲裁委员会作出如下决定:第一,本会有权根据本案租船合同第42条(即仲裁条款)的规定,受理出租方提起的"多宁轮滞期费争议案";第二,仲裁庭将继续审理"多宁轮滞期费争议案"。

在法院方面,法院对仲裁协议效力的认定权来源于法律。既然仲裁协议是当事人之间就协议项下的争议提交仲裁解决的合意,本质上属于一项契约性安排,那么,在当事人就该项契约的效力发生争议时,当然有权向法院提起诉讼。此外,按照各国民事诉讼法的有关规定,提起民事诉讼是每个公民的权利,法院得依照其本国民事诉讼法的规定,受理有关当事人提起的诉讼。

根据各国的立法与实践,如果一方当事人将仲裁协议效力的争议提交法院,法院将依照应当适用的法律来确定该仲裁协议的效力。如果法院认定该仲裁协议有效,则令当事人将协议项下的争议提交仲裁解决;如果法院认定该仲裁协议无效,则由法院对此项争议进行审理并作出判决。

如果仲裁机构就仲裁协议的有效性作出的决定与法院对此问题作出的裁定相抵触,法院的裁定应居优先。否则,依照该项有争议的仲裁协议所作出的仲裁裁决,在日后申请承认与执行时便会遇到麻烦。例如,《仲裁法》第20条第1款规定:"当事人对仲裁协议的效力有异议的,可以请求仲裁委员会作出决定或者请求人民法院作出裁定。一方请求仲裁委员会作出决定,另一方请求人民法院作出裁定的,由人民法院裁定。"从《仲裁法》的这一规定来看,仲裁委员会和法院对仲裁协议的效力均有权作出决定或裁定;在当事人双方分别向仲裁委员会和法院提起确认仲裁协议效力的请求时,由人民法院裁定。

那么,仲裁委员会和法院作出的关于仲裁协议效力的决定、裁定是否都是终局的？在当事人分别向法院和仲裁委员会提起确认仲裁协议效力的请求、仲裁委员会已先行作出仲裁协议无效的决定从而不享有仲裁管辖权时，当事人是否享有直接向法院起诉的权利？对于这些问题，最高人民法院院长肖扬在2001年春季的一次访谈中指出："对人民法院作出的确认仲裁协议效力的裁定，法律没有规定可以上诉，就此意义而言可以说是终局的。这是为了保障仲裁程序的快速顺利进行。但仲裁委员会作出的决定，不是终局的。当事人可以在申请撤销仲裁裁决、申请不予执行仲裁裁决等诉讼中请求法院确认仲裁协议的效力。如果法院确认仲裁协议无效，便可撤销仲裁裁决或者依据1958年《纽约公约》第5条第1款第1项的规定以仲裁协议无效不予执行，从司法程序上保证仲裁裁决的公正。在当事人分别向仲裁委员会和法院提出确认仲裁协议效力的请求，仲裁委员会已先于法院接受申请，并作出仲裁协议有效的决定时，人民法院不受理当事人要求确认仲裁协议效力的申请。如果仲裁委员会先于法院作出仲裁协议无效的决定，并且当事人又未重新达成仲裁协议，当事人可以向人民法院提起诉讼。"①

在有权确定仲裁协议效力的机构问题上，《最高人民法院关于确认仲裁协议效力几个问题的批复》②亦作出如下具体的规定："……三、当事人对仲裁协议的效力有异议的，一方当事人申请仲裁机构确认仲裁协议效力，另一方当事人请求人民法院确认仲裁协议无效，如果仲裁机构先于人民法院接受申请并已作出决定，人民法院不予受理；如果仲裁机构接受申请后尚未作出决定，人民法院应予受理，同时通知仲裁机构中止仲裁。四、一方当事人就合同纠纷或者其他财产权益纠纷申请仲

---

① 高菲："中国法院对仲裁的支持与监督——访最高人民法院院长肖扬"，《仲裁与法律》2001年合订本。
② 1998年10月26日，法释〔1998〕27号。

裁,另一方当事人对仲裁协议的效力有异议,请求人民法院确认仲裁协议无效并就合同纠纷或者其他财产权益纠纷起诉的,人民法院受理后应当通知仲裁机构中止仲裁。人民法院依法作出仲裁协议有效或者无效的裁定后,应当将裁定书副本送达仲裁机构,由仲裁机构根据人民法院的裁定恢复仲裁或者撤销仲裁案件。……"该《批复》还强调:"人民法院依法对仲裁协议作出无效的裁定后,另一方当事人拒不应诉的,人民法院可以缺席判决;原受理仲裁申请的仲裁机构在人民法院确认仲裁协议无效后仍不撤销其仲裁案件的,不影响人民法院对案件的审理。"

从国际商事仲裁领域来看,《联合国仲裁示范法》对有权确定仲裁协议效力的机构也作出了规定。根据该《示范法》第16条第3款的规定,仲裁庭有权就其对仲裁案件的管辖权问题(亦即仲裁协议的效力问题——笔者)作为初步问题作出决定,如果仲裁庭决定其有管辖权,任何一方当事人均可在收到决定通知后30天内请求有管辖权的法院对此决定作出裁定,该裁定不容上诉,在等待对这种要求作出裁定的同时,仲裁庭可以继续进行仲裁程序和作出裁决。

(2)确定仲裁协议效力所依据的标准

无论仲裁协议的有效性是由仲裁机构决定还是由法院裁定,都面临着依据何种标准来作出此项决定或者裁定的问题,即适用什么样的法律作出此项决定或裁定。从立法上看,各国法律对仲裁协议效力的规定有很大的不同。在有些国家,只要当事人表达了通过仲裁方式解决其争议的意愿,这样的仲裁协议就是可以执行的和有效的。而在另一些国家,法律对此所作的规定则比较严格,如我国就属于这种情况。《仲裁法》第16条要求仲裁协议除了应当具有请求仲裁的意思表示以及仲裁事项之外,还应包括选定的仲裁委员会。因此在我国,国内商事仲裁协议的效力应当依据我国法律(诸如仲裁法等)来确立。至于国际商事仲裁协议的效力,各国通行的实践是依照有关的冲突规范来确定应予适用的准据法。根据《纽约公约》第 5 条第 1 款(甲)项的规定,缔约国法院对有下列情形之一的仲裁裁决得拒绝承认和执行:仲裁协议的双方当事人依对其适用的法律系无行为能力者;或者根据双方当事人选定适用的法律或在没有这种选定时,根据仲裁地国法律仲裁协议是无效的。从这项规定来看,在认定国际商事仲裁协议的效力时,《纽约公约》明确规定应当适用以下几种法律:对当事人适用的法律(即当事人的属人法)、双方当事人根据意思自治原则选用的法律或仲裁地国的法律。

2. 对财产保全和证据保全的监督

为了保证仲裁程序得以顺利进行以及有关的仲裁裁决能够有效获得执行,在仲裁开始前或仲裁过程中有时需要采取某些强制性的措施,即财产保全和证据保全措施。从大多数国家的实践来看,这类强制性权利的行使是专属于国内法院的,尽管有些国家在这方面也赋予仲裁庭若干强制性权力,但此种做法却并不多见。

(1) 财产保全

商事仲裁中的财产保全,是指法院对于可能因当事人一方的行为或其他原因,而致使仲裁裁决不能执行或者难以执行的案件,根据当事人的申请,对争议的标的或当事人的财产裁定采取一定的强制措施,以保证将来作出的仲裁裁决能够得到顺利执行,使胜诉一方当事人获得应有的补偿。这里的所谓"因当事人一方的行为",是指一方当事人可能将争议的标的物出卖、转移、隐匿、毁损或者抽逃资金,甚至将动产带出境外等行为;所谓"其他原因",主要是指由于客观上的原因使争议的标的物无法保存,例如,某些物品不易长期存放、可能腐烂变质等。财产保全的措施主要有查封、扣押、冻结以及法律规定的其他方法。财产一经保全,当事人就不得再行处分。但是,如果被申请人提供了有效的担保,或者案件已经审结,则财产保全措施即应解除。仲裁领域的财产保全是人民法院为了确保仲裁顺利进行而采取的一种临时性强制措施。

仲裁中的财产保全具有以下特点:①被申请保全人必须是仲裁案件的当事人。如果这两者不一致,就不能实施任何财产保全措施。②被保全的标的物必须为被申请保全人所有。换言之,法院在应当事人的申请对被申请人的财产实施保全时,不应致使与案件无关的第三方的利益受到影响。③申请保全之财产的价额不应超过仲裁的请求数额。如果申请人请求保全的财产之价额超出了请求仲裁的数额,就可能会给被申请人带来额外的经济损失,这对被申请人来说是极不公平的。④保全措施是强制性的和临时性的。财产一经保全,当事人就不得再行处分,除非被保全人提供了有效的担保。⑤法院采取保全措施的裁定不应对当事人之间存在的争议作实体性处理,即不能通过保全措施来解决当事人实体上的权利义务之争。⑥仲裁案件的财产保全,必须由当事人提出申请。无论情况多么紧急,法院均不得在没有申请人提出财产保全申请的情况下,自行作出财产保全的裁定。仲裁庭也不能在没有申请人提出财产保全请求的情况下,要求法院先行作出财产保全的裁定。⑦申请人在提出申请时一般都应提供担保,以防止申请人在败诉时逃避因其申请保全不当所应承担的责任。

各国仲裁立法和各常设仲裁机构的仲裁规则大多规定了财产保全制度,但对于由何种机构来采取财产保全措施则有不同规定。归纳起来,主要有以下三种情形[①]:

① 规定只能由法院采取财产保全措施。因为财产保全措施具有强制性,仲裁庭无权采取,所以,当事人只能向有关法院提出申请,由法

---

① 参见张潇剑:《国际私法论》(第二版),北京大学出版社2008年版,第561—562页。

院在其认为必要时作出采取财产保全措施的决定。中国、瑞士、澳大利亚等国持这种实践。例如,《仲裁法》第 28 条第 2 款规定:"当事人申请财产保全的,仲裁委员会应当将当事人的申请依照民事诉讼法的有关规定提交人民法院。"《中国国际经济贸易仲裁委员会仲裁规则》第 17 条亦规定:"当事人申请财产保全的,仲裁委员会应当将当事人的申请转交被申请财产保全的当事人住所地或其财产所在地有管辖权的法院作出裁定。"

② 规定可以由仲裁庭采取财产保全措施。美国、日本等国持这种实践。例如,《美国仲裁协会国际仲裁规则》第 21 条第 1 款规定:"仲裁庭可根据任何一方当事人的请求采取它认为必要的临时性的措施,包括为保护和保管财产而发布的禁止性的救济和措施。"《联合国国际贸易法委员会仲裁规则》第 26 条第 1 款亦规定:"应当事人任何一方的要求,仲裁庭认为有必要时,得对争议标的采取任何临时措施,包括成为争议标的货物的保存在内,诸如将货物交由第三方保存或出售易损的货品。"

③ 规定应视不同情况,由法院或仲裁庭分别采取财产保全措施。英国持这种实践。例如,1996 年的《英国仲裁法》第 44 条第 3 款规定:"如果案情紧急,法院可以在一方当事人的申请下或建议当事人提出申请,并认为确有必要时,可以采取证据保全或财产保全。"第 5 款又规定:"在任何情况下,如果当事人对该仲裁庭,或其他仲裁机构或其他机构或个人已经授权行使此项权利,则法院无权或不能行使此项权利。"

(2) 证据保全

证据保全是指由法院依法收存和固定证据资料以保持其真实性和证明力的措施,其目的是使证据事实不致因时过境迁或其他原因而消失或遭到破坏,从而保证能够被正确地应用。

证据的收集与审查是仲裁审理过程中的重要环节。当事人对自己的主张负有举证责任,如果负有举证责任的当事人对此拒不履行,将承担对其不利的实体法或程序法上的某种后果。仲裁庭并不承担举证义务,但有权决定是否需要调查、搜集证据。不过,仲裁庭的这种权利并无强制力,必要时得请求法院给予支持和协助。例如,《中国国际经济贸易仲裁委员会仲裁规则》第18条规定:"当事人申请证据保全的,仲裁委员会应当将当事人的申请转交证据所在地有管辖权的法院作出裁定。"《联合国国际商事仲裁示范法》第27条亦规定:"仲裁庭或当事一方在仲裁庭同意下,可以请求本国主管法院协助获取证据。法院可以在其权限范围内并按照其获取证据的规则的规定执行上述请求。"

3. 对仲裁裁决的监督

仲裁裁决是仲裁庭对当事人提交的争议事项进行审理后所作出的结论性意见。根据绝大多数国家法律的规定,这种裁决是终局性的,对双方当事人均具有拘束力;并且由于仲裁是建立在双方当事人自愿基础之上的,所以仲裁裁决一经作出,双方当事人应当自动履行。例如,《仲裁法》第9条规定:"仲裁实行一裁终局的制度。裁决作出后,当事人就同一纠纷再申请仲裁或者向人民法院起诉的,仲裁委员会或者人民法院不予受理。"《中国国际经济贸易仲裁委员会仲裁规则》第43条第8款亦规定:仲裁"裁决是终局的,对双方当事人均有约束力。任何一方当事人均不得向法院起诉,也不得向其他任何机构提出变更仲裁裁决的请求。"其第49条第1款还明确要求:"当事人应当依照裁决书写明的期限履行仲裁裁决;裁决书未写明履行期限的,应当立即履行。"

但在实践中,仍有少数输方拒绝自动履行仲裁裁决的情况,这时,赢方便需要采取某种措施强制输方履行。由于仲裁不同于诉讼,仲裁裁决一经作出,仲裁庭的任务即告完成,仲裁机构和仲裁庭本身又并不具有强制执行仲裁裁决的权力,因此,只能由赢方提请有关国家的法院予以强制执行,即需要国家司法机关——法院的介入,依靠国家权力来强制执行有关的仲裁裁决。例如,《仲裁法》第 62 条规定:"当事人应当履行裁决。一方当事人不履行的,另一方当事人可以依照民事诉讼法的有关规定向人民法院申请执行。受申请的人民法院应当执行。"《中国国际经济贸易仲裁委员会仲裁规则》第 49 条第 2 款亦规定:"一方当事人不履行裁决的,另一方当事人可以根据中国法律的规定,向有管辖权的中国法院申请执行;或者根据 1958 年联合国《承认及执行外国仲裁裁决公约》或者中国缔结或参加的其他国际条约,向有管辖权的法院申请执行。"而一国法院在受理赢方提出的承认及强制执行仲裁裁决的申请后,需要依照有关规定进行审查,以决定是否给予承认与执行,因此便产生了法院对仲裁裁决的监督问题。

从我国的有关实践来看,对于内国的商事仲裁裁决是按照本国的法律予以审查的;而对于国际商事仲裁裁决,则应按照相关国际公约或者在互惠的基础上进行审查。

(二)商事仲裁司法监督的程序

1. 对仲裁协议的监督程序

前已提及,仲裁的管辖权源自于双方当事人的仲裁协议。一项合法有效的仲裁协议不仅可以确立仲裁管辖权,同时也排除了法院的司法管辖权。但在仲裁实践中,还存在着当事人之间虽然订有仲裁协议却无法排除法院司法管辖权的情况,诸如仲裁协议无效、仲裁协议内容含糊不清和无法执行、提请仲裁解决的争议不具有可仲裁性或不属于仲裁协议约定的范围、仲裁协议不符合公共秩序,等等。因此,仲裁管辖权的确立离不开法院对仲裁协议的审查与监督。

在我国,法院对争议双方协议选择以仲裁方式解决其相互间纠纷是持尊重和支持态度的。前述《最高人民法院关于确认仲裁协议效力几个问题的批复》第3条和第4条的规定就已经表明了这一点。此外,为慎重起见,《最高人民法院关于人民法院处理与涉外仲裁及外国仲裁事项有关问题的通知》第1条还明确强调:"凡起诉到人民法院的涉外、涉港澳和涉台经济、海事海商纠纷案件,如果当事人在合同中订有仲裁条款或者事后达成仲裁协议,人民法院认为该仲裁条款或者仲裁协议无效、失效或者内容不明确无法执行的,在决定受理一方当事人起诉之前,必须报请本辖区所属高级人民法院进行审查;如果高级人民法院同意受理,应将其审查意见报最高人民法院。在最高人民法院未作答复前,可暂不予受理。"这一规定"是从程序上逐级严格把关,不使真正具有仲裁意愿的当事人仲裁意愿落空,体现了人民法院支持仲裁的态度"[①]。

2. 对财产保全和证据保全的监督程序

(1) 关于财产保全

在财产保全方面,《民事诉讼法》第256条规定:"当事人申请财产保全的,中华人民共和国的涉外仲裁机构应当将当事人的申请,提交被申请人住所地或者财产所在地的中级人民法院裁定。"《仲裁法》第28条第1、2款亦规定:"一方当事人因另一方当事人的行为或者其他原因,可能使裁决不能执行或者难以执行的,可以申请财产保全。当事人申请财产保全的,仲裁委员会应当将当事人的申请依照民事诉讼法的有关规定提交人民法院。"与此同时,《最高人民法院关于实施〈中华人民共和国仲裁法〉几个问题的通知》[②]第2条还作出如下具体规定予以强调:"在仲裁过程中,当事人申请财产保全的,一般案件由被申请人住

[①] 高菲:"中国法院对仲裁的支持与监督——访最高人民法院院长肖扬",《仲裁与法律》2001年合订本。

[②] 1997年3月26日,法发〔1997〕4号。

所地或者财产所在地的基层人民法院作出裁定;属涉外仲裁案件的,依据《中华人民共和国民事诉讼法》第 258 条(即修订后的《民事诉讼法》第 256 条——笔者)的规定,由被申请人住所地或者财产所在地的中级人民法院作出裁定。有关人民法院对仲裁机构提交的财产保全申请应当认真进行审查,符合法律规定的,即应依法作出财产保全的裁定;如认为不符合法律规定的,应依法裁定驳回申请。"

(2) 关于证据保全

在证据保全方面,我国法律亦有明确规定。《仲裁法》第 46 条指出:"在证据可能灭失或者以后难以取得的情况下,当事人可以申请证据保全。当事人申请证据保全的,仲裁委员会应当将当事人的申请提交证据所在地的基层人民法院。"对于涉外仲裁中的证据保全问题,该法第 68 条进一步明确规定:"涉外仲裁的当事人申请证据保全的,涉外仲裁委员会应当将当事人的申请提交证据所在地的中级人民法院。"

从上述规定可以看出,在我国,无论是财产保全也好、证据保全也罢,提出申请的主体只能是当事人,有权采取保全措施的机关只能是法院。而仲裁机构在这两个领域中的作用则是"转交",处于"二传手"的地位。[1]

3. 对仲裁裁决的监督程序

(1) 对本国仲裁裁决的监督程序

对于本国仲裁机构作出的仲裁裁决进行司法监督,其程序相对而言比较简单。世界各国的仲裁立法在这方面大多规定,由赢方当事人向法院提出承认与强制执行仲裁裁决的申请,法院依照本国法律的规定通常对仲裁裁决进行程序性审查,认为符合有关法律规定的,即承认

---

[1] 参见赵健:《国际商事仲裁的司法监督》,法律出版社 2000 年版,第 136—137 页。

其法律效力;需要执行的,发布执行令,按照国内民事诉讼法的相关规定,像执行本国法院判决一样给予强制执行。法院进行程序性审查的内容一般包括:仲裁协议是否有效,仲裁员资格是否合法,仲裁员行为是否得当,仲裁庭的组成是否合法,仲裁程序是否符合要求,仲裁裁决的形式是否合法,等等。除了对仲裁裁决进行程序性审查以外,有些国家的法院还对仲裁裁决进行实体性审查,看其是否符合本国的公共秩序。例如,我国《仲裁法》第58条第3款规定:"人民法院认定该裁决违背社会公共利益的,应当裁定撤销。"

(2) 对外国仲裁裁决的监督程序

目前在对外国仲裁裁决的监督程序方面,世界各国的一般原则是:一国监督在其境外作出的仲裁裁决,应以与有关外国之间存在着承认和执行仲裁裁决的双边或多边国际条约或事实上的互惠安排为前提,并要求该项裁决必须符合国际条约或该国国内立法中所规定的某些条件。

如今,在国际商事仲裁领域具有普遍影响的国际条约是《纽约公约》。该公约共有16条,前7条是实质性条款,后9条则为程序性条款。该公约所确立的承认与执行外国仲裁裁决的国际制度,为一国法院对外国仲裁裁决进行司法监督提供了依据。这一国际制度主要包括以下若干内容:

① 承认与执行外国仲裁裁决的范围

因自然人或法人之间争议而引起的仲裁裁决的承认与执行,如果该项裁决是在被请求承认与执行国以外国家作出,或依被请求承认与执行国的标准,该项裁决不属于内国裁决者,适用本公约。此外,公约既适用于临时仲裁庭所作的裁决,亦适用于常设仲裁机构下属仲裁庭作出的裁决。但是,缔约国可以声明,本国只在互惠原则基础上对在另一缔约国领土内作出的仲裁裁决的承认与执行,适用本公约,而对在非缔约国领土内作成的裁决,将不适用公约的规定,即所谓的"互惠保留";缔约国还可以声明,只对根据本国法律认定为属于商事关系(不论其为契约性质与否)所引起的争议适用本公约,而对于非商事争议(如劳动争议等)性质的裁决则不适用公约的规定,即所谓的"商事保留"。我国在加入该公约时,根据公约的上述规定作了互惠保留和商事保留的声明。

② 承认与执行外国仲裁裁决的标准

各缔约国应当相互承认与执行对方国家所作出的仲裁裁决。在承认与执行对方国家的仲裁裁决时,不应比承认与执行本国仲裁裁决附加更为苛刻的条件或征收更高的费用。

③ 拒绝承认与执行外国仲裁裁决的条件

根据该公约第 5 条的规定,凡有下列情形之一者,被请求承认与执行国家的主管机关可以拒绝承认与执行外国仲裁裁决:A. 仲裁协议无效;B. 被申请人未得到指定仲裁员或进行仲裁程序的适当通知,或者由于其他原因未能提出申辩;C. 裁决的事项超出了仲裁协议规定的范围;D. 仲裁庭的组成或仲裁程序与当事人的协议不符,或者在双方当事人无协议时,与仲裁地国家的法律不符;E. 仲裁裁决对当事人尚未发生法律拘束力,或裁决已被仲裁地国家的有关当局依法撤销或停止执行;F. 依被请求承认与执行国家的法律,争议事项不能以仲裁方式解决;G. 承认与执行有关裁决将违背被请求承认与执行国家的公共秩序。

④ 承认与执行外国仲裁裁决的程序

根据该公约的规定,申请承认与执行仲裁裁决的当事人,应当提供经正式认证的仲裁裁决正本或经正式证明的副本,以及据以作出裁决的仲裁协议正本或经正式证明的副本。如果上述裁决或仲裁协议不是用被请求承认与执行国的正式文字写成的,申请人还应提交有关文件的该种文字译本。译本应由官方的或经过宣誓的译员或外交或者领事人员认证。

三、商事仲裁司法监督的法律效果

法院对仲裁协议、财产保全和证据保全的司法监督,本节前面的内容中已有论及。在这一题里,笔者将以我国实践为例,着重探讨我国法院对仲裁裁决的撤销及不予执行问题,这是法院对商事仲裁进行司法监督的两个主要方面。

(一) 对我国仲裁机构所作裁决的撤销及不予执行

从我国《仲裁法》和《民事诉讼法》的有关规定来看,在当事人申请撤销或不予执行国内仲裁裁决和涉外仲裁裁决时,我国的司法监督在审查方面实行的是双重标准,即在监督国内仲裁裁决时,法院的审查既有程序性的也有实体性的;而在监督涉外仲裁裁决时,则法院只作程序性审查,[1]除非法院依照《民事诉讼法》第258条第2款(社会公共利益条款)对涉外仲裁裁决主动进行实体审查。

在国内仲裁裁决的监督方面,《仲裁法》第58条规定:"当事人提出证据证明裁决有下列情形之一的,可以向仲裁委员会所在地的中级人民法院申请撤销裁决:(一)没有仲裁协议的;(二)裁决的事项不属于仲裁协议的范围或者仲裁委员会无权仲裁的;(三)仲裁庭的组成或者仲裁的程序违反法定程序的;(四)裁决所依据的证据是伪造的;(五)对方当事人隐瞒了足以影响公正裁决的证据的;(六)仲裁员在仲裁该案时有索贿受贿,徇私舞弊,枉法裁决行为的。人民法院经组成合议庭审查核实裁决有前款规定情形之一的,应当裁定撤销。人民法院认定该裁

---

[1] 参见陈安:"中国涉外仲裁监督机制评析",《中国社会科学》1995年第4期;徐前权:"论我国仲裁监督体制",《法学评论》1997年第6期;张丽燕、舒瑶芝:"论仲裁的司法监督",《浙江省政法管理干部学院学报》2001年第3期。

决违背社会公共利益的,应当裁定撤销。"可见,该条第 1 款第(四)、(五)、(六)项以及第 3 款(社会公共利益条款)的规定是属于对实体性内容的审查。

根据《仲裁法》第 64 条第 2 款的规定,法院对国内仲裁裁决撤销与否的法律效果是:"人民法院裁定撤销裁决的,应当裁定终结执行。撤销裁决的申请被裁定驳回的,人民法院应当裁定恢复执行。"该法第 9 条第 2 款还规定:"裁决被人民法院依法裁定撤销或者不予执行的,当事人就该纠纷可以根据双方重新达成的仲裁协议申请仲裁,也可以向人民法院起诉。"最高人民法院的相关文件也一再重申这一原则。例如,《最高人民法院关于人民法院裁定撤销仲裁裁决或驳回当事人申请后当事人能否上诉问题的批复》[①]中规定:"根据《中华人民共和国民事诉讼法》第 140 条、第 141 条和《中华人民共和国仲裁法》第 9 条第 2 款规定,对人民法院依法作出的撤销仲裁裁决或驳回当事人申请的裁定,当事人无权上诉。人民法院依法裁定撤销仲裁裁决的,当事人可以根据双方重新达成的仲裁协议申请仲裁,也可以向人民法院起诉。"《最高人民法院关于当事人对人民法院撤销仲裁裁决的裁定不服申请再审人民法院是否受理问题的批复》[②]亦规定:"根据《中华人民共和国仲裁法》第九条规定的精神,当事人对人民法院撤销仲裁裁决的裁定不服申请再审的,人民法院不予受理。"

《民事诉讼法》第 213 条第 2、3 款对仲裁裁决的不予执行作出如下规定:"被申请人提出证据证明仲裁裁决有下列情形之一的,经人民法院组成合议庭审查核实,裁定不予执行:(一)当事人在合同中没有订有仲裁条款或者事后没有达成书面仲裁协议的;(二)裁决的事项不属于

---

① 1997 年 4 月 23 日,法复〔1997〕5 号。
② 1999 年 2 月 11 日,法释〔1999〕6 号。

仲裁协议的范围或者仲裁机构无权仲裁的;(三)仲裁庭的组成或者仲裁的程序违反法定程序的;(四)认定事实的主要证据不足的;(五)适用法律确有错误的;(六)仲裁员在仲裁该案时有贪污受贿,徇私舞弊,枉法裁决行为的。人民法院认定执行该裁决违背社会公共利益的,裁定不予执行。"显然,这一条款中的第(四)、(五)、(六)项以及第3款(社会公共利益条款)的规定同样属于对实体性内容的审查。

根据《民事诉讼法》第213条第5款的规定,法院对国内仲裁裁决不予执行的法律效果是:"仲裁裁决被人民法院裁定不予执行的,当事人可以根据双方达成的书面仲裁协议重新申请仲裁,也可以向人民法院起诉。"

而在涉外仲裁裁决的监督方面,《仲裁法》第70条规定:"当事人提出证据证明涉外仲裁裁决有民事诉讼法第258条第1款规定的情形之一的,经人民法院组成合议庭审查核实,裁定撤销。"第71条还规定:"被申请人提出证据证明涉外仲裁裁决有民事诉讼法第258条第1款规定的情形之一的,经人民法院组成合议庭审查核实,裁定不予执行。"仲裁法的这两项条文均提到了《民事诉讼法》第258条第1款。这一款的内容是:"对中华人民共和国涉外仲裁机构作出的裁决,被申请人提出证据证明仲裁裁决有下列情形之一的,经人民法院组成合议庭审查核实,裁定不予执行:(一)当事人在合同中没有订有仲裁条款或者事后没有达成书面仲裁协议的;(二)被申请人没有得到指定仲裁员或者进行仲裁程序的通知,或者由于其他不属于被申请人负责的原因未能陈述意见的;(三)仲裁庭的组成或者仲裁的程序与仲裁规则不符的;(四)裁决的事项不属于仲裁协议的范围或者仲裁机构无权仲裁的。"由此可见,依据这些规定来对涉外仲裁裁决进行审查,其性质显然是程序性的。

根据《民事诉讼法》第259条的规定,对涉外仲裁裁决不予执行的法律效果是："仲裁裁决被人民法院裁定不予执行的,当事人可以根据双方达成的书面仲裁协议重新申请仲裁,也可以向人民法院起诉。"

在我国,人民法院撤销我国涉外仲裁裁决时,应当严格遵守有关的程序。在《最高人民法院关于人民法院撤销涉外仲裁裁决有关事项的通知》中,对此特作如下规定："一、凡一方当事人按照仲裁法的规定向人民法院申请撤销我国涉外仲裁裁决,如果人民法院经审查认为涉外仲裁裁决具有民事诉讼法第260条(即修订后的《民事诉讼法》第258条——笔者)第1款规定的情形之一的,在裁定撤销裁决或通知仲裁庭重新仲裁之前,须报请本辖区所属高级人民法院进行审查。如果高级人民法院同意撤销裁决或通知仲裁庭重新仲裁,应将其审查意见报最高人民法院。待最高人民法院答复后,方可裁定撤销裁决或通知仲裁庭重新仲裁。二、受理申请撤销裁决的人民法院如认为应予撤销裁决或通知仲裁庭重新仲裁的,应在受理申请后30日内报其所属的高级人民法院,该高级人民法院如同意撤销裁决或通知仲裁庭重新仲裁的,应在15日内报最高人民法院,以严格执行仲裁法第60条的规定。"之所以规定这种撤销涉外仲裁裁决的逐级报告制度,目的就在于防止法院滥用撤销涉外仲裁裁决的权力,最大限度地维护当事人的真实仲裁意愿,促进仲裁公正,保护投资环境,推动经济发展。[①]

这里需要强调说明的一点是,即使法院不依据《仲裁法》第58条第3款和《民事诉讼法》第213条第3款(均为社会公共利益条款)的规定对国内仲裁裁决主动进行审查,而仅仅是应当事人的申请对国内仲裁裁决进行审查,从前述《仲裁法》第58条第1款第(四)、(五)、(六)项以

[①] 参见高菲："中国法院对仲裁的支持与监督——访最高人民法院院长肖扬",《仲裁与法律》2001年合订本。

及《民事诉讼法》第213条第2款第(四)、(五)、(六)项的规定来看,这种审查也足以构成对国内仲裁裁决的实体性审查;而对涉外仲裁裁决的审查则不然。根据《仲裁法》第70条、第71条以及《民事诉讼法》第258条第1款的规定,如果仅仅是属于依当事人提起申请而不是由法院主动发起审查的情形,则法院对涉外仲裁裁决的审查就只能是局限于程序性而非实体性的。

(二)对外国仲裁裁决的拒绝承认与执行

《民事诉讼法》第267条规定:"国外仲裁机构的裁决,需要中华人民共和国人民法院承认和执行的,应当由当事人直接向被执行人住所地或者其财产所在地的中级人民法院申请,人民法院应当依照中华人民共和国缔结或者参加的国际条约,或者按照互惠原则办理。"

根据上述规定,我国人民法院对于在《纽约公约》缔约国领土内作出的仲裁裁决的承认与执行,应当适用该公约;对于在非该公约缔约国领土内作出的仲裁裁决的承认与执行,如果对方国家与我国有双边条约或者有互惠关系的,按照双边条约或互惠原则办理;如果对方国家与我国既无多边或双边条约关系,又不存在互惠安排的,我国人民法院则没有承认与执行在该国所作仲裁裁决的义务。但一般来讲,如果该项裁决不违反我国法律的基本原则或者国家主权、安全和社会公共利益,我国人民法院通常予以承认和执行;否则,就拒绝承认和执行。[1]

从《纽约公约》第5条的规定来看,拒绝承认和执行外国仲裁裁决的标准共有七项(详见本节第二题结尾部分),其中既有程序性标准[第5条第1款和第2款(甲)项即"不可仲裁事项"],亦有实体性标准[第5

---

[1] 参见张潇剑:《国际私法论》(第二版),北京大学出版社2008年版,第571页。

条第 2 款(乙)项即"公共政策条款"]。但是,在对外国仲裁裁决进行监督的领域,我国法律并未规定撤销程序,因为从国际商事仲裁的理论与实践来看,只有仲裁裁决作出地国的法院才有权撤销该项裁决,而我国作为被请求承认与执行国,人民法院并不能以撤销方式来否定外国仲裁裁决的法律效力,所以只能采取拒绝承认与执行外国仲裁裁决的司法监督方式。

如果一项外国仲裁裁决为人民法院所拒绝承认和执行,其法律效果就是该项外国裁决在我国境内不发生法律效力,不能成为当事人在我国领域内主张权利与义务的依据。

为了维护国际商事关系的稳定并促进其发展,我国人民法院不论是对内国仲裁裁决的不予执行,还是对外国仲裁裁决的拒绝承认和执行,均持非常慎重的态度。《最高人民法院关于人民法院处理与涉外仲裁及外国仲裁事项有关问题的通知》第 2 条规定:"凡一方当事人向人民法院申请执行我国涉外仲裁机构裁决,或者向人民法院申请承认和执行外国仲裁机构的裁决,如果人民法院认为我国涉外仲裁机构裁决具有《民事诉讼法》第 260 条(即修订后的《民事诉讼法》第 258 条——笔者)情形之一的,或者申请承认和执行的外国仲裁裁决不符合我国参加的国际公约的规定或者不符合互惠原则的,在裁定不予执行或者拒绝承认和执行之前,必须报请本辖区所属高级人民法院进行审查;如果高级人民法院同意不予执行或者拒绝承认和执行,应将其审查意见报最高人民法院。待最高人民法院答复后,方可裁定不予执行或者拒绝承认和执行。"这一逐级报告制度规范了我国法院对涉外仲裁裁决和国际商事仲裁裁决的司法监督,亦体现了法院对涉外仲裁裁决和国际商事仲裁裁决的支持和协助。

从商事仲裁的历史发展进程来看,在这个领域进行司法监督是非常必要的,有其现实意义和理论基础。正如笔者在本节开始时所阐述的那样，对商事仲裁的司法监督应作广义的理解，它包含有司法对仲裁的积极肯定和消极否定两个方面。因此，就法院而言，当它对商事仲裁行使司法监督权之时应该把握好一个必要的度，以使这种监督既能充分尊重当事人的意思自治、切实维护仲裁"一裁终局"的权威，又能确保仲裁严格依法进行，促进仲裁这一重要的争端解决机制得以健康发展。应当说，这才是对商事仲裁进行司法监督的根本目的。

第六节　国际商事仲裁中法院的作用之二
——被撤销之仲裁裁决的承认与执行

当今世界，作为解决国际商事争议的一种有效途径，仲裁方法得到了广泛应用。双方当事人通过对仲裁的选择，便当然地排除了国家法院对其相互争议行使司法管辖权，除非他们提请仲裁解决的纠纷，依照有关法律系属于不可仲裁事项。然而，这并不等于说国家法院对仲裁根本不能介入。从实际情况来看，国家法院对仲裁及其裁决是保有某种程度的监督权的。就仲裁裁决而言，仲裁地国法院有权根据其本国仲裁法的规定撤销一项仲裁裁决；仲裁裁决的被请求承认与执行地国（以下简称被请求地国）法院也可以根据其本国法或其缔结或参加的国际条约，拒绝承认与执行一项已被仲裁地国法院撤销的仲裁裁决。

一、引言

这里我们假设：甲国一家公司与乙国一家公司在相互的跨国商事交易中发生争议，双方约定将其争议提交位于丙国 A 市的仲裁机构在 A 市仲裁。但仲裁裁决作出后却为 A 市的法院所撤销，理由之一是仲裁员存有偏见,理由之二是仲裁员公然漠视准据法。然而,尽管仲裁地国法院撤销了这一裁决,赢方当事人仍然向输方当事人财产所在地的甲国法院请求承认与执行该项裁决。这种情况下,甲国法院应持何种态度?是支持仲裁员的裁决还是支持仲裁地国法院的撤销决定?抑或由甲国法院出面对被撤销之仲裁裁决的合法性进行独立调查?

在国际商事往来时,当事人为了降低成本、节约时间、提高效率,往往倾向于采用仲裁手段解决他们之间的争端。而仲裁也的确能够充分体现当事人的意思自治:双方当事人可以合意选择仲裁地点、仲裁员、仲裁应予适用的程序法及实体法等。更为重要的一点是,仲裁还可以避免或减少去任何一方当事人本国法院诉讼解决争议时而可能带来的司法不公。但是,选择以仲裁方式解决争端也存在着一定的风险,即仲裁员所作裁决可能是错误的。对此,有些国家在国内法上作出规定,授权给仲裁地国法院对仲裁过程及其结果实施监督,允许仲裁地国法院撤销它认为应当依法撤销之仲裁裁决。与此同时,有关法律还赋予被请求地国法院依照其自身标准,对提请承认与执行的仲裁裁决进行审查,以制约仲裁地国法院撤销仲裁裁决的权力。

现在,让我们再回到前面那个假设。甲国法院在考虑是否承认与执行已被丙国 A 市法院撤销了的仲裁裁决时将面临着如下三种选择:第一,从不理会这类撤销;第二,总是遵从这类撤销;第三,仅在某些条件下尊重这类撤销,诸如尊重这类撤销不应与甲国的公共政策相抵触或者符合甲国法上规定的撤销条件等。笔者认为,采用第三种选择较为适宜。

传统观点认为,撤销一项仲裁裁决即等于根除了该项裁决的法律效力,使得它在其他国家失去可执行力。然而,现实情况却并非总是如此。有的仲裁裁决尽管为仲裁地国法院所撤销,但在被请求地国则仍被视为合法有效,正如一项合同在一国被认定为无效但在另一国却可以得到实施一样,因为不同国家判断的标准各不相同。因此,在仲裁法理论上亦应认为,一项国际商事仲裁裁决被仲裁地国法院所撤销,并不当然导致该项裁决为被请求地国法院所拒绝。否则,无条件地尊重仲裁地国法院撤销仲裁裁决之决定,不但会妨碍以仲裁方式解决跨国商事争议的高效性,还将给恶意否定一项正常的仲裁裁决留下可乘之机,有损于公平、正义之基本法律理念。

二、立法规定

一般而言,对于纯国内性质的商事仲裁裁决,区分仲裁地国法院的司法审查与被请求地国法院的司法审查其意义并不大。因为这两地法院是否认可一项仲裁裁决所适用的标准都是相同的,即均是适用同一法域法律所规定的条件。但对于跨国商事争议来讲,这种区分就具有十分重要的意义,因为仲裁裁决作出地与仲裁裁决的被请求地是分处不同的国家,而不同国家的法院对仲裁裁决进行司法审查的标准也不尽相同,从而会得出不同的结论。因此,有必要对这一领域的各国立法以及相关国际条约予以研究。

(一)《纽约公约》

《纽约公约》为缔约国承认与执行在其本国境外作出的、或其认为系属于非内国裁决的仲裁裁决提供了依据。该公约从两个方面促进了国际商事仲裁的发展:一方面,它要求各缔约国承认仲裁协议的效力(第 2 条);另一方面,它敦促各缔约国法院要向承认与执行内国仲裁裁决一样去承认与执行外国仲裁裁决(第 3 条)。与此同时,公约还为外国仲裁裁决的承认与执行规定了若干条件。这些条件归纳起来有两大类:一类是从维护败方权益出发,授权给缔约国法院拒绝承认与执行那些经越权或违反程序规则所作出的仲裁裁决;另一类是基于维护被请求地国利益的考虑,允许各缔约国拒绝承认与执行涉及不可仲裁事项或违反其公共政策的仲裁裁决。在前一类条件中,公约第5条第1款及其(E)项规定:"裁决……业经裁决地所在国或裁决所依据法律之国家之主管机关撤销或停止执行者","缔约国可以拒绝承认与执行"。从该项条款来看,仲裁地国或裁决之准据法所属国是否撤销一项仲裁裁决,应依照其自身的法律规定来判断,《纽约公约》在这方面既未给这两类国家规定评判的标准,也未给仲裁裁决的被请求地国提供鉴别的具体理由,而是将这些问题都留给了有关国家的国内法去作出规定。

(二)各国立法

各国立法对是否承认与执行已被仲裁地国法院撤销之仲裁裁决采取了不同的立场。

1. 德国

德国是《纽约公约》的缔约国,它完全接受了该公约第5条第1款及(E)项的规定。《德国民事诉讼法》(*The German Code of Civil Procedure*)第1061条规定,承认与执行外国仲裁裁决应当符合《纽约公约》。根据该条规定,"如果在宣告一项外国仲裁裁决具有可执行性后该项裁决被撤销,得申请撤销这一宣告。"换言之,如果出现了《纽约公约》第5条第1款及(E)项所指称的情况,德国法院即使同意了在其境内承认与执行一项外国仲裁裁决,它仍然可以撤回其同意。在这种方式下,德国法院对外国仲裁裁决的司法监督采取的是一种有限介入态度,同时将审查仲裁裁决的主要任务留给了仲裁地国法院去完成;仲裁地国法院仅认同那些依照公正程序所作出的仲裁裁决,而仲裁裁决的被请求地国法院则接受这种认同,从而为仲裁裁决赋予了可预见性和稳定性。

2. 法国

与德国刚好相反,法国虽然也是《纽约公约》的缔约国,但它在决定是否承认与执行一项外国仲裁裁决时,并不考虑该项裁决在外国已被撤销的事实,即法国拒绝承认与执行外国仲裁裁决的标准是这一裁决违反了程序公正,而不包括外国法院对它的撤销。根据法国《新民事诉讼法》(*The New Code of Civil Procedure*)第 1502 条的规定,法国法院仅因以下原因方能拒绝承认与执行一项外国仲裁裁决:仲裁员作出裁决时没有仲裁协议或虽有仲裁协议但该仲裁协议系属无效或失效;仲裁庭的组成或独任仲裁员的指定不合规定;仲裁员所作裁决超越权限;仲裁员未遵守正当程序;承认与执行仲裁裁决将违反国际公共政策。从法国法的这些规定来看,法国法院在面对一项承认与执行外国仲裁裁决的请求时,并不理会仲裁地国法院对该项仲裁裁决效力的界定。因为法国法院认为,当事人在考虑解决其相互争议的途径时既可以选择仲裁也可以选择诉讼,既然当事人合意将其争议提交仲裁解决,那就意味着双方当事人钟爱仲裁方式,被请求地国法院就不应卷入仲裁地国法院对这一争议解决结果所进行的司法审查。可见,法国方式是通过漠视仲裁地国法院对仲裁裁决进行审查的方法,来保护双方当事人通过仲裁解决其相互争议的意愿。

3. 美国

美国《联邦仲裁法》调整着外国仲裁裁决在美国境内的承认与执行。一般来讲,根据这部法律,美国法院必须确认仲裁裁决在美国的效力,除非法院认为某项裁决具有《纽约公约》所规定的可以拒绝承认与执行的理由。[1] 作为《纽约公约》的缔约国,美国一方面认同公约关于

---

[1] See 9 U. S. C. 207 (2001).

鼓励缔约国承认与执行外国仲裁裁决的宗旨,另一方面,它也注意维护双方当事人在整个仲裁进程中的各项权利。就立法实践而言,美国的做法接近于德国方式;但从司法实践来看,美国一些做法则类似于法国方式,若干美国法院对已被仲裁地国法院撤销的仲裁裁决仍然赋予了可执行力。相关案例我们将在下文中研讨。

三、司法实践

1. 德国:"船舶修理合同争议案"[①]

德国联邦最高法院(The Bundesgerichtshof,简称 BGH,英文为 German Federal Court of Justice)对本案所涉仲裁裁决的效力作出了认定。本案双方当事人为船东和船舶修理方。由于船东在船舶修理后未向修理方支付报酬,修理方便依据合同中的仲裁条款,向位于莫斯科的俄罗斯联邦工商会海事仲裁委员会提请仲裁。1998 年 8 月 20 日,仲裁庭作出了支持申请人的裁决。随后申请人向德国罗斯托克(Rostock)区高等法院申请承认与执行该项仲裁裁决。1999 年 4 月 12 日,莫斯科市法院撤销了这一裁决,理由是仲裁庭所裁决的争议超出了仲裁协议规定的范围。但是,罗斯托克区高等法院已于同年 4 月 27 日宣布该项仲裁裁决具有初步执行力,因为当时俄罗斯撤销这一仲裁裁决的终局决定尚未发出。6 月 25 日,俄罗斯联邦高等法院维持了莫斯科市法院关于撤销该项仲裁裁决的决定。10 月 28 日,德国罗斯托克区高等法院复审并推翻了其自身于 4 月 27 日所作的决定,宣布在德国拒绝承认与执行该项仲裁裁决,理由是该裁决已被俄国法院所撤销。不过,后来情况又发生了戏剧性变化。由于俄罗斯联邦高等法院代理

[①] See Bundesgerichtshof, Decision of February 22, 2001. BGH, BGHReport (2001), 573;相关决定的简述见 Oberlandesgericht Rostock, 28 Oct. 1999, *Yearbook of Commercial Arbitration*, Vol. 26, 2001, p. 327.

主审法官对撤销这一仲裁裁决持有异议,该高等法院于 2000 年 4 月 21 日作出最终决定:支持俄罗斯联邦工商会海事仲裁委员会的仲裁裁决。对此,德国联邦最高法院也作出相应调整,撤销了罗斯托克区高等法院 1999 年 10 月 28 日的决定。德国联邦最高法院指出,既然俄国法院的终审决定认为这项仲裁裁决具有拘束力,则该裁决就应当在德国获得承认与执行。

这一案件的审理过程表明,德国是否承认与执行一项国际商事仲裁裁决,要取决于仲裁地国法院对该项仲裁裁决效力的认定。此种实践的可取之处在于,由仲裁地国法院对仲裁裁决进行司法审查,可以更好地保护当事人免受不公正裁决的侵害。《纽约公约》为缔约国法院监督仲裁裁决规定了最低标准,即起码应当做到程序公正,而实施这种监督的最恰当主体莫过于仲裁地国法院。此外,如果仲裁地国法院在监督仲裁裁决时既客观又公正,不仅可以吸引潜在的外来投资者,还可以营造一种良好的仲裁氛围,使得本国成为深受当事人欢迎的国际商事仲裁场所。对于仲裁裁决的被请求地国来讲,尊重仲裁地国法院对仲裁裁决所作出的判断,既符合国际礼让的要求,同时也为日后自己成为仲裁地国、对方成为仲裁裁决的被请求地国时这种角色互换、使命互换所必需的互惠互利奠定了基础。

不过,德国的实践也存在着一定的问题。其一是司法审查所需时间过长,上述案例就很能说明问题。仲裁裁决的被请求地国法院要等待仲裁地国法院的终局决定,当事人则要等待仲裁地国与被请求地国两个国家法院的终局决定,这不利于争端的迅速、高效解决。其二是司法审查决定的作出过于灵活且更改频繁,显得不够严肃。其三是被请求地国只是强调了尊重仲裁地国的司法主权,但却忽略了自己的司法主权。其四是没能清醒地认识到不同国家法律对撤销仲裁裁决标准的规定各不相同这一基本事实。

2. 法国:"西尔马顿公司案"(Hilmarton Ltd., U. K. v. Omnium de Traitement et de Valorisation—O. T. V., France)[①]

该案充分反映出法国法院在承认与执行外国仲裁裁决问题上所持的立场。案件涉及一项合同争议,合同一方是英国的西尔马顿咨询公司,另一方是法国的 O. T. V. 公司。根据合同,西尔马顿公司要向 O. T. V. 公司提供法律与财会咨询服务。合同中还特别明确规定,西尔马顿公司的服务应集中于帮助 O. T. V. 公司在谈判中获得位于阿尔及利亚首都阿尔及尔的排水系统合同方面;[②]如果 O. T. V. 公司赢得这一工程,O. T. V. 公司将向西尔马顿公司支付该工程合同总金额的 4% 作为报酬。1983 年,O. T. V. 公司赢得了这一工程,但 O. T. V. 公司却以它不满意西尔马顿公司的表现为由,仅向西尔马顿公司支付了它所承诺支付报酬的一半。根据西尔马顿公司与 O. T. V. 公司于 1980 年所订合同中的仲裁条款,西尔马顿公司在日内瓦启动了仲裁程序,要求 O. T. V. 公司向其支付余下的另一半报酬。该仲裁条款规定,双方所发生的争议将交由国际商会仲裁院依据瑞士法律在日内瓦仲裁。[③] 1988 年,仲裁庭在裁决中拒绝支持西尔马顿公司的请求。仲裁员认为,争议双方签订的合同属于经纪合同,该合同违反了阿尔及利亚关于禁止在合同谈判中动用居间人这一公法性质的规定。阿尔及利亚法律不允许通过掮客施加影响(例如 O. T. V. 公司利用西尔马顿公司与阿尔及利亚政府之间的某种关系来获得排水系统工程合同),这一规定的目的在于确保商事交易的公正性并遏制腐败。因此,仲裁员的结论是:违反阿尔及利亚法律的合同就如同故意冒犯道德风尚一样违反了瑞士

[①] See Hilmarton Ltd. v. Omnium de Traitement et de Valorisation (O. T. V.), *Yearbook of Commercial Arbitration*, Vol. 19, 1994, p. 214.

[②] See Ibid., pp. 214-215.

[③] See Ibid., pp. 214-215.

的公共政策。①

在接下来的数年中,西尔马顿公司不断向瑞士法院提出申诉,后终于获得了日内瓦上诉法院撤销这一仲裁裁决的决定。上诉法院认为,仲裁员的裁决是"武断的"(arbitrary)。西尔马顿公司的任务并不是向阿尔及利亚政府官员或部长们行贿,因而本案合同并不违反瑞士法律。② 在瑞士最高法院于 1990 年 4 月进一步确定该项仲裁裁决无效之前,O. T. V. 公司便向法国巴黎的初审法院请求承认与执行该项仲裁裁决。1990 年 2 月,初审法院同意执行这一裁决。1991 年 12 月,巴黎上诉法院支持了巴黎初审法院的决定。③ 1994 年 3 月,法国最高法院作出最终决定,支持了巴黎上诉法院所得出的结论。④ 这期间,在该项仲裁裁决最终为瑞士法院撤销后,本案争议再次提请仲裁。1992 年 4 月,产生了一项新的仲裁裁决,新裁决支持了西尔马顿公司的请求。1993 年 2 月,法国南泰尔(Nanterre)初审法院决定在法国执行该项新裁决。⑤

在第一次仲裁裁决为瑞士法院撤销后,西尔马顿公司曾请求法国法院依照《纽约公约》第 5 条第 1 款及(E)项之规定,拒绝承认与执行这项已被撤销的仲裁裁决。但法国最高法院并未接受西尔马顿公司的主张。⑥ 相反,法国最高法院却将目光转向了《纽约公约》第 7 条第 1 款。根据该条款,"本公约的规定……不剥夺任何利害关系人在被请求承认或执行某一裁决的国家的法律或条约所许可的方式和范围内,可

---

① See Hilmarton Ltd. v. Omnium de Traitement et de Valorisation (O. T. V.), *Yearbook of Commercial Arbitration*, Vol. 19, 1994, pp. 214-218.
② See Ibid., pp. 214-219.
③ See Ibid., p. 656.
④ See Ibid., pp. 663-665.
⑤ See Ibid., p. 664.
⑥ See Ibid., p. 664.

能具有的利用该仲裁裁决的任何权利。"法国最高法院指出,O.T.V. 公司应当信赖法国法上关于承认与执行在国外作出的国际仲裁裁决之规定,尤其应信赖法国《新民事诉讼法》第1502条的规定。但这些规定并未涉及《纽约公约》第5条第1款及(E)项所指明的拒绝承认与执行外国仲裁裁决的理由。① 因此,法国法院最终认定了被瑞士法院撤销之仲裁裁决在法国境内具有可执行力。

从法国在这一领域的实践来看,它并不重视仲裁地国法院对仲裁裁决效力的认定,而是突出强调尊重当事人通过仲裁方式解决其相互争端的意愿,因而法国法亦为承认与执行外国仲裁裁决设定了最低标准,即程序公正。当然,承认与执行外国仲裁裁决也不能违反国际公共政策。法国的这种做法既不利于仲裁裁决的稳定,又使得当事人对其争议的解决缺乏可预见性。若依照这种实践,当事人去不同国家申请承认与执行同一项仲裁裁决,可能会得到不同的结果,从而导致仲裁裁决效力统一性的缺失。

3. 美国

(1)"克罗马罗依公司案"(Chromalloy Aero-Services v. Arab Republic of Egypt)

这一案件在国际商界和国际仲裁界都引起了不同凡响。1988年6月16日,美国克罗马罗依航空服务公司与埃及政府签订了一项总价值为3200万美元的合同。依照该合同,克罗马罗依公司将向埃及空军提供直升机的零部件及维修服务。② 合同中的仲裁条款规定,双方当事人同意将未来产生的争议交付仲裁解决;仲裁地点在开罗,适用埃及法律;仲裁裁决是终局的并对双方当事人具有拘束力,任何一方当事人不

---

① See Hilmarton Ltd. v. Omnium de Traitement et de Valorisation (O.T.V.), *Yearbook of Commercial Arbitration*, Vol. 20, 1995, p. 665.

② See 939 F. Supp. 908 (D.D.C. 1996).

得就此提起上诉或采取其他法律行动。[1] 后来埃及政府单方面终止了该项合同,克罗马罗依公司便根据这一仲裁条款将争议诉诸仲裁。经过长达两年多的审理,仲裁庭作出裁决支持了克罗马罗依公司,要求埃及政府给予克罗马罗依公司以补偿,[2]但埃及政府拒绝履行该项裁决。就在克罗马罗依公司于美国(被申请人的财产所在地)法院寻求承认与执行这一仲裁裁决期间,1995年4月4日,埃及上诉法院撤销了该项仲裁裁决,理由是仲裁庭本应适用埃及行政法但它却适用了埃及民法,因而属于适用法律不当。[3] 不过,美国哥伦比亚特区地方法院(以下简称美国特区法院)并未理会埃及上诉法院的撤销决定,而是应克罗马罗依公司的请求在美国承认与执行了这一仲裁裁决。[4] 同一仲裁裁决后来还在法国获得了承认与执行。[5]

美国特区法院究竟能否承认与执行这项已被埃及(仲裁地国)法院撤销之仲裁裁决?对于美国特区法院在"克罗马罗依案"中的上述做法国际仲裁界颇有争议。实际上美国法院是从国际条约、国内立法以及仲裁协议这三个角度来对本案加以分析,进而得出自己的结论的。

第一,关于国际条约。在美国特区法院看来,除非《纽约公约》规定了特别理由,否则该法院不能拒绝承认与执行在开罗作出的仲裁裁决。被申请人埃及政府则认为,这一特别理由已规定在《纽约公约》第5条第1款及(E)项当中,该条款的英文表述为:"Recognition and enforcement of the award may be refused [upon a showing that](E) The award has not yet become binding on the parties, or has been set aside or

---

[1] See 939 F. Supp. 912 (D. D. C. 1996).
[2] See 939 F. Supp. 908 (D. D. C. 1996).
[3] See 939 F. Supp. 911 (D. D. C. 1996).
[4] See 939 F. Supp. 914-915 (D. D. C. 1996).
[5] See CA Paris, Jan. 14, 1997, *Review of Arbitration*, 1997, p. 395.

suspended by a competent authority of the country in which, or under the law of which, that award was made."[1]据此,埃及政府认为,《纽约公约》第 5 条第 1 款及(E)项已规定有拒绝承认与执行外国仲裁裁决的理由,鉴于埃及法院已经撤销了在开罗作出的这一仲裁裁决,因而埃及政府便敦促美国特区法院拒绝承认与执行该项裁决。然而,美国特区法院却将《纽约公约》第 5 条第 1 款及(E)项的规定解释成为是可以自由裁量的任意性规定,因为它认为公约第 5 条规定的是在面对一项被仲裁地国法院撤销的仲裁裁决时,被请求地国法院"可以"(may)拒绝承认与执行。[2] 根据这种理解,美国特区法院认为,它有权自行斟酌决定是否在美国境内承认与执行一项外国仲裁裁决,[3]即使该项裁决已被仲裁地国法院所撤销。此外,美国特区法院还提及了《纽约公约》第 7 条第 1 款,认为克罗马罗依公司亦有权享有该条款所赋予它的一切权利。[4]

第二,关于国内立法。美国《联邦仲裁法》第 10 条规定了如下撤销仲裁裁决的理由:仲裁员有受贿、欺诈行为,仲裁员有明显的偏见,仲裁程序不公正,仲裁员超越权限等。[5] 美国特区法院认为,这些关注程序不当的理由均不适用于克罗马罗依公司案,尤其是在埃及政府声称仲裁庭适用法律错误的情况下就更不能适用,因为埃及政府认为这属于实体问题而非程序问题。[6] 那么,实体性错误能否构成撤销仲裁裁决的一项理由呢? 在美国,大多数联邦法院将会撤销仲裁员明显漠视法律所作出的仲裁裁决,尽管美国司法界对何谓"明显漠视法律"尚无统一定义。美国特区法院给"明显漠视法律"的界定是:"理解并正确表述

---

[1] 939 F. Supp. 908 (D. D. C. 1996).
[2] See 939 F. Supp. 909, 914 (D. D. C. 1996).
[3] See 939 F. Supp. 909 (D. D. C. 1996).
[4] See 939 F. Supp. 910 (D. D. C. 1996).
[5] See Ibid.
[6] See 939 F. Supp. 911 (D. D. C. 1996).

该法律,但在审理过程中却忽略了它。"①美国特区法院认为,仲裁员在本案中最差也只是错误地适用了埃及法,但并无证据显示仲裁员们有意忽略埃及法律。② 因此,特区法院指出,即使适用埃及法律是不正确的,本案仲裁裁决也不属于那种令人信服的"明显漠视法律"的情况。所以,依据美国国内法该项仲裁裁决是可以执行的。③

第三,关于仲裁协议。美国特区法院指出,争议双方合意选择了以仲裁方式解决其相互争议,而且仲裁协议中明确禁止任何一方当事人就仲裁裁决提起上诉。美国的公共政策及联邦仲裁政策就是支持商事仲裁的终局性和法律上的拘束力,这一政策已为美国国内立法、司法判例以及美国参加的国际公约所确认。④ 因此,"本法院如若承认埃及法院的决定,将明显地违反美国的公共政策。"⑤鉴于案件双方当事人一致同意承受仲裁结果的拘束,美国特区法院决定不理会埃及法院的撤销令而承认与执行仲裁庭所作的裁决。⑥ 在美国法院的理念中,仲裁协议至关重要。如果本案双方当事人没有通过仲裁协议排除法院的司法审查,⑦埃及上诉法院的撤销仲裁裁决之决定也许将使美国法院得

---

① 939 F. Supp. 910 (D. D. C. 1996).
② See 939 F. Supp. 911 (D. D. C. 1996).
③ See Ibid.
④ See Ibid.
⑤ 939 F. Supp. 913 (D. D. C. 1996).
⑥ See 939 F. Supp. 912 (D. D. C. 1996).
⑦ 在国际商事仲裁的理论与实践中,对于排除司法审查之仲裁协议的效力是有不同看法的。一种观点认为,国际商事仲裁的基石是当事人意思自治,只要双方当事人达成合意,他们可以处置仲裁进程中的任何事项,包括以协议来排除法院对仲裁裁决的司法审查。该观点还强调仲裁裁决的终局性,认为允许法院对仲裁裁决进行司法审查损害了裁决的终局性质。因而该观点主张,应当承认排除司法审查之仲裁协议的效力。另一种观点则认为,国际商事仲裁中的当事人意思自治的确非常重要,但也并非是无条件的。当事人意思自治不能违反仲裁地国和仲裁裁决的被请求地国之公共政策及其相关法律规定,否则,这种意思自治将不能被有关国家所认可。此外,对仲裁裁决进行司法审查,不仅是国家主权的要求和体现,它还可以确保仲裁程序的公正和维护当事人的正当合法权益。故而该观点主张,不应承认排除司法审查之仲裁协议的效力。

出不同的结论。下一个案例就说明了这种情况。

(2)"贝克-马林公司诉谢弗恩公司案"(Baker Marine [Nig.] Ltd. v. Chevron [Nig.] Ltd.)①

此案发生于"克罗马罗依公司案"的三年之后,双方当事人均是尼日利亚籍。在该案中,美国法院拒绝承认与执行一项已被仲裁地国法院撤销了的仲裁裁决。案件涉及一项驳船服务合同争议。合同规定,由贝克-马林公司(以下简称贝克公司)与达诺斯(Danos)公司共同向谢弗恩公司提供驳船服务。三方当事人在合同中还约定有仲裁条款并选择了尼日利亚法律作为解决其争议的准据法。后来贝克公司声称达诺斯公司和谢弗恩公司违反合同,在尼日利亚分别启动了仲裁程序,所作出的两项裁决均支持了贝克公司的请求,据此,贝克公司应当获得赔偿。② 在贝克公司向尼日利亚联邦高等法院申请强制执行这两项仲裁裁决的同时,达诺斯公司和谢弗恩公司也上诉至该法院要求撤销这两项裁决。法院审理后认为,在贝克公司与达诺斯公司的仲裁案中,有关证据并未支持仲裁庭的裁决;在贝克公司与谢弗恩公司的仲裁案中,仲裁员超越了权限,而且其决定施加惩罚性赔偿系属不当。有鉴于此,尼日利亚法院撤销了这两项仲裁裁决。③

贝克公司转而向美国纽约北区地方法院申请承认与执行这两项已被撤销的仲裁裁决,但该法院却认同尼日利亚法院的决定,拒绝了贝克公司的申请。④ 贝克公司上诉至美国第二巡回区上诉法院。达诺斯公司和谢弗恩公司认为,根据《纽约公约》第 5 条第 1 款及(E)项之规定,

---

① See 191 F. 3d 194 (2d Cir. 1999).
② See 191 F. 3d 195-196 (2d Cir. 1999).
③ See 191 F. 3d 196 (2d Cir. 1999).
④ See Ibid.

美国法院不应承认与执行已被仲裁地国法院撤销了的仲裁裁决。① 贝克公司则援引《纽约公约》第 7 条第 1 款,要求美国法院不理会尼日利亚法院的撤销决定,而是依照美国法律——美国《联邦仲裁法》以及"明显漠视法律标准"(The Manifest Disregard Test)——承认与执行有关仲裁裁决。②

但与上述"克罗马罗依公司案"的结果不同的是,美国第二巡回区上诉法院拒绝在美国承认与执行该两项仲裁裁决。法院指出:"当事人在合同中已经约定,它们之间的争议将依照尼日利亚法律通过仲裁方式加以解决。当事人的协议并未提及美国法律,也无迹象表明当事人意欲适用美国仲裁法来解决其争议。"③而且,法院也不同意依照《纽约公约》第 7 条第 1 款适用美国法。法院认为,贝克公司没有向法院提供拒绝认同尼日利亚法院决定的理由。④ 如同美国哥伦比亚特区法院在"克罗马罗依公司案"中的做法一样,第二巡回区上诉法院在本案中也提及了联邦仲裁政策,但却对此作出了截然不同的解释。该法院认为,美国的仲裁政策只不过是要求将仲裁协议与所有合同同等对待,它表明,承认与执行一项被撤销的仲裁裁决非但不会促进美国的仲裁政策,反而会违反这一政策。⑤

在第二巡回区上诉法院看来,本案与"克罗马罗依公司案"相比有四个不同点:

第一,"'在克罗马罗依公司案'中,请求承认与执行仲裁裁决的一方当事人——克罗马罗依公司具有美国国籍,而本案中的请求方贝克

---

① See 191 F. 3d 196 (2d Cir. 1999).
② See 191 F. 3d 196-197 (2d Cir. 1999).
③ 191 F. 3d 197 (2d Cir. 1999).
④ See Ibid.
⑤ See Ibid.

公司则是尼日利亚籍。"①笔者认为,这种区别并不具有实质的意义,若突出强调这一点,反倒带有"地方保护"之嫌。是否承认与执行一项外国仲裁裁决应当依照法定理由,而不是取决于一方当事人的国籍。至目前为止,笔者尚未见到有哪个国家的仲裁法或哪项国际条约将申请方的国籍列为是否承认与执行外国仲裁裁决的一项理由。相比之下,当事人在被请求地国境内是否拥有财产则比当事人是否具有被请求地国的国籍更为重要。

第二,"克罗马罗依公司首先是在美国法院请求承认与执行仲裁裁决的,而贝克公司却没有首先向美国法院请求承认与执行仲裁裁决。"②在笔者看来,这种区分似乎也并不重要。我们可以设想,假如贝克公司首先向美国法院而不是向尼日利亚法院寻求仲裁裁决的承认与执行,而达诺斯公司和谢弗恩公司却向尼日利亚法院申请撤销有关的仲裁裁决,同时这两家公司又请求美国法院中止相关程序以等待尼日利亚法院的最终结论,③则依然会面临相同的情形,即后来向美国法院申请承认与执行的仍是一项被仲裁地国法院所撤销的仲裁裁决。

第三,"克罗马罗依公司案中仲裁条款关于禁止对仲裁裁决提起上诉的规定在本案仲裁条款中并未出现。"④这一区别既非常明显、又至关重要,美国第二巡回区上诉法院据此接受尼日利亚法院撤销该项仲裁裁决之决定是有道理的,因为本案中双方当事人并未事先约定是否

---

① 191 F. 3d 197 (2d Cir. 1999).
② Ibid.
③ 依照《纽约公约》第 6 条,这种情况是有可能出现的。该条规定:"如果已经向第 5 条第 1 款(E)项所提到的主管机关提出了撤销或停止执行仲裁裁决的申请,被请求承认或执行该项裁决的机关如果认为适当,可以延期作出关于执行裁决的决定,也可以依请求执行裁决的当事人的申请,命令对方当事人提供适当的担保。"
④ 191 F. 3d 197 (2d Cir. 1999), FN. 3.

排除尼日利亚法院对仲裁裁决的司法监督。

第四,"在本案中,美国的公共政策并不要求排斥尼日利亚法院的撤销决定。"[1]这一看法表明,在美国,不同的法院对美国公共政策的理解与解释是存在着差别的。

以上两个美国案例体现出美国法院在对待已被仲裁地国法院撤销之仲裁裁决的承认与执行问题上所持的立场不同。作为《纽约公约》的缔约国,美国在确保当事人于仲裁进程中的各项基本权利得以落实的同时,还要促进公约关于鼓励承认与执行外国仲裁裁决这一目标的实现。这就一方面要求仲裁应严格依照当事双方的仲裁协议来进行,另一方面,美国法院作为被请求承认与执行外国仲裁裁决之主管机关,它还是应当承认仲裁地国法院审查仲裁裁决的权利的,亦即应当赋予仲裁地国法院这种司法审查以域外法律效力。从上述两个案例来看,美国在这一领域的实践比较灵活,其可取之处在于具体问题具体分析,既不盲目听从于仲裁地国法院对仲裁裁决效力的认定,从而可以更好地维护自己的司法主权和有关当事人的合法权益,又在符合本国法律及公共政策的前提下,充分尊重仲裁地国法院对仲裁裁决的司法审查,以满足《纽约公约》的要求和国际礼让的需要。不过,与法国相类似的是,美国的做法也存在着不足,即它会导致仲裁裁决的效力处于不稳定状态,使得当事人对争端的解决缺乏可预见性。

四、理论模式

关于已被撤销之仲裁裁决能否得到承认与执行问题,目前理论界存在着不同的模式,这些模式从不同角度、在不同程度上影响着各国法

---

[1] 191 F.3d 197 (2d Cir. 1999), FN.3.

院对这一问题的态度和立场。

1. 传统模式(The Traditional Approach)。前述德国法院的实践即属于传统模式。该模式认为,一项被撤销的仲裁裁决系属无效,并且不能在其他司法管辖范围内获得承认与执行。[1] 在该模式看来,由仲裁地国法院对仲裁的规范化进行监督最为适宜。如果仲裁地国法院撤销了仲裁裁决,则"游戏"就明白无误地宣告结束了,当事人也就会放弃去其他国家寻求承认与执行该项仲裁裁决的企图,因为他非常清楚,根据《纽约公约》第5条第1款及(E)项之规定,他的请求将会遭到拒绝;即使是当事人对仲裁裁决持有异议,他也不能在世界上到处挑选法院去执行这一被撤销的仲裁裁决。[2] 传统模式具有合理性,每个国家都有权规范发生在其境内的行为与事件。既然当事人选择了在某一特定国家仲裁解决他们的争议,那就意味着同意将其自身置于该国的立法管辖和司法监督之下,因此,一项仲裁裁决是否有效要取决于该裁决的最初来源地国。依照传统模式,仲裁地国法院撤销某一仲裁裁决将会导致两项后果:一是该项裁决不具有法律效力;二是其他国家对该项裁决不会给予承认与执行,因为该项裁决一旦被其最初来源地国法院认定为无效就停止存在了。当然,也不排除仲裁地国法院以某些稀奇古怪的理由来撤销一项仲裁裁决。但传统模式认为,这一风险应被视为是在采用传统模式所带来的简捷化以及可预见性的同时,所必须付出的代价。[3]

---

[1] See W. Laurence Craig, "Uses and Abuses of Appeals from Awards", *Arbitration International*, Vol. 4, 1988, pp. 174, 177, FN. 6.

[2] See Albert Jan van den Berg, "Enforcement of Annulled Awards?", *ICC International Court of Arbitration Bulletin*, November, 1998, p. 15.

[3] See Ibid., p. 15.

2. 法国模式(The French Approach)。该模式主张,如果一项仲裁裁决符合法国法上规定的承认与执行标准,即使它为仲裁地国法院所撤销,仍然可以在法国得到承认与执行。① 在这方面,前文所述被瑞士法院撤销了的"西尔马顿公司案"中的仲裁裁决和被埃及法院撤销了的"克罗马罗依公司案"中的仲裁裁决在法国成功地获得了承认与执行,就是突出实例。特别是在"克罗马罗依公司案"中,巴黎上诉法院阐明了法国模式的理论基础。法院在其意见中指出:"于埃及作出的仲裁裁决属于国际仲裁裁决。这一定性表明,它不属于那个国家②法律秩序的一部分。因此,即使它被撤销了但却依然存在,而且对它的承认与执行并不违反国际公共政策。"③一位学者曾对法国模式作出如下生动描述:"就仲裁员而言,尽管其所作裁决被撤销,但他还是可以自我安慰一番的。因为他知道,当其被判为死亡的仲裁裁决之躯飘流到某些地方,至少飘到法国海岸,也许就可以获得再生。"④法国模式突出地强调了仲裁裁决的被请求地国的法律标准和司法主权,但却忽略了仲裁地国的司法主权,也没能顾及有关国际公约的规定以及国际礼让原则,容易引发争议。

3. 克罗马罗依模式(The Chromalloy Approach)。该模式出自前文述及的美国司法判例"克罗马罗依公司案"。根据该模式,如果一项仲裁裁决符合美国法上规定的承认与执行标准,且双方当事人在其仲

---

① See Emmanuel Gaillard, "Enforcement of Awards Set Aside in the Country of Origin: The French Experience", *Improving the Efficiency of Arbitration Agreements and Awards: 40 Years of Application of the New York Convention* (Albert Jan van den Berg ed. 1999), p. 505.

② 这里指埃及。

③ Arab Republic of Egypt v. Chromalloy Aeroservices, Inc. (Cour d'Appel Paris Jan. 14, 1997), *Yearbook of Commercial Arbitration*, Vol. 22, 1997, p. 693.

④ Bruno Leurent, "Reflections on the International Effectiveness of Arbitration Awards", *Arbitration International*, Vol. 12, 1996, pp. 269, 270.

裁协议中共同约定了不对仲裁裁决提起上诉，则虽然该项仲裁裁决为仲裁地国法院所撤销，它仍然可以在美国获得承认与执行。从这一模式实施的前后情况来看，美国法院一般是不承认已被仲裁地国法院撤销之仲裁裁决在美国具有可执行力的，除非根据双方当事人所选择的规则，仲裁裁决在美国可以得到承认与执行。由此可见，在该模式看来，要于美国境内承认与执行一项已被仲裁地国法院撤销之仲裁裁决是要具备某些特殊条件的，而在许多场合，被撤销之仲裁裁决并不具备这类条件。因此可以认为，绝大多数已被撤销之仲裁裁决在美国并无获得承认与执行的可能。在是否承认与执行已被撤销之外国仲裁裁决问题上适用克罗马罗依模式，其结果就是以拒绝承认与执行为主，以承认与执行为辅。

4. 地方撤销标准模式（The Local Standard Annulment Approach，简称 The LSA Approach）。该模式系由著名学者保尔森（Jan Paulsson）教授提出。他认为："仲裁裁决作出地国法院撤销一项仲裁裁决并不妨碍该裁决在其他国家获得承认与执行，除非撤销仲裁裁决的理由是国际性普遍承认的。"①换言之，仅仅基于地方撤销标准而被撤销之仲裁裁决在其他国家是可以得到承认与执行的。保尔森指出，这里所谓的"地方撤销标准"是指《纽约公约》第 5 条第 1 款前四项和《联合国仲裁示范法》第 36 条第 1 款（A）项的前四项所列各项标准以外的其他标准。② 在保尔森看来，地方撤销标准模式"将推动各国法院

---

① Jan Paulsson, "Enforcing Arbitral Awards Notwithstanding a Local Standard Annulment (LSA)", *ICC International Court of Arbitration Bulletin*, May 1998, p.14.

② See Ibid., p.29.《纽约公约》第 5 条第 1 款前四项和《联合国仲裁示范法》第 36 条第 1 款（A）项的前四项主要规定的是关于拒绝承认与执行外国仲裁裁决的程序性条件。

采用国际上普遍接受的标准,"并将"赋予仲裁进程具有真正的国际性。"① 地方撤销标准这一模式可以从一个侧面对是否承认与执行已被仲裁地国法院撤销之仲裁裁决作出合理性解释。但问题在于,什么是普遍性的国际标准？其具体内容有哪些？对此,地方撤销标准模式尚未作出明确回答。

5. 礼让模式(The Comity Approach)。该模式系由另一著名学者帕克(William Park)教授提出。他认为,仲裁裁决的被请求地国法院应当认同仲裁地国法院撤销该仲裁裁决的决定,亦即拒绝承认与执行一项已被撤销的仲裁裁决,除非仲裁地国法院这种撤销决定的作出在"程序上是不公正的或违反了基本正义之理念"。② 在帕克看来,要想说服被请求地国法院承认与执行一项已被仲裁地国法院撤销了的仲裁裁决,该裁决的赢方当事人就"一定要搜集并提交仲裁地国法院带有偏见或从事不当行为之直接或详细的证据"。③ 礼让模式在国际商事仲裁中的适用有其一定局限性。如果仲裁裁决的被请求地国与仲裁裁决的作出地国两者的微观法律规定或宏观法律理念相同或基本相同,则前者对后者的礼让就比较容易做到,否则,这种礼让就缺乏依据,并将难以落实。

五、双重司法监督之剖析

(一)仲裁地国法院的司法监督

如前所述,与通过诉讼解决争端的方式相比,仲裁具有其自身所独

---

① See Jan Paulsson, "Enforcing Arbitral Awards Notwithstanding a Local Standard Annulment (LSA)", *ICC International Court of Arbitration Bulletin*, May, 1998, pp. 31, 14.

② See William W. Park, "Duty and Discretion in International Arbitration", *American Journal of International Law*, Vol. 93, 1999, p. 813.

③ See Ibid., p. 814.

具的优势,但同时也存在着某些风险。其中一项重要风险就是仲裁庭有可能作出错误裁决。对当事人而言,争议的标的额越大,这种风险也就越大。① 不过,仲裁庭作出错误裁决的风险与法院作出错误判决的风险相比还是要小得多,因为仲裁员裁决错误是要受到市场机制的惩罚的,仲裁员或仲裁庭应为此付出自己的信誉和声望作为代价,并且会直接导致以后被当事人选任的次数和机会大幅下降,而法官们则不存在着这方面的担心。② 然而,经由仲裁方式解决争议的风险虽小,但由于国际商事仲裁的普遍实践是一裁终局,因而规避风险的手段相对也少;而经由诉讼方式解决争议的风险虽大,却因各国诉讼法上均规定有上诉程序,则可以有效地降低风险系数。鉴于仲裁与司法在解决国际商事争端方面各具特色,实践中便发展出若干折中方法。例如,有不少当事人倾向于选择仲裁方式解决他们之间的争议,但同时也认可法院对仲裁的全过程及其结果(即仲裁裁决)实施司法监督。正如帕克教授所指出的那样:"仲裁裁决的司法监督是风险处理的一种方式,其目的在于抵制居心不良的仲裁员和无耻的干涉者。"③

在国际商事仲裁实践中,当事人不仅可以通过双方的协议约定由法院对仲裁进行司法监督,还可以进一步约定这种司法监督的程度。具体有以下几种方法:第一,当事人可以通过选择仲裁地点而将他们置于仲裁地国家的仲裁法约束之下,包括接受该国撤销仲裁裁决的标准,

---

① See Sarah Rudolph Cole, "Managerial Litigants? The Overlooked Problem of Party Autonomy in Dispute Resolution", *Hastings Law Journal*, Vol. 51, 2000, pp. 1199, 1243.

② See Robert D. Cooter, "The Objectives of Private and Public Judges", *Public Choice*, Vol. 41, 1983, p. 107; Robert D. Cooter and Daniel L. Rubinfeld, "Trial Courts: An Economic Perspective", *Law and Society Review*, Vol. 24, 1990, pp. 533, 545.

③ William W. Park, "Duty and Discretion in International Arbitration", *American Journal of International Law*, Vol. 93, 1999, p. 808.

这些标准通常限定了仲裁地国法院实施司法监督的范围。[①] 第二，有些国家的仲裁法允许当事人对仲裁地国法院司法监督的程度作出约定。例如，英国仲裁法就允许当事人在协议中排除法院对仲裁的法律问题进行审查；瑞士和比利时仲裁法授权外国当事人以协议排除仲裁地国法院的监督；美国有些法院支持当事人在仲裁协议中特别约定比美国《联邦仲裁法》规定的程度更高的司法监督；等等。但是，应当强调指出，即使是双方当事人在仲裁协议中约定了排除仲裁地国法院的司法监督，仲裁裁决的被请求地国法院（通常是仲裁中输方当事人的财产所在地）仍然有权对仲裁裁决进行司法监督（此点将在下文中述及）。

除了双方当事人在仲裁协议中对仲裁地国法院的司法监督作出约定外，各国国内法也纷纷对此加以规定。例如，我国《仲裁法》第 70 条就规定："当事人提出证据证明涉外仲裁裁决有民事诉讼法第 260 条（即修订后的《民事诉讼法》第 258 条——笔者注）第 1 款规定的情形之一的，经人民法院组成合议庭审查核实，裁定撤销。"

（二）仲裁裁决之被请求地国法院的司法监督

调整国际商事仲裁的国际国内法律构架，为仲裁裁决的双重司法监督提供了充分、有力的支持。据此，不仅仲裁地国法院，而且还包括仲裁裁决的被请求地国法院均可以对仲裁裁决进行司法监督。这种双重司法监督虽然增加了当事人解决争议的成本，但却可以相应地减少因仲裁地国法院所作之不当撤销仲裁裁决的决定而给当事人带来的风险。在双重司法监督的场合，仲裁裁决的被请求地国法院既要审查仲裁裁决本身，还要审查仲裁地国法院所作出的撤销仲裁裁决的决定。

[①] See Eric A. Schwartz, "A Comment on Chromalloy: Hilmarton a l'americaine", *Journal of International Arbitration*, Vol.14(2), 1997, p.134.

至于在审查后被请求地国法院是认可已被撤销之仲裁裁决,还是认可仲裁地国法院的撤销决定,则取决于被请求地国国内法在这方面的规定。换言之,被请求地国法院并不当然地听从仲裁地国法院撤销仲裁裁决的决定,它没有义务与此保持一致;同时,仲裁地国法院撤销仲裁裁决之决定,也并不妨碍赢方当事人去仲裁地国以外的其他国家寻求获得对这一被撤销之仲裁裁决的承认与执行。

除了各国国内法以及有关国际条约对被撤销之仲裁裁决的承认与执行问题作出规定外,当事人还可以在双方协议中对被撤销之仲裁裁决的效力作出约定。例如,双方当事人意欲选择某一个国家作为仲裁地(因为该地交通便利、仲裁设施良好、有他们信任的仲裁员等),但他们不愿接受仲裁地国法上关于撤销仲裁裁决的理由,则双方可以在协议中约定被撤销的仲裁裁决仍然具有执行力。这种协议与双方约定排除仲裁地国法院对仲裁裁决进行司法审查的协议是不同的,因为依据前者,仲裁地国法院仍然可以对仲裁裁决加以司法审查,并可对仲裁裁决的效力(至少是在仲裁地国境内的效力)作出决定。需要提请注意的是,当事人这种相互间的合意约定不得违反仲裁地国法和被请求地国法上的强行性、禁止性规定,否则,所作约定应属无效。

六、分析与结论

在当今世界,越来越多的国际商事争议是通过仲裁方法获致解决的,因而有必要对跨国仲裁裁决之承认与执行机制加以认真审视和研讨。此外,要促进这一承认与执行机制的进步和健康发展,亦离不开立法者、司法者以及学术界的积极参与和推动,同时还应注意平衡好以下几组关系:

第一,仲裁裁决的赢方当事人与输方当事人的关系。仲裁裁决作出后,赢方当事人希望裁决能够得到落实,因而关注的是仲裁裁决的终局性及可执行性;输方当事人则希望撤销这一裁决,因而关注的是作出该项裁决的程序是否公正。因此,往往会出现这样一种情况:赢方当事人就该项仲裁裁决向仲裁地国法院或其他国家法院请求承认与执行,而输方当事人也同时向仲裁地国法院申请撤销这一仲裁裁决,或向其他有关国家法院申请拒绝承认与执行这一仲裁裁决,从而引发双重司法审查问题。

第二,当事人意思自治与强行法的关系。在国际商事仲裁领域,当事人享有充分的意思自治之权利:他们可以约定接受或排除法院对仲裁进行司法监督;可以约定法院监督仲裁的范围及程度;可以约定排除仲裁地国法上撤销仲裁裁决的标准而同意适用其他国家的这类标准;甚至还可以约定已被撤销之仲裁裁决仍然有效并具有可执行力;等等。但是,这些约定应在仲裁地国和裁决的被请求地国法律允许的框架内进行,不能与该有关国家的强行法相冲突,否则,其所作约定是无法得到该有关国家认可的。

第三,仲裁地国与仲裁裁决之被请求地国的关系。从现实情况来看,由仲裁地国法院对仲裁裁决进行司法审查是一种普遍现象,仲裁地国法院扮演着一种守门人的角色。一般来讲,如果仲裁地国法院撤销了某一仲裁裁决,则这一撤销决定就可以阻止该项仲裁裁决在世界其他国家获得承认与执行。因为从当事人意思自治的角度来讲,既然当事双方合意选择了某个国家作为仲裁解决争议的地点,那就意味着他们愿意接受该国法律来调整其相互争议,除非双方当事人另行作出法律选择。所以,仲裁裁决的被请求地国法院应当认同并接受仲裁地国法院撤销仲裁裁决的决定,这不仅是尊重当事人的意思自治和契约自由,同时也符合国际礼让的需要。但同时也应指出,裁决的被请求地国并不是在任何情况下都应当向镜子反射那样完完全全地通盘接受仲裁地国法院的撤销仲裁裁决之决定。有的时候,一项仲裁裁决被仲裁地国法院所撤销,但却可以在被请求地国获得承认与执行。之所以会出现这种情况,一个根本原因就在于国家是主权的,各国关于撤销仲裁裁决的标准不尽相同,一国法院在审查仲裁裁决时首先应当适用自己的法律规定,其次才是考虑国际礼让和尊重当事人的意思自治与契约自由,这是一个大前提。由此可见,仲裁地国法院对仲裁裁决的司法审查不等于被请求地国法院的司法审查,两者不是一个程序。在有的学者看来,前者是第一级管辖(the primary jurisdiction),后者是第二级管辖(the secondary jurisdiction),[①]不能将它们相混淆。

第四,国内标准与国际标准的关系。从上一组关系在仲裁实践中运用的情况来看,仲裁地国与被请求地国在审查仲裁裁决时均是适用各自的标准,其可取之处在于维护了自身的立法及司法主权,当两国审查标准相同时,还可以顾及国际礼让以及当事人的意思自治与契约自由。但在两国审查标准不同的场合,一项仲裁裁决为仲裁地国法院所撤销,却可能在被请求地国法院获得承认与执行,因而其弊端也就显露出来:即它使得仲裁裁决的效力不够确定和稳定,还使得有关当事人对争端的解决缺乏可预见性。那么,应当如何解决这一矛盾?笔者认为,需要在国际商事仲裁领域中,为被请求地国拒绝认同仲裁地国法院撤销仲裁裁决的决定发展出一套完善的国际审查标准,这样,就会使得当事人能够比较早地预见仲裁裁决效力的状况,相应地也会预见到该项裁决能否在他国获得承认与执行。依笔者之见,这套获得普遍认同的司法审查国际性标准的内容,从被请求地国角度来讲,至少应当包括以下三个方面:首先,在不违反仲裁地国法上强行规则的前提下,看双方

[①] See W. Michael Reisman, *Systems of Control in International Adjudication and Arbitration: Breakdown and Repair*, Durham • North Carolina: Duke University Press, 1992, pp. 109-120.

当事人在仲裁协议中是否以及于多大程度上排除了仲裁地国法院的司法监督,以判定仲裁地国法院关于撤销仲裁裁决之决定是否越权;其次,看仲裁地国法院撤销仲裁裁决的理由在被请求地国国内法上是否也有相同或类似的规定,以判定被请求地国认同仲裁地国法院撤销仲裁裁决之决定是否会违反被请求地国自身的法律及本地的利益;再次,看认同仲裁地国法院撤销仲裁裁决之决定是否会有损于公认的国际公共政策诸如正当程序、公平正义等理念。如果世界各国在考察仲裁地国法院撤销仲裁裁决之决定时均适用这三项标准,不但可以增强仲裁裁决的稳定性和当事人对争议解决的可预见性,还可以减轻被请求地国法院在承认与执行已被仲裁地国法院撤销之仲裁裁决时的审查负担,相应地,也就降低了被请求地国法院对仲裁的司法卷入程度。

当今国际社会,经济日益全球化,法律逐步趋同化,科学技术的进步、交通设施的便利以及各国国内法和国际条约的推动,使得跨国商事往来的障碍越来越少,并且出现了跳跃式发展的趋势。目前,国际间的经贸往来就如同在国内进行一样方便。然而,跨国商事争议的解决却仍然具有地域性或称法域性。深受国际商界青睐的跨国商事争议解决方式——国际商事仲裁虽然也为世界各国所认许,但不论是当事人也好、主权国家也罢,还都希望或要求国家司法给予某种程度的介入,以切实维护当事人的正当合法权益以及与仲裁相关之国家的主权,同时也是为了促进国际商事仲裁这一重要的国际商事争端解决方式的健康发展。而对于仲裁裁决的被请求地国法院而言,是否承认与执行一项已被仲裁地国法院撤销了的仲裁裁决,就是它司法介入国际商事仲裁的一种重要形式,值得各国理论界与实务界给予高度关注和深入研究。

第七节　国际商事仲裁中法院的作用之三
——ICSID 仲裁裁决的承认与执行

一、引言

　　对于国际商事交易的主体而言，仲裁已经成为解决其相互间商事纠纷的一项重要而常见的有效手段。从国际层面上看，一方当事人往往对本国以外的其他国家的司法诉讼不甚了解，在此情况下，仲裁就为这类当事人提供了可以选择的争端解决方式。就仲裁本身而言，它也具有种种特点：如当事人可以合意选择解决其相互争议的实体法和程序法，可以选择某一领域的专家担任仲裁员，仲裁过程简单、高效，仲裁费用易于控制等。

　　然而，这些只是仲裁的一个方面。从另一方面来看，仲裁并非能够完全游离于一国法院之外。现实中的大多数仲裁裁决都得到了当事人自觉自愿的履行，但也不时出现输方当事人拒绝履行仲裁裁决的情况。这往往迫使赢方当事人前往输方当事人的财产所在地寻求当地法院对相关仲裁裁决给予承认和执行。为了便于这类跨越国界的国际商事仲裁裁决的承认与执行，并为世界各国国内法院提供若干统一的承认与执行标准，1958 年的《纽约公约》和 1965 年的《解决国家与他国国民间投资争端公约》(*International Convention on the Settlement of Investment Disputes between States and Nationals of Other States*，简称《华盛顿公约》或《ICSID 公约》)便先后应运而生了。《纽约公约》一般是调整私性主体间的国际商事仲裁裁决的承认与执行，而《华盛顿公约》则规范了国家与外国私人投资者之间投资争端的解决。这两个公约的实施，使得国际商事仲裁裁决的承认与执行要远比外国法院判决的承认与执行容易得多；而且，它们的实施还限制了国内法院拒绝承认与执行所涉仲裁裁决的理由。

本节将重点研究《ICSID 公约》中与仲裁有关的若干法律问题,因为目前我国已从完全的引进外资逐步转变成为吸引外资与向外投资并举的国家,并且近些年来对外投资还在持续不断地增长。这种新形势下,有必要加强对《ICSID 公约》中的争端解决机制进行研究。

二、依据《ICSID 公约》的仲裁裁决

《ICSID 公约》是由世界银行(即国际复兴开发银行)主持起草的、目的在于鼓励国际私人资本向发展中国家流动的一项国际公约。世界银行是一个为促进其成员国经济发展而提供信贷支持的国际性金融机构,它同时对国际投资亦持鼓励态度。在该行的创立者看来,这一机构的主要作用在于促进私人投资者的国际投资。[1] 基于此项考虑,世界银行将其主持制定的《ICSID 公约》的目标确定在提升国际合作、推动私人资本向发展中国家投资以促进发展中国家的经济发展、增进发展中国家政府与外国私人投资者相互间的信任等。[2] 该公约于1966年10月14日生效,它为外国私人投资者与东道国之间的投资争端提供了一项解决机制。公约在世界银行位于华盛顿的总部内设立了一个"解决投资争端国际中心"(International Center for the Settlement of Investment Disputes,以下简称 ICSID),该中心备有调解员名册和仲裁员名册,并为仲裁程序的进行提供了规则和便利。根据公约第25条

---

[1] See Ibrahim F. Shihata, "The Settlement of Dispute Regarding Foreign Investment: The Role of the World Bank, With Particular Reference to ICSID and MIGA", *American University Journal of International Law and Policy*, Vol. 1, 1986, p. 97.

[2] See Christopher M. Koa, "The International Bank for Reconstruction and Development and Dispute Resolution: Conciliation and Arbitration with China through the International Center for the Settlement of Investment Disputes", *New York University Journal of International Law and Politics*, Vol. 24, 1991, pp. 439, 445.

第 1 款之规定,中心若对一项争端行使管辖权应当满足以下四个条件:(1)必须是一项法律争端;(2)必须是直接因投资而引起;(3)必须发生于一缔约国(或该缔约国向中心指明的该国的任何组成部分或机构)与另一缔约国国民间;(4)必须是争端双方书面同意交付仲裁。[①] 不过,公约并未给"法律争端"及"投资"作出定义。需要指出的是,这里的"书面同意"既可以体现为当事双方于争端发生前所订立的合同条款,也可以体现为争端发生后双方订立的仲裁协议。但是根据公约,对公约的批准并不构成批准国同意将一项特定的争端提交仲裁。

ICSID 现已成为实现促进国际投资与经济发展这一国际政策的强有力工具。设立该中心的重要目的,是要将外国投资者置于国际法的保护之下,使其在东道国境内的私人投资免受因当地政府单方行为而导致的损害;与此同时,对发展中国家而言,ICSID 还提供了一项中立的争端解决机制,以避免发达国家(外国私人投资者之本国)对有关争端的不当干预。因此可以说,ICSID 为东道国及外国私人投资者提供了某种程度的博弈平台,而双方间力量的平衡,则由《ICSID 公约》以及《ICSID 仲裁规则》来予以维持。就该公约来讲,它为外国私人投资者通过国际机构解决争端提供了可能和便利;而从该仲裁规则来看,一旦某国同意将争端诉诸 ICSID 仲裁,则仲裁进行当中作为争端一方的该国缺席或拒不出席,并不能妨碍仲裁程序的继续进行。

另一方面,作为同意将争端提请 ICSID 仲裁解决的一个条件,公约允许缔约国实行"居先用尽当地救济原则"。这一条件既可以规定在东道国与外国私人投资者所订立的投资协议中,也可以纳入到东道国与外国私人投资者本国所签订的双边条约(BIT)内,还可以体现在缔约国于签署或批准《ICSID 公约》时所作的声明里。而且,根据公约第

---

① 参见余先予主编:《冲突法资料选编》,法律出版社 1990 年版,第 758 页。

42 条第 1 款,除非争端双方另有协议,仲裁庭将依照东道国的法律以及可适用的国际法规则来裁判案件。

世界银行执行董事会在其报告中认为,一旦某一东道国同意将其与外国私人投资者之间的争端提请 ICSID 解决,则该外国私人投资者在争端出现时即可诉诸 ICSID 进行国际管辖,而无须向其本国寻求介入。[①] 换言之,外国私人投资者的本国应当放弃外交保护或提出国际要求,除非东道国未能遵守和履行对此项争端所作出的裁决。这一立场强化了《ICSID 公约》的一项目标,即力图使得投资争端的解决非政治化,以在东道国与外国私人投资者之间营造相互信任的氛围,促进资本向发展中国家流动。

三、ICSID 仲裁裁决的承认与执行

一项国际商事仲裁的效力,最终要取决于其所作裁决能否得到承认与执行。对于 ICSID 的仲裁裁决,赢方可向具有管辖权的输方财产所在地的国内法院寻求承认与执行。根据《ICSID 公约》第 54 条第 1 款,每一缔约国应承认依照本公约所作出的裁决具有约束力,就如同该裁决是该国法院的最后判决一样。对于公约的这一要求,缔约国无论其本身或者其国民是否是争端的当事方均应予以遵守。

而仲裁裁决的执行是指履行一项仲裁裁决所附加的金钱上的义务。《ICSID 公约》第 54 条第 3 款规定,其所作裁决的执行应受执行地国法律的支配。该条款后又为公约第 55 条所补充和强调。根据公约第 55 条,其"第 54 条的规定不得解释为背离任何缔约国现行的关于免除该国或任何外国予以执行的法律"。这两项条款规定的目的意在

[①] See "Report of the Executive Directors on the Convention on the Settlement of Investment Disputes between States and Nationals of Other States", *International Legal Materials*, Vol. 4, 1965, p. 524.

强调，ICSID 仲裁裁决的执行应当从属于被请求执行地国的国内法。

现实中曾有 ICSID 仲裁裁决在法国和美国寻求承认与执行的三个实例。这些实例均是外国私人投资者向法院申请承认与执行针对东道国的仲裁裁决。但在审查仲裁裁决时，相关法院对《ICSID 公约》的自动承认条款却存在着不同的理解，并力图将内国法引入到这类仲裁裁决的承认程序。当然，这三个实例中的仲裁裁决最终均获得了法院的承认，但其中却有两项已获承认之仲裁裁决的外国私人投资者，因法院地内国法对执行问题的限制而未能获得金钱补偿。

在"意大利公司诉刚果政府案"（Benvenuti and Bonfant S. A. R. L. v. Government of the People's Republic of Congo）中，作为 ICSID 仲裁裁决赢方当事人的一家意大利公司（Benvenuti & Bonfant）于法国启动了裁决的承认与执行程序。[①] 该案基本案情是：1973 年，刚果政府与该意大利公司签署了一项协议，双方同意设立一家公司生产塑料瓶。后来出现纠纷，双方依据协议中相关条款的规定，向 ICSID 诉诸仲裁。1980 年 8 月，仲裁庭作出裁决支持了意大利公司。当这家意大利公司向法国法院申请承认与执行该项仲裁裁决时却遇到了问题。尽管受理申请的法国初审法院在审查后认为，该项裁决并不与法国的法律及公共秩序相冲突，因而同意给予承认，但它同时又提出，如果未经法院事先授权，不得采取任何措施执行输方位于法国境内的任何财产。该法院认为，如果因无视礼让及国际独立的概念而损害了某一外国的主权，那对法院而言将是不适当的。[②]

而法国上诉法院则认为，初审法院将执行仲裁裁决问题与主权豁免相挂钩，其考虑是不成熟的，其做法是越权的。在上诉法院看来，仲

[①] See ICSID Case No. ARB/77/2, *International Legal Materials*, Vol. 21, 1982, p. 740.

[②] See Nassib G. Ziadé, "Some Recent Decisions in ICSID Cases", *ICSID Review-Foreign Investment Law Journal*, Vol. 6, 1987, pp. 514, 523.

裁裁决的承认与执行是两个不同的阶段。只有在 ICSID 仲裁裁决已经获得法国法院的承认、并且该项裁决附加了金钱义务的情况下,法国的主权豁免理论才能够阻止一项仲裁裁决的执行。[1]

仔细研读上述法国两审法院的观点,笔者发现它们并无本质不同,后来情况的发展也证实了这一点。意大利公司提交的 ICSID 仲裁裁决虽然获得了法国法院的承认,但由于法国法对仲裁裁决执行的限制,它最终未能获得金钱上的补偿。尽管 ICSID 仲裁庭对意大利公司给予金钱补偿的裁决不直接涉及刚果政府的财产,但却间接涉及由法国某银行代刚果商业银行掌控的一笔资金,而该刚果商业银行被认为是由刚果政府控制的。法国最高法院认为,本案中 ICSID 仲裁裁决所附之金钱义务是无效的,因为并非是刚果商业银行本身向意大利公司负债,刚果商业银行与刚果政府是不同的法律实体。因此,不能认为该刚果商业银行应当为其本国政府的债务承担责任。[2] 这个案子的审理结果集中体现了执行一项针对国家的仲裁裁决之问题所在。它表明即使是该项仲裁裁决已在一国法院获得了承认,但并不意味着一定会得到该国法院的强制执行。从国际社会的实际状况来看,外国私人投资者依照法院地国关于仲裁裁决强制执行的法律规定,是根本无法确定哪项财产既属于国家而又不享受豁免的。

在法国法院受理的"比利时公司诉塞内加尔案"(SOABI[Seutin] v. Senegal [3])中,对 ICSID 仲裁裁决的承认与执行也面临着同样的问

---

[1] See Nassib G. Ziadé, "Some Recent Decisions in ICSID Cases", *International Legal Materials*, Vol. 20, 1987, p. 881.

[2] See Benvenuti and Bonfant Ltd. v. Banque Commerciale Congolaise and Others, Judgment of July 21, 1987, Cour de Cassation, *Journal du Droit International*, Vol. 115, 1988, p. 108.

[3] See État du Sénégal v. Seutin es qualité de liquidateur amiable de la SOABI, Judgment of Dec. 5, 1989, Cour d'appel, *Journal du Droit International*, Vol. 117, 1990, p. 141, reprinted in *International Legal Materials*, Vol. 29, 1990, p. 1341; *ICSID Review-Foreign Investment Law Journal*, Vol. 5, 1990, p. 135.

题。SOABI 是一家由比利时人控制的公司,向法国法院请求承认与执行一项以塞内加尔为输方的仲裁裁决。争端起因于塞内加尔终止了它与 SOABI 所签署的协议,协议内容是规定由 SOABI 在塞内加尔首都达喀尔为低收入者建造住宅。[1] 尽管法国初审法院同意承认 ICSID 仲裁裁决,但初审法院的这一承认命令却为法国上诉法院所撤销。[2] 首先,上诉法院并未理会《ICSID 公约》中规定的缔约国应自动承认 ICSID 仲裁裁决的条款,并且将法国的公共秩序概念引入到对 ICSID 仲裁裁决的承认程序。[3] 对于 ICSID 仲裁裁决的承认,法国上诉法院适用的是《法国民事诉讼法典》,而非 ICSID 所创设的自动承认国际制度;其次,法国上诉法院错误地混淆了仲裁裁决的承认与执行。在它看来,既然 SOABI 无法证明意欲执行的塞内加尔财产属于商事性质,那么,承认 ICSID 仲裁裁决将损害塞内加尔作为主权国家所享有的执行豁免。

案件上诉至法国最高法院,该最高法院撤销了法国上诉法院的决定,同时对仲裁裁决的承认豁免与执行豁免作出了区分。第一,它认为在 ICSID 仲裁裁决的承认方面,《ICSID 公约》排除了法国法的适用。[4] 第二,该最高法院认为,只有当 ICSID 仲裁裁决已经获得了承认、并且这项裁决中附加了金钱义务时,才应当考虑执行豁免问题。换言之,在 ICSID 仲裁裁决的承认阶段,是无须考虑执行豁免的。在法国最高法

---

[1] See No. ARB/82/1 (Feb. 4, 1988), reprinted in *ICSID Review-Foreign Investment Law Journal*, Vol. 6, 1991, p. 125.

[2] See État du Sénégal v. Seutin es qualité de liquidateur amiable de la SOABI, Judgment of Dec. 5, 1989, *International Legal Materials*, Vol. 29, 1990, p. 1344.

[3] See Georges R. Delaume, "France-Recognition of ICSID Awards-Sovereign Immunity", *American Journal of International Law*, Vol. 86, 1992, pp. 138, 140.

[4] See Judgment of June 11, 1991, Cour de Cassation; *Journal du Droit International*, Vol. 118, 1991, p. 1006, reprinted in *International Legal Materials*, Vol. 30, 1991, pp. 1167, 1170.

院看来,作为争端一方的国家同意将其争端交付仲裁,就暗含着日后放弃某些司法程序(如仲裁裁决承认)的豁免,但却并不意味着它放弃了仲裁裁决的执行豁免。[1]

在美国法院受理的"利比里亚东方木材公司诉利比里亚政府案"(Liberian Eastern Timber Corporation [LETCO] v. Government of the Republic of Liberia[2])中,ICSID 仲裁裁决的承认与执行问题同样引起了当地法院的关注。LETCO 是一家由法国国民所拥有并控制的利比里亚公司。1970 年,利比里亚政府授予该公司以开采利比里亚木材的特许权。1980 年,利比里亚政府以关注其森林资源的保护和恰当利用以及 LETCO 存在着过错为由,减少了对 LETCO 特许权的授予直至后来全部终止了该项特许权。LETCO 遂依照特许权协议中的规定向 ICSID 提请仲裁,而利比里亚政府则拒绝参加仲裁。但仲裁庭却依然进行仲裁程序并作出裁决支持了 LETCO。LETCO 后向美国地区法院申请执行 ICSID 所作出的仲裁裁决。

受理这一申请的美国纽约南区法院基南(Keenan)法官发出了执行该项仲裁裁决的命令。[3] 随后,利比里亚政府提出申请要求撤销基南法官的决定,认为这位法官关于执行利比里亚位于美国境内财产的决定侵犯了它的主权豁免。[4] 但利比里亚政府的申请却为美国法院所拒绝。美国法院认为,依据美国的《外国主权豁免法》,既然利比里亚与 LETCO 协议将相互间的特许权争议交付 ICSID 仲裁解决,那就意味着利比里亚已就美国的司法管辖放弃了主权豁免。其实,美国法院的

---

[1] See Georges R. Delaume, "France-Recognition of ICSID Awards-Sovereign Immunity", *American Journal of International Law*, Vol. 86, 1992, pp. 138, 141.

[2] See Liberian Eastern Timber Corp. (LETCO) v. Government of Republic of Liberia, 650 F. Supp. 73, 74-75 (S. D. N. Y. 1986), aff'd, 854 F. 2d 1314 (2d Cir. 1987).

[3] See *ICSID Review-Foreign Investment Law Journal*, Vol. 2, 1987, p. 187.

[4] See 650 F. Supp. p. 74.

这一观点存在着误区。《ICSID 公约》第 54 条要求各缔约国在其境内自动承认 ICSID 仲裁裁决,从而排除了依据管辖豁免所作的辩护。从《ICSID 公约》第 55 条的规定来看,只有在 ICSID 仲裁裁决的执行阶段才应考虑适用被请求国的国内法,而在 ICSID 仲裁裁决的承认阶段是无须适用被请求国的国内法的。美国法院在 LETCO 一案中适用美国国内法(《外国主权豁免法》)的实践有可能形成这样一种先例:即美国法院将会以依照美国国内法外国国家在美国享有司法管辖豁免为由,拒绝承认一项针对国家的 ICSID 仲裁裁决。

与前述"意大利公司诉刚果政府案"一样,本案中的 ICSID 仲裁裁决虽然在美国法院获得了承认,但由于法院地关于执行方面法律的适用,LETCO 最终亦没能获得 ICSID 仲裁裁决中所规定的金钱补偿。美国法院支持了利比里亚的请求,撤销了对利比里亚政府向悬挂利比里亚旗帜船舶的船东征收船舶吨位税和船舶注册费的强制执行。[1] 美国法院在此依据《ICSID 公约》第 55 条,适用了美国国内法上关于执行方面主权豁免的规定。美国《外国主权豁免法》第 1610 条(a)项规定,如果外国主权者的财产用于商事目的,则可构成外国国家享有执行豁免的一个例外。美国相关法院将利比里亚政府向船东征收船舶吨位税和船舶注册费视为是该国为增加财政收入而征收的税赋,因而不符合上述第 1610 条(a)项所指之商业例外。但该法院亦指出,LETCO 仍有权向美国法院申请强制执行利比里亚位于美国境内的任何用于商事目的的财产。美国第二巡回上诉法院对这一决定给予了维持。[2] 可见,在 LETCO 一案中,主权执行豁免理论再次排除了赢方当事人依照 ICSID 仲裁裁决获得金钱补偿的可能性。

---

[1] See 650 F. Supp. p. 78.
[2] See 854 F. 2d 1314 (2d Cir. 1987).

LETCO 一案的审理表明,美国法院与法国法院对待 ICSID 仲裁裁决的立场并无区别,即同样将行为的商事性质作为国家是否放弃主权豁免的界定标准。

经过对以上三个案件的细致分析,我们可以得出如下结论:首先,尽管相关法院最终都在本国境内承认了 ICSID 仲裁裁决,但它们均试图依照内国法对这类仲裁裁决的承认加以审查;其次,这些法院不仅仅是在 ICSID 仲裁裁决的执行阶段运用主权豁免理论,而且还试图将这一概念引入到 ICSID 仲裁裁决的承认阶段;第三,即便是相关法院承认了 ICSID 仲裁裁决,依照主权执行豁免的相关内国法,ICSID 仲裁裁决的赢方当事人仍然无法获得金钱补偿方面的强制执行。

四、国家主权豁免

前面法、美两国法院关于 ICSID 仲裁裁决的相关案例,提出了一个理论界与实务界均应予以关注的突出问题,即有必要对 ICSID 仲裁裁决的承认豁免与执行豁免作出区分。从国际社会的现实来看,承认方面的"限制豁免理论"和"放弃豁免理论"已为许多国家所普遍接受,但对于已获法院地国承认的 ICSID 仲裁裁决之实际执行,则各国仍采用"绝对豁免理论"。[1] 对此有学者认为,当外国私人投资者倾尽所有努力终于赢得了一项 ICSID 仲裁裁决,而在其请求一国法院强制执行该项裁决时却发现他(或它)不能获得本应属于其自身的金钱补偿,这

---

[1] See Van den Berg, "Some Recent Problems in the Practice of Enforcement Under the New York and ICSID Conventions", *ICSID Review-Foreign Investment Law Journal*, Vol. 2, 1987, p. 439.

一情况是荒谬的。① 笔者亦认同这种观点,认为在商事仲裁领域一方声称放弃承认豁免但却不放弃执行豁免是不符合逻辑的。如果一个国家选择以仲裁方式解决争端,它一定会被认为是同意承受因此而产生的一切后果,包括履行对其自身不利的仲裁裁决。一旦作为争端一方的国家不自动履行仲裁裁决时,则应与争端另一方的外国私人投资者一样,其财产是能够予以充分执行的。

实际上,ICSID 仲裁裁决执行方面的"绝对豁免理论"之应用,是基于政治和经济两个方面的考虑。政治上,执行一项 ICSID 仲裁裁决往往被视为是对一国权利的严重干涉;经济上,反对执行豁免的种种主张将会吓阻国家的对外投资或吸引外资。然而现实情况却是,执行方面的"绝对豁免理论"对国际社会的公平价值观形成了强烈冲击,它意味着国家在签订一项协议之初就不打算受其约束,而缔约的另一方(外国私人投资者)则必须接受该协议的束缚。这样的交易毫无公平可言,作为当事一方的国家不能只期望从交易中获益而不承担任何义务。

由于《ICSID 公约》当时的起草者们就国际、国内层面上均争议颇多的执行豁免的含义及其适用范围无法达成一致,因而在公约中明确规定放弃执行豁免的条款是相当困难的。有鉴于此,公约第 54 条第 3 款以开放式的语言规定,ICSID 仲裁裁决的执行应当符合执行地国的国内法。这一规定使得 ICSID 仲裁裁决在各缔约国境内的执行更加复杂化,并往往导致仲裁裁决的最终落实陷于困境。对此笔者认为,我们在现时中应当强调,在遇有这类情形出现时,各缔约国国内法院对主权豁免所持的态度应尽量符合《ICSID 公约》的宗旨和目标。若将公

---

① See Van den Berg, "Some Recent Problems in the Practice of Enforcement Under the New York and ICSID Conventions", *ICSID Review-Foreign Investment Law Journal*, Vol. 2, 1987, p. 439.

约第54条第3款与第55条结合起来看可以得出结论：缔约国国内法院如果承认了一项ICSID仲裁裁决，也就等于赋予了该项裁决之赢方当事人以有效的权利。在此基础上是可以采取执行仲裁裁决的措施的，即使相关执行措施的对象是某国的国家财产，只要被请求执行地的缔约国国内法规定可以执行即可。[①] 不过这种理解假如得以普遍接受的话，那就意味着一项ICSID仲裁裁决的命运（即其最终能否获得强制执行）要取决于不同缔约国的不同国内法规定，从而导致当事人"挑选法院"现象的产生。

虽然公约第54条第3款及第55条之规定赋予了各缔约国国内法在ICSID仲裁裁决的执行问题上以最终决定权，但应注意国内法的这一作用不能被过分强调。国际法要健康、有序地向前发展和完善，仅有世界各国的良好意愿是远远不够的，还需要各国国内法给予强有力的支持与配合，有时甚至是妥协和让步。各主权国家应充分认识到，从长远、宏观、整体以及全局的角度来考虑，它们这样做也是符合其自身根本利益的。就《ICSID公约》本身而言，它通过条文的规定创设了一项国际制度，目的在于促进资本在各缔约国间的自由流动。这一目的体现在争端解决机制上，就是公约有关条款力图使得ICSID仲裁裁决在缔约国法院能够自动获得承认并容易予以执行。但从现阶段来看，《ICSID公约》各缔约国的国内法对主权豁免还没有一个统一的解释或规定，这将在很大程度上影响公约目的的顺利实现。对于这个现实，有两项解决办法可供考虑：

首先，要求东道国放弃执行豁免。目前国际社会有越来越多的国

[①] See Georges R. Delaume, "ICSID Arbitration and the Courts", *American Journal of International Law*, Vol. 77, 1983, pp. 784, 800.

家放弃了"绝对豁免理论",转而采取"限制豁免理论"。① 即便如此,在这方面各国法律的规定仍然存在着许多不同,因而为外来投资的后果带来了相当大的不确定性,同时亦为当事方(外国私人投资者)挑选法院提供了可能。从理论上讲,外国私人投资者寻求适用"限制豁免理论",将成为其挑选法院以执行 ICSID 仲裁裁决的"唯一选择"。② 就现实而言,如果外国私人投资者赢得一项 ICSID 仲裁裁决,他(或它)将挑选可能执行该项裁决的输方财产所在地的法院去提出申请,因而申请方就一定会对采用"限制豁免理论"的国家更感兴趣。对这种情形的一项解决办法是,在外国私人投资者与东道国签订的投资协议中纳入一条放弃条款,明确规定东道国日后放弃对 ICSID 仲裁裁决的执行豁免。这类放弃执行豁免条款还可以规定在外国私人投资者本国与东道国所签署的双边投资条约中。不过这种方法并非总是切实可行的,它取决于当事双方的力量对比、各自的需求以及讨价还价的能力,因而不同的协议情形各不相同。例如,在跨国贷款协议中纳入此类条款目前已成为现实,因为出借方具有充分的讨价还价的实力。③

毫无疑问,在外国私人投资者与东道国谈判订立投资协议时,要求纳入放弃豁免条款是非常困难的,这会招致大多数国家的强烈反对。现如今除了金融领域之外,国际投资的其他方面规定有国家放弃豁

---

① See Georges R. Delaume, "Contractual Waivers of Sovereign Immunity: Some Practical Considerations", *ICSID Review-Foreign Investment Law Journal*, Vol. 5, 1990, p. 232.

② See Vincent O. Orlu Nmehielle, "Enforcing Arbitration Awards Under *the International Convention for the Settlement of Investment Disputes (ICSID Convention)*", *Annual Survey of International and Comparative Law*, Vol. 7, 2001, p. 47.

③ See Georges R. Delaume, "Economic Development and Sovereign Immunity", *American Journal of International Law*, Vol. 79, 1985, pp. 319, 344.

条款的协议还不多见。[①] 鉴于《ICSID 公约》在执行其仲裁裁决问题上的规定存在着缺陷,ICSID 特为此推荐了一条示范条款,其中规定作为争端一方的国家作出声明,自始放弃送达豁免、法院管辖豁免以及财产执行豁免。[②] 不过在实践中,该项示范条款却未能得到广泛采纳,并且,有些国家的法院对明确规定放弃豁免之协议条款的适用还常常加以严格限制,对强制执行仲裁裁决的申请亦不给予积极支持。

其次,外国私人投资者向其本国政府寻求外交保护。《ICSID 公约》第 27 条第 1 款规定:"缔约国对于它本国的一个国民和另一缔约国根据本公约已同意交付或已交付仲裁的争端,不得给予外交保护或提出国际要求,除非该另一缔约国未能遵守和履行对此项争端所作出的裁决。"[③]这项规定的目的之一是向东道国施压,敦促它履行其所应当承担的义务。此外,东道国如果不履行 ICSID 仲裁裁决,还可以导致适用公约第 64 条。根据该条款,在东道国不履行其相关义务涉及对本公约的解释或适用时,外国私人投资者的本国得将此项争端诉诸国际法院。[④]

外国私人投资者寻求其本国的外交保护和外国私人投资者的本国诉诸国际法院,这两种方法均具有强烈的政治色彩,它们的采用不仅会影响两国间的正常关系而且将更加耗时费力,因而在对其选择适用时应当小心谨慎。毕竟国际社会推出《ICSID 公约》的主要目的之一,是要为外国私人投资者和东道国创设一项非政治化的争端解决机制,所以应当将适用这两种方法作为最后的措施来考虑。从现实情况看,

---

[①] See Georges R. Delaume, "Economic Development and Sovereign Immunity", *American Journal of International Law*, Vol. 79, 1985, p. 344.

[②] See ICISD Model Clauses, Doc. ICSID 5/Rev. 1, at cl. XIX, reprinted in *Yearbook of Commercial Arbitration*, Vol. 9, 1984, p. 173.

[③] 余先予主编:《冲突法资料选编》,法律出版社 1990 年版,第 759 页。

[④] 参见同上书,第 769—770 页。

《ICSID 公约》缔约国中运用这两种方法的实践亦不多见。

五、分析与结论

在过去的数十年当中,国际商事往来发生了翻天覆地的变化,现今全球范围内单日的资本流动额已大体相当于早先一年的资本交易量。而随着全球经济的迅猛发展,法律纠纷也层出不穷并日益复杂化,其中东道国与外国私人投资者之间的投资关系如何理顺,亦成为商界和法律界人士关注的一个重要焦点。在国际社会各成员的共同努力下,《ICSID 公约》为这两者间争议之解决提供了一个适当的平台。对外国私人投资者来讲,ICSID 争端解决机制使他(它)们在与东道国打交道时获得了安全感,即一旦东道国违反了其依据《ICSID 公约》所承担的义务,则外国私人投资者可在平等的基础上与东道国进行交涉,并能期望从交涉中获得补偿;就东道国而言,ICSID 争端解决机制也排除了其在与外国私人投资者发生投资纠纷时来自不同方面(尤其是外国私人投资者本国)的政治介入和外交干预,从而免去了其后顾之忧。

ICSID 争端解决机制无疑满足了国际商事交易当事方对争端解决手段的需求和选择,在跨国投资领域中,该项机制具有广泛的影响力。但另一方面,该机制实施的事实也表明,要实现《ICSID 公约》所规定的宗旨及目标还有很长的路要走。问题的症结就在于 ICSID 仲裁裁决的执行仍然是该争端解决机制的先天弱项,其根本原因就在于《ICSID 公约》规定有主权豁免内容,即对主权豁免的解释要取决于被请求执行仲裁裁决的公约缔约国的国内法,这常常使得外国私人投资者执行 ICSID 仲裁裁决的请求无法得到实际落实。在此情况下,挑选法院(即当事方为获得 ICSID 仲裁裁决的执行去寻找持"限制豁免论"的国家法院提出申请)恐怕是私人投资者的主要考虑。但不可回避的是,目前国际社会有许多国家在仲裁裁决的执行问题上仍持"主权绝对豁免"的主张。即便在采用"限制豁免论"的国家,外国私人投资者要证明其持有的 ICSID 仲裁裁决书中所附之金钱义务得免除执行豁免也是相当困难的。

在国际商事往来中,争端的有效解决是公认之理、应有之意,争端双方均有责任、有义务尊重并遵守争端解决机构依法得出的结论。一争端当事方亦应切实维护另一争端当事方的合法权益,并积极采取措施,以实际行动来主动落实争端解决机构所作出的决定。前已提及,《ICSID 公约》的主要目的在于营造国家与外国私人投资者之间相互信任的氛围,以促进私人资本向发展中国家的合理流动。因此,作为当事双方的国家及外国私人投资者,应当努力使 ICSID 争端解决机构的审理结果具有确定性。如果一当事国在外国私人投资者请求执行 ICSID 仲裁裁决时主张主权豁免,则实际上等于免除了其依据《ICSID 公约》所应当承担的切实遵守该项仲裁裁决的条约义务,从而导致了该仲裁裁决落实的不确定性。应当认为,假如一个国家同意接受以仲裁方式解决争端,那么该国就应被视为同意承受由此而产生的一切后果,包括认可对其不利的仲裁裁决,这也是国际法上"约定必须遵守"(pacta sunt servanda)原则在 ICSID 仲裁领域的具体体现。当国家以私性主体身份从事商事行为时,执行针对其私性财产所作出的某项仲裁裁决,就是逻辑发展的一个必然结果。

第八节 国际商事仲裁中法院的作用之四
——中美两国执行国际商事仲裁裁决之比较

在商事领域,仲裁已成为解决国际、国内商事纠纷的一种普遍采用的手段。目前各国经贸往来日益频繁,同时诉讼成本也在大幅提高,有关商事交易双方为了避开去外国法院诉讼的不确定性、提高纠纷解决的效率,往往倾向于选择当事人意思自治色彩浓厚的仲裁方式来处理其跨国争端。不过在商事仲裁领域,要实现不断促进国际经济贸易持续繁荣与稳定增长的良好愿望,重要的是切实执行仲裁裁决,而《纽约公约》则为缔约国相互承认与执行外国仲裁裁决提供了法律依据。中美两国均是《纽约公约》的缔约国,但由于两国在司法体制、法律渊源以及法律方法论等方面有着诸多差异,因而它们对该公约的适用也存在较大区别。

一、中国仲裁裁决执行制度的法律框架

我国法律将仲裁区分为国内仲裁与国际仲裁两大类。依照我国法律,国际商事仲裁当事人享有的意思自治及自由度一般要高于国内仲裁的当事人;我国法院对国际商事仲裁的司法审查仅限于程序事项,而对国内商事仲裁的司法审查则除程序事项外,还包括实体事项。

(一) 1991年的《民事诉讼法》(于2007年修正)

这是一部与仲裁关系非常密切的重要法律。它将仲裁裁决区分为国内裁决、涉外裁决及外国裁决三种,对不同种类的仲裁裁决我国法院在承认与执行时进行司法审查的标准也各不相同。例如,对国内裁决而言,法院得对下列事项进行实质性审查:主要证据不足,适用法律有误,仲裁员有贪污受贿、徇私舞弊、枉法裁决行为等。但对我国涉外仲裁机构作出的涉外裁决,法院仅对程序事项进行审查,诸如被申请人是否得到指定仲裁员或进行仲裁程序的通知,仲裁庭的组成或仲裁的程序是否与仲裁规则不符等。这部《民事诉讼法》还要求我国法院依照我国缔结或参加的国际条约(主要是指《纽约公约》),来承认与执行外国仲裁裁决。如果一项仲裁裁决是在非《纽约公约》缔约国的某一外国境

内作出的,我国法院则在互惠原则的基础上承认与执行该项裁决。此外,根据我国《民事诉讼法》第213条第3款和第258条第2款之规定,无论是国内仲裁裁决还是我国涉外仲裁机构作出的涉外仲裁裁决,如经我国法院认定其违背社会公共利益的,得裁定拒绝执行,这与《纽约公约》第5条的规定是相呼应的。

(二)1995年的《仲裁法》(于2009年修正)

这是我国第一部规定仲裁事项的立法,在我国立法史上具有里程碑式的重要意义,目前它已成为调整我国内地各项仲裁行为的基本法。尽管这部法律的主要目的在于重塑我国国内的仲裁体制,但其某些规定同样可以调整与中国有关的国际商事仲裁。上述我国《民事诉讼法》相关条款所确立的司法审查仲裁的标准后为该部《仲裁法》所吸纳。例如,《仲裁法》第63条直接援引了《民事诉讼法》第213条第2款的规定,作为法院拒绝执行国内仲裁裁决的理由;《仲裁法》第71条直接援引了《民事诉讼法》第258条第1款的规定,作为法院拒绝执行涉外仲裁裁决的理由。

(三)国际条约

根据我国《民法通则》第142条第2款,我国缔结或参加的国际条约同我国民事法律有不同规定的,适用国际条约的规定,但我国声明保留的条款除外。这一规定表明,如果我国作为缔约国的某一国际条约(如《纽约公约》)之规定与我国国内法相冲突,则条约义务应居优先,即我国法院可直接适用国际条约,除非我国加入条约时提出了某种(或某些)保留。按照《纽约公约》的规定,缔约国可以声明,本国只在互惠原则基础上对在另一缔约国领土内作出的仲裁裁决的承认与执行适用本公约,而对在非缔约国领土内作出的裁决将不适用公约规定,即所谓的"互惠保留";缔约国还可以声明,只对根据本国法律认定为属于商事关系(不论其为契约性质与否)所引起的争议适用本公约,而对于非商事争议(如劳动争议等)性质的裁决则不适用公约的规定,即所谓的"商事保留"。我国在加入该公约时,根据公约的这些规定作出了互惠保留和商事保留的声明。

(四) 最高人民法院的有关规定

1. 1995 年的《通知》

为了维护国际商事关系的稳定并促进其发展,信守我们的条约义务,我国法院不论是对我国涉外仲裁裁决的不予执行,还是对外国仲裁裁决的拒绝承认和执行,均持非常慎重的态度。1995 年 8 月 28 日,最高人民法院发布了《关于人民法院处理与涉外仲裁及外国仲裁事项有关问题的通知》[①],由此确立了我国司法监督涉外仲裁和外国仲裁的法院逐级报告制度。该通知第 2 条规定:凡一方当事人向人民法院申请执行我国涉外仲裁机构裁决或申请承认和执行外国仲裁机构的裁决,如果法院认为我国涉外仲裁机构裁决具有《民事诉讼法》第 260 条(即修正后的第 258 条——笔者)情形之一的,或者申请承认和执行的外国仲裁裁决不符合我国参加的国际公约的规定或者不符合互惠原则的,在裁定不与执行或拒绝承认和执行前,必须报请本辖区所属高级人民法院进行审查;如果高级人民法院同意不予执行或者拒绝承认和执行,应将其审查意见报最高人民法院。待最高人民法院答复后,方可裁定不予执行或者拒绝承认和执行。

这一通知出台后,受到外来投资者的普遍欢迎。据有关数据显示,在该逐级报告制度实施的头五年内,约 80% 的地方法院拟拒绝执行仲裁裁决的案件被最高人民法院责令重审。有观点认为,这项逐级报告制度可以有效阻止地方保护主义对仲裁裁决所施加的不当干预。与此同时,还有观点认为,该制度也存在着若干缺陷:首先,它未能明确这一

---

① 1995 年 8 月 28 日,法发〔1995〕18 号。

制度是否能适用于临时仲裁裁决；其次，它既未授予当事人参与高级人民法院审查的权利，也未明确当事人有被告知这一审查的权利，甚至没有规定当事人有向该审查程序提交书面文件的权利；第三，它没有任何时限规定，因而无法确定究竟有多少案件是及时上报的，又有多少案件是拖延数年后才上报的。[①]

2. 2006年的《仲裁法》司法解释

《最高人民法院关于适用〈中华人民共和国仲裁法〉若干问题的解释》对法院审查仲裁协议效力所应适用的法律、仲裁裁决的撤销及不予执行、申请执行仲裁裁决的管辖法院等重要事项作出了规定，这是一部比较系统的《仲裁法》司法解释。其中，关于仲裁裁决的撤销及不予执行问题，该《解释》涉及的内容比较详细。根据该项《解释》，当事人应当以我国《仲裁法》第58条或我国《民事诉讼法》第260条（即修正后的第258条——笔者）所规定的事由申请撤销仲裁裁决，否则法院不予支持。当事人申请执行仲裁裁决的案件，由被执行人住所地或其财产所在地的中级人民法院管辖。

二、美国仲裁裁决执行制度的法律框架

在美国，仲裁要受其国内法以及它所缔结或参加的国际条约的调整，这些法律赋予了美国法院对仲裁案件的司法监督权。与我国不同，美国的国内法并未明确区分国际仲裁与国内仲裁，联邦法院及各州法院均可以审查具有涉外因素的仲裁案件；联邦层面与各州层面都有法律对仲裁加以规定，联邦法律和各州法律也都可以适用于国际仲裁案件。进一步讲，美国《联邦仲裁法》以及美国签署的《纽约公约》均未排

[①] Randall Peerenboom, "The Evolving Regulatory Framework for Enforcement of Arbitral Awards in The People's Republic of China", *Asian-Pacific Law and Policy Journal*, Vol. 1, 2000, pp. 28-30.

除各州法律对仲裁案件的适用;联邦法院及各州法院在处理与仲裁有关的各类事项时,既可以适用联邦法律亦可以适用各州法律。一般来讲,除非联邦最高法院明确宣布某些仲裁问题应优先适用《联邦仲裁法》,否则各州仲裁法亦可以适用于任何仲裁案件。

(一)《纽约公约》与非内国仲裁裁决的执行

1970年12月29日,美国国会批准了《纽约公约》,至此,该公约对美国正式生效。根据《纽约公约》,当事方可以请求美国法院承认与执行一项外国仲裁裁决。美国国会在批准《纽约公约》的同时,还为《联邦仲裁法》新补充了第二章(同样于1970年12月29日生效),以便在美国国内实施《纽约公约》。依照该章规定,一仲裁争议当事方在获得终局裁决后的三年内,可以向美国任何具有管辖权的法院请求承认与执行该项仲裁裁决。

《纽约公约》第1条第1款规定,由于自然人和法人间的争执而引起的仲裁裁决,在一个国家的领土内作成,而在另一个国家请求承认和执行时,适用本公约。在一个国家请求承认与执行一项仲裁裁决而这个国家不认为是其内国裁决时,也适用本公约。不过,公约在这里并未给"非内国裁决"(non-domestic awards)下定义。美国的联邦法院和各州法院对《纽约公约》的理解都比较宽泛,认为可以从本地法出发对"非内国裁决"作出自己的定义。《联邦仲裁法》就实施《纽约公约》的规定是:完全产生于美国公民间的仲裁协议和仲裁裁决不属于该公约的调整范围,除非在其相互关系中所涉及的财产在美国境外,与仲裁有关的商事行为的执行地或合同的履行地在美国境外,或仲裁与某一个或者某几个外国有着若干合理的联系等。

在"伯格森诉约瑟夫·马勒公司案"(Bergesen v. Joseph Muller Corp.)中,联邦法院对"非内国裁决"问题阐述了自己的观点。该案中,一位挪威船东将其与租船人之间的纠纷提请仲裁。仲裁员在纽约依据租约中的仲裁条款裁决挪威船东获胜。挪威船东遂向美国第二巡回上诉法院申请承认与执行该项仲裁裁决。法院的法官在论及"非内国裁决"问题时认为,《纽约公约》中的这一概念并非是指仲裁裁决在国外作出,而是指裁决系在另一国家的法律框架内作出,即该项裁决适用了外国法,①或当事人的住所或者其商事行为重心地在被请求承认与执行仲裁裁决的国家境外。由此可见,该案法官对"非内国裁决"作了广义的解释。应当说,这种解释是符合公约之基本目的的,即鼓励、推动国际商事仲裁裁决的承认与执行。将这一目的应用于本案,法官认为案件涉及两个外国当事人,因而得出结论,相关仲裁裁决不是内国的。②

在"贾恩诉德莫瑞案"(Jain v. de Mere)中,美国第七巡回上诉法院亦持类似的立场。该案中,一位印度人与一位法国专利权人相互间订有一份市场协议,后在支付专利使用费问题上双方产生了纠纷,遂提请仲裁。鉴于申请人与被申请人均不是美国公民以及双方的关系属于商事性质,第七巡回上诉法院认为该项争端属"非内国"性质,因而应当适用《纽约公约》。③

对于《纽约公约》规定的"非内国裁决"概念,世界各国确定的标准不尽相同。欧洲学者普遍认为,一项仲裁裁决是否属于非内国,应当依照其所适用的仲裁法来认定。按照这一观点,如果在某地获得的仲裁裁决是根据当事人选择的另外一个国家的法律作出的,则该项裁决为非内国裁决。这种主张系基于如下理由:首先,《纽约公约》的制定过程

---

① 这里的"外国法"应当理解为是外国的程序法,下同。
② See Bergesen v. Joseph Muller Corp., 710 F. 2d 932 (2d Cir. 1983).
③ See Jain v. de Mere, 51 F. 3d 689(7th Cir.), 116 S. Ct. 300 (1995).

表明,非内国裁决主要是由裁决所适用的仲裁法来认定的。[1] 其次,某些大陆法系国家如德国,在其国内实施《纽约公约》的立法中已确认了这一方法。德国法认为,在某地依照该地以外的外国程序法所作仲裁裁决属于非内国裁决,对德国境内的这类裁决将适用《纽约公约》。第三,《纽约公约》第 5 条[2]的有关规定亦表明,非内国裁决是指那些在一国作出而适用另一国法律的裁决。基于这些考虑,欧洲学者中的主流观点认为,对《纽约公约》中相关概念的恰当解释应当是:"仲裁程序法界定非内国裁决"。[3]

即便如此,《纽约公约》的措辞并未仅将非内国裁决局限于在一国作出而适用另一外国程序法的裁决。相反,公约还将界定非内国裁决的权力保留给了各缔约国。例如,前文提及的公约第 1 条第 1 款规定:"在一个国家请求承认与执行一项仲裁裁决而这个国家不认为是其内国裁决时,也适用本公约。"因此,若要准确界定某一仲裁裁决是否属于非内国性质,还必须要考虑裁决的被请求承认与执行地国国内法上的相关规定。公约的这种用语明白无误地表明,它允许不同缔约国对非内国裁决作出不同的界定。也正是由于对非内国裁决可以灵活解释,各国法院在这一问题上的实践存在着诸多差异。

我国法院在审判实践中,也遇到了非内国裁决问题。在旭普林公

---

[1] 有关情况详见参加《纽约公约》谈判之各国代表团对非内国裁决界定标准的讨论及陈述记录。See Comments by Governments on the Draft Convention on the Recognition and Enforcement of Foreign Arbitral Awards, U. N. Doc. E/2822, reprinted in *International Commercial Arbitration*, Vol. 1, New York Convention, at Ⅲ.

[2] 该公约第 5 条第 1 款列举了经当事人举证而由被请求国法院拒绝承认与执行一项仲裁裁决的五种情形。其中第一种情形是:仲裁协议的当事人依照对其适用的法律为某种无行为能力者,或仲裁协议双方当事人选择的法律或在无法律选择时依裁决地国法系属无效者;第五种情形是:仲裁裁决对当事各方尚未发生拘束力,或者裁决已由作出裁决的国家或裁决所依据法律之国家的主管机关所撤销或停止执行者。

[3] Albert Jan van den Berg, "When Is an Arbitral Award Nondomestic Under the New York Convention of 1958?", *Pace Law Review*, Vol. 6, 1985, pp. 42-43.

司案[①]中,国际商会国际仲裁院(以下简称 ICC)指派仲裁员适用 ICC 仲裁规则在我国上海作出一项仲裁裁决。我国《民事诉讼法》第267条规定,国外仲裁机构的裁决需要中国法院承认和执行的,应当由当事人直接向被执行人住所地或者其财产所在地的中级法院申请,法院应当依照中国缔结或者参加的国际条约,或者按照互惠原则办理。从这一条款的字面意思来看,只要是外国仲裁机构的裁决,无论其作出地点如何,也无论其适用的仲裁程序法如何,都应纳入"需要中国法院承认和执行"的范畴。[②] 正是根据该条款的规定,旭普林公司请求无锡市中级人民法院承认与执行 ICC 所作裁决。2006年7月19日,无锡市中级人民法院裁定驳回旭普林公司的这一请求,拒绝承认与执行 ICC 裁决,其主要理由是该裁决所依据的仲裁协议根据中国法为无效仲裁协议。从无锡市中级人民法院的裁定来看,它将 ICC 仲裁庭适用 ICC 仲裁规则在上海作出的裁决认定为国外仲裁机构的裁决,而且将这一裁决视为《纽约公约》项下的"非内国裁决"。我国学界也有观点认为,我国现行法律认定仲裁裁决的属性,主要是以仲裁机构所在地为标准的。至于 ICC 仲裁庭适用 ICC 规则在我国境内作出的裁决,对当事人提请承认与执行该裁决的我国法院而言,既不是我国裁决,也不是外国裁决,而是《纽约公约》项下的非内国裁决。根据公约的有关规定,在承认与执行此类非内国裁决时,《纽约公约》规定的条件亦应同样适用。[③]

(二) 美国《联邦仲裁法》(FAA)

该部法律共三章:第一章,1925年生效,一般称之为国内的联邦仲

[①] 该案案情详见赵秀文:"从相关案例看 ICC 仲裁院裁决在我国的承认与执行",《法学》2010年第3期。

[②] 万鄂湘:"《纽约公约》在中国的司法实践",《法律适用》2009年第3期。

[③] 赵秀文:"从相关案例看 ICC 仲裁院裁决在我国的承认与执行",《法学》2010年第3期。

裁法，对国内和国际仲裁协议以及仲裁裁决的承认与执行均作出了规定；[1]第二章，1970年生效，一般称之为公约实施法，规定了纳入并实施《纽约公约》的内容；第三章，1990年生效，一般称之为《巴拿马公约》实施法，规定了纳入并实施《美洲国家间关于国际商事仲裁的公约》（即《巴拿马公约》，该公约于1975年1月30日订立，1976年6月16日生效）的内容。[2]

美国之所以加入《纽约公约》，主要是出于以下基本考虑：首先，要鼓励国际商事仲裁裁决的承认与执行、减轻法院的受案负担；其次，为当事人提供一项可供选择的争端解决方式。在该方式下，争端的解决与诉讼方法相比，效率更高、费用更少；第三，通过《联邦仲裁法》来实施《纽约公约》，为美国商界提供了一项广为应用的机制，使得国际商事仲裁裁决能得以在国内获得承认与执行，而对这类裁决的国内司法审查标准却是最为宽松的。[3]

从《联邦仲裁法》的结构来看，《纽约公约》被合并到其第二章，从而能够在联邦法院以及各州法院处理仲裁协议与仲裁裁决的执行问题时得以实施。但事实上，《纽约公约》并非能够当然在美国联邦法院或各州法院得以直接适用。根据《联邦仲裁法》第二章第201条之规定，美国法院应当依照该法第二章适用《纽约公约》。这一公约适用机制对于

---

[1] See Sebastien Besson, "The Utility of State Laws Regulating International Commercial Arbitration and Their Compatibility with the FAA", *American Review of International Arbitration*, Vol. 11, 2000, pp. 19-20.

[2] 研究美国《联邦仲裁法》这三个章节之间相互关系及其各自简称的成果详见 Susan L. Karamanian, "The Road to the Tribunal and Beyond: International Commercial Arbitration and United States Courts", *George Washington International Law Review*, Vol. 34, 2002, pp. 17, 25-43.

[3] See G. Richard Shell, "Trade Legalism and International Relations Theory: An Analysis of the World Trade Organization", *Duke Law Journal*, Vol. 44, 1995, pp. 829, 888.

认定《纽约公约》在美国的适用范围至关重要。

在《纽约公约》的适用范围问题上,《联邦仲裁法》第二章第 202 条的规定与前述《纽约公约》第 1 条第 1 款的规定存在着较大差别。依照《联邦仲裁法》第二章第 202 条,当遇有源自商事法律关系(双方当事人均为美国人或有关财产在美国境内的除外)中的任何仲裁协议或仲裁裁决、仲裁所涉及的商事行为或合同的履行、或仲裁与一个或者几个外国有着某种合理联系等情形时,《纽约公约》通常都应予以适用。[①] 而《纽约公约》第 1 条第 1 款则只是规定,由于自然人和法人间的争执而引起的仲裁裁决,在一个国家的领土内作成,而在另一个国家请求承认和执行时,适用本公约;在一个国家请求承认与执行一项仲裁裁决而这个国家不认为是其内国裁决时,也适用本公约。将这两个文本相比较,显然美国《联邦仲裁法》所界定的《纽约公约》的适用范围要宽于该公约自己界定的适用范围。《联邦仲裁法》第二章第 202 条的规定表明,任何一项仲裁裁决只要具有涉外因素,就应适用《纽约公约》。可见,美国的仲裁立法放弃了《纽约公约》中所确立的领域标准,从而将公约的适用范围扩展为包括若干国内仲裁裁决。

此外,美国《联邦仲裁法》第 10 条还从立法角度规定了司法监督仲裁的几种情形:即超越仲裁权限、仲裁员渎职、证据不公、欺诈等。与此同时,美国判例法又为《联邦仲裁法》补充了三种情形:即明显漠视法律(manifest disregard of the law),[②] 武断及任意的或荒谬的裁决(arbitrary and capricious or irrational award),[③] 违反公共政策(violation

---

　　① See 9 U.S.C. 2, 202.
　　② See Baravati v. Josephthal, 28 F. 3d 704, 706 (7th Cir. 1994); Merrill Lynch v. Booker, 808 F. 2d 930, 933-934 (2d Cir. 1986).
　　③ See Eljer Mfg v. Kowin, 14 F. 3d 1250, 1254-1255 (7th Cir. 1994); Brown v. Rauscher, 994 F. 2d 775, 781 (11th Cir. 1993).

of public policy)①等。如果仲裁裁决具备这些情形之一的,得为美国法院拒绝承认与执行。反之,美国法院将会承认与执行相关裁决。美国在仲裁领域的这一立场与《纽约公约》的基本目的是一致的,那就是在全体缔约国范围内,为国际或外国商事仲裁裁决的承认与执行确立一项统一的制度。

三、分析与结论

大量国内外仲裁领域的理论与实践充分表明,一国法院对仲裁的介入将对《纽约公约》的实施产生重大影响。法院对仲裁恰当地、肯定性地介入会促进仲裁事业和国际商事交易的健康发展;反之,则会损害仲裁事业,阻碍国际商事交易的顺利进行。如何在仲裁裁决的执行问题上摆正这一平衡,对各国法院来讲都是一个颇具挑战性的难题。考虑到不同国家的国内法院在这方面存在着种种相互矛盾的实践,《纽约公约》提供了一套国际社会普遍适用的司法监督仲裁的标准。经过实施半个多世纪以来的实践检验,公约获得了史无前例的巨大成功。然而,同样不容忽视的是,公约宗旨的最终实现在很大程度上要取决于各缔约国国内法院对公约的具体运用。由于公约文本的措辞用语存在着一些模糊之处,加上各缔约国间执行仲裁裁决机制的差异以及国内法院拥有较大的自由裁量权,普遍适用《纽约公约》所取得的成就与各国现实状况之间还有不小的差距。

从中美两国的立法规定和司法实践来看,它们对内国仲裁裁决、非内国仲裁裁决或外国仲裁裁决所持的态度是各不相同的。就内国仲裁裁决而言,两国的做法比较接近,法院对这类裁决的司法审查均较为严

---

① See Exxon Shipping v. Exxon Seamen's Union, 11 F. 3d 1189, 1194-1196 (3d Cir. 1993); Lander Co. v. MMP Invs., Inc., 107 F. 3d 476, 481(7th Cir. 1997).

格;从非内国仲裁裁决和外国仲裁裁决来看,中美两国均对《纽约公约》提出了互惠保留,但两国对公约保留条款所作的解释却存在着差别。中国立法对非内国仲裁裁决未加规定;对外国仲裁裁决则要求其应当在中国以外的《纽约公约》缔约国领土内作出,这一做法既未扩大亦未缩小公约的适用范围。与中国相比,《纽约公约》在美国的适用范围则比较宽泛,它既适用于在美国境外作出的仲裁裁决,也适用于在美国境内作出的非内国裁决。

此外,对某些具体问题中美两国的实践也存在着差异。例如,在美国申请承认与执行一项仲裁裁决的期限是 3 年,而我国 1991 年的《民事诉讼法》第 219 条规定的期限则是 6 个月。[①] 可见,美国的申请期限要比我国长出许多。对于我国法律规定的 6 个月申请期限外方当事人普遍认为过短,给外方当事人将必要的外文法律文件译成中文以及外国律师了解并熟悉中国法律和司法体制带来诸多不便。反观美国关于 3 年申请期限的规定就显得比较适当,使得当事人有充裕的时间来进行申请执行仲裁裁决的准备。有鉴于此,2007 年修正后的我国《民事诉讼法》第 215 条第 1 款[②]将申请执行的期限延长至 2 年,从而使得我国法律在这方面的规定趋于合理。

以上研究表明,《纽约公约》在美国并非能够直接适用,而是必须通过其国内立法即《联邦仲裁法》第二章的纳入,才可在美国国内法院得以适用。而《纽约公约》在我国法院则是直接适用的,并且是优先于与之相冲突的国内法律、法规来适用。此外,我国最高人民法院还公

---

① 我国 1991 年的《民事诉讼法》第 219 条第 1 款规定:"申请执行的期限,双方或者一方当事人是公民的为 1 年,双方是法人或者其他组织的为 6 个月。"

② 2007 年修正后的《民事诉讼法》第 215 条第 1 款将 1991 年的《民事诉讼法》第 219 条第 1 款修改为:"申请执行的期间为 2 年。申请执行时效的中止、中断,适用法律有关诉讼时效中止、中断的规定。"

布了相关司法解释，供全国范围内的法院施行。同时在仲裁领域，最高人民法院又确立了预先逐级报告制度，对否定仲裁协议和仲裁裁决的下级法院的决定进行司法审查。虽然《纽约公约》在中美两国的适用方式不同，但毋庸置疑的是，两国促进、鼓励国际商事仲裁事业健康、有序发展的宗旨是一致的，并为此作出了积极努力，取得了丰硕的成果。

第九节 科技革命对国际商事仲裁的新挑战
——跨国网上仲裁

网上仲裁是选择性争端解决方式的一种新形式。当今世界，电信手段的迅速发展与广泛应用，促进了电子商务（e-commerce）的日益勃兴，这为网上仲裁奠定了某种物质基础。但是，网上仲裁毕竟是个新领域，其自身面临着许多独特的问题。普通国际商事仲裁规则能否在这一领域适用？网上仲裁的当事人将会遇到哪些障碍？本节试图对与此有关的一些问题分别予以探讨。

一、引言

这里我们假设：一位 A 国买方与一位 B 国卖方就网上订购的商品是否存在着质量问题产生了争议。根据双方往来的电子邮件，该争议被提交位于 C 国的仲裁机构进行网上仲裁。仲裁庭由 D 国、E 国及 F 国的仲裁员组成，仲裁的开庭及审理是通过电子邮件和视频会议的方式来进行的。经过若干电子邮件的往来，仲裁员们作出了终局裁决，由 D 国首席仲裁员在其位于 G 国的度假别墅中用电子邮件向争议双方发出了裁决书。这种通过互联网进行的仲裁，被称之为网上仲裁（online arbitration）。

由此可见,互联网不仅可以用来在不同法域的不同人员之间进行沟通,而且当事人还可以通过互联网来选择世界任何地方的仲裁员。不过,于提高效率和带来方便的同时,经由互联网进行仲裁在实践中也引发了一系列新问题。例如,由于争议双方当事人的文书往来是电子化的,那如何确定其相互间仲裁协议的有效性?仲裁地点在何处?仲裁的程序规则及实体规则是什么?仲裁裁决作出地在哪里?网上仲裁裁决如何获得承认与执行?……明确和落实这些问题对于网上仲裁的健康发展与完善至关重要。

网上仲裁这一争端解决方式的出现,不仅在实践中引发了一系列新问题,同时也带来了诸多理论上的困惑。例如,网上仲裁是对传统仲裁方式的改进还是替代?网上仲裁究竟还是不是仲裁?有些学者认为,网上仲裁是对传统仲裁方式的完善,因为"传统方式不能简单地转换为网络环境"。[1] 随着通信技术的改善,仲裁程序的许多环节都有了新变化,比如在沟通方面就常常以电子邮件来取代传真和寄信。但也有学者认为,如果不符合传统方式的要求(诸如可触知的书面文件、仲裁程序中当事人与仲裁员躯体的实际出现等),网上仲裁便不能保有其效力。网上仲裁也许来自于传统的争议解决方式,但它毫无疑问会创设出一系列新规则,而这些新规则将具有相当程度的独立性。[2]

鉴于以上不同观点,笔者认为有必要加强对网上仲裁的研究,以进一步从深层次来考察这一新的争端解决方式与既存的国际商事仲裁机制之间的关系与和谐性。

---

[1] See Martin Odams de Zylva, "Effective Means of Resolving Distance Selling Disputes", *Arbitration*, Vol. 67, 2001, pp. 230-239.

[2] See Cyber Promotions, Inc v. America Online, Inc., 948 F. Supp. 436, 443 (E. D. Pa. 1996); Lloyds Corp. v. Tanner, 407 U. S. 551 (1972).

二、网上仲裁协议

各国国内立法以及相关的国际条约均规定,一项有效的仲裁协议是仲裁程序启动的必备要件。网上仲裁协议有两种含义:一是双方当事人合意选择传统的仲裁方式解决其相互间的争议,但这种合意选择是经由电子传输方式达成的;二是双方当事人合意选择现代化的科技手段来仲裁解决他们之间的争端,而这种合意选择则既可以采取有形的物质形式(如签订书面仲裁协议),也可以是通过电子传输方式来达成。我们这里所要探讨的,仅仅是指经由电子传输方式达成的仲裁协议。

在当前的仲裁实践中,一般认为一项有效的仲裁协议应当是"书面的"并经"签字"。那么,以电子传输方式达成的仲裁协议是否符合这一要求?从有关规定来看,现代仲裁法对仲裁协议的"书面"形式规定得比较灵活。例如,《联合国仲裁示范法》第 7 条第 2 款规定:"仲裁协议应是书面的。协议如载于当事各方签字的文件中,或载于往来的书信、电传、电报或提供协议记录的其他电讯手段中,或在申诉书和答辩书的交换中当事一方声称有协议而当事他方不否认即为书面协议。"

国际社会发展至今天,网络交易迅速增加,相应地,与国际贸易有关的电子文书也大量涌现,诸如电子合同、电子提单、电子仲裁协议等就层出不穷。对这一新兴领域,联合国国际贸易法委员会于 1996 年 12 月 16 日通过了《电子商务示范法》(简称《联合国电子商务示范法》),以促进、规范电子商务的健康、稳定发展。该《示范法》第 6 条第 1 款对"书面"形式作出了一项新规定:"如果法律要求信息须采用书面形式,则假若一项数据电文所含信息可以调取以备日后查用,即满足了该项要求。"该项条款中使用了一个新概念:"数据电文"(data message)。从现代科技手段的应用情况来看,应当将其理解为包括电子邮件、电传以及电子数据交换(EDI)等形式。换言之,依据该《示范法》确定的标准,只要一项数据电文所含信息是可以随时调取并查用的,即为书面文件。根据这一标准,当事人相互间以电子邮件方式订立的仲裁协议,是符合书面形式要求的。对此,《中国国际经济贸易仲裁委员会仲裁规则》第 5 条第 3 款也给予了充分肯定。该条款规定:"仲裁协议应当采取书面形式。书面形式包括合同书、信件、电报、电传、传真、电子数据交换和电子邮件等可以有形地表现所载内容的形式。"我国《最高人民法院关于适用〈中华人民共和国仲裁法〉若干问题的解释》第 1 条亦明确规定:"仲裁法第 16 条规定的'其他书面形式'的仲裁协议,包括以合同书、信件和数据电文(包括电报、电传、传真、电子数据交换和电子邮件)等形式达成的请求仲裁的协议。"

至于电子仲裁协议双方当事人的签字问题,目前也日益引起理论界与实务界的重视。《纽约公约》对双方当事人以"互换函电"方式所达成之仲裁协议的签字问题未能作出明确规定。但在电子商务实践中,数码签字已经得到广泛应用,以确保电子信件或文书系由特定的人发出或不致发送失误。《联合国电子商务示范法》第 7 条第 1 款对此作出如下规定:"如果法律要求要有一个人签字,则对于一项数据电文而言,在下列情况下即满足了该项要求:(1)使用了一种方法,鉴定了该人的身份,并且表明该人认可了数据电文内含的信息;(2)从所有各种情况看来,包括根据任何相关协议,所用方法是可靠的,对生成或传递数据电文的目的来说也是适当的。"

目前,经由网络订立的销售或服务合同具有法律拘束力这一点,已为世界各国国内法及相关国际文件所认同。因此,承认以电子传输形式达成仲裁协议的效力是合乎逻辑的,也是对双方当事人选择以仲裁方式解决其相互争端之意愿的尊重。

三、网上仲裁地

在国际商事仲裁中,仲裁地的因素至关重要,它是仲裁程序的进行地或仲裁裁决的作出地。一项仲裁的方方面面均与仲裁地有着某种实质性联系,仲裁裁决是否合法有效,能否得到承认与执行,都离不开仲裁地法的调整。《纽约公约》第 1 条第 1 款即规定:"仲裁裁决,因自然人或法人间之争议而产生且在申请承认及执行地所在国以外之国家领土内作成者,其承认及执行适用本公约。"自《纽约公约》生效以来,理论界与实务界始终重视这一"领域因素",认为若缺乏该因素仲裁将面临着潜在的危险,仲裁员可能会滥用他们的权力,最基本的程序正义将无法得到保障。从本质上讲,国际商事仲裁是应当从属于一国国内法之规定的,而最适合调整国际商事仲裁的国内法则非仲裁地国法莫属,因为仲裁地国法可以充分、有效地对仲裁程序施加控制。一般而言,仲裁地法所要调整的事项主要有:仲裁协议的有效性、仲裁庭的组成、实施仲裁的程序、仲裁应适用的法律、仲裁裁决的作出以及发布、解释、审查和被宣布为无效等。[1]

然而,仲裁地在普通国际商事仲裁中的上述重要性却是与网上仲裁的实际情况相矛盾的。何谓以及哪里是网上仲裁的仲裁地?无论是有关概念还是实际地点在网上仲裁实践中均不易界定。我们不妨回头看看本节开头的那个假设。在该假设中,仲裁所在地是哪里?就领域原则来说,应予考虑的是"管辖地"这一概念。实践中不论是普通国际商事仲裁还是网上仲裁,当事人是可以通过协议自由选择仲裁地点的。

---

[1] See F. A. Mann, "State Contracts and International Arbitration", *British Yearbook of International Law*, Vol. 42, 1967, pp. 1, 6.

但在网上仲裁的场合,当事双方则往往是不自觉地选择了进行网上仲裁的仲裁机构所在地为仲裁地。而在当事人或者仲裁机构未能明确仲裁地时,那就只能依赖于仲裁员来明确这一问题了。《联合国仲裁示范法》第 20 条第 1 款规定:"当事各方可以自由地就仲裁地点达成协议。如未达成这种协议,仲裁地点应由仲裁庭确定,要照顾到案件的情况,包括当事各方的方便。"除此之外,网上仲裁的仲裁地还可以是仲裁裁决的作出地。为了便于确定网上仲裁的仲裁地,笔者认为,应当提倡或鼓励争议双方当事人合意选择一个地点,并将其视为网上仲裁的仲裁地。

与上述实践不同的是,有学者试图以"非地方化仲裁"(delocalized arbitration)的概念来解释网上仲裁的仲裁地问题。非地方化仲裁亦称非内国仲裁(denationalized arbitration),是自 20 世纪 80 年代以来发展起来的一种新理论,其代表人物是波尔森(Jan Paulsson)。[1] 该理论[2]主张国际商事仲裁应当摆脱仲裁地法所施加的限制,因为不同的仲裁地其法律规定各不相同,国际商事仲裁不应从属于这种不相一致的法律规定;特别是在当今世界,一国法律不见得适应国际商事仲裁的快速发展,故而该理论要求剔除仲裁地法的强制性掌控,而仅由仲裁裁决的被请求承认与执行地法院进行监督。[3] 在非地方化理论看来,众多国家的法院都对仲裁程序施加限制将会阻碍国际商事仲裁的发展,其原因在于仲裁员不仅要熟知多国法律,而且还要在不同国家法律对

---

[1] 赵秀文:《国际商事仲裁及其适用法律研究》,北京大学出版社 2002 年版,第 99 页。

[2] 非地方化仲裁理论认为:仲裁的非地方化有两层含义:其一是仲裁程序的非地方化,主张仲裁程序不受仲裁地法的限制;其二是仲裁裁决的非地方化,主张仲裁裁决不受仲裁地法院的监督。See Jan Paulsson, "The Extent of Independence of International Arbitration from the Law of the Situs", *Contemporary Problems in International Arbitration* (J. Lew ed., Centre for Commercial Law Studies, London, 1986), p.141.

[3] 参见赵秀文:《国际商事仲裁及其适用法律研究》,北京大学出版社 2002 年版,第 107 页。

仲裁施加相互矛盾的限制时,能够妥善应对。① 因此,清除这些潜在障碍的最好方法,是使仲裁程序摆脱各国法院的控制,尤其要摆脱仲裁地的强行规则和公共政策的制约。

非地方化理论试图使仲裁完全摆脱国家司法监督和控制的主张是不现实的。如果没有国家司法监督及对仲裁裁决的承认与执行,国际商事仲裁体制将最终走向崩溃。即使是在国际商事仲裁体制内部,非地方化理论也存在着一定问题。因为国际商事仲裁体制的支柱是《纽约公约》,而《纽约公约》则是以领域为基础的。该公约第5条第1款赋予被请求承认与执行仲裁裁决之缔约国的权利之一即是:如果仲裁协议、仲裁机关的组成、仲裁程序或仲裁裁决等依裁决地所在国法律系属无效者,则被请求承认与执行地国得拒绝承认与执行该项仲裁裁决。由此可见,非地方化理论亦不能科学地回答网上仲裁的仲裁地问题。

四、网上仲裁的程序法

网上仲裁所适用的程序有两大类:一类是沿用普通国际商事仲裁的程序规则;另一类是考虑到在仲裁的全过程均使用电子手段,诸如以电子方式提交仲裁协议和仲裁申请、数字化签名、网上开庭以及在网上作出并发布仲裁裁决等,因而要遵从特别的程序。科学技术的发展为国际商事仲裁带来一系列新难题,如何确定网上仲裁所应适用的程序法便是这类难题中的一个。

根据普遍承认的原则,为了搜集证据和进行庭审,仲裁员在当事双方协议的范围内,有权决定于何时何地实施仲裁。一般来讲,有两种方式搜集证人证言:一是口头聆讯;二是提供书证。在一些案件中,仲裁

---

① See W. W. Park, "National Law and Commercial Justice: Safeguarding Procedural Integrity in International Arbitration", *Tulane Law Review*, Vol. 63, 1989, pp. 647,667.

员会采用提供书证方式以缩短口头聆讯的时间。然而,在有些国家,开庭搜集证据要求面对面地进行,双方当事人及仲裁员均应遵守这一要求;否则,所作裁决便不具有执行力。从实际情况来看,这种要求与网上仲裁的理念是相冲突的,因为网上仲裁的一项基本考虑是缩短仲裁进程、提高争端解决的效率,其实现的途径是以电子化庭审及电子方式互换文书等现代化的互动性和即时性技术作为手段。尽管在普通国际商事仲裁实践中,面对面的庭审也并非总是仲裁裁决具有可执行性的一项条件,但网上仲裁还是不能完全忽略"现实世界"里相关法律所提出的要求。

就网上仲裁而言,如何确定仲裁所应适用的程序规则? 又如何明确并遵守《纽约公约》所要求的仲裁地国法上的强制规则? 如果仲裁地为双方当事人在协议中选定或由仲裁员确定,则对该问题的解决会相对容易一些。但假若在某个网上仲裁争议案中无法认定仲裁地点,那么,在仲裁进行时或在仲裁裁决的承认与执行阶段就将面临着确定适用什么程序法的问题。由于现实中大多数国家都认为仲裁与本国法院之间存在着这样那样的联系,因而通常是不允许仲裁摆脱一国法律管辖而随意"漂流"的。换言之,即使在网上仲裁的情形下,也一定要确定仲裁地点。至于网上仲裁地点应当如何确定,学界存在着不同的看法。有学者认为,应将"现实世界"中的概念及法律规则应用于网上仲裁这个"虚拟世界";[1]但也有学者主张将网络视为单独的空间,应具有其自己一套独立的规则及不同于"现实世界"的权限。[2] 鉴于网上仲裁领域目前尚未形成一整套既比较完备又获普遍公认的独立规则,笔者认为,

---

[1] See T. Hardy, "The Proper Legal Regime for Cyberspace", *University of Pittsburgh Law Review*, Vol. 55, 1994, pp. 993,994.

[2] See R. Johnson and D. Post, "Law and Borders: The Rise of Law in Cyberspace", *Stanford Law Review*, Vol. 48, 1996, p. 1367.

第一种观点即将"现实世界"中的概念和法律规则应用于网上仲裁是符合逻辑的,也是切实可行的。

因此,在具体的网上仲裁实践中应当认为,如果双方当事人协议选择了仲裁的程序规则,基于尊重当事人意思自治的考虑,要适用当事人所合意选择的程序规则;如果当事人未对仲裁程序规则作出选择,就应适用实施网上仲裁的仲裁机构的仲裁规则。

五、网上仲裁的实体法

与程序法在网上仲裁中的适用相类似的是,对实体法在网上仲裁中的应用也存在着不同看法。有观点认为应单独创设出一套实体法规则来解决诸如与网上合同有关的各类争议;也有观点主张将"现实世界"中的实体法规则照搬入网上仲裁即可。从目前情况来看,后一种观点占据上风。因为经过细致考察我们发现,网上交易尽管是通过虚拟空间来进行的,但涉及的却是商品或服务的实在价值,所以,不论是网上交易也好,还是因网上交易所产生的争议也罢,其性质与那些在"现实世界"中所发生的交易或争议并无根本不同。鉴于"现实世界"里已经存在有大量丰富的法律规则在调整着各类争议,故没有必要再为网络空间单独创设出一套实体法规则。

值得注意的是,新商事法(the new *lex mercatoria*)作为实体法的一部分适用于网上仲裁已经越来越得到认同。"新商事法"这一概念是由施米托夫教授首先提出并使用的。他认为,新商事法作为一系列原则、规则的集合体,系来自于国际商事规则、国内法、商事贸易惯例。[①]对于新商事法在仲裁中的应用有两项依据:一是由双方当事人于仲裁

[①] See C. M. Schmitthoff, "The Unification of the Law of International Trade", *Schmitthoff's Selected Essays on International Trade Law*, 1988, p. 170.

协议中作出明示选择,二是在当事人未作明示选择时由仲裁员决定。

随着不同国家当事人之间国际商事活动的迅速增加,对于公平、公正以及适当法律规范的需求也在日益扩大。特别是在当事人没有明示选择准据法的场合,传统冲突规范已不足以使得当事人能够预见到哪一个实体法将要调整其相互间的国际商事纠纷。这样一来,当事人可能被迫接受无法预料的法律来支配他们的合同关系。此外,各国国内法常常跟不上国际贸易、国际商事交易的快速发展,也难以应付国际商事交易的复杂性。有鉴于此,各国理论界及实务界人士均认为,应当发展出一套新的、在世界范围内适用于所有商事活动的普遍规则,以更新传统的商事法并推动国际商事规则的统一化。因此,新商事法便在国际社会引起了广泛关注。从实际情况来看,新商事法的应用与完善既适应了国际商事活动的需要,同时也促进了国际商事仲裁的发展。

在以往的国际商事仲裁实践中,已有若干裁决是依据新商事法作出的。例如,国际商会仲裁院曾经受理了一项在沙特阿拉伯境内履行的建设工程合同纠纷。[1] 该合同中没有列明法律选择条款。由于合同具有国际因素,仲裁员便认为双方当事人并不情愿将其合同关系交由沙特阿拉伯法律去支配。[2] 因此,仲裁庭优先考虑了适用相关国际惯例,即新商事法,以补充当事双方的合同条款。[3]

新商事法在国际商事仲裁中的适用,还得到了国家法院的支持。例如,在"德国矿井建筑和深钻有限责任公司诉哈伊马角国家石油公司及壳牌国际石油股份有限公司案"(Deutsche-und Tiefbohrgesellshaft v. Ras Al Khaimah National Oil Co. and Shell International Petroleum

---

[1] See ICC Case No. 4840 (1986), Reprinted in *Collection of ICC Arbitral Awards 1986-1990*, pp. 465-476.
[2] See Ibid., p. 471.
[3] See Ibid., p. 472.

Co. Ltd. [DST v. Rakoil])中,[1]英国法院就采取了这一立场。本案中双方当事人并未选择法律,仲裁员决定适用"国际上普遍接受的调整合同关系的法律原则",从而在终局裁决中支持了申请人。被申请人在英国上诉法院声称,执行该项仲裁裁决将违反英国的公共政策,因为这一裁决的作出并未依据任何国家的法律。上诉法院审理后认为,尽管双方当事人的仲裁协议中没有法律选择条款,但这并不能使双方当事人创设法律上可实施之权利与义务的明确意图受到影响;执行该项仲裁裁决也并不违反英国的公共政策。上诉法院肯定了仲裁员在本案中适用"国际上普遍接受的法律原则"的做法,驳回了被申请人的请求。[2]

在电子商务领域,新商事法的适用及其发展与上述情形是相类似的,网上的合同关系同样需要适用更加适当的法律原则和规则加以调整。由于当事人意思自治是国际商事仲裁的基石,故而当事人有权决定支配其网上合同关系的准据法。他们可以选择某一特定国家的法律,也可以选择其他法律规则诸如新商事法等,来调整其相互间不论是"现实世界"还是"虚拟世界"中的各类国际商事交易和经贸活动。

六、网上裁决的承认与执行

在"现实世界"的普通国际商事仲裁方面,只要仲裁裁决符合《纽约公约》第 5 条所列的各项程序性要求,并且是在公约缔约国领土内作出的,赢方当事人通常可以确信相关裁决是能够得到承认与执行的。与此相同的是,网上仲裁裁决就其性质而言,同样具有终局性及可执行性。但是我们也应看到,网上仲裁的输方当事人也并不能总是自觉自愿地主动履行仲裁裁决的。这种情形下,赢方当事人便不得不向某国

---

[1] See 3 W. L. R. 1023 (1987).
[2] See 3 W. L. R. 1035-1036 (1987).

法院去寻求网上仲裁裁决的承认与执行,而被请求承认与执行国家的法院便会对网上仲裁的各项环节进行审查。其中,网上仲裁裁决的领域因素将构成承认与执行该类裁决的一个主要障碍。

与普通国际商事仲裁不同的是,网上仲裁并无明确的地理界限。让我们再将目光转向本节开头的那个假设:一位 D 国人被确定为首席仲裁员,他也居住在 D 国,但后来他是在 G 国度假时通过互联网向双方当事人发出的裁决书。在请求承认与执行该项仲裁裁决时,一个无法回避的问题就是:这个网上裁决是在何处作出的? 是在首席仲裁员接受指定的 D 国呢,还是在裁决书的发出地 G 国? 抑或是实施网上仲裁的仲裁机构所在地 C 国? 这为赢方当事人援引《纽约公约》第 1 条所确定的领域原则带来不便,也给被请求承认与执行地国的法院提出了难题。

解决这一难题的妥善办法是由当事双方合意选择仲裁的本座所在地,或由仲裁员行使职权来确定仲裁地。从《纽约公约》以及《联合国仲裁示范法》的要求看,仲裁裁决被视为是在仲裁的本座(seat)地作出的,而不问仲裁的庭审是在何地举行、仲裁裁决书是在何地签署并发出。在双方当事人没有合意选择仲裁地点的情况下,笔者认为,网上仲裁的仲裁地应当是仲裁裁决书的录入地、签字地及/或发出地。

关于仲裁裁决书的发出地还有一个与此相关的问题需要探讨,即应当如何理解网上裁决的"书面"形式。《联合国仲裁示范法》第 31 条第 1 款和《联合国国际贸易法委员会仲裁规则》第 32 条第 2 款均规定:"裁决应以书面作出";《纽约公约》第 4 条第 1 款亦规定,申请承认及执行仲裁裁决的一方当事人于申请时应提交:原裁决之正本或其正式副本、仲裁协议之正本或其正式副本。不过,《纽约公约》的第 4 条应与该公约第 3 条联系起来一并考虑。根据公约第 3 条,仲裁裁决应符合裁决作出地的程序规则;换言之,如果仲裁裁决作出地认可电子书写方式,则承认与执行网上仲裁裁决就不应存在障碍,亦即这种情形下,网上仲裁裁决从形式要件上讲是具有可执行力的。

七、分析与结论

网上仲裁是一种新兴的争端解决方式,与普通的国际商事仲裁相比,它带来了一系列特有的难题,诸如如何确定网上仲裁的仲裁地、裁决作出地,仲裁时所应适用的程序法、实体法,仲裁协议以及仲裁裁决的书面形式,网上仲裁裁决的承认与执行,等等。从国际私法角度而言,如果有关国家的国内法认可网络行为的法律效力,则大多数网上仲裁所引发的难题是可以通过套用普通国际商事仲裁中的原则、规范来加以解决的。在跨国商事、经贸活动日益增加和扩大的当今国际社会,网上仲裁为争端解决提供了一种可以选择的新方式,它的出现、形成及完善,是符合不同国家当事人要求迅速解决其相互间商事纠纷的迫切需要的,从而也必将进一步推动并促进国际商事仲裁的发展,提升国际商事交易的质量。

第四章 WTO法律制度篇

第一节 WTO基本原则之一
——透明度原则

一、引言

在强调国家主权、国际合作以及全球经济一体化的当今世界,各国均承担着越来越多的国际义务,这些国际义务通常规定在普遍接受的各项国际文件中。随着这类文件的大量、持续增加,对有关义务的透明度要求也就越来越高。有学者认为,透明度对于在众多领域(诸如国际交通运输、环境保护、军备控制乃至债务削减等)履行国际义务至关重要。[1] 此外,遇有涉及民主、合法地变更国际法律秩序的场合,特别是在要求国家部分出让主权或预先放弃某些权利以创设国际新义务的时候,透明度问题往往成为争议的一个焦点。

透明度原则现已引起广泛关注,并且在国际、地区以及国内法律制度中扮演着日益重要的角色。尤其是在国际层面,如果协议的谈判、制度的设立或者争端的解决等缺乏透明度,则会被认为是非法的,至少是不民主的。[2] 目前,透明度已成为国际经济法上众多国际

---

[1] See Abram Chayes and Antonia Handler Chayes, *The New Sovereignty: Compliance with International Regulatory Agreements*, Cambridge · Massachusetts: Harvard University Press, 1995, pp. 135-153.

[2] See Julio A. Lacarte, "Transparency, Public Debate, and Participation by NGOs in the WTO: A WTO Perspective", *Journal of International Economic Law*, Vol. 7, 2004, pp. 683, 686.

协议所采纳的一个公认的法律概念,在 GATT/WTO 体制中,学者们更是将透明度原则的重要意义与著名的国民待遇原则、最惠国待遇原则相提并论。[1] 正确看待透明度问题,可以更好地理解国际经济法的趋同性和一致性这个发展趋势,避免对类似的规则或规范作出相互矛盾、相互冲突的解释。此外,由于透明度的经济内涵,使得这一因素对民主、合法、高效之国际经济新秩序的建立与运行,具有十分重要的意义。

二、透明度的理论含义

作为 WTO 的一项重要原则,"透明度"应当具有严格而精确的定义。但在学术界,"透明度"的含义却不尽明确,似乎其本身也不那么"透明"。为了研究的方便和深入,笔者认为还是有必要为此作出界定。就其语意和自然要求而言,法律上的透明度(transparency)是指这样一种情况:一项规则、法律或法律程序应面向大众公开,可以很容易地看到、查到和获得,"就像人们能够毫不费力地透过干净玻璃窗看清事物一样"[2]。有关法律文件的作用及效力应当是不难了解的,其所涉及的权利与义务范围对承受者而言是易于知晓的。如果某项规定不符合这些标准,就会被视为"不透明"。另外,相关当事方的政策和行为也应遵守这些要求,以使其他当事方能够容易地获得所需之重要信息,并据此作出评估及采取适当行动。

具体到某些微观领域比如政府采购,有学者还认为,透明度是"一

---

[1] See William B. T. Mock, "An Interdisciplinary Introduction to Legal Transparency: A Tool for Rational Development", *Dickinson Journal of International Law*, Vol. 18, 2000, pp. 293, 295.

[2] Ibid., p. 295.

种制度,它包含了若干程序,供应商、合同相对方(甚至泛而言之——广大公众)经由这些程序可以确信,政府的商业行为是以一种公正、公开的方式来从事的。"[1]该表述就透明度的共性来讲,提及了政府商业行为应当公开,这与前段文字对透明度的界定是一致的;同时,该表述又从政府采购的特性出发,赋予了透明度以一种新含义——公正,即政府有义务在采购过程中实行无偏见及非歧视待遇。但在笔者看来,对透明度的这一表述有些失之过宽。透明度主要是指相关信息的明确和容易获得,它属于程序事项,而不宜包括相关政策应当是什么、有关待遇是否公正等实体性判断,除非实体事项对信息的获得直接构成影响。此点还将在下文中述及。

总之,目前在 GATT/WTO 层面尚无普遍公认的关于透明度的定义。从实际情况来看,笔者认为"透明度"至少应当包含两项内容:一是相关信息应是公开的,二是相关信息应是易于获得的。前者是信息提供方的义务,后者是信息接收方的权利;前者是后者的基本前提,后者是前者的逻辑结果。这二者的关系相辅相成,是一个问题的两个方面。透明度的实质是要确保利害关系方在采取商业以及法律行动时,应当充分知晓相关信息,包括知晓那些如果另一利害关系方不履行透明义务、不进行充分合作便无法获得的信息。

应当指出的是,信息接收方获得信息的方法属于其自主决定事项,除非有关国际条约对此明确加以限定。然而,信息提供方是否积极配合无疑是决定信息接收方能否顺利获得信息的关键。例如,假若一项国内立法影响到了受国际条约保护的外国投资者的利益,则至少刊载该项国内立法的出版物就应当是公开的并容易

---

[1] See Steven L. Schooner, "Desiderata: Objectives for a System of Government Contract Law", *Public Procurement Law Review*, Vol. 11, 2002, pp. 103, 105.

获得。

依照经济学理论,社会中的人是要通过理性选择来追求其最大经济利益的。这种选择之所以称之为理性,首先就在于人们作出选择时应当对相关情况有充分、确切的了解。市场透明的程度如何,决定了市场参与者获取信息量的多少。由此可见,透明度这一因素将直接影响到理性选择的结果。例如,外国投资者及贷款人要对投资地点的商事环境、法律环境比较熟悉,要尽量广泛搜集并深入分析相关信息,而不能仅凭直觉贸然地签订投资合同,否则就有可能招致重大损失。这便要求当地的法律规定、法律适用以及法律解释应高度透明,方能有助于外国投资者及贷款人作出理性决定。如果拟投资地点的体制不透明,则不但会增加交易成本,还容易导致一方以欺骗手段引诱另一方去进行投资,从而使得投资者面临潜在的风险。因此,相关规则和规定的透明,将有利于经济主体正确评估其决定和行为所可能带来的后果,从而增强可预见性。

三、GATT/WTO 若干协定关于透明度的规定

GATT/WTO 框架内有不少文本对透明度问题作出了详细的规定。例如,《关税与贸易总协定(1947)》(简称 GATT)第 10 条第 1 款、第 2 款、第 3 款(a)项分别规定:"任何缔约方实施的关于下列内容的普遍适用的法律、法规、司法判决和行政裁定应迅速公布,使各国政府和贸易商能够知晓:产品的海关归类或海关估价;关税税率、国内税税率和其他费用;有关进出口产品或其支付转账、或影响其销售、分销、运输、保险、仓储、检验、展览、加工、混合或其他用途的要求、限制或禁止。任何缔约方政府或政府机构与另一缔约方政府或政府机构之间实施的影响国际贸易政策的协定也应予以公布。""任何缔约方不得在产生以

下结果的普遍适用的措施正式公布之前采取此类措施；根据既定和统一做法提高进口产品的关税税率或其他费用，或对进口产品或进口产品的支付转账实施新的或更难于负担的要求、限制或禁止。""每一缔约方应以统一、公正和合理的方式管理本条第 1 款所述的所有法律、法规、判决和裁定。"①

GATT 在以上规定中要求公布相关措施，实质上是对透明度原则的明确表述。其目的不仅在于为缔约方履行公布义务提供依据，同时也是为了使得各类经济主体能够恰当地评估有关法律会给其预期利益带来哪些影响。

除了 GATT 第 10 条主要从程序方面对透明度提出要求外，GATT 的某些其他条款还从实体方面体现了透明度原则。例如，GATT 第 11 条第 1 款规定："任何缔约方不得对任何其他缔约方领土产品的进口或向任何其他缔约方领土出口或销售供出口的产品设立或维持除关税、国内税或其他费用外的禁止或限制，无论此类禁止或限制通过配额、进出口许可证或其他措施实施。"②这一规定要求缔约各方消除一切非关税壁垒，因为非关税壁垒不像关税壁垒那样显而易见、容易识别，非关税壁垒是缺乏透明度的。GATT 第 8 条第 1 款的(b)、(c)两项还规定，各缔约方"有必要削减(进出口)规费和费用的数量和种类。""有必要最大限度地减少进出口手续的影响范围和复杂程序，并减少和简化进出口的单证要求"。③概括而言，这些条款均涉及削减非关税壁垒、降低交易成本，其根本原因则是各缔约方相关规定的不透明

---

① 参见世界贸易组织(WTO)秘书处编：《世界贸易组织乌拉圭回合多边贸易谈判结果：法律文本》，对外贸易经济合作部国际经贸关系司译，法律出版社 2000 年版，第 435—436 页。
② 同上书，第 437 页。
③ 同上书，第 434 页。

以及存在着大量不必要的复杂进出口手续。

WTO成立后,其各项协定[①]对程序透明的要求比GATT更进了一步,它们为各缔约方所创设的透明义务主要体现在以下四个方面。

首先,缔约方应迅速公布与贸易有关的法律、法规、司法判决和普遍适用的行政裁定。GATS协定还进一步要求这种公布最迟应在相关规定生效之时,并且这种迅速公布应同时扩展到对服务贸易有重大影响的任何新规定或对现有规定的任何变更(第3条第1、3款)。[②]

其次,缔约方应公布与贸易有关的更多的特别信息,尤其是某些非关税壁垒方面的信息,而且应当是提前公布。例如,对于农产品和鱼制品的进口,缔约国应预先公布数量限制措施(GATT第11条第2款);[③]同时应预先公布固定配额的细节,诸如未来特定期限内将允许进口的产品总量或总值以及此种数量和价值可能的变化情况等(GATT第13条第3款[b]项)。[④]

[①] 这些协定主要有:《技术性贸易壁垒协定》(Agreement on Technical Barriers to Trade,简称TBT协定)、《实施卫生与植物卫生措施协定》(Agreement on the Application of Sanitary and Phytosanitary Measures,简称SPS协定)、《政府采购协定》(Agreement on Government Procurement,简称GPA协定)、《补贴与反补贴措施协定》(Agreement on Subsidies and Countervailing Measures,简称SCM协定)、《与贸易有关的投资措施协定》(Agreement on Trade-Related Investment Measures,简称TRIMs协定)、《服务贸易总协定》(General Agreement on Trade in Service,简称GATS协定)、《与贸易有关的知识产权协定》(Agreement on Trade-Related Aspects of Intellectual Property Rights,简称TRIPs协定)以及《保障措施协定》(Agreement on Safeguards)等。

[②] 参见世界贸易组织(WTO)秘书处编:《世界贸易组织乌拉圭回合多边贸易谈判结果:法律文本》,对外贸易经济合作部国际经贸关系司译,法律出版社2000年版,第287—288页。

[③] 参见同上书,第437页。

[④] 参见同上书,第441—442页。

第三,缔约方应保证设立咨询点、联络点(enquiry points、contact points)作为信息中心,以回答其他缔约方和其他缔约方中之利害关系方提出的所有合理询问。TBT协定第10条、[1]SPS协定附件B第3条[2]以及GATS协定第3条第4款[3]和第4条第2款[4]等均对此作出了规定。

第四,缔约方应不加歧视地给予其他缔约方合理时间以对其公布的标准提出书面意见,应请求讨论这些意见,并对这些书面意见和讨论结果予以考虑。TBT协定第2条第9款第4项、[5]SPS协定附件B第5条d款[6]和GATS协定第22条第1款[7]等对此作出了规定。这种公开讨论和磋商方式将为其他缔约方及受到措施波及的贸易商们提供一个参与决策的机会,而且会对最终结果产生某种影响。经济合作与发展组织(The Organization for Economic Cooperation and Development,简称OECD)认为,对实施规则的有关当局而言,事前磋商应被视为搜集信息供其决策的一个机会,以判断相关措施是否构成了对贸易的不必要限制。对外国当事方而言,事前磋商不是与规则实施方直接解决争端的一个正式程序,但它有助于规则实施方评估其拟采取的措施对贸易带来的影响。正因如此,事前磋商可以为实施新规则或变更旧规则而可能导致的贸易争端提供一个早期预警机制。[8]

---

[1] 参见世界贸易组织(WTO)秘书处编:《世界贸易组织乌拉圭回合多边贸易谈判结果:法律文本》,对外贸易经济合作部国际经贸关系司译,法律出版社2000年版,第130—131页。

[2] 参见同上书,第69页。

[3] 参见同上书,第288页。

[4] 参见同上书,第289页。

[5] 参见同上书,第123页。

[6] 参见同上书,第70页。

[7] 参见同上书,第302页。

[8] See OECD, "Trade and Regulatory Reform: Insights from the OECD Country Reviews and Other Analysis", *World Trade and Arbitration Materials*, Vol.13, 2001, p.32.

由于上述条款能够确保缔约方以透明方法来实施其相关标准,因而使得利害关系方可以敦促他们各自的政府就此发表评论、阐述立场,进而对相应结果施加影响。即使利用本国政府出面施加影响的努力并不成功,利害关系方也可以从其政府那里获得有关信息,知悉协定缔约方拟采取的标准,从而及时调整自身的生产经营计划或产品特色,避免因信息不透明而招致不必要的损失。WTO 的争端解决实践表明,这类透明度要求条款对于促进国际贸易体制的良好、平稳运行具有重要意义。

四、WTO 争端解决机制中的透明度问题

在国际经贸领域确立高效、合法、公平、正义等项重要原则不仅要取决于司法机关的公正审理,还应取决于国际社会对这种审理实行切实有效的监督。而要实行切实有效的监督,则该项国际审理程序就应当尽可能地透明。

然而,WTO《关于争端解决规则与程序的谅解》(*Understanding on Rules and Procedures Governing the Settlement of Disputes*,另一常见的表述是:*Dispute Settlement Understanding*,简称 *DSU*)中关于专家组的一些规定却无助于争端解决程序透明度的提高。例如,*DSU* 第 14 条规定:"1.专家组的审议情况应保密。2.专家组报告应在争端各方不在场的情况下,按照提供的信息和所作的陈述起草。3.专家组报告中专家个人发表的意见应匿名。"[1]*DSU* 附录 3 第 2 条、第 3 条还规定:"专家组的会议不公开。争端各方和利害关系方只有在专家组邀

---

① 世界贸易组织(WTO)秘书处编:《世界贸易组织乌拉圭回合多边贸易谈判结果:法律文本》,对外贸易经济合作部国际经贸关系司译,法律出版社 2000 年版,第 364 页。

请到场时方可出席会议。""专家组的审议和提交专家组的文件应保密。"[1]

不过,DSU 在强调保密性的同时,对透明度问题也给予了适当的关注。例如,DSU 附录 3 的第 3 条规定:"……本谅解的任何规定不得妨碍任何争端方向公众披露有关其自身立场的陈述。……如一争端方向专家组提交其书面陈述的保密版本,则应一成员请求,该争端方还应提供一份其书面陈述所含信息的可对外公布的非机密摘要。"[2]该附录 3 的第 10 条也要求,为保持充分的透明度,本附录中所指的口头陈述、辩驳及说明均应在各方在场的情况下作出。而且,每一方的书面陈述,包括对报告描述部分的任何意见和对专家组所提问题的答复,均应使另一方或各方可获得。[3]

除了在专家组阶段 DSU 对透明度加以诸多限制外,于此前的磋商阶段和此后的上诉阶段 DSU 亦作出了相同或类似的规定。在磋商阶段,DSU 第 4 条第 6 款规定,有关缔约方的"磋商应保密,并不得损害任何一方在任何进一步诉讼中的权利"[4]。在上诉阶段,DSU 第 17 条第 10、11 款规定:"上诉机构的程序应保密。上诉机构报告应在争端各方不在场的情况下,按照提供的信息和所作的陈述起草。""上诉机构报告中由任职于上诉机构的个人发表的意见应匿名。"[5]

DSU 的上述条款在程序上为争端解决设立了一整套保密制度,但其中某些措施远远超出了为确保程序良好运作以及维护争端当事方合法利益的必要限度。专家组的审议情况可以保密,专家组成员在讨论

---

[1] 世界贸易组织(WTO)秘书处编:《世界贸易组织乌拉圭回合多边贸易谈判结果:法律文本》,对外贸易经济合作部国际经贸关系司译,法律出版社 2000 年版,第 377 页。
[2] 同上。
[3] 同上书,第 378 页。
[4] 参见同上,第 358 页。
[5] 同上书,第 367 页。

问题时应当自由地发表个人意见并免受外界的过度干扰,但要求对争端当事方向专家组提交的文件也保密就显得不尽合理。笔者认为,除非这类文件所含信息涉及国家安全和商业秘密,否则是无须保密的,因为这些文件充分体现了争端当事各方的立场,是应当为外界所知悉的。对这类文件的公布,将有助于其他缔约方及时调整政策并树立公众信心。

至于争端解决决定中决策人的个人意见应当匿名的做法,对早期的争端解决实践具有一定的意义。在 GATT 时期,除了专家组报告自身的正统性之外,其争端解决机制缺乏强有力的实施手段,因而专家组报告中的专家意见,尤其是某些专家的异议意见常常招致缔约方的批评或反对,从而影响了专家组决定的法律效力及其实施。鉴于这种情况,对专家意见实行匿名制则可以从某种程度上缓和乃至减少外界对专家组决定的非议。而在当今的 WTO 争端解决机制中明确规定了强有力的实施专家组和上诉机构决定的措施,专家组和上诉机构决定的正统性已不再是实施其决定的唯一,甚至也不是主要的考虑了,这就大大削弱了匿名制存在的合理性和必要性。此外,署名发表专家意见也容易使得专家接受公众监督,增强专家的责任感;对缔约方而言,还可以使其对某一专家今后在类似问题上的立场有比较明确的预见和把握。

WTO 争端解决机制中一些缺乏透明度的规定实际上是从 GATT 争端解决机制延续过来的。GATT 的争端解决多采用外交手段,其主要方式是调解而非准司法。在这种模式下,争端当事方之间的谈判、协商、妥协、退让往往得到支持和鼓励,而这些过程又通常是私下进行的,具有隐秘性。但 WTO 争端解决机制的性质则是诉讼而非外交,这是不同于 GATT 争端解决机制的一个重要区别。加上 WTO 为缔约方履行专家组和上诉机构的决定规定了切实可行的一系列措施,从而使

WTO争端解决机制变得强而有力,大大提高了 WTO 争端解决的效率。既然 WTO 争端解决机制的特性是诉讼,它的程序就会备受关注,与之利益相关的社会各界诸如贸易商、各行业产业、劳工界、消费者群体乃至非政府组织等均要求提高 WTO 争端解决的透明度、尽可能容易地获取有关信息以增强公众的信心。不重视这一呼声,将会损害对 WTO 争端解决机制的广泛支持。[1]

与 DSU 的争端解决程序相比,WTO 文件的透明度则比较高。1996 年 7 月,WTO 总理事会作出决定,解除对 WTO 文件的限制并允许其公开传播。[2] 目前,成千上万份文件可以通过 WTO 网站(http://www.wto.org)来获得,而且新文件还在日益增加。总理事会的决定要求,除了该决定附录中所列的文件外,所有 WTO 文件均应在生效后予以公布。而其附录中所列的文件(共八大类)则是不允许公布的,但在将来却有可能解禁。根据这一决定,包含可公开获取信息的任何文件,或包含有 WTO 协定附件 1、2、3 所属各项协定要求公布之信息的任何文件,均应在不加限制的基础上予以公布。[3] 总理事会的这一举措大大提高了 WTO 作为国际贸易协调机构的整体透明度,有利于增强社会公众对该组织运作的了解和信心。

五、WTO 争端解决实践中的透明度问题

透明度是世界贸易体制获得成功的一个重要因素。一国贸易制度是否透明,是知晓该国贸易壁垒数量及种类的关键和前提。

---

[1] See Steve Charnovitz, "Participation of Nongovernmental Organizations in the World Trade Organization", *University of Pennsylvania Journal of International Economic Law*, Vol. 17, 1996, pp. 331,351.

[2] See WTO General Council, "Procedures for the Circulation and Derestriction of WTO Documents", WT/L/160 (July 18, 1996).

[3] See Ibid.

(一) 日本：限制某些农产品进口案

在该案中，美国针对日本就某些农产品进口许可设立的复杂制度提出了质疑。[①] 于指责日本实施数量限制缺乏理由的同时，美国认为："日本没能充分、及时地公布从量配额或从价配额的相关信息，因而违反了 GATT 第 10 条及第 13 条；并且进口配额的实施也不符合 GATT 第 10 条第 3 款所要求的合理方式。"[②]美国在此特别强调了透明度问题。它进一步指出，由于不能获得基本信息，导致了美国的贸易商们无法了解配额的分配，降低了他们的可预见性，妨碍了他们及时调整商业计划。[③] 经过审理，专家组也认为日本的限制措施缺乏理由。[④] 专家组主张以比较透明的关税措施来取代非透明的、难以统计的配额，因为配额妨碍了贸易的发展并与建立透明贸易体制的目标相抵触。[⑤] 不过本案中有一个问题专家组并未明确，即合理地实施配额制是否也属于缺乏透明度。

(二) 美国：禁止某些虾及虾制品进口案

由于美国禁止从印度、马来西亚、巴基斯坦和泰国进口虾及虾制品，这些国家联合向 WTO 对美国提出了指控。[⑥] 它们反对美国根据其国内法《濒危物种法案》所制定的相关规则及解释指南。这些规定不仅强制要求美国渔民在以拖网捕虾时使用海龟隔离器（Turtle Excluder Devices,

---

① See Panel Report, "Japan-Restrictions on Imports of Certain Agricultural Products" (Mar. 22, 1988) GATT B. I. S. D. (35th Supp.) at 163 (1989).

② Ibid.

③ See Ibid.

④ See Ibid.

⑤ See Patricia I. Hansen, "Transparency, Standards of Review, and the Use of Trade Measures to Protect the Global Environment", *Virginia Journal of International Law*, Vol. 39, 1999, p. 1059.

⑥ See Panel Report, "United States-Import Prohibition of Certain Shrimp and Shrimp Products", WT/DS58/R, DSR 1998: Ⅶ 2821 (May 15, 1998).

简称 TEDs),①而且还禁止自未使用 TEDs 捕捞的国家进口虾及虾制品。② 投诉方认为,除非美国依照 GATT 第 20 条的规定调整其措施,否则其禁止进口将对 GATT 第 11 条第 1 款构成违反。③ 针对投诉方的指控,美国也以 GATT 第 20 条"一般例外"特别是该条第(b)、(g)两项为理由进行抗辩。本案专家组所要审查的主要问题是美国的抗辩能否成立,这关系到美国的措施是否违反 GATT 其他条款的规定。④

鉴于争议双方均引用 GATT 第 20 条来支持自己的主张,因而该条款成为界定本案的关键。该条款规定:"在遵守关于此类措施的实施不在情形相同的国家之间构成任意或不合理歧视的手段或构成对国际贸易的变相限制的要求前提下,本协定的任何规定不得解释为阻止任何缔约方采取或实施以下措施:……(b)为保护人类、动物或植物的生命或健康所必需的措施;……(g)与保护可用尽的自然资源有关的措施,如此类措施与限制国内生产或消费一同实施;……"⑤

经过审理,专家组认为,对 GATT 第 20 条引言的理解应当结合 GATT 的上下文,还应当结合 WTO 的宗旨和目标。根据 GATT 和 WTO 的宗旨和目标,成员方只有在不削弱 WTO 多边贸易体制且不滥用第 20 条提供的例外的条件下,才可以偏离 GATT 的规定。专家组指出,如果允许成员方采取某种措施,该措施将特定产品的市场准入建立在出口成员采取某种政策的基础上,就不能保证 GATT 和 WTO

---

① 海龟隔离器是美国科学家研制开发的一种设备,它能够阻挡海龟划入拖网深处并指引海龟从网口逃生。

② See Appellate Body Report, "United States-Import Prohibition of Certain Shrimp and Shrimp Products", WT/DS58/AB/R, DSR 1998:Ⅶ 2755 (October 12, 1998).

③ Ibid.

④ 参见杨荣珍编著:《WTO 争端解决——案例与评析》,对外经济贸易大学出版社 2002 年版,第 459 页。

⑤ 世界贸易组织(WTO)秘书处编:《世界贸易组织乌拉圭回合多边贸易谈判结果:法律文本》,对外贸易经济合作部国际经贸关系司译,法律出版社 2000 年版,第 455 页。

的多边贸易体制的实现,因为 WTO 确立的多边关系的安全性和可预见性将受到威胁,其他成员也可以单方面制定自己的政策和措施。专家组还指出,美国在采取措施前,没有充分寻求通过谈判达成协议的途径以实现保护环境的目的,这也与 WTO 的多边规则不符。专家组因而裁定美国的措施不符合 GATT 第 20 条引言的规定,并且认为没有必要再审查它是否符合第 20 条(b)、(g)项的规定。①

1998 年 7 月 13 日,美国向 WTO 争端解决机制的上诉机构提出上诉。在审查了美国的限制进口措施后上诉机构认为,为了符合美国的要求和条件,所有向美国出口虾及虾制品的利益相关国将不得不改变其本国在这方面的规定。② 在透明度问题上,上诉机构强调指出,美国的措施没能建立起"一套透明的、可预见的认证程序",也没有给请求国提供听证或提出异议的正式机会,③更没有作出任何正式的、有理由的书面决定或发出特定通知。④ 总之,上诉机构将美国的作法定性为"奇特的、非正式的和随意的",有关国家无法据此判断美国是否会以公平、公正的方式来实施其相关规定。⑤ 因此,这些程序上的缺陷实际上等于在认证哪些国家可以向美国出口虾及虾制品时,摒弃了基本的公平和正当程序。⑥

上诉机构同时亦承认,美国的措施是普遍适用的,因而符合 GATT 第 10 条第 1 款的规定。但美国的措施是否依照 GATT 第 10 条第 3 款之规定是"以统一、公正和合理的方式"实施的呢?上诉机构对此提出了疑问。该上诉机构指出,显而易见,GATT 第 10 条第 3 款

---

① 参见杨荣珍编著:《WTO 争端解决——案例与评析》,对外经济贸易大学出版社 2002 年版,第 460 页。
② See Appellate Body Report, "United States-Import Prohibition of Certain Shrimp and Shrimp Products", WT/DS58/AB/R, DSR 1998: Ⅶ 2755 (October 12, 1998).
③ See Ibid.
④ See Ibid.
⑤ See Ibid.
⑥ See Ibid.

在实施贸易规则的透明度和程序公正方面确立了某些最低标准,而美国的措施并不符合这些标准。在美国认证过程中相关规定的单方性质及其不透明,提出与美国交涉的国家既未接到正式通知又未获悉任何理由便遭到拒绝,而且对这种拒绝美国并未提供正式的复审或上诉程序,凡此种种均与 GATT 第 10 条第 3 款的精神相违背。据此,上诉机构认为,美国实施其措施的方式构成了"不合理的、任意的歧视",因而不符合 GATT 第 20 条引言的要求。[①]

这些论证显示,上诉机构认为透明度与国际经济法上的正当程序密切相关。[②] 事实上,透明度是一国合理地、非任意地实施法律、规则以及措施的内在要求。本案中的上诉机构在解释 GATT 第 20 条引言和第 10 条第 3 款所创设之义务时,明确论及了透明度问题,这清楚地表明,透明度原则已经成为国际社会普遍认同的国际经济法上一项重要原则。

(三) 美国:限制棉织和人造纤维内衣进口案 [③]

本案争端源自美国依据 WTO 之《纺织品与服装协定》(Agreement on Textile and Clothing,简称 ATC 协定)对来自哥斯达黎加的进口内衣实施过渡性保障措施(the transitional safeguard measures)予以限制,其理由是如果不采取限制措施,将会给美国的国内产业带来严重损害。

在专家组审理阶段,投诉方哥斯达黎加认为,美国采取的保障措施违反了 ATC 协定第 6 条第 2 款、第 4 款所规定的实施这类措施的实质性条件,即美国没有证明国内产业遭受了严重损害,没有证明损害与进口之间具有因果关系,更没有证明损害是因哥斯达黎加的产品进口而

[①] See Appellate Body Report, "United States-Import Prohibition of Certain Shrimp and Shrimp Products", WT/DS58/AB/R, DSR 1998:Ⅶ 2755 (October 12, 1998).

[②] See Todd Weiler, "*NAFTA* Article 1105 and the Principles of International Economic Law", *Columbia Journal of Transnational Law*, Vol.42, 2003, p.78.

[③] See Appellate Body Report, "United States-Restrictions on Cotton and Man-made Fibre Underwear", WT/DS24/AB/R (February 10, 1997).

引起的。此外,哥斯达黎加还认为,美国追溯适用保障措施亦违反了 ATC 协定第 6 条第 10 款。①

由于专家组的裁决仅部分地支持了哥斯达黎加的主张,因此哥斯达黎加提出上诉。上诉机构在其报告中对 GATT 第 10 条第 2 款所纳入的透明度原则作出如下详尽的阐述:该条款可以被视为包含了一项重要的基本原则,即推动对政府行为的披露。因为政府行为会影响到 WTO 其他成员方、私人以及企业(不论后两者是本国还是外国国籍)的利益。与本案相关的政策性原则是广泛认知的透明度原则和正当程序,其基本含义是:受一成员方政府措施所强加的限制、要求以及其他负担之影响或可能带来影响的其他成员方及个人,应当有合理的机会获得关于这些措施的权威信息,从而保障并调整它(他)们的行动,或者选择去寻求改变此类措施。②

在对本案的分析中,上诉机构不仅一般性地肯定了透明度原则得构成正当程序的组成部分,而且还特别指出了透明度原则的基本要素是可预见性。显而易见,缺乏透明度便会导致失去可预见性,从而扰乱贸易商们的进出口决策,使得市场所在地的真正竞争优势难以预测。尤其值得强调的是,上诉机构对本案的分析清楚地表明,尽管透明度原则源于 GATT 第 10 条并构成该条款的一个不可分割的组成部分,但该原则对 WTO 而言同样具有非常重要的法律意义。

六、分析与结论

WTO 关于透明度的要求和规定对于实施其各项协定至关重要,

---

① 参见杨荣珍编著:《WTO 争端解决——案例与评析》,对外经济贸易大学出版社 2002 年版,第 546 页。

② See Appellate Body Report, "United States-Restrictions on Cotton and Man-made Fibre Underwear", WT/DS24/AB/R (February 10, 1997).

同时也有助于减少乃至消除该组织以及国际贸易体制运行中的不确定性因素。除 WTO 各项协定外，目前在国际经济法的其他领域（诸如贸易、投资和金融等方面）还有许多法律文件要么间接反映、要么直接规定了透明度原则。这些法律文件对透明度的要求通常可以分为两大类：一类是规定为程序性义务，即有关方面应当尽速公布对市场参与者和投资者至关重要的信息；另一类是规定为实体性义务，即或者要求依照透明度原则对某些相关规定或某些特定措施作出解释，或者突出强调透明度的经济作用以及对利害关系方造成的影响等。在司法领域，本节前面所研讨的案例也突出表明，WTO 争端解决机构已将透明度原则视为国际经济法的理性基础和确保 WTO 创设之国际经贸法律秩序获得成功的重要因素。

从今后的发展趋势来看，透明度原则仍将在国际经济法上扮演着相当重要的角色。适用这一原则将会增强国际经贸活动的可预见性，从而推动贸易和投资的持续增长。此外，透明度原则还能够促使有关国家在作出相应决策时，"不在情形相同的国家之间构成任意或不合理歧视的手段或构成对国际贸易的变相限制"[1]。总而言之，在各国经贸关系日益密切的当代国际社会，信息公开是常态，不公开则是例外。

第二节 WTO 之例外
——豁免成员方义务

1947 年的关贸总协定（*GATT 1947*）为 1994 年的关贸总协定（*GATT 1994*）所取代，后者是对前者的继承与发展，它包括了 1947 年

---

[1] 世界贸易组织（WTO）秘书处编：《世界贸易组织乌拉圭回合多边贸易谈判结果：法律文本》，对外贸易经济合作部国际经贸关系司译，法律出版社 2000 年版，第 455 页。

关贸总协定的各项规定、修订条文和其他决定,并且还新增加了若干项谅解以及一些解释性说明;而1994年4月15日订于马拉喀什的《建立世界贸易组织协定》(Marrakesh Agreement Establishing The Word Trade Organization)又将1994年的关贸总协定列于其附件1A货物贸易多边协定中。由此可见,世界贸易组织(WTO)的有关协定同样是对1994年关贸总协定的继承和发展。鉴于WTO对GATT的这种继承性及延续性,本节将把这两者对豁免成员方义务的有关规定结合起来一并予以研讨。

我们知道,作为GATT和WTO的成员方,它们既应享受许多权利,亦要承担相应的义务。但是,考虑到现时中存在着各种复杂情况,GATT和WTO在要求其成员方履行它们义务的同时,也允许有一定的灵活性。例如,1947年的《关税与贸易总协定》第25条第5款规定:"在本协定其他部分未作规定的特殊情况下,缔约方全体可豁免本协定对一缔约方规定的义务。"[1]1994年的《建立世界贸易组织协定》第9条第3款规定:"在特殊情况下,部长级会议可决定豁免本协定或任何多边贸易协定要求一成员承担的义务。"[2]这些豁免条款是GATT和WTO协定的有机组成部分,认识、了解、掌握及正确运用这些条款,对我国入世后在各项协议范围内切实维护自身的合法权益具有非常重要的意义。

一、关于豁免的范围

1946年10月,在伦敦召开了国际贸易组织(ITO)筹备委员会第一次会议。有一个代表团在会上提出,国际贸易组织宪章草案中的豁免许可,不仅应像当初设想的那样,包括商业政策方面的义务,而且还

---

[1] 世界贸易组织(WTO)秘书处编:《世界贸易组织乌拉圭回合多边贸易谈判结果:法律文本》,对外贸易经济合作部国际经贸关系司译,法律出版社2000年版,第461页。
[2] 同上书,第9页。

应当涵盖所有宪章义务。[1]

美国代表团对上述主张提出了不同的看法,认为各成员方首先要从宪章其余部分所规定的豁免中得到好处,而本条款的适用范围则仅涉及例外情况,这些例外情况将使得特定成员方面临着某种艰难情势,并且是宪章中的其他豁免条款所不涉及的。[2]

伦敦会议报告对各种意见作出如下归纳:各成员方依据一般商业政策条款所承担的义务,在特殊情况下大会有权予以中止(suspend)。这种中止权力可以涵盖所有依据宪章所承担的义务。但应当强调的是,豁免的情况带有特殊性,它导致某一特定成员方面临着艰难情势,并且是宪章其他特别免责条款所不涉及的。会议最终同意,各成员方依据宪章而承担的所有义务,应当包括在这个一般免责条款内。[3]

从以上三种表述来看,前两种观点所主张的豁免范围是不同的。第一种观点主张所有宪章义务均在豁免之列,但仅限于宪章义务;第二种观点(即美国代表团的观点)则认为,豁免的范围不应包括宪章中其他免责条款所涉及的情况,而应是其他免责条款所未规定的情形。美国代表团还为它所主张的特殊豁免情况确立了一个衡量标准,即所谓"艰难情势(hardship)标准"。美国的主张实际上是拓宽了豁免的范围,意在使成员方在遇到总协定未作规定的特殊情况时,如想豁免自身义务,仍需经过缔约国全体以所投票的2/3多数通过。伦敦会议报告中的见解实际上是前两种观点的折中,给人们留下的印象是:它所主张的豁免范围是包括但不限于各成员方依据国际贸易组织宪章所承担的义务。

---

[1] See WTO, *Guide to GATT Law and Practice on CD-ROM*, *Analytical Index*, Geneva: World Trade Organization (WTO) and Vista Intermedia Corporation, 1997, p. 882.
[2] See Ibid.
[3] See Ibid.

从关贸总协定后来的有关实践看,在豁免范围问题上,它比较偏重于总协定规定以外的特殊情况。例如,总协定第25条第5款就规定:"在本协定其他部分未作规定的特殊情况下,缔约国全体可以解除某缔约国对本协定所承担的某项义务。"这一规定实际上是采纳了美国代表团的观点。再如,总协定的一个工作组在1952年"关于欧洲煤钢共同体的报告"中指出,工作组一直在考虑,为允许六个国家不违反其依据总协定所承担的义务而参加欧洲煤钢共同体,来按照总协定第25条第5款的规定对它们予以豁免的做法是否妥当。工作组的结论是,这种豁免行为是妥当的,因为第25条第5款的规定具有一般性质,它允许缔约国全体在本协定未作规定的特殊情况下,豁免某(些)缔约国对本协定所承担的任何义务,并且对这项豁免权利的行使未施加任何限制。但是,工作组亦主张,对缔约国全体来讲,在依据第25条第5款予以免责之前,应当考察欧洲煤钢共同体的目的与总协定的目的是否一致。经过细致地考察,工作组认为,体现在欧洲煤钢共同体条约中的目的与总协定的目的存在着广泛的一致。[1]

工作组的这一报告表明,关贸总协定不仅对豁免的范围作了广义的解释,而且还进一步提出了予以豁免的标准——"目的标准",即某项应予豁免的特殊情况,其本身的目的不得与总协定的目的相悖。"目的标准"以及前述"艰难情势标准"的提出及其运用,使得豁免权的行使愈加明确和具有可操作性。

二、关于豁免的程序

根据《建立世界贸易组织协定》第9条第3款b项的规定,有关该协

---

[1] See WTO, *Guide to GATT Law and Practice on CD-ROM*, *Analytical Index*, Geneva: World Trade Organization (WTO) and Vista Intermedia Corporation, 1997, p.882.

定附件 1A、附件 1B 或附件 1C 多边贸易协定及其附件的豁免申请,应首先分别提交货物贸易理事会、服务贸易理事会和知识产权理事会审议。[①]

近些年来,对于向各理事会提交的豁免申请,有关理事会常常要考虑是否需要设立一个工作组来处理。如果理事会就豁免申请能够达成一致意见,则没有必要设立工作组;反之,就应当设立工作组对豁免申请中所欲采取的措施以问答方式进行审议,并对所声称的"特殊情况"加以考察,然后由工作组起草报告和豁免决定。例如,工作组对 1984 年美国就"美国——加勒比地区经济复兴法案"(美国通过该法案对加勒比地区各国实行贸易优惠)所提交的豁免申请草拟了报告。这种报告有时会对豁免附加一些词语解释或条件。工作组的报告以及它所起草的豁免决定要送交有关理事会在 90 天内讨论,期限届满时,有关理事会应向部长会议提交报告,部长会议亦应在 90 天的期限内对豁免申请予以考虑,允许豁免的决定须由部长会议以一致同意的方式来作出。如果 90 天之内部长会议不能就豁免申请达成一致意见,则任何豁免的决定应经部长会议 3/4 成员的同意,但当某一豁免的决定涉及过渡时期或分期执行义务而有关成员到期未能履行义务时,则予以豁免的决定仍应由部长会议成员的一致意见作出。部长会议作出同意豁免的决定时,应陈述证明该项决定合理的特殊情况、实施豁免的条件以及豁免终止的日期。部长会议的决定通过表决作出,表决方式既可以是在某次会议上现场投票,亦可采用邮寄或电信手段。

三、何谓"特殊情况"

对于"特殊情况",英文本的 1947 年《关税与贸易总协定》第 25 条

[①] 参见世界贸易组织(WTO)秘书处编:《世界贸易组织乌拉圭回合多边贸易谈判结果:法律文本》,对外贸易经济合作部国际经贸关系司译,法律出版社 2000 年版,第 9 页。

第 5 款和 1994 年《建立世界贸易组织协定》第 9 条第 3 款中使用的是同一个词汇:即"in exceptional circumstances"。[1] 我国官方中译本的这两项条款也同时将此概念译为"特殊情况"。[2] GATT 或 WTO 作出给予豁免的决定是由于存在着某些"特殊情况",这是成员方的豁免申请能否获得批准的一个重要前提。那么,究竟哪些情况属于"特殊情况"? 对此,GATT 和 WTO 均未作出明确规定。《关税与贸易总协定》第 25 条第 5 款甲项将"特殊情况"的限定交由缔约方全体通过投票来明确,《建立世界贸易组织协定》第 9 条第 3 款对此则没有提及。

从实践来看,GATT 对不同的豁免申请有不同的认定结果,能否就此形成具有拘束力的先例,尚有待于今后相关实践的进一步证实。现就 GATT 两个认定结果截然相反的案例进行介绍与分析,以期归纳、总结出若干带有规律性的识别标准。

案例一:希腊就其对苏联实行特惠关税限额措施申请豁免案

1970 年,希腊就其对苏联实行特惠关税限额一事,向 GATT 提出豁免它根据总协定第 1 条(一般最惠国待遇)所承担的义务。根据希腊与苏联达成的双边支付协议,特惠关税限额措施同时也促进了希腊向苏联的出口。因此,本案工作组在报告中指出,希腊在与苏联双边支付协议中所处的地位并未构成总协定第 25 条第 5 款意义上的"特殊情况"。工作组对希腊所采取的特惠关税措施给了认真的关注,它认为有关原则与先例是最重要的。在对希腊所面临的某些困难表示同情与理解的同时,工作组并不认为存在着总协定第 25 条第 5 款所要求的

---

[1] See John H. Jackson, *1995 Documents Supplement to Legal Problems of International Economic Relations*, Third Edition, Eagan · Minnesota: West Publishing Company, 1995, pp.50, 8.

[2] 参见世界贸易组织(WTO)秘书处编:《世界贸易组织乌拉圭回合多边贸易谈判结果:法律文本》,对外贸易经济合作部国际经贸关系司译,法律出版社 2000 年版,第 461、9 页。

"特殊情况",因此,它反对给予豁免。在工作组看来,希腊应当考虑尽早终止有关的双边特别协议,或者尽速在最惠国待遇的基础上扩展关税减让范围。①

案例二:美国就《美国——加勒比地区经济复兴法案》中的免税规定申请豁免案

在审议美国提出的豁免申请时,工作组的一些成员认为,总协定第25条第5款中所规定的特殊情况并未得到确立,因而,以地理的及非经济考虑为基础的对最惠国待遇原则的某种偏离被认为是适当的。工作组的一位成员指出,应由缔约方全体来限定何种情势可以构成总协定第25条第5款中所提到的"特殊情况",并且在投票表决豁免申请时,每一个缔约方各自也要考虑这一问题。②

在本案中,美国代表提出了两项判断标准以界定可以赋予豁免的"特殊情况":一是为了复兴脆弱的地区经济,要求有促进持续投资和提高经济增长率的贸易政策;二是《美国——加勒比地区经济复兴法案》中确立的计划,是关贸总协定中的有关条款所不涉及的,尽管这两个文件的条款目的一致,但后者是在关贸总协定的框架内来规定的。③ 这两项标准实际上就是经济标准和法律标准,而第二项之法律标准可以说是1946年美国代表团对豁免范围主张的翻版,它们在本质上是一致的。

工作组认为,在关贸总协定的框架内,有若干种不同的方法可以确立特惠安排,但在确立特惠安排的时候,必须以分析与其相关的所有特别情况为基础。在考察了各种可供选择的方法对本案的适用后,许多工作组成员得出结论,依照总协定第25条第5款规定的程序予以豁

---

① See WTO, *Guide to GATT Law and Practice on CD-ROM*, *Analytical Index*, Geneva: World Trade Organization (WTO) and Vista Intermedia Corporation, 1997, p. 885.
② See Ibid., p. 886.
③ See Ibid.

免,是确认1983年《美国——加勒比地区经济复兴法案》中所规定的免税待遇的最佳方法。不过,也有一些工作组成员不同意这种观点,认为在本案中运用第25条第5款规定的豁免程序并不适当。尽管工作组内部存在着分歧,但它一致认为,只有美国才能决定是否因《美国——加勒比地区经济复兴法案》中的规定而申请豁免。因此,美国于1984年请求将豁免申请作为工作组报告的附件,提交缔约方全体付诸表决。该申请于1985年2月15日获得了批准。[①]

上述两个案例的最终结果各不相同。希腊的豁免申请在工作组层面上就遭到了否定,而美国的豁免申请则由工作组提交给缔约方全体进行表决并获得了通过。两个案例对"特殊情况"的识别标准仍然未予明确,至少在工作组的范围内是如此。但是,从豁免申请审议的过程来看,某些方面还是折射出对认定"特殊情况"的若干考虑。例如,工作组认为希腊所面临的只是"困难"(difficulties)而不是"艰难情势"(hardship);再如,美国代表所提出的经济标准,与关贸总协定的根本目的是一致的,即"缔约各国政府……在处理它们的贸易和经济事业的关系方面,应提高生活水平,保证充分就业,保证实际收入和有效需求的巨大持续增长,扩大世界资源的充分利用以及发展商品的生产与交换"。[②] 尽管工作组对"特殊情况"的认定看法不够明确,成员方也有各自的主张(这也是为什么GATT和WTO在此问题上或者要求缔约方全体以所投票的2/3多数通过,或者要求部长会议的一致通过或3/4部长会议成员同意的一个原因),但笔者经过研究认为,本节第一题("关于豁免的范围")中总结的"艰难情势标准"和"目的标准"可以作为

[①] See WTO, *Guide to GATT Law and Practice on CD-ROM*, *Analytical Index*, Geneva: World Trade Organization (WTO) and Vista Intermedia Corporation, 1997, p.886.
[②] 参见姜茹娇、朱子勤编著:《世界贸易组织(WTO)法律规则》,中国政法大学出版社2000年版,第227页。

识别"特殊情况"的依据,从以往的有关实践来看,这两项标准是可以为WTO所接受的。在这两项标准中,"艰难情势标准"是微观的,它仅涉及豁免申请方单方的利益,而"目的标准"则是宏观的,它与WTO本身以及其他成员方的整体利益密切相关,将这两者有机地结合起来予以适用,将有利于增强对"特殊情况"认定的科学性、合理性和准确性。

四、关于豁免的效果

1962年,专家组在"关于乌拉圭人诉诸(总协定)第23条的报告"中讨论了表面利益丧失或损害问题。专家组指出,不论一项措施是否符合关贸总协定的规定,其地位并不受后来豁免决定的影响。事实上,依照第25条而豁免总协定义务的各项决定已明确表明,与其他豁免义务有关的第23条[1]程序仍然是继续有效的。[2]

1990年,专家组在"关于1955年豁免美国限制进口糖及含糖产品

---

[1] 《关税与贸易总协定》第23条(利益的丧失或减损)的规定如下:"1. 如一缔约方认为,由于下列原因,它在本协定项下直接或间接获得的利益正在丧失或减损,或本协定任何目标的实现正在受到阻碍,(a)另一缔约方未能履行其在本协定项下的义务,或(b)另一缔约方实施任何措施,无论该措施是否与本协定的规定产生抵触,或(c)存在任何其他情况,则该缔约方为使该事项得到满意的调整,可向其认为有关的另一缔约方提出书面交涉或建议。任何被接洽的缔约方应积极考虑对其提出的交涉或建议。2. 如在一合理时间内有关缔约方未能达成满意的调整,或如果困难属本条第1款(c)项所述类型,则该事项可提交缔约方全体。缔约方全体应迅速调查向其提出的任何事项,并应向其认为有关的缔约方提出适当建议,或酌情就该事项作出裁定。缔约方全体在认为必要的情况下,可与缔约各方、联合国经济与社会理事会及任何适当的政府间组织进行磋商。如缔约方全体认为情况足够严重而有理由采取行动,则它们可授权一个或多个缔约方对任何其他一个或多个缔约方中止实施在本协定项下承担的、在这种情况下它们认为适当的减让或其他义务。如对一缔约方的减让或其他义务事实上已中止,则该缔约方有权在采取该行动后不迟于60天,向缔约方全体的执行秘书(根据1965年3月23日缔约方全体的一项决定,"执行秘书"改称"总干事"——笔者注)提出退出本协定的书面通知,退出应在执行秘书收到该通知后的第60天生效。"见世界贸易组织(WTO)秘书处编:《世界贸易组织乌拉圭回合多边贸易谈判结果:法律文本》,对外贸易经济合作部国际经贸关系司译,法律出版社2000年版,第457页。

[2] See WTO, *Guide to GATT Law and Practice on CD-ROM, Analytical Index*, Geneva: World Trade Organization (WTO) and Vista Intermedia Corporation, 1997, p. 886.

的报告"中,对美国就含糖产品采取数量限制措施进行了审查,认为这种限制与美国依据关贸总协定第11条第1款①所承担的义务不一致,但却符合缔约方全体依照总协定第25条第5款所作出的豁免决定。专家组在报告中指出,既然第11条和第25条第5款都是总协定的组成部分,符合豁免的限制性征税并不能构成美国不履行第23条第1款(甲)项意义上的"对本协定所承担的义务"。但是,这种限制性措施不符合第11条第1款却被允许豁免的事实,亦不妨碍欧洲经济共同体(EEC)依照总协定第23条第1款(乙)项的规定提出投诉,不过,这需要欧洲经济共同体来证实其根据总协定而获得的利益,已由于美国实行这种限制性措施而丧失或受到了损害。②

上述两项专家组报告表明,根据总协定第25条第5款所赋予的豁免具有如下效果:

1. 这种豁免与根据总协定其他条款所获得的豁免是相互独立的,两者互不代替、互不影响,成员方可视具体情况依照不同程序申请义务豁免;

2. 如果某一缔约方采取某项与总协定特定条款不一致的措施,但却根据第25条第5款的规定获得了义务豁免,则应承认这种豁免,即当此两者的实际结果相冲突时,义务豁免应居优先。

---

① 《关税与贸易总协定》第11条(普遍取消数量限制)第1款的规定如下:"任何缔约方不得对任何其他缔约方领土产品的进口或向任何其他缔约方领土出口或销售供出口的产品设立或维持除关税、国内税或其他费用外的禁止或限制,无论此类禁止或限制通过配额、进出口许可证或其他措施实施。"见世界贸易组织(WTO)秘书处编:《世界贸易组织乌拉圭回合多边贸易谈判结果:法律文本》,对外贸易经济合作部国际经贸关系司译,法律出版社2000年版,第437页。

② See WTO, *Guide to GATT Law and Practice on CD-ROM*, *Analytical Index*, Geneva: World Trade Organization (WTO) and Vista Intermedia Corporation, 1997, pp. 886-887.

五、关于豁免的通知、协商及争端解决

在 1956 年 11 月 1 日关贸总协定第十一次会议上,缔约方全体通过了一项决议,名为"(总协定)第 25 条——缔约方全体在审议豁免总协定第一部分内容的义务或其他重要义务的申请时所应遵循的指导原则"。该决议所确立的原则主要有以下几项[1]:

1. 豁免申请至少应于 30 日前提出通知,否则不予考虑。但如经普遍同意,在特殊情况下需要采取紧急行动时,则不受此限制。

2. 在此项通知期间,申请方应对其他缔约方向其提出的请求给予充分考虑,并与该其他缔约方进行充分协商。

3. 如果这种协商不能达成满意的解决办法,缔约方全体应认真考虑其他缔约方所提出的请求;在其他缔约方的合法利益未能得到充分保证的情况下,缔约方全体一般不应同意豁免。

4. 在豁免决定中,应当包括对未来依据豁免而采取某项特别行动的协商程序以及由缔约国全体进行仲裁的程序。

5. 在豁免决定中,还应规定年度报告制度,并对豁免的作用进行年度审议。《建立世界贸易组织协定》第 9 条第 4 款在这方面亦规定:"部长级会议给予豁免的决定应陈述可证明该决定合理的特殊情况、适用于实施豁免的条款和条件以及豁免终止的日期。所给予的期限超过 1 年的任何豁免应在给予后不迟于 1 年的时间内由部长级会议审议,并在此后每年审议一次,直至豁免终止。每次审议时,部长级会议应审查证明豁免合理的特殊情况是否仍然存在及豁免所附条款和条件是否得到满足。

---

[1] See WTO, *Guide to GATT Law and Practice on CD-ROM*, *Analytical Index*, Geneva: World Trade Organization (WTO) and Vista Intermedia Corporation, 1997, p. 884.

部长级会议根据年度审议情况,可延长、修改或终止该项豁免。"[1]

六、有关豁免及不豁免的情况

至1995年1月1日为止,关贸总协定的缔约方全体共作出了115项豁免决定以及许多延长或修改先前豁免决定的决定。[2]

只有两次是缔约方申请豁免但未被缔约方全体予以批准的。一次是欧洲经济共同体因对来自以色列和西班牙的某类柑橘削减关税,而于1969年请求豁免其依据总协定第1条所承担的最惠国义务。对此,大多数缔约方认为,以、西两国是柑橘的主要生产国,生产效率高,不需要给予削减关税的优惠,所以,关贸总协定最终没能同意欧洲经济共同体的豁免申请;另一次是前文曾经提到过的希腊因对其从苏联进口某些制造产品实行一定额度的特惠关税,而于1970年请求豁免其依据总协定第1条所承担的义务。此项豁免申请亦未能获得批准。[3]

七、关于豁免的扩展(extension)及终止(termination)

1993年,工作组在"关于美国的《安第斯贸易优惠法案》的报告"中指出,该法案适用范围对新受益国或追加产品的任何扩展,都需要重新提出豁免申请。[4] 这一要求表明,豁免的扩展同最初要求豁免的程序一样,都应由有关缔约方提出申请并经批准,而不是自动扩展。

1990年,专家组在"关于1955年豁免美国限制进口糖及含糖产品

---

[1] 世界贸易组织(WTO)秘书处编:《世界贸易组织乌拉圭回合多边贸易谈判结果:法律文本》,对外贸易经济合作部国际经贸关系司译,法律出版社2000年版,第9页。
[2] See WTO, *Guide to GATT Law and Practice on CD-ROM*, *Analytical Index*, Geneva: World Trade Organization (WTO) and Vista Intermedia Corporation, 1997, p. 888.
[3] See Ibid.
[4] See Ibid.

的报告"中,鉴于有关豁免决定在当时并未规定其自身的失效日期,因而对豁免修改或终止的可能性表示了关注。对此,专家组在报告中明确指出:"缔约方全体根据(总协定)第 25 条第 5 款赋予豁免的权力中,包含着其撤销或修改所赋予的豁免的权力。"[①]

八、GATT 和 WTO 规定的其他例外条款

GATT 和 WTO 各项规定所体现的基本精神是贸易自由和自由竞争。在全球经济一体化的大趋势下,决定胜负的是竞争力,而竞争力的大小取决于一国的经济技术实力和发展水平。在这方面,不仅发达国家与发展中国家之间存在着差异,就是在发达国家与发达国家或发展中国家与发展中国家相互间,情况也各不相同。因此,如果完全按照贸易自由和自由竞争的原则来处理缔约方之间的贸易关系,有些国家的经济必然会受到一定程度的负面影响。为此,GATT 和 WTO 除允许缔约方根据《关税与贸易总协定》第 25 条第 5 款或《建立世界贸易组织协定》第 9 条第 3 款提出义务豁免申请之外,还规定了以下一些例外条款供有关缔约方援用:

1. 国际收支平衡例外

即任何缔约方为了保障其对外金融地位和国际收支,在进口过多造成国际收支失衡的情况下,可以限制准许进口的商品数量或价值,但在国际收支状况得到改善时,应逐步放宽或立即取消这一限制。

2. 发展中国家保护例外

根据《关税与贸易总协定》第 18 条第 4 款的规定,"经济只能维持低生活水平且经济处在发展初期阶段的缔约方,有权……暂时偏离本

[①] See WTO, *Guide to GATT Law and Practice on CD-ROM*, *Analytical Index*, Geneva: World Trade Organization (WTO) and Vista Intermedia Corporation, 1997, pp. 888-889.

协定其他条款的规定。"[1]这方面的例外主要有：

（1）在关税结构方面能够保持足够的弹性，从而为某一特定工业的建立提供需要的关税保护；

（2）在充分考虑这些国家的经济发展计划可能造成的持续高水平的进口需求的条件下，它们能够为保持国际收支平衡而对进口实行数量限制。

3.进口紧急措施例外

即如果因意外情况的发展或因某一缔约方承担关贸总协定义务（包括关税减让在内）而产生的影响，使某一产品输入到该缔约方的数量大为增加，对该缔约方国内相同产品或与它直接竞争产品的国内生产者造成严重损害或产生严重威胁时，则该缔约方在防止或纠正这种损害所必须的程度和时间内，可以对此类产品全部或部分地暂停实施其所承担的义务，或者撤销或修改减让。

4.安全例外

即关贸总协定并不认为各缔约方基于其自身利益和国际社会整体利益的考虑，而采取以下行动是违反了其依照总协定所承担的义务：

（1）任何缔约方拒绝提供其根据国家基本利益认为不能公布的资料；

（2）任何缔约方为保护国家基本安全利益，而对裂变材料或提炼裂变材料的原料、武器、弹药和军火及其他物品或原料的贸易所采取的行动；

（3）任何缔约方为保护国家基本安全利益，而对战时或国际关系中的其他紧急情况所采取的行动；

（4）任何缔约方根据联合国宪章为维持国际和平与安全所采取的

---

[1] 世界贸易组织（WTO）秘书处编：《世界贸易组织乌拉圭回合多边贸易谈判结果：法律文本》，对外贸易经济合作部国际经贸关系司译，法律出版社 2000 年版，第 447 页。

行动。

5. 一般例外

即只要对情况相同的国家不实行差别待遇,或不构成对国际贸易的变相限制,缔约各方可采取以下措施:

(1) 为维护公共道德所必需的措施;

(2) 为保障人民、动植物的生命或健康所必需的措施;

(3) 有关输出或输入黄金或白银的措施;

(4) 为保证某些与关贸总协定的规定并无抵触的法令或条例的贯彻执行所必需的措施,包括加强海关法令或条例,加强根据总协定第2条第4款和第14条而实施的垄断,保护专利权、商标权和著作权,以及为防止欺骗行为所必需的措施;

(5) 有关监狱劳动产品的措施;

(6) 为保护本国具有艺术、历史或考古价值的文物而采取的措施;

(7) 与国内限制生产与消费的措施相配合,为有效保护可能用竭天然资源的有关措施;

(8) 为履行关贸总协定缔约方全体未表示异议的国际商品协定中的义务而采取的措施;

(9) 在国内原料的价格低于国际价格水平时,为保证国内加工业对这些原料的基本需求,有必要采取的限制这些原料出口的措施;

(10) 在普遍或局部供应不足的情况下,为获取或分配产品所必须采取的措施。

九、对中国加入世贸组织后运用上述豁免条款和例外条款的若干思考

(一) 要正确认识豁免条款和例外条款的作用

中国加入世贸组织后,可以享受许多原来不能享受的权利,诸如可

以享受多边的、无条件的和稳定的最惠国待遇、国民待遇、普惠制待遇以及其他给予发展中国家的特殊照顾,这将使得中国的产品在最大范围内面临着有利的竞争条件,从而促进出口的增长;同时,有利于吸引外商直接投资,引进高新技术调整产业结构,增加就业机会,改善人民生活,有利于中国经济顺利地实现由粗放经营转为集约化经营、由计划经济转为市场经济这两个根本性转变;此外,我国亦有权利用世贸组织特设的争端解决机制,比较公平合理地解决贸易纠纷,维护自身的利益;不仅如此,中国加入世贸组织后,还可以享有多边贸易体制的参与权、表决权,有利于维护中国在世界贸易中的地位及合法权益,也有利于树立中国政治大国和经济大国的形象。

但是,权利与义务应当是统一的。加入世贸组织后,我国将享受世贸组织成员方可以享受的一系列权利,同时也必须履行相应的义务。世贸组织的贸易自由和自由竞争原则是市场经济的重要准则,对任何一个成员方都有拘束力。因此,我们首先要真正转变思想观念,认真落实对外开放的基本政策,抓住机遇,迎接挑战,采取切实有效的措施,迅速提高综合国力,以积极地融入到全球经济一体化的大潮中去。

由于对入世有了这种清醒的认识,我们就不会在遇到困难时,将全部希望都寄托于诉诸豁免条款或例外条款上。因为这终究不是解决困难的根本方法,更何况我们所面临的困难有时并不一定属于豁免条款或例外条款所规定的范围;即使属于这两类条款调整的范围,有关豁免申请也不能保证都会获得批准(尽管在关贸总协定的历史上,大多数豁免申请均得到了批准,但毕竟也还有不批准的先例);况且,缔约方所得到的豁免或根据例外条款所采取的措施都是暂时的、有期限的、需要经过年度审议的,换言之,这种义务的免除或例外措施的采取,并不是永久性的和无条件的。

(二) 尽可能利用豁免条款和例外条款来维护我国的合法权益

关贸总协定和世贸组织在规范其缔约方之间经贸活动的同时，考虑到各国经济发展程度的不平衡，因而允许各缔约方在履行它们义务的同时拥有一定的灵活性，具体体现就是在组织协定中规定了豁免条款和例外条款。据此，缔约方有权在特殊情况下采取相应的保护措施。

我们知道，世贸组织是建立在贸易自由化基础之上的国际经济组织。但事实上，绝对的贸易自由在当今世界是不存在的。世贸组织的成员方，无论是发达国家还是发展中国家，都一方面接受和执行世贸组织的贸易自由化原则，另一方面又在世贸组织有关规定的范围内，采取各种各样的保护措施，其主要手段仍然是两种：一是关税措施，二是非关税措施，目的在于以这些方法来尽量减少其自身经济利益所受到的外来冲击。

前已提及，在加入世贸组织后，我国享受到了许多原来不能享受的权利，但也应看到，入世对我国经济也会产生负面影响，诸如外国产品进口增加有可能导致出现贸易逆差，进而影响我国国际收支的平衡；外国产品大量进入中国市场，对我国民族工业构成了严峻的挑战；中国市场扩大开放，外商直接投资和服务业投资的增加，一方面会扩大新的就业机会，但另一方面由于一些企业重组、产业结构调整或被淘汰，也会使相当数量的员工失业，并对我国某些产业构成了冲击；等等。面对这些可能出现的不良后果，我们一方面要统一认识，作好充分准备，并采取切实有效的对策，将因入世而带来的负面影响减少到最低限度；另一方面，要深入研究关贸总协定和世贸组织在义务豁免和例外情况下的规定和实践，学习、借鉴有关国家在这方面的经验、教训，在世贸组织原则允许的条件下，积极运用豁免条款或例外条款中的相关规定，尽可能地减少损失，维护我国的合法权益。

十、若干政策性建议

1. 如果我国申请豁免,应当注意两点:一是注意做好工作组的工作,因为工作组在这方面的职能是审议豁免申请、起草并向理事会提交报告和豁免决定。从前述希腊案中可以看到,工作组在决定是否给予豁免问题上是能够发挥决定性影响的。因此,我们在申请豁免时,应向工作组详细、深入地解释我们所面临的艰难与困境,阐明我们要求豁免的迫切性和必要性,以争取工作组的理解与同情。二是如有其他成员方对我国的豁免申请提出请求,我们应与其及时沟通、协商,尽量征得对方的谅解与同意,必要时,我方可出让某些非重要利益以换得重要利益的维护。

2. 如果其他成员方申请豁免而与我国切身利益相关,我方可要求与其进行协商。协商时我们应坚持维护自身权益,坚持原则性与灵活性相结合,可以提出要价,或者要求给我们以某种利益进行交换,力争"堤内损失堤外补";或者吁请有关工作组、理事会或部长会议认真考虑我们的要求。根据 GATT 所确立的有关指导原则,如果我国和其他成员方的合法利益未能得到充分保证时,有关的申请可能不会被批准,但这需要我们提出有力的证据来证明我们根据 WTO 协定而获得的利益,已因对方采取的有关措施而丧失或受到了损害。

从我国入世近十年的有关实践来看,尚未向 WTO 提出过义务豁免的申请。尽管如此,我们仍然要重视及加强对相关问题的了解和深入研究,以做到未雨绸缪,防患于未然。

第三节 WTO 之协定
——《反倾销协定》研究

一、《反倾销协定》存在的缺陷

一般而言,倾销(dumping)是指这样一种贸易实践,即出口商以低于其他市场的价格向国外市场销售产品,而这里的"其他市场"则往往是指出口商的本国。关贸总协定和世界贸易组织在两个文本中规定了反倾销措施,一个是 1994 年《关税与贸易总协定》第 6 条,另一个是 WTO《关于实施 1994 年关税与贸易总协定第 6 条的协定》(简称《反倾销协定》)。由于低价倾销扭曲了自由贸易机制下的价格水平,违背了市场经济中公平竞争的基本原则,给倾销产品进口国的国内产业带来了损害或损害威胁,因而被公认为是一种价格歧视。对于这类低价倾销,《关贸总协定》第 6 条允许倾销产品的进口国采取某些措施予以防止或抵消;WTO《反倾销协定》又通过细化某些程序性和实体性要求,来进一步澄清和扩展了《关贸总协定》第 6 条中反倾销措施的适用。尤其具有意义的是,《反倾销协定》还确认了 WTO 争端解决机构(DSB)在解决反倾销争议中的地位和作用。[①]

然而应当指出,《反倾销协定》并未明确界定什么是"倾销",相反却规定了"反倾销",即 WTO 成员方针对倾销得采取哪些对抗性措施。该协定第 1 条规定:"反倾销措施仅应适用于 GATT(1994)第 6 条所规定的情况,并应根据符合本协定规定发起和进行的调查实施。"[②]

从性质上看,《反倾销协定》对于倾销而言是一份较为中性的文件,其基本功能在于限制反倾销措施的运用,因为反倾销措施的实际运用将会导致 WTO 成员方的关税丧失其拘束力及可预见性,同时亦违反了非歧视原则(即《关贸总协定》第 1 条所确立的最惠国待遇原则)。实际上,一国在某些时候承诺不提高关税壁垒与它降低关税壁垒是同等

---

① 见《反倾销协定》第 17.4 至 17.7 条,世界贸易组织(WTO)秘书处编:《世界贸易组织乌拉圭回合多边贸易谈判结果:法律文本》,对外贸易经济合作部国际经贸关系司译,法律出版社 2000 年版,第 168 页。

② 同上书,第 147 页。

重要的,这种承诺使得产品制造者和出口商能够较为清晰地了解他们未来的商业机会;此外,关税的相对稳定性和可预见性还为 WTO 成员方带来了其他诸多好处,例如鼓励投资、扩大就业等,消费者还可以从产品的竞争中充分受益,因为这种竞争导致了选择的多样性和低廉的产品价格。由此可见,促使商业环境具有稳定性和可预见性是符合 WTO 各成员方利益的,这也是它们建立多边贸易体制的一个重要目的。从这个意义上讲,维持关税的拘束力和稳定性是在多边贸易体制中增强可预见性的有效方法。有鉴于此,1994 年《关贸总协定》第 6 条和 WTO《反倾销协定》对于反倾销措施的运用施加了具体限制。

但是,考虑到反倾销实践与多边贸易体制的重要目的是背道而驰的,而 WTO《反倾销协定》又允许各成员方可以实施反倾销措施,因而实践中应当对该协定加以严格解释。尤其在出现几种可能的解释时,最严格限制实施反倾销措施的解释应居优先。值得注意的是,目前《反倾销协定》规定在审查进口国主管机关实施的反倾销措施标准时,允许有多种解释存在,至于最终采用哪种解释,则由专家组决定。该协定第 17 条第 6 款第 2 项规定:"在专家组认为本协定的有关规定可以作出一种以上允许的解释时,如主管机关的措施符合其中一种允许的解释,则专家组应认定该措施符合本协定。"[1]

如上所述,《反倾销协定》没有将"倾销"定性为不公正的贸易实践,它只是对反倾销的运用规定了若干限制性规则。显然,设计这些限制性规则的目的是为了鼓励竞争,至少是不妨碍国内产品与进口产品之

---

[1] 世界贸易组织(WTO)秘书处编:《世界贸易组织乌拉圭回合多边贸易谈判结果:法律文本》,对外贸易经济合作部国际经贸关系司译,法律出版社 2000 年版,第 168 页。

间的公平竞争。[1] 因此可以认为,对不危及公平竞争的倾销实践是不得采取反倾销措施的。令人遗憾的是,现实中体现于《反倾销协定》第3条以及其他条款中的促进公平竞争原则并未得到充分实施。

世界贸易若要获得健康、长足的发展,可预见性是一个必不可少的要素,而明确的承诺(诸如关税税率)以及清晰易懂的规则与政策是切实实现可预见性的前提。但现行的《反倾销协定》却存在着一个问题,即它在不少重要事项上的规定都非常模糊,这就给各国主管机关从贸易保护主义角度对其进行不适当解释留下了空间。之所以产生当前这样一个内容模糊的协定,是因为在乌拉圭回合谈判期间各方立场差异甚大而又相互斗争并最终达成妥协的结果,同时由于它是在最后一刻才形成的文本,因而存在着许多技术上的缺陷。[2] 从该协定的条款来看,它对倾销既未给予肯定亦未给予否定性界定,仅要求只有在倾销造成损害时才能实施反倾销措施。问题在于,协定并没有给损害的构成下一个明确的定义,它究竟是指给国内产业造成了实质性损害呢,还是指因不公平而带来的损害?

另一个问题是,根据现行《反倾销协定》的某些条款,出口商及生产者在对被指控倾销产品的调查启动之时,并不能事先预见到最终对其出口施加限制的程度,他们甚至无法确定自己是否在倾销,因为各有关主管当局对倾销的计算方法各不相同。如今这一状况仍在持续恶化:一方面,目前对《反倾销协定》条款的法律确定性及可预见性尚无任何改进和使之完善的计划;另一方面,WTO 成员方又纷纷据此制定各自

---

[1] 《反倾销协定》第 9.2 条规定:"如对任何产品征收反倾销税,则应对已被认定倾销和造成损害的所有来源的进口产品根据每一案件的情况在非歧视基础上收取适当金额的反倾销税。"见世界贸易组织(WTO)秘书处编:《世界贸易组织乌拉圭回合多边贸易谈判结果:法律文本》,对外贸易经济合作部国际经贸关系司译,法律出版社 2000 年版,第 161 页。

[2] See Gary N. Horlick and Eleanor C. Shea, "The World Trade Organization Antidumping Agreement", *Journal of World Trade*, Vol. 29, 1995, pp. 1, 5.

的反倾销立法。因而国际社会便时常会出现这样一种怪现象,即大家都在呼吁贸易自由,同时却又都在频频使用反倾销法这个武器来限制贸易自由。

二、《反倾销协定》的完善

(一)关于反倾销调查的产品范围——"同类产品"

根据《反倾销协定》第 2 条第 6 款,所谓"同类产品"是"指相同的产品,即与考虑中的产品在各方面都相同的产品,或如果无此种产品,则为尽管并非在各方面都相同,但具有与考虑中的产品极为相似特点的另一种产品"。[①] 自 1947 年《关贸总协定》签字以来,对"同类产品"的概念就一直争论不休,《反倾销协定》的上述规定亦未能给"同类产品"下一个明确而严谨的定义,这就为各有关主管当局划定反倾销调查的产品范围留下了自由裁量的空间,从而导致《反倾销协定》适用的不稳定。因此,有必要由 WTO 成员方来共同对"同类产品"作出法律解释,以更好地推动公平竞争。应当认为,只有对国内产品构成直接竞争的倾销的进口产品,才可以作为国内产业损害评估的考虑因素。而要减少各有关主管当局对反倾销调查产品进行自由裁量的任意性,就需要在确定"同类产品"和进行损害评估的时候突出强调一项原则,即公平竞争。

(二)关于发起调查与商业扰乱

《反倾销协定》第 5 条对发起反倾销调查作出了若干规定。实践中 WTO 专家组对该条第 2 款和第 3 款关于提供证据的解释比较宽泛,这将会影响到发起反倾销调查程序的客观性和必要性。众所周知,发

[①] 世界贸易组织(WTO)秘书处编:《世界贸易组织乌拉圭回合多边贸易谈判结果:法律文本》,对外贸易经济合作部国际经贸关系司译,法律出版社 2000 年版,第 150 页。

起一项反倾销调查,甚至将要启动这种调查的谣传,都将为出口国产业带来非常不利的影响和相当沉重的负担。一旦出现此类情形,就连不相关的进口商也会纷纷转向反倾销调查的非目标国以寻求新的供货来源。此外,出口国的产业还要承担因此而产生的昂贵费用,诸如回答问卷、出席听证、聘请律师或顾问等。这些花费严重地抑制了中小出口商,特别是广大发展中国家的中小出口商的经营和发展。

为尽量避免或减少发起反倾销调查所带来的消极后果,实践中应当注意坚持以下几项原则:第一,限定倾销原则。前已提及,反倾销调查程序即复杂又耗费不菲,只有在具备真正的理由时才可以考虑启动这一调查程序。这就要求事先对"倾销"作出明确的界定和限定,看其是否对WTO进口成员方和出口成员方之间的正常贸易流动造成不可避免的干扰和扭曲。第二,鼓励公平竞争原则。根据这一原则,进口方的国内产业或企业利用反倾销救济措施对出口方进行商业扰乱的作法应当予以禁止,至少要对此严加限制。第三,增强法律确定性原则。即不允许有关主管当局对反倾销进程中所提供信息之复审标准作任意扩大解释。第四,特别考虑发展中国家利益原则。对于发展中国家的出口产业或企业而言,发起不具有实际价值的反倾销调查将会使其不堪重负,因此应当对限制、减轻这一负担给予特别关注和考虑。在准备发起一项反倾销调查程序之前,要给予发展中国家以纠正倾销局面的机会。因此,建议在修订《反倾销协定》时,文本中应当包含反商业扰乱条款、事前磋商条款以及为照顾发展中国家利益而特别设计的某些其他条款。

(三)关于倾销的界定

《反倾销协定》第2条详细规定了正常价值的计算以及正常价值与出口价格的比较。然而,该条款在许多方面的规定仍然不够明确,并且也没能有效限制有关主管当局的自由裁量权。

对于出口商而言,当计算倾销幅度出现以下四种情形之一时就很有可能要受到特别处罚,而在这四个方面有关主管当局均有较大的自由裁量权:(1)出口商没有在国内市场销售足够数量的产品,以至于无法进行正常价值与出口价格的比较;(2)产品的国内销售或对第三国的销售是低于成本的,以至于无法进行国内产品价格或输向第三国的产品价格与出口产品价格之间的比较;(3)出口商属于"非市场经济"国家;(4)遇有出口退税问题时,有关主管当局置《反倾销协定》第2条第4款的规定于不顾,就这一问题对出口商强加了非常高的举证责任。在这些情形下,产品的正常价值就可以且在实践中也往往是由有关主管当局来"构造"的。

从现实情况来看,将"倾销"仅仅界定为低于成本的销售并不能为许多 WTO 成员所接受,WTO 应当提倡并推动对来自世界各国的出口商实行公正、平等的待遇,同时明确正常价值的构成要素及其计算方法,从而避免出现歧视性的高额倾销幅度。

(四)关于损害评估

采取反倾销措施应当具备其特定的标准,即进口确实给国内产业带来了损害。但从 WTO 的发展中国家成员角度来看,计算损害幅度乃至倾销幅度的工作,将使它们的主管当局背上极其沉重的负担,因为其相关机构往往是人员不足、缺乏经验并且工作强度大,所以有必要调整、简化发展中国家主管当局在损害幅度计算方面的程序性负担。例如,《反倾销协定》第3条第5款规定,审查倾销的主管机关应当"证明倾销进口产品与对国内产业损害之间存在因果关系",这里的"因果关系"应当理解为进口产品的实际倾销,换言之,如果调查表明,从一国进口的某些产品或者调查所涉及公司或企业的某些销售并不构成倾销,则该部分产品或销售就不能也无必要包含在损害的评估程序中。

此外,对国内产业损害的客观界定,取决于充分实施公平竞争原则。否则,一国反倾销立法就很有可能保护了由产业或企业自身原因所造成的损害(如经营不当、效率低下等),或保护了国内产业或企业限制竞争的做法(如滥用其支配地位并合谋在国内市场上人为涨价等)。总之,对损害的界定不能脱离国际市场的客观现实,同时还要能够促进进口国国内市场的公平竞争。因此,公平竞争原则应当成为损害评估的核心考虑,惟其如此,才能确保反倾销程序的运用以及反倾销措施的实施符合其既定初衷,即保护国内产业免受外来不公正竞争之损害。令人遗憾的是,《反倾销协定》对于这一点未能给予明确而突出的强调。

(五)关于复审

《反倾销协定》第11条关于复审的规定缺乏某些必要的程序性要求,这给发达国家和发展中国家的企业均带来了消极影响,即该协定的法律确定性不够清晰。具体而言,在有关主管当局作出是否接受一项复审请求的决定方面,协定并未规定明确的时间限制;而被期中或日落复审的企业又往往遭遇到比协定第11条第4款"建议"的12个月还要长的复审,并且在复审期间反倾销措施仍然维持不变,所以,有必要将12个月的复审期限规定为强制性的;同时还应规定,在复审期间,先前已经采取的反倾销措施应当自动中止,或规定当日落复审的结果为否定性时,反倾销税的终止具有溯及力。这类规定将大大增进复审的合理性和友善性。

至于《反倾销协定》第11条第3款规定的5年最终反倾销税征收期也过长,建议适当减至3至4年这样一个合理期间,以推动对全部相关事实作出重新评估。

三、分析与结论

以上研究表明,在WTO《反倾销协定》的现行条款与反倾销应予遵循的基本原则之间还存在着某些空白,本节经过上述分析所提出的若干修改建议意在试图填补这些空白。在笔者看来,这种空白的存在是 WTO 各成员间发生反倾销争端的一个主要原因。现实中,一 WTO 成员方的主管当局所作出的反倾销决定往往招致其他成员方的质疑,认为该主管当局滥用了它的自由裁量权,或以歧视的方式来适用其国内法上的规定,从而不适当地扩展了反倾销立法所授予的保护权,在与外国进口商面对面地竞争时过度保护了其国内产业,违反了确保程序合法性的程序性规则,或在反倾销调查中不公正地无视发展中国家成员方的现状。

《反倾销协定》虽然在第 17 条中对磋商和争端解决作出了规定,但这一部分内容也有进一步修改的余地,那就是专家组有责任在解释该协定时对反倾销措施之运用施加严格的限制,并且通过引入鼓励公平竞争原则来对损害加以界定。

尽管 WTO 成员方对限制使用反倾销这一原则观点不一、立场各异,但全体关贸总协定和 WTO 的缔约方均一致认为,世界贸易体制之目的在于促进公平竞争,它应当以清晰、确定的规则为基础,并且要能推动国际社会各方面的发展以及经济变革。国际社会对以何种手段来实现这些目标可能会存在不同的看法,但目前大多数 WTO 成员方对待《反倾销协定》的态度突出地表明了一个事实,即该协定的现行条款并未能提供令人满意的、实现这些目标的充分手段。

第四节 WTO 争端解决机制之一
—— 专家决策与公众参与

一、引言

WTO 争端解决机制是从《关税与贸易总协定(1947)》(*GATT 1947*)的争端解决机制中发展、演变而来的。但 *GATT* 在争端解决方面的规定仅有第22、23条两项条款,其主要内容是要求缔约方之间就争议事项进行磋商,或由缔约方全体对争议事项迅速调查并提出适当建议,或酌情就该事项作出裁定;缔约方全体可授权一缔约方中止实施其在 GATT 项下承担的减让或其他义务;一缔约方还有权在书面通知缔约方全体后退出 GATT。[①]

GATT 争端解决机制在乌拉圭回合谈判中发生了根本性变化,其具体程序规定在后来成为马拉喀什《建立世界贸易组织协定》附件2的《关于争端解决规则与程序的谅解》(DSU)中。DSU 文本的形成,使得争端解决机制由 GATT 时期的外交性质转变为 WTO 时期的法律性质,由权力取向演变为规则取向。[②]

WTO 争端解决机制有诸多创新。[③] 例如,DSU 除了沿用 GATT 时期专家组解决争议的模式外,还在此之上加设了上诉机构(Appellate Body)以复审专家组报告中的法律问题,即实行两审终审制;设立了负责管理协商与争端解决的具体机关——争端解决机构(the Dispute Settlement Body,简称 DSB);采用"倒协商一致"或称"反向协商一致"(negative consensus, inverted consensus, or reverse consensus)的表决原则,即除非 DSB 协商一致表示反对,否则有关决定自动获得通过;给争端解决进程规定了严格的时间表以提高工作效

[①] 参见世界贸易组织(WTO)秘书处编:《世界贸易组织乌拉圭回合多边贸易谈判结果:法律文本》,对外贸易经济合作部国际经贸关系司译,法律出版社2000年版,第456—457页。

[②] See Judith Hippler Bello, "The WTO Dispute Settlement Understanding: Less is More", *American Journal of International Law*, Vol. 90, 1996, pp. 416-418; J. G. Castel, "The Uruguay Round and the Improvements to the GATT Dispute Settlement Rules and Procedures", *International and Comparative Law Quarterly*, Vol. 38, 1989, pp. 834-849; Thomas Dillon Jr., "The World Trade Organization: A New Legal Order for World Trade?", *Michigan Journal of International Law*, Vol. 16, 1995, p. 349.

[③] 此点笔者将在下一节中详述。

率、敦促有关争议的迅速解决；等等。总而言之，DSU 为 WTO 创设了一整套准司法化的、具有可预见性并可以信赖的争端解决机制。其后的 WTO 实践也表明，该机制注重客观、公正、合理地解决有关争议，促进了多边贸易体制的健康发展。

但是，不论 GATT 还是 WTO 争端解决机制如何演变和发展，有一点是非常值得关注的，即其具体运用都离不开专家，都是由专家在起着主导性甚至是决定性的作用。于正视这一现实的同时，国际社会包括许多 WTO 成员方要求公众参与 WTO 框架内贸易争端解决以提高透明度的呼声亦日益高涨，[①]由此也凸显出研究这些问题的重要性和必要性。

二、WTO 争端解决机制中的专家决策

在 WTO 内部，专家可以说是随处可见：成员方的外交人员、律师以及各机构中的官员等均可被视为是专家。DSB 中专家组和上诉机构成员的选任也是由于他们在贸易法和争端解决方面是专家。例如，DSU 第 17 条第 3 款规定："上诉机构应由具有公认权威并在法律、国际贸易和各适用协定所涉主题方面具有公认专门知识的人员组成。"[②]不过，本节将要涉及的不是专家组和上诉机构成员的专家身份问题，而主要是集中探讨这些成员之外、应专家组邀请参与争端解决之专家的角色和作用。

依照 DSU 的有关规定，专家组成员可以请求其他专家帮助他们评估某一 WTO 成员方的政策，以界定该成员方所采取的措施是否符

[①] See WTO Secretariat, May 1998 Ministerial Conference, 52nd Session, WTO Doc. WT/MIN(98)DEC/1 (May 20, 1998).

[②] 世界贸易组织（WTO）秘书处编：《世界贸易组织乌拉圭回合多边贸易谈判结果：法律文本》，对外贸易经济合作部国际经贸关系司译，法律出版社 2000 年版，第 366 页。

合其所承担的自由贸易义务。例如,DSU 第 13 条第 1、2 款规定:"每一专家组有权向其认为适当的任何个人或机构寻求信息和技术建议。""专家组可向任何有关来源寻求信息,并与专家进行磋商并获得他们该事项某些方面的意见。"①WTO《实施卫生与植物卫生措施协定》(即 SPS 协定)第 11 条第 2 款规定:"在本协定项下涉及科学或技术问题的争端中,专家组应寻求专家组与争端各方磋商后选定的专家的意见。"②WTO《技术性贸易壁垒协定》(即 TBT 协定)第 14 条第 2 款也规定:"专家组可自行或应一争端方请求,设立技术专家小组,就需要由专家详细研究的技术性问题提供协助。"③

在美国——禁止某些虾及虾制品进口案中,上诉机构在其报告里指出,DSU 第 13 条授权 DSB 专家组寻求外部信息的规定对专家组履行义务而言是必不可少的,这有利于专家组客观评价案件事实及适用 WTO 相关协定。④ 在日本——限制某些农产品进口案(简称日本农产品案)中,上诉机构也认为,SPS 协定实际上是要求专家组在其认为必要时得寻求有关专家的意见。⑤

DSU 附录 4 和 TBT 协定附件 2 还就设立专家审议小组或技术专家小组作出了进一步的规定。依照 DSU 附录 4 第 2 条,WTO 成员方一致同意,"专家审议小组的参加者仅限于对所涉领域具有专业名望和经验的人员"。附录 4 第 3 条还排除了争端各方的公民、政府官员在专家审议小组中任职的可能性,它要求专家审议小

---

① 世界贸易组织(WTO)秘书处编:《世界贸易组织乌拉圭回合多边贸易谈判结果:法律文本》,对外贸易经济合作部国际经贸关系司译,法律出版社 2000 年版,第 364 页。
② 同上书,第 64 页。
③ 同上书,第 136 页。
④ See Appellate Body Report, United States-Import Prohibition of Certain Shrimp and Shrimp Products, WT/DS58/AB/R, paras. 104-106 (October 12 1998).
⑤ See Appellate Body Report, Japan-Measures Affecting Agricultural Products, WT/DS76/AB/R, para. 128 (February 22, 1999).

组的成员以个人身份任职;他们既不能是政府的代表也不能是任何组织的代表,政府或组织因此不得就专家审议小组审议的事项向小组成员作出指示。[1] TBT协定附件2第2、3条也作出了内容相同的规定。[2]

在日本农产品案和欧共体——影响石棉及含石棉制品进口措施案(简称欧共体石棉案)中,专家组逐步确立了专家选任的大致方法[3]:首先,专家组要在争端各方提请解决争议的范围内,决定于哪些领域寻求专家意见。其次,专家组要提出拟征求意见的专家名单,该名单注重选任与争议有关之WTO协定(如SPS协定)所涉国际组织推荐的专家,而不注重选任争端当事方推荐的专家。[4] 争端当事方可以对名单中愿意参与争端解决之专家的履历进行评估,还可以对某位或某些专家提出反对意见。第三,专家组要考虑争端当事方的反对意见,并从调整后的专家名单中选任专家。最终选任专家人数的多少,既取决于专家组意欲征求专家意见之问题的数量,亦取决于拟聘专家能够胜任之领域的数量。[5]

实践中,与某一特定争议有关的专业领域可能非常广泛,因而选择或不选择某一类型的专家将会对争端当事方的利益产生至关重要的影

---

[1] 参见世界贸易组织(WTO)秘书处编:《世界贸易组织乌拉圭回合多边贸易谈判结果:法律文本》,对外贸易经济合作部国际经贸关系司译,法律出版社2000年版,第379页。

[2] 参见同上书,第139页。

[3] See Panel Report, Japan-Measures Affecting Agricultural Products, WT/DS76/R (October 27, 1998), para. 6.2; Panel Report, European Communities-Measures Affecting Asbestos and Asbestos-Containing Products, WT/DS135/R (September 18, 2000), para. 5.8.

[4] 需要提请注意的是,只有SPS协定在选任专家方面要求专家组与各争端当事方进行磋商。而欧共体石棉案涉及的是TBT协定,该案专家组认为无需就专家的选任事项征求各争端当事方的意见。

[5] See Panel Report, Japan-Measures Affecting Agricultural Products, WT/DS76/R (October 27, 1998), para. 6.2 (b).

响。欧共体石棉案便是一个典型的例子。1996年12月24日,法国实施了禁止石棉及含石棉制品进口的若干措施。加拿大认为这些措施违反了 SPS 协定第2、3、5条,TBT 协定第2条及 GATT 第2、11、13条,损害了加拿大根据这些协定可以获得的利益,因此加拿大于1998年5月28日要求与欧共体(the European Communities)进行磋商。因磋商未果,同年10月8日,加拿大向 DSB 请求设立专家组。[①] 在遴选专家阶段,各争端当事方就本案关键问题建议选择咨询专家的种类有所不同。[②] 加拿大认为,被征求意见的专家应当在温石棉以及其他石棉纤维毒性方面具备直接及相当程度的研究经验,同时也应当是危险分析领域的专家。换言之,在加拿大看来,被选任的人士应当是毒理学、流行病学、危险分析以及职业健康等领域的专家。[③] 与加拿大的看法相同,欧共体也主张所遴选的专家应对温石棉有特别的了解,但同时它还要求选任那些在研究石棉及癌症方面有特殊背景的流行病学家。而且,欧共体还要求额外选任一些能够就人体暴露于石棉下的临界值问题给出意见的专家。[④]

总之,不论专家组选择哪一类专家去征求意见,其引发争议的程度都不亚于专家组对实体问题裁断所带来的不同看法。表面上看,这是加拿大与欧共体关于遴选专家的种类之争,但其背后的实质则是双方都希望有关专家的结论能够对己方有利。欧共体方面希望专家意见可有助于确保在工作中(诸如维护、修理或施工时)接触石棉及含石棉制

---

① 参见朱榄叶编著:《世界贸易组织国际贸易纠纷案例评析》,法律出版社2000版,第208页;杨荣珍编著:《WTO 争端解决——案例与评析》,对外经济贸易大学出版社2002年版,第100页。

② See Panel Report, European Communities-Measures Affecting Asbestos and Asbestos-Containing Products, WT/DS135/R (September 18, 2000), paras. 5.1-5.9.

③ See Ibid., para. 5.2.

④ See Ibid., para. 5.5.

品的人员的健康;而加拿大方面则建议选任专家时应包括危险评估方面的人士,以便为其抨击法国政府所采取的限制措施提供科学支持。由此可见,专家组选任什么种类的专家,将直接影响到争端当事方在案件中的胜败。

在 WTO 争端解决实践中,遇有涉及科学技术成分的争议,专家组都会邀请相关领域的专家出具意见。为防止专家们出具的意见带有偏见或不公,专家组于争端解决过程中逐步确立了若干原则予以限制:首先,各争端当事方有权对选任的特殊专家提出反对意见,[1]尽管这一权利的行使在反对选任来自某些组织或机构推荐的专家方面可能并不总是很有效;其次,由专家组在解决争议进程中所选任的专家不能是争端各当事方的国民,除非争端各方同意由它们的国民来出任;[2]第三,专家组禁止争端各方在遴选专家阶段乃至整个争端解决过程中与任何专家直接进行联系,至少在上面提及的日本农产品案和欧共体石棉案中是如此。[3]

专家组禁止争端当事方与专家直接接触的做法,还延伸至争端当事方向专家提交问题的程序。[4] 类似于大多数大陆法系国家法官们的角色,WTO 专家组控制着以书面或口头方式向专家提交问题的范围。争端各方应以书面方式将它们希望专家评估的问题提

---

[1] See Panel Report, European Communities-Measures Affecting Asbestos and Asbestos-Containing Products, WT/DS135/R (September 18, 2000), paras. 5.8.

[2] See Ibid., para. 5.8; Panel Report, Japan-Measures Affecting Agricultural Products, WT/DS76/R (October 27, 1998), para. 6.2 (d).

[3] See Panel Report, Japan-Measures Affecting Agricultural Products, WT/DS76/R (October 27, 1998), para. 6.2 (c); Panel Report, European Communities-Measures Affecting Asbestos and Asbestos-Containing Products, WT/DS135/R (September 18, 2000), para. 5.8.

[4] See Panel Report, Japan-Measures Affecting Agricultural Products, WT/DS76/R (October 27, 1998), para. 6.2 (f)-(h).

出来,但要由专家组独自决定提供专家考虑之问题的最终目录。专家组在有关问题上征求专家意见是征求专家们的个人意见而非集体意见。

从日本农产品案和欧共体石棉案中专家组的相关实践来看,专家组要求专家们仅以书面形式在其专业领域内对提交给他们的问题作出回答,然后专家组再将这些书面回答转交给各争端当事方进行评议。于第一轮的专家书面意见作出后,应专家组成员或任一争端当事方的请求,专家组将再次召集专家会议。在这类会议上,专家们有机会对争端当事方的评议作出回应。至于这期间是否还允许争端各方提出额外问题以澄清其自身的目的或立场,则由专家组自由裁量决定。

通过以上介绍和分析,笔者认为,DSU、SPS 协定以及 TBT 协定在专家的选任和专家意见的征求两个方面都有需要改进之处。

第一,关于专家的选任。从 WTO 的有关规定以及专家组的相应实践来看,专家的选任基本上是依据三项标准:(1)选任的专家不应是任一争端当事方的国民;(2)选任的专家不应是政府或属于争议领域之机构的官员;(3)选任的专家应是在所涉领域具有专业名望和经验的人士。这些标准都是原则性的,往往适用于那些容易预见结果的争端解决。由于专家选任的标准不够丰富和具体,因而专家组最终选任或不选任哪一类专家的权力就比较大,而且并不要求专家组就此说明理由。这样一来,若是专家组选任专家不适当或者滥用其选任专家的权力,将会给争端当事方的权益带来直接影响。有鉴于此,笔者建议在 DSU 中明确规定,专家的选任要具有广泛性,应涵盖至争端所涉及的各个领域,以确保专家意见的来源既客观又公正;与此同时,DSU 还应要求专家组在决定选任或拒绝选任某类专家时应当说明理由,以此来制约专家组的自由裁量权。

第二,关于专家意见的征求。目前 WTO 征求专家意见的模式是专家组有较大的控制权:由专家组决定哪些问题属于案件的事实问题从而可以就此征求专家意见;亦由专家组决定哪些书面问题可以在专家组与专家的初次磋商中向专家提出;还由专家组决定争端当事方能否以口头方式对专家给出的意见向专家提问。由此可见,在征求专家意见方面专家组的权力过大且过于集中,整个过程也缺乏透明度,而利害冲突的各争端当事方在如此利益攸关的重大场合却被置身局外,这很容易导致争端各方对专家组的争端解决决定产生困惑、不解、甚至是质疑。因此,有必要对 DSU 的相关规定作出适当修正。这种修正应集中体现为两点:一是赋予争端各方直接征求专家意见的权利;二是赋予争端各方进一步质证专家意见的权利。"直接征求专家意见",即不论是首轮的书面征求还是随后与专家会见时的当面征求,都可以使得争端当事方在比较宽广的政治、经济、社会及文化等层面上更好地定位专家的意见;"进一步质证专家意见",则可以明确专家结论所依据的信息是否充分、确实,还可以使得争端各方以及专家组成员更深入地理解争端中的科技问题和专家得出结论所适用的标准。

三、WTO 争端解决机制中的公众参与

"公众参与"与上文中所研讨的"专家决策"是两个相互对应的概念。WTO 争端解决机制的根本目的,在于为世界贸易组织确立的多边贸易体制提供可靠性和可预见性。而要实现这一根本目的,关键在于保障 WTO 各成员方权利与义务的适当平衡(DSU 第 3 条第 2、3 款)。[1] 如果某一成员方依照 WTO 相关协定所应获得的利益

---

[1] 参见世界贸易组织(WTO)秘书处编:《世界贸易组织乌拉圭回合多边贸易谈判结果:法律文本》,对外贸易经济合作部国际经贸关系司译,法律出版社 2000 年版,第 355 页。

被减损或取消,那么,就会打破这种平衡;而一旦成员方经由实施其自身的法律、规则或行政措施打破了这一平衡,便往往会引发贸易争端。

《建立世界贸易组织协定》在其序言中明确宣示,本协定各参加方"认识到在处理它们在贸易和经济领域的关系时,应以提高生活水平、保证充分就业、保证实际收入和有效需求的大幅稳定增长以及扩大货物和服务的生产和贸易为目的,同时应依照可持续发展的目标,考虑对世界资源的最佳利用,寻求既保护和维护环境,又以与它们各自在不同经济发展水平的需要和关注相一致的方式,加强为此采取的措施……"[①] 换言之,作为 WTO 核心议题的贸易已渗透至国际社会各个领域,它不仅影响到在国际贸易方面提供商品、服务以及进行投资的个人和企业,同时还波及劳工、环保、消费者、科学、文化和教育等方方面面,因而从整体上影响到人们的生活质量。

从协定角度来讲,在 WTO 内部其成员代表了社会各界的利益,并且各成员方还在它们的公众与 WTO 之间起着某种交流、沟通的作用。但是,作为一个政府间的国际组织,WTO 具有自身的法律人格,它的身份、目标与其成员方是大不相同的。此外,WTO 建立的多边贸易体制不仅不歧视成员方的私人及企业,而且还会对他(它)们施加某些影响。因此,这里所谓的"公众"是特指在国际层面上与 WTO 有关联的公众,而不是泛指国内层面意义上的所有普通大众。

公众参与的概念来源于自由主义的国际关系理论。根据这一理论,"国际法的固有目的在于促进国民个人或群体的福利,而不是促进

[①] 世界贸易组织(WTO)秘书处编:《世界贸易组织乌拉圭回合多边贸易谈判结果:法律文本》,对外贸易经济合作部国际经贸关系司译,法律出版社 2000 年版,第 4 页。

作为政治实体的政府之福利、权力或稳定。"①从争端解决角度而言,虽然提交 WTO 争端解决机构的争端在性质上属于国家间争端,但如要使其获致妥善解决,则必须符合争端各方所代表之国民个人或群体的利益。有鉴于此,笔者认为,公众参与 WTO 争端解决的前提应当有两个:一是 WTO 争端解决的法律化;二是 WTO 争端解决的民主化。

关于 WTO 争端解决的法律化。GATT 的争端解决方式主要是外交手段,即通过谈判、协商、妥协、退让等方法来解决各缔约方之间的贸易纠纷;WTO 则采取规则取向的准司法解决方式来调整其成员方之间的争端。从实际效果看,在争端解决过程中适用一系列具有法律拘束力的规则和程序,可以最大限度地减少政治因素的干扰,有助于构建适合国际贸易存在及发展的良好环境,而这一良好贸易环境的最大特色就是具有透明度、可预见性强并且稳定。争端解决具有透明度意味着规则和程序的透明,归根结底,这有利于广大公众对争端解决进程的参与和监督,从而会大大增强公众对 WTO 争端解决机制的信任及广泛支持。

关于 WTO 争端解决的民主化。这是指人们有权了解将会影响其利益的争端解决决定。② 依照民主的观点,由于 WTO 争端解决决定的普遍效果以及对争端当事方具有拘束力的特性,往往使得人们非常关注这类决定的信誉及合法性。要在 WTO 争端解决进程中体现民主化,关键亦是要依法办事和提高透明度,同时赋予广大公众以监督的权力。为了更好地接受公众监督,WTO 就要采取切实措施以方便公众获取相关信息。需要指出的是,本节所研讨的公众参与之目的是为了

---

① See G. Richard Shell, "Trade Legalism and International Relations Theory: An Analysis of the World Trade Organization", *Duke Law Journal*, Vol. 44, 1995, pp. 877-878.
② See R. F. Housman, "Democratizing International Trade Decision-making", *Cornell International Law Journal*, Vol. 27, 1994, p. 703.

促进国际社会作为整体的共同利益,而不是某一成员方国民个人或群体在特定争端中的个别利益。实质上,公众参与作为一种手段和结果,能够大大增强 WTO 争端解决机制的效力,从而使得整个国际社会成为主要的受益者。

实践中,公众参与 WTO 争端解决进程可以作为一种事实来存在,而无须通过法律规则加以规定。但是,如果没有一系列具有拘束力的规则来限定公众参与的范围和形式,确立 WTO 及其成员方在这方面的法律义务,并且最终为公众参与提供保障,则公众参与的持续效果就难以得到保证,公众参与本身也会失去生命力并最终将不复存在。因此,我们有必要审视 WTO 争端解决机制相关条款在公众参与方面的规定。

但令人遗憾的是,WTO 各项协定并未就公众参与作出专门规定,倒是在多种场合将透明度视为 WTO 创立的多边贸易体制的核心问题之一。[①] 然而,WTO 协定对透明度的要求却是比较有限的,大多集中于科技领域。例如,*TBT* 协定、*SPS* 协定等在这方面均有所规定。而 WTO 使用"透明度"一词的含义,是要求其成员方的国内法律及规则等既要明确又应容易获得,可以说,WTO 各项协定或 *DSU* 都没能为 WTO 及其成员方规定明确的法律义务以确保广大公众参与 WTO 的各项活动,尤其是参与 WTO 的争端解决。由于 *DSU* 是 WTO 在解决成员方贸易争端时所必须遵循的原则和程序,笔者接下来将结合 *DSU* 的有关规定,对公众参与 WTO 争端解决进程问题作进一步的研讨,而研究的重点则集中于公众参与的法律基础和前提——透明度问题。

[①] See Steve Charnovitz, "Participation of Nongovernmental Organizations in the World Trade Organization", *University of Pennsylvania Journal of International Economic Law*, Vol. 17, 1996, p. 332.

DSU 中明确提及公众参与的地方仅有两处：一处是第 18 条第 2 款规定："……本谅解的任何规定不妨碍争端任何一方向公众披露有关其自身立场的陈述。……"另一处同样是该款的规定："……应一成员请求，一争端方还应提供一份其书面陈述所含信息的可对外披露的非机密摘要。"[①] 换言之，根据这些规定，WTO 各成员方有权了解当事方在争端中的立场，以满足其本国国民的需要。然而，从公众参与的角度看，这些规定所创设的权利并非是公众的而实质上是成员方的，即由成员方来决定是否行使这种权利。这样一来，公众参与 WTO 争端解决进程就受到了很大的限制。

与 DSU 对公众参与的有限规定恰恰相反，对保密性的规定则在 DSU 中反复出现。例如，DSU 第 4 条第 6 款、第 5 条第 2 款、第 14 条以及第 17 条第 10 款等均有这方面的规定。这些条款涉及磋商、斡旋、调解、调停、专家组、上诉机构等几乎所有的 WTO 争端解决方式和阶段，因而既排除了非争端成员方的介入，也排除了广大公众的参与。

磋商阶段。磋商是 WTO 争端解决机制不可分割的一个组成部分。从程序角度而言，它是投诉方将有关争端提请准司法解决的前提。磋商的主要功能是鼓励争端各方在发生争端的早期阶段就能相互协议达成解决办法；或如果在本阶段无法达成合意的解决办法，则磋商也会有助于争端各方认清纠纷之所在，及时将争端付诸其他较为特殊的解决方式。可见，磋商是一种非常灵活的争端解决方法。然而，DSU 第 4 条第 6 款却为磋商确定了一个基调，即"磋商应保密"。[②] 这种保密涵盖到了争端各方所有文件和观点的

[①] 世界贸易组织（WTO）秘书处编：《世界贸易组织乌拉圭回合多边贸易谈判结果：法律文本》，对外贸易经济合作部国际经贸关系司译，法律出版社 2000 年版，第 367 页。

[②] 参见同上书，第 358 页。

交换。换言之,该条款规定的保密具有普遍性,即除了 DSU 规定的某些例外情况外,争端当事方相互间磋商的任何情况均不得对外泄露。

斡旋、调解和调停阶段。这是一组合意性争端解决方式,又称选择性或替代性争端解决(即 ADR),其特点是由公正的第三方居间协调。DSU 第 5 条第 3、4、5 款赋予了该组争端解决方式以两种功能:一是将其作为磋商阶段或磋商手段的延伸,使得有关当事方能够借助于第三方来解决争端;二是允许当事方在争端解决进程中的任何阶段运用该组方式来解决争端。[1] 与磋商相同的是,DSU 第 5 条第 2 款同样要求对斡旋、调解和调停程序进行保密。该条款规定:"涉及斡旋、调解和调停的诉讼程序,特别是争端各方在这些诉讼程序中所采取的立场应保密,并不得损害双方中任何一方根据这些程序进行任何进一步诉讼程序的权利。"[2] 换言之,从事斡旋、调解和调停的中立第三方有义务为争端各方保守秘密。

专家组与上诉机构阶段。如果当事各方不能合意解决它们的争端,接下来就往往进入准司法程序——专家组与上诉机构阶段。专家组是一个解决争端的独立机构,由三至五名专家组成。专家组应考虑争端各方的口头及书面陈述,与专家组之外的特定领域的专家进行磋商,同时尽量找出争端各方均能接受的解决办法。在此基础上专家组要拟定最终报告并提请 DSB 审议通过。各争端当事方有权向 DSB 的上诉机构提起上诉以反对专家组的最终报告。上诉机构由七名具有公认权威并在法律、国际贸易和 WTO 各项适用协定所涉主题方面具有公认专门知识的人员组成。上诉应限于专家组报告中涉及的法律问题

---

[1] 参见世界贸易组织(WTO)秘书处编:《世界贸易组织乌拉圭回合多边贸易谈判结果:法律文本》,对外贸易经济合作部国际经贸关系司译,法律出版社 2000 年版,第 359 页。

[2] 同上。

和专家组所作的法律解释。上诉机构可以维持、修改或撤销专家组的法律调查结果和结论。一旦 DSB 通过了上诉机构的报告,则争端各方均应对此无条件接受。

关于专家组和上诉机构程序的保密性问题,DSU 分别作出了规定。其第 14 条的要求是:"1. 专家组的审议情况应保密。2. 专家组报告应在争端各方不在场的情况下,按照提供的信息和所作的陈述起草。3. 专家组报告中专家个人发表的意见应匿名。"[1]DSU 第 17 条第 10 款亦规定:"上诉机构的程序应保密。上诉机构报告应在争端各方不在场的情况下,按照提供的信息和所作的陈述起草。"[2]DSU 第 18 条第 2 款还进一步扩大了保密的范围,即"提交专家组或上诉机构的书面陈述应被视为保密"[3]。总之,保密性几乎覆盖了 WTO 准司法程序的各个阶段,仅有准司法程序的结果——专家组及上诉机构的报告要向 DSB 提交并在成员方中散发。至于广大公众对准司法程序的参与,DSU 规则中却并未涉及。

前已提及,WTO 及其争端解决机制的根本目的在于促进世界贸易体制的可预见性和稳定性,使得生活在这一贸易体制下并受该体制影响的人们之利益能够实现,需求获得满足。正是可预见性这一基本前提为衡量 WTO 各项协定(尤其是 DSU)以及各项改革建议提供了检验的标准。DSU 作为 WTO 成员方解决争端的一种机制,已经确立了一整套行之有效的纠纷处理规则和方式。而公众参与作为一项手段,则可以大大推动 DSU 的规则取向和非政治化倾向的发展,从而加强 WTO 争端解决的效力。因此,在笔者看来,对公众参

---

[1] 世界贸易组织(WTO)秘书处编:《世界贸易组织乌拉圭回合多边贸易谈判结果:法律文本》,对外贸易经济合作部国际经贸关系司译,法律出版社 2000 年版,第 364 页。
[2] 同上书,第 367 页。
[3] 同上。

与的重新界定应当体现在调整 WTO 争端解决的相应条款中。从目前状况来看，在 WTO 框架内尚不具备公众参与 WTO 争端解决机制之相应及广泛的法律基础。DSU 关于程序保密性的规定阻止了公众对争端解决进程的参与，这是改进和加强公众参与 WTO 争端解决机制所迫切需要克服的障碍。

关于公众参与 WTO 事务。为了使得公众参与 WTO 事务能够具备统一、坚实的法律基础，当务之急是 WTO 要明确将公众参与规定为其各项工作（包括争端解决）中的一项指导性原则，而且应当将这一原则规定在其"宪法性"文件——《建立世界贸易组织协定》内，同时亦应在 WTO 其他协定里进一步有所体现。这样，不仅会使得公众参与原则在程序上有了切实的保障，而且还可以逐步落实相关操作细节。根据《建立世界贸易组织协定》第 10 条第 1 款之规定，"WTO 任何成员均可提出修正本协定或附件 1 所列多边贸易协定条款的提案"[①]。由此可见，通过修正案方式将公众参与原则纳入到 WTO 体制是有协定依据的，因而存在着现实可行性。如果 WTO 能够正式采纳这一原则，那么，其各项协定（包括 DSU）规则的解释和适用便会向公众开放，以便于社会各界了解和监督。当然，由于各成员方是 WTO 尤其是 DSU 的行为主体，它们能否积极主动地居间配合，也是其所代表的国民能否顺利享有并落实公众参与权利的关键。

关于公众参与 WTO 争端解决机制。这种参与是上述广大公众参与 WTO 事务的延伸和具体化。支持公众参与的 WTO 成员方可以在以后的多边贸易谈判回合中提出改进建议，将公众参与原则规定在 DSU 中。具体而言，这一改进建议可包括：与争端解决有关的文件在

---

① 世界贸易组织（WTO）秘书处编：《世界贸易组织乌拉圭回合多边贸易谈判结果：法律文本》，对外贸易经济合作部国际经贸关系司译，法律出版社 2000 年版，第 10 页。

散发给成员方的同时一般也应在互联网上公布;[1]公众可以被允许参加WTO争端解决进程,特别是可以旁听专家组及上诉机构的聆讯;[2]等等。这些举措不仅可以促进争端解决方面的资料及时、定期地更新,有利于相关信息在国际社会的自由流动与传播,同时还可以约束WTO成员方滥用自由裁量权。但应当强调的是,公众参与WTO争端解决机制的这些权利不能交由WTO各成员方掌控,亦即不能由成员方来决定是否允许公众享有此类参与权,而是应当将其作为具有法律拘束力的权利义务规定在 DSU 中,广大公众据此便当然享有参与权,各成员方(不论其是否为争端当事方)、专家组、上诉机构以及DSB等均无权剥夺这种公众参与权。当然,这些改进也应顾及到 DSU 已经创设的现行行之有效的争端解决程序,不相协调之处需要从整体上把握,并统筹安排、适当调整,力求使得公众参与能够做到规则化和制度化。

四、分析与结论

科学技术的飞速发展使得现代社会更加丰富多彩,同时也日益复杂。不论是人们的日常生活,还是国家间的经贸争端,都需要有专家的介入。从 WTO 的争端解决实践来看,已有不少包含科技成分的争端向 DSB 提交,因而导致越来越多的各个领域的专家参与到争端解决进程中来。由于专家意见对争端解决以及争端各方的实体权益会产生至关重要的影响,这便使得专家产生的方法、专家参与的程序和专家意见

---

[1] See WTO, General Council, Improving the Transparency of WTO Operations. Communication from the European Communities, (July 15, 1998) WTO Doc. WT/GC/W/92 at 6-7.

[2] See G. Richard Shell, "Trade Legalism and International Relations Theory: An Analysis of the World Trade Organization", *Duke Law Journal*, Vol. 44, 1995, p. 836, FN. 28.

获取的机制等备受国际社会的广泛关注,而这方面的实质就是向哪一类专家就什么样的问题征求意见。众所周知,科学技术的范围相当宽泛,而人的能力则是相对有限的。在某个领域是专家,在其他领域却未必仍然是专家;与经贸争端有关的科技问题有多种,但也未必每一个都是争端解决的核心问题。因此,对专家组和争端当事方而言,在解决包含科技成分的贸易争端时应当把握一个重要原则,即向适当的专家提出适当的问题。惟其如此,才能使有关争议获致公平、最佳的解决效果,从而增强社会各界对 WTO 争端解决机制的信任和信心。

至于公众参与 WTO 争端解决机制,其实质就是要求在争端解决进程中提高透明度、减少保密性,这是一个问题的两个方面,可以说是此消彼长。鼓励公众参与 WTO 争端解决进程,使公众具有广泛的知情权和监督权,这不仅有利于案件本身的公正审理,有利于增强争端处理结果和争端解决机制自身的合法性,同时也是人类社会发展进步的一项生动体现。但令人遗憾的是,目前 WTO 争端解决机制的现状却是专家决策有余,公众参与不足,这一状况急需改变。建议 WTO 在以后启动新一轮多边贸易谈判时,对此予以关注并作出适当调整。

第五节　WTO 争端解决机制之二

—— 该机制的利弊得失

1994 年 12 月 30 日,世界贸易的四个主要参与者——美国、欧盟、日本和加拿大在日内瓦接受了《建立世界贸易组织协定》,[①]该协定及

[①] See Amelia Porges, "The New Dispute Settlement: from the GATT to the WTO", *Practising Law Institute Corporate Law and Practice Course Handbook Series*, PLI Order No. BO-003W, September, 1998, p. 1097.

其他相关协定按预定的时间表于1995年1月1日起生效。同日,世界贸易组织(以下简称WTO)在日内瓦正式成立,从而取代了关税与贸易总协定(即GATT)这一非正式的国际机构,担负起协调、管理世界贸易的重大历史使命。该组织的基本原则和宗旨是通过实施市场开放、非歧视和公平贸易等原则,来达到推动实现世界贸易自由化的目标。它的职责范围除了GATT原有的组织实施多边贸易协定以及提供多边贸易谈判场所和作为一个论坛外,还负责定期审议其成员的贸易政策和统一处理成员之间产生的贸易争端,并负责加强同国际货币基金组织和世界银行的合作,以实现全球经济决策的一致性。WTO新协定文本对贸易规则的规定既有扩展又有改进,特别是在如何实施这些贸易规则方面更作了进一步的完善,至此,国际社会亦进入了一个国际贸易争端解决的新时期。

随着国际贸易谈判的焦点由简单的市场准入问题向制定综合贸易规则转移,各国政府和贸易商们对争端解决的关注也越来越强烈。以往经验表明,明确有关条约的义务非常必要,而了解并善于运用强制实施这些义务的手段,对切实维护自身权益而言就显得更加弥足珍贵。WTO的核心作用之一,即是通过争端解决机制以及其他方法来实施乌拉圭回合的各项协定。从WTO成立以来的有关实践看,其争端解决机制的运作"获得了巨大的成功,这种成功远远超出了许多人的事先预料"[1]。尽管如此,WTO争端解决机制尚存在着某些不足,笔者拟在下文中对WTO争端解决机制的成就与存在的若干问题作进一步的分析和探讨。

---

[1] John H. Jackson, "Introduction and Overview: Symposium on the First Three Years of the WTO Dispute Settlement System", *International Lawyer*, Vol. 32, 1998, p. 613.

一、GATT争端解决机制的简要回顾

为了更好地认识和理解 WTO 争端解决机制及其目的,有必要对其前身——GATT(1947)的争端解决机制作一简要回顾。

GATT 中的贸易争端解决机制最初是一种非正式程序,以后随着时间的推移,该机制不断得以发展和完善。对于如何解决国际贸易争端,GATT 的规定比较单薄,集中体现在它的第 22 条和 23 条这两项条款中。GATT 第 22 条规定了范围非常广泛的两个层次的协商:首先是双边协商;如双边协商未果,则可进行多边协商。[①] 而第 23 条的规定对第 22 条既是重申又是发展。第 23 条第 1 款规定,在某些特定情势下,一缔约方如认为它在本协定项下直接或间接获得的利益正在丧失或减损,或本协定任何目标的实现正在受到阻碍,它有要求与另一缔约方进行协商的权利。这里的"特定情势"是指,"另一缔约方未能履行其在本协定项下的义务",或"另一缔约方实施任何措施,无论该措施是否与本协定的规定产生抵触",或"存在任何其他情况"。[②] 该条第 2 款进一步规定,在有关缔约方协商解决未成时,得将争端提交缔约方全体(the CONTRACTING PARTIES)[③]进行"迅速调查",并向有关缔约方提出适当建议或作出裁决。[④] 从 GATT 的实践来看,这种"调查"

[①] 参见世界贸易组织(WTO)秘书处编:《世界贸易组织乌拉圭回合多边贸易谈判结果:法律文本》,对外贸易经济合作部国际经贸关系司译,法律出版社 2000 年版,第 456 页。

[②] 参见同上书,第 457 页。

[③] 由于 GATT 一直没能建立起任何正式的组织机构,故缔约方的联合行动便以"缔约方全体"的形式体现。在 GATT 文本中,"缔约方全体"的英文表述是每个字母均大写的"CONTRACTING PARTIES",用以特指。

[④] 参见世界贸易组织(WTO)秘书处编:《世界贸易组织乌拉圭回合多边贸易谈判结果:法律文本》,对外贸易经济合作部国际经贸关系司译,法律出版社 2000 年版,第 457 页。

是由一个工作组（a working party）发起，然后由一个常设专家组（a standing panel of experts）来具体进行，每一项特定的争议案再由一个选定的专家组负责（该小组由3—7位非争议当事方驻 GATT 的代表组成[①]），其任务是负责起草建议报告或裁决报告，供缔约方全体讨论通过。[②] 根据 GATT 第23条第2款的规定，如果缔约方全体认为"情况足够严重而有理由采取行动"时，得批准守约方中止履行其依据 GATT 向过错方承担的条约义务以进行报复。[③] 这种集体授权的对抗措施，在 GATT 近半个世纪的实践中，只有1952年被批准使用过一次。[④] 当时是由于美国对荷兰的奶制品实施进口配额，GATT 在1952年11月8日的一项决定中，允许荷兰于整个1953年期间限制美国的面粉进口。[⑤] 但后来荷兰实际上并未真正采取这一报复措施。[⑥]

　　以上规定和实践表明，GATT 的争端解决机制强调的是通过外交途径，灵活而又公正地解决贸易争端，其目的主要在于避免冲突并力争

　　[①] See Robert E. Hudec, "The New WTO Dispute Settlement Procedure: An Overview of the First Three Years", *Minnesota Journal of Global Trade*, Vol. 8, 1999, p. 5.
　　[②] See Amelia Porges, "The New Dispute Settlement: from the GATT to the WTO", *Practising Law Institute Corporate Law and Practice Course Handbook Series*, PLI Order No. BO-003W, September, 1998, p. 1098.
　　[③] 参见世界贸易组织（WTO）秘书处编：《世界贸易组织乌拉圭回合多边贸易谈判结果：法律文本》，对外贸易经济合作部国际经贸关系司译，法律出版社2000年版，第457页。
　　[④] See Amelia Porges, "The New Dispute Settlement: from the GATT to the WTO", *Practising Law Institute Corporate Law and Practice Course Handbook Series*, PLI Order No. BO-003W, September, 1998, p. 1098.
　　[⑤] See Ibid., p. 1098, FN. 5.
　　[⑥] 参见赵维田：《世贸组织（WTO）的法律制度》，吉林人民出版社2000年版，第448页。

达成令争议双方都相互满意的结果。[1] 但从实际运用情况来看,该机制的种种弊端也逐渐暴露出来:它的运作程序规定得很不完善;其法律裁决所使用的语言既模糊不清而又暗示性多于明确性;而且它的程序及其裁决都为谈判留出了太多的空间;[2]专家组的组成也成为争议的一个焦点;各有关当事方多采取种种方法来拖延决定的作出;即便作出了决定,也难以确保专家组的报告获得通过。事实上,专家组的报告常常由于一国或数国不同意报告中的裁决或建议,而连续几年都无法获得通过;对于已获通过的报告,各国亦不认为有义务遵守其中的决定。[3] 因此,有学者将 GATT 争端解决机制戏称为"一个外交官的裁判规程"(A Diplomat's Jurisprudence)。[4]

20 世纪 60 年代,由于欧共体以及许多发展中国家的陆续加入,GATT 的成员结构发生了根本性变化,这为 GATT 争端解决机制也带来了某些影响。具体表现为:专家组报告开始列出专家的姓名;专家组程序趋于司法化;第三方被允许正式表达它们的观点,在有些案件中甚至自始至终参加了争端解决程序;专家组的报告也得以在后来的争端解决过程中被作为先例来引用。与此同时,决策方式亦发生了变化。

---

[1] Ramon R. Gupta, "Appellate Body Interpretation of the WTO Agreement: A Critique in Light of Japan-Taxes on Alcoholic Beverages", *Pacific Rim Law and Policy Journal*, Vol. 6, 1997, p. 687. 相同观点参见 Andreas F. Lowenfeld, "Remedies Along with Rights: Institutional Reform in the New GATT", *American Journal of International Law*, Vol. 88, 1994, pp. 477, 479. 该作者认为,GATT(1947)所创设的争端解决机制,其主要"目的在于缓解紧张、消弭冲突以及促进和解"。

[2] See Robert E. Hudec, "The New WTO Dispute Settlement Procedure: An Overview of the First Three Years", *Minnesota Journal of Global Trade*, Vol. 8, 1999, p. 4.

[3] See Ramon R. Gupta, "Appellate Body Interpretation of the WTO Agreement: A Critique in Light of Japan-Taxes on Alcoholic Beverages", *Pacific Rim Law and Policy Journal*, Vol. 6, 1997, p. 688.

[4] See Robert E. Hudec, "The New WTO Dispute Settlement Procedure: An Overview of the First Three Years", *Minnesota Journal of Global Trade*, Vol. 8, 1999, p. 4.

根据 GATT 的有关规定,每一缔约方在缔约方全体会议中均有一个投票权,除少数例外情况外,缔约方全体的决议以多数票通过。① 在 GATT 早期的实践中,许多决议都是以这种多数表决来获得通过的。但进入非殖民化时期以后,GATT 也像其他国际组织一样,采取了"协商一致"(consensus)或称"共识"的表决方式,这使得 GATT 自 1959 年以来,没有一项政策性决议能够以表决获得通过。②

20 世纪 70 年代期间,GATT 各缔约方政府开始逐渐重视国际贸易争端的解决,其主要原因是由于在该时期内,世界各国纷纷采取非关税贸易壁垒措施,从而导致了贸易纠纷迅速增加。而要有效地解决这类纠纷,一个根本方法就是制定出若干普遍性规则,明确规定各缔约方政府在贸易方面可以采取哪些以及不能采取哪些限制性措施,并发展出一套强制实施这些普遍性规则的裁判程序。经过 1973—1979 年长达数年的东京回合谈判,GATT 各缔约方于 1979 年 11 月 28 日在争端解决规则方面达成了谅解框架,通过了《关于通知、协商、争端解决与监督的谅解》(Understanding Regarding Notification, Consultation, Dispute Settlement and Surveillance)。这一谅解将 GATT 签订后三十余年来在解决贸易争端过程中逐步形成的程序以条文形式确定下来;与此同时,东京回合在限制、减少非关税贸易壁垒方面还签署了六项新协定,这六项新协定中均规定了其自身的争端解决办法。

到了 20 世纪 80 年代,GATT 通过专家组程序先后作出了若干相当复杂的法律决议,以解决一些敏感的贸易政策纠纷。其中,有些理由

---

① 参见世界贸易组织(WTO)秘书处编:《世界贸易组织乌拉圭回合多边贸易谈判结果:法律文本》,对外贸易经济合作部国际经贸关系司译,法律出版社 2000 年版,第 461 页。

② See Amelia Porges, "The New Dispute Settlement: from the GATT to the WTO", *Practising Law Institute Corporate Law and Practice Course Handbook Series*, PLI Order No. BO-003W, September, 1998, p. 1099.

充分的法律裁决（尽管为数不多），深受缔约方政府的普遍欢迎。
GATT 争端解决机制的这些成就，鼓励了各缔约方将越来越多的贸易争端提交其解决，而这些贸易争端的解决难度以及政治敏感性都大大超过了以往。至 20 世纪 80 年代末期，GATT 已逐步将其争端解决机制发展成为一项相当有力量的法律工具。在这十年中，GATT 争端解决机制处理了大约 115 项法律争端，其中有 80% 的解决结果已被实践证明是成功的。[①] 尽管在 20 世纪 80 年代 GATT 的争端解决机制相对而言是成功的，但它的正式结构仍然像其在 50 年代那般脆弱，它的程序从总体上讲还属于自愿性质，每项决议从头至尾都需要经过一致同意才能作出。这意味着对争端解决进程的每一个步骤，从专家组成员的指定、到专家组裁决报告的通过（如报告未获通过则此类裁决便不具有法律拘束力）、再到授权对过错方实施贸易制裁，被诉方都拥有实质性的否决权。普遍的观点认为，这项否决权是 GATT 争端解决机制的一个明显缺陷。

由于 GATT(1947) 第 22 条及第 23 条只是有关争端解决的原则性规定，它们并没有规定争端解决的具体机构、程序和期限，等等，这不免给实际操作带来困难，同时也有损其强制执行的效力。因而在 GATT 存在的四十七年间，便又通过一系列的补充性规定进一步完善了其争端解决规则。这些规定包括：

1. 1958 年 11 月 10 日通过的《关于依照第 22 条解决影响某些缔约方利益问题的程序的决定》。其主要内容是：任何缔约方要求另一缔约方就争端进行协商的同时，应通知 GATT 理事会，并通过理事会通知所有缔约方；任何与争端有利害关系的缔约方都可以参加协商；协商

[①] See Robert E. Hudec, "The New WTO Dispute Settlement Procedure: An Overview of the First Three Years", *Minnesota Journal of Global Trade*, Vol. 8, 1999, p. 8.

结束后,理事会应向所有缔约方通报协商结果。

2.1966年4月5日通过的《关于第23条程序的决议》。其主要内容是:如果发展中国家缔约方与发达国家缔约方间的争端未能通过协商解决,发展中国家缔约方可将争端提交给 GATT 总干事;如果总干事所安排的协商在两个月内未能达成解决办法,争端一方可将争端事项提交给缔约方全体或 GATT 理事会,后者应组建一个专家组来调查争端事项,并在60日内提出解决争端的报告,以便理事会作出最后决定。这一规定是从照顾发展中国家的角度来考虑的,即如果双方协商未成,可通过总干事再协商两个月。

3.1979年11月28日通过的《关于通知、协商、争端解决与监督的谅解》。其主要内容是对专家组程序作了具体规定(此文件前已提及,且专家组程序在下文中还要介绍,故这里不再赘述)。

4.1982年11月29日通过了对上述1979年《谅解》的补充决定,对争端解决程序作了更详细的规定。

5.1989年4月通过的《关贸总协定争端解决处理的规定及手续的改善》,规定处理争端案件从设立专家组开始,原则上应在15个月内结束。

二、乌拉圭回合在争端解决机制问题上所作的努力

在乌拉圭回合(1986—1994)谈判之初,缔约方对 GATT 争端解决机制的考虑是只将其程序作少许改进。根据这一指导思想,1988年12月 GATT 通过了一项决议,规定了设立专家组的步骤,使得专家组基本上可以自动设立。但对于争端解决机制中的关键性问题——一票否决权,各缔约方再次拒绝予以取消,因为这项权力可以使得败诉方有机会否决对其不利的裁决。当时流行的看法是:如果被诉方在自愿的基础上参与争端解决,那么,争端解决机制从总体上讲就会运行得更好;

而强迫一缔约方接受其并不愿意接受的有拘束力的裁决,将不会产生预期的效果。①

但在一年以后,各缔约方的看法便发生了变化,其直接起因是由于美国在很大程度上强化了它国内的有关法律。在20世纪80年代,面临着自身不断增加的贸易赤字以及国外市场的纷纷关闭,美国开始考虑运用其1974年贸易法案中的301条款。该条款授权美国总统在确认GATT缔约方违反了它们依照GATT所承担的条约义务、或对美国采取了不合理的贸易手段的情况下,可以实施各种单边措施直至进行贸易制裁,以报复其他国家的贸易保护主义。1988年,美国贸易法规定了一个新的"超级301条款"(Super 301)和若干其他"特别301条款"(Special 301s),②以广泛地维护美国的贸易利益。根据301条款的规定,美国政府不需要等待GATT争端解决机制的最终处理结果即可采取单方行动。

由于美国的上述法律规定极具威胁性,GATT其他缔约方呼吁召开GATT理事会特别会议以要求美国改变其政策。而美国则以GATT争端解决机制太软弱、运行得太缓慢,难以为美国的贸易利益提供充分保障为理由,来为其自身行为的公正性进行辩护,特别是对GATT"协商一致"决策规则所导致的否决权,美国尤其感到不满。考虑到美国的抱怨,同时亦为了换取美国政府承诺不实施301条款式的贸易限制措施,GATT其他缔约方最终同意创立一个新的、程序较为严谨的争端解决机制。另外,许多GATT缔约方也开始认识到,一个

---

① See Robert E. Hudec, "The New WTO Dispute Settlement Procedure: An Overview of the First Three Years", *Minnesota Journal of Global Trade*, Vol. 8, 1999, p. 12.

② 有关美国301条款的具体内容,详见《美国1988年综合法301条款修正案》,载于蒋德恩编著:《世界贸易组织中的争端解决》,附录4,对外经济贸易大学出版社1999年版,第247—259页。

更加规则化的争端解决机制将会增进它们的贸易利益;而且,GATT内的发展中国家缔约方亦认为,如果争端解决机制比较有力量,就会大大提升它们与发达国家在限制贸易保护谈判中的地位,提高它们向发达国家的出口能力。不过,美国为了寻求改善知识产权和服务贸易领域的"秩序",极力推动建立一项新制度,要求在这两个领域的规则未能得到遵守的情况下,得在货物贸易领域采取中止减让的对抗措施,即所谓的"交叉报复"(cross-retaliation),此举虽然遭到了发展中国家的抵制,但最终还是被规定在协定的文本中。

1993年秋季,乌拉圭回合重开谈判。至当年12月,形成了《关于争端解决规则与程序的谅解》(DSU)和《建立世界贸易组织协定》两个最后文本,后者将前者列入其附件二中,于1994年4月15日在摩洛哥的马拉喀什(Marrakesh)开放签字,1995年年初生效。《建立世界贸易组织协定》及其所包含的各项协定不仅是国际条约史上最长的协定文本(大约26,000页),而且也是自1945年《联合国宪章》以来最重要的世界性协定。[1]

DSU第3条规定了争端解决的目标,即保障各成员方在有关协议中权利和义务的实现。当某一成员方根据WTO有关协议本应获得的利益,由于另一成员方采取的措施而直接或间接地受到损害时,该成员方可诉诸WTO争端解决机构(即DSB)解决它们之间的争议,以维护其根据协议本应获得的利益。

根据DSU的规定,WTO争端解决应遵循以下原则:

1. 多边原则。WTO各成员方承诺在发生贸易争端时,不针对其认为违反贸易规则的事件采取单边行动,而要诉诸多边争端解决机构,

---

[1] See Kim Rubenstein and Jenny Schultz, "Bringing Law and Order to International Trade: Administrative Law Principles and the GATT/WTO", *Saint John's Journal of Legal Commentary*, Vol. 11, 1996, pp. 303-304.

并保证执行其所作出的裁决。这一规定实际上是各成员方以法律形式授权争端解决机构解决它们之间的争端。

2. "倒协商一致"原则(将在下文中述及)。

3. 法定时限原则(将在下文中述及)。

4. 发展中国家优惠待遇原则。在 WTO 争端解决机制中,凡涉及发展中国家的贸易争端都作出了特殊规定,主要是给予发展中国家更优惠的待遇。例如,DSU 第 3 条第 2 款规定,如果发展中国家成员方基于有关协议对发达国家成员方提出申诉,申诉方可援引 GATT 1966 年 4 月 5 日的《关于第 23 条程序的决议》中的有关规定,作为执行 DSU 规则与程序的变通手段。又如,DSU 还规定,在审核对发展中国家成员方的投诉时,专家组应给予足够的时间来准备和提交有关的证据。如果当事方是发展中国家,专家组报告应明确写明业已考虑到发展中国家成员方的差别待遇和更优惠规定,等等。DSU 第 24 条还对最不发达国家成员方的案件规定了特殊程序:如果争端涉及最不发达国家成员方,各成员方应特别考虑这些最不发达国家的特殊境遇。各成员方在提交争端解决机构解决争议及请求授权中止减让或其他义务时,应适当地克制。WTO 总干事或争端解决机构主席在此类案件中,一经某个最不发达国家成员方请求,就应在设立专家组的要求提出之前,进行斡旋、调解与调停活动,以帮助有关当事方解决该项争端。

三、WTO 争端解决机制的创新

前已提及,WTO 各项协定规则主要是通过其自身的争端解决机制来确保顺利实施的,因此,这一机制运行得好坏,对成员方权利与义务的最终实现至关重要。鉴于 GATT 争端解决机制存在着种种缺陷,DSU 在其各项规定中作出了意义深远的若干改进。概括起来,主要体

现在以下几个方面:

首先,DSU 创立了一个统一的争端解决机制,因而避免了在出现贸易纠纷时,无法确定究竟应当适用何种程序的不确定性。

其次,DSU 建立了一个新的部门——上诉机构(the Appellate Body),以复审专家组报告中的法律问题。DSU 的有关条款区分了专家组审理与上诉机构复审两个阶段,这类似于国内法院的一审和上诉程序。但与国内司法体制不同的是,国内法院有权力直接执行其判决,而 WTO 争端解决机制则仍须依赖那些效果较差而又不太直接的方式来实施其决定,诸如中止依据有关协定而实行的减让或其他义务(包括中止承诺不采取高关税或配额制、不征收反倾销税、不使用对贸易施加限制的其他措施)等。WTO 争端解决机制并不具备直接实施其决定的功能,因为这将导致国家主权受到损害或丧失。上诉机构复审程序的确立,对于在国际贸易领域引入司法裁判具有非常重要的意义。该复审程序与"倒协商一致"的决策方式相结合,使得 GATT 以来的争端解决机制发生了重大变化。

第三,该新机制采用了"倒协商一致"或称"反向协商一致"的表决方式,这实际上确保了专家组的设立,并且使得专家组和上诉机构的决定可以不加修改地获得通过,即除非 DSB 协商一致表示反对,否则有关决定自动获得通过。此种表决方式不仅在国际经贸方面,而且在整个国际法领域都颇具新意。这一表决方式的确立,是新争端解决机制的重要成就之一。根据 DSU 的有关规定,DSB 可以在三种场合运用该否定性表决原则:设立解决争端的专家组;通过专家组或上诉机构的报告;授权采取中止减让及其他义务的对抗性措施。[①]

[①] 参见世界贸易组织(WTO)秘书处编:《世界贸易组织乌拉圭回合多边贸易谈判结果:法律文本》,对外贸易经济合作部国际经贸关系司译,法律出版社 2000 年版,第 359、365、367、371 页。

第四，DSU 还设立了 DSB 这一具体的争端解决机构。WTO 争端解决机制是由 WTO 部长级会议来负责实施的，部长级会议闭会期间则由总理事会(the General Council)以争端解决机构(DSB)的名义负责实施。总理事会由 WTO 所有成员方的代表组成，在以 DSB 面目出现时，它是负责管理协商与争端解决的机关；而且，DSB 还被授权设立自己的主席并制定其履行职责所必需的程序规则。[①]

除上述四项重要变革外，WTO 争端解决机制还有以下创新之处值得一提：采用仲裁作为解决争端的一种可供选择的方法，这增强了 WTO 争端解决机制的司法色彩；DSU 为 WTO 争端解决机制的进程规定了严格的时间表，以提高工作效率，避免有关争议久拖不决；DSU 为"不违法之诉"(non-violation complaints)设计了特殊程序，以补充完善 WTO 争端解决机制；等等。

DSU 中所确立的争端解决机制，对 WTO 各项多边协定(Multilateral Trade Agreements，即附件 1)的全体缔约方均有拘束力。一般而言，争端解决进程中成员方的权利与义务(包括各项诉因)是以 WTO 的相关实体性协定为依据的，而争端解决的规则与程序则受 DSU 支配。正如任何实体法规定都需要有相应的程序法来保障其实施一样，无论是 WTO 确立的一整套国际贸易规则，还是在此之前由 GATT 主持下达成的一系列国际贸易协定，都需要有一个有效的机制来确保这些规则、协定的执行。因此，WTO 争端解决规则与 WTO 管辖下的其他国际贸易协定之间的关系，实质上是程序法与实体法的关系。

此外，WTO 体系中还有一种复边贸易协定(Plurilateral Trade

[①] 参见世界贸易组织(WTO)秘书处编：《世界贸易组织乌拉圭回合多边贸易谈判结果：法律文本》，对外贸易经济合作部国际经贸关系司译，法律出版社 2000 年版，第 354—355 页及第 6 页。

Agreements，国内也有译作"诸边贸易协定"的，即附件 4），包括《民用航空器贸易协定》、《政府采购协定》、《国际奶制品协定》以及《国际牛肉协定》。这类协定并不要求 WTO 所有成员都必须参加，性质上属于供 WTO 各成员方选择加入的"小多边"协定，并且，非 WTO 成员方也可以自愿签署。其中，《国际奶制品协定》和《国际牛肉协定》现已因期满而不复存在（这两个协定终止于 1997 年年底[①]），但《民用航空器贸易协定》和《政府采购协定》目前仍然有效。[②]复边贸易协定在 WTO 体制中的法律地位是微妙的：它们原则上只适用于"本"协定的缔约方，"对于未接受的（WTO）成员既不产生权利也不产生义务"[③]。但是，复边贸易协定要求由其项下规定的机构来履行这些协定所指定的职责，"并在 WTO 的组织机构内运作。各机构应定期向总理事会报告其活动"[④]。其他事项诸如协定的修改、加入、接受、生效等均按复边贸易协定的规定办理。而且，在这些协定的授权下，其缔约方也可以通过 DSU 程序解决它们之间的争端。

由此可见，WTO 争端解决机制应当有一个明确的适用范围，这个适用范围就是指 DSU 作为程序法所应适用的实体法范围。根据 DSU 第 1 条第 1 款及其附录 1 的规定，争端解决的各项规则与程序适用于 WTO 成员方之间因履行下列协定所引起的涉及各成员方之间权利与义务的协商与争端解决事项：

[①] 世界贸易组织（WTO）秘书处编：《世界贸易组织乌拉圭回合多边贸易谈判结果：法律文本》，对外贸易经济合作部国际经贸关系司译，法律出版社 2000 年版，第 383 页。
[②] 参见赵维田：《世贸组织（WTO）的法律制度》，吉林人民出版社 2000 年版，第 29—31 页。
[③] 世界贸易组织（WTO）秘书处编：《世界贸易组织乌拉圭回合多边贸易谈判结果：法律文本》，对外贸易经济合作部国际经贸关系司译，法律出版社 2000 年版，第 5 页。
[④] 同上书，第 6—7 页。

1.《建立世界贸易组织协定》。

2. 多边贸易协定。具体包括：(1)《建立世界贸易组织协定》附件1A,共13个有关货物贸易的多边协定；(2)《建立世界贸易组织协定》附件1B,《服务贸易总协定》；(3)《建立世界贸易组织协定》附件1C,《与贸易有关的知识产权协定》；(4)《建立世界贸易组织协定》附件2,《关于争端解决规则与程序的谅解》(DSU)。

3. 诸边贸易协定。应当注意的是,WTO争端解决机制对诸边贸易协定的适用,是以每项协定的缔约方就有关适用通过决议为前提条件的。

从以上的适用范围可以看到,DSU所确立的贸易争端解决机制不仅适用于货物贸易协定、服务贸易协定、知识产权贸易协定等有关贸易争端,而且也适用于《建立世界贸易组织协定》和DSU本身,即各成员方之间由于实施《建立世界贸易组织协定》和DSU的规定所发生的争端,也适用DSU中规定的规则与程序予以解决。

WTO所管辖的多边贸易协定中,大多都有关于争端解决的特别条款,它们与DSU的规定共同构成了WTO的争端解决规则。这些特别条款是针对各项具体协定的适用而规定的,只适用于各该具体协定的履行；而DSU所规定的争端解决规则则适用于WTO管辖下的所有协定,是争端解决的一般性原则和程序。两者属于特别法与普通法的关系,在两者规定出现不一致时,依据特别法优于普通法的原则,应优先适用各项协定中关于争端解决的特别规定。DSU第1条第2款的规定正是按照这一原则制定的。该条款规定:DSU所规定的争端解决规则与程序的实施,应服从于有关协定中关于争端解决的专门规定。当两者的规定相冲突时,应以有关协定关于争端解决的专门规定为准。此外,如果争端所涉及的协定不止一个,而这些协定中关于争端解决的专门规定又相互抵触时,各争端当事方应就争端解决的规则与程序在专家组设立后的 20 日内协商达成一致；如果不能如期达成一致，则可将此项争议提交 DSB，由 DSB 主席在提出请求后 10 日内决定该案件所应遵循的规则与程序。DSU 附录 2 列出了包含在 WTO 管辖下的各项协定中有关争端解决规则与程序的专门条款。

除此之外，对只适用于缔约方的复边贸易协定，有关争端的解决在协议主管机构决定并通知 DSB 的前提下，也适用 DSU 第 1 条第 2 款的规定。

四、WTO 争端解决机制解析

根据 DSU 的有关规定，WTO 争端解决机制运作的基本程序是：(1) 如果一项争端产生，WTO 成员方得请求与相关当事方进行协商。(2) 若协商后未能达成相互满意的解决办法，一争端当事方得请求 DSB 设立专家组；根据这种请求，DSB 应当设立一个专家组，除非 DSB 以"协商一致"方式决定不设立专家组。(3) 任何一争端当事方得就专家组报告向上诉机构提起上诉；专家组报告及上诉机构的决定在 DSB 会议上不加修改地自动获得通过，除非 DSB 一致拒绝予以通过，或在提交专家组报告的场合，除非一争端当事方向上诉机构提起上诉。(4) 在适用专家组及上诉机构程序后，如果认定一争端当事方所采取的有关措施与任何涵盖协定的规定不符，则可供选择的维权方法有：①撤销违反措施；②若撤销此种违反措施不可行，或该项措施是临时性的，则违反方应给予补偿；③请求方经授权得实行报复或交叉报复。(5) 作为解决争议的选择方式，如果当事双方同意，它们还可以通过诉诸仲裁来解决其相互间的某些争端。由此可见，新机制的运作大致可分为五个主要阶段：即有关争端当事方相互协商、专家组审理、上诉机构复审、采取救济措施以及适用任意选择程序——仲裁。

（一）协商阶段

如果一 WTO 成员方有理由认为,另一成员方所采取的措施违反了该另一成员方依据某一涵盖协定所应承担的义务,则它得请求与该另一成员方进行协商(consultations)。DSU 第 4 条第 1、2 款规定:"各成员确认决心加强和提高各成员使用的磋商程序的有效性。每一成员承诺对另一成员提出的有关在前者领土内采取的、影响任何适用协定运用的措施的交涉给予积极考虑,并提供充分的磋商的机会。"[①]这些措辞清楚地表明,DSU 力图使协商程序在 WTO 争端解决机制中扮演一个重要角色,而不仅仅是作为设立专家组之前的一道手续来存在。从 DSU 的各项规定来看,它所确立的原则与程序之目的在于使有关争议获致建设性解决。因此,理想的结果是使得争议双方达成相互满意的争端解决办法,而不是一定要由专家组提出报告或由上诉机构作出决定,这也一直是 WTO 所大力提倡并积极予以鼓励的方式。而要实现这一目的,协商是一个非常好的途径。争端当事各方可以通过协商解决任何争议,并且这一协商程序即使在具有司法性质的专家组阶段开始以后仍然可以非正式地进行。

对于一成员方提出的协商请求,被请求方要在接到请求之日起10 日内作出答复,或双方协议在一个较长的时间内答复,并且在接到请求之日起 30 日内进行协商。协商请求应以书面方式提出,指明诉争的法律依据,并充分陈述被请求方实施的违反措施。如果被请求方在规定的时间内没有答复或没有进行协商,则请求方得要求设立专家组。在协商过程中,争端当事方应力求使事项获得令人满意的调整。协商是保密的,而且并不妨碍任一当事方在协商以外之后

[①] 世界贸易组织(WTO)秘书处编:《世界贸易组织乌拉圭回合多边贸易谈判结果:法律文本》,对外贸易经济合作部国际经贸关系司译,法律出版社 2000 年版,第 357 页。

续程序中的权利。从接到协商请求之日起,争端当事方如在60日内,或遇有紧急情况时(例如争端与易腐货物有关)在20日内未能协商解决其争议,则请求方得要求设立专家组。经争端当事方同意,第三方成员如认为它在这一协商中具有实质上的贸易利益时,得参与协商。若该第三方参与协商的请求未被接受,它可以请求与有关当事方单独协商。①

除协商之外,DSU还规定了斡旋(Good Offices)、调解(Conciliation)与调停(Mediation)程序,但这些程序与协商有很大的不同。在协商程序下,请求方有权迫使被请求方答复并进行协商,否则将会导致设立专家组。而斡旋、调解与调停则是在争端当事双方同意时自愿采取的程序,②这一点与仲裁相似;并且斡旋、调解与调停在形式、时间以及程序方面并无具体限制,任何一争端当事方经另一当事方的同意,都可以随时发起这些程序,任何一当事方亦可在任何时候终止这些程序,而且这种终止无须征得对方的同意。一俟斡旋、调解与调停终止,请求方得进一步要求设立专家组。③ 因此,从 DSU 的有关规定来看,在请求方要求设立专家组以前,有四种争端解决途径可供采用:协商、斡旋、调解及调停。当然,其中的斡旋、调解与调停也可以与协商或专家组程序同时进行。④

(二)专家组阶段

根据 DSU 的规定,如果被请求方在接到请求之日起10日内没有答复,或者30日内或在相互约定期间内没有进行协商,或在60日

---

① 参见世界贸易组织(WTO)秘书处编:《世界贸易组织乌拉圭回合多边贸易谈判结果:法律文本》,对外贸易经济合作部国际经贸关系司译,法律出版社 2000 年版,第 357-358 页。
② 参见同上书,第 359 页。
③ 参见同上。
④ 参见同上。

内协商未能解决争端时,请求方得要求设立专家组以负责解决其提出的争议。[①] 专家组至迟应在该项请求第一次列入 DSB 会议议程的下次会议上设立,除非 DSB 在该会议上以"协商一致"的方式决定不设立专家组。[②] 专家组的职权范围是 DSU 明确予以限定的,除非争端各方在专家组设立后 20 日内对此另有协议。争端各方应就专家组的组成达成一致。专家组的成员应具有独立身份、不同背景和丰富的阅历,他们以个人资格而不是以政府代表或任何组织代表的身份从事工作。WTO 秘书处备有一份专家名单,上面列有资深的政府与非政府人士,争端当事方可以从中选定合适的专家组成员。专家组一般由 3 名专家组成,但若争端当事各方同意,也可以由 5 名专家组成。如果在决定设立专家组之日起 20 日内,争端当事方对专家组成员仍然达不成一致意见,应任何一方请求,总干事经与 DSB 主席、有关理事会或委员会主席以及争端当事方协商后,得指定专家人士组成专家组。除非争端当事方另行同意,争端当事方的公民不得担任专家组成员;但在发展中国家成员方与发达国家成员方之间发生争端时,若发展中国家成员方请求,专家组至少要包括一名发展中国家成员方的人选。[③]

专家组设立后,要与争端当事方会见两次,争端当事方应在每次会见之前向专家组提交书面意见。单方面与专家组成员接触是不被允许的。接下来,专家组便不公开地审议并起草报告。该报告的出台分为以下几个步骤:首先,要向争端当事方发出一份篇幅较长的事

---

① 参见世界贸易组织(WTO)秘书处编:《世界贸易组织乌拉圭回合多边贸易谈判结果:法律文本》,对外贸易经济合作部国际经贸关系司译,法律出版社 2000 年版,第 357、358 页。

② 参见同上书,第 359 页。

③ 参见同上书,第 360—361 页。

实与理由摘要供它们修正;其次,专家组将一份报告草案提交给争端当事方,内有修正过的事实与理由摘要以及专家组的法律决定及建议;第三,允许争端当事方对报告草案作出评价并再次会见专家组,专家组的最后报告应当体现争端当事方的评价。[①] 一般来讲,专家组应在 6 个月内向争端当事方提交最后报告,[②]这比其他国际法庭所需时限要短。

在制订 DSU 的过程中,WTO 成员方不仅为专家组程序规定了详细的时间表,而且对专家组的职权范围亦作出了明确的限定。WTO 各成员方在专家组程序上的意图很清楚,那就是要确保专家组的报告只是体现实体法而不是创立实体法,这种意图从 DSU 对加强实施专家组报告的有关规定中可以看得出来。首先,DSU 第 19 条规定,凡专家组或上诉机构认为一成员方的某项措施不符合一个涵盖协定,它应建议有关成员方使其措施符合该项协定。但专家组及上诉机构在其裁决与建议中不得增加或减少涵盖协定所规定的权利与义务。[③] 其次,DSU 第 26 条对"不违法之诉"的规定,同样给专家组的建议施加了限制。根据该条款,只要一争端当事方认为某个成员方采取的措施,不论其是否违反有关涵盖协定的规定,其结果使得该当事方依照该涵盖协定直接、间接享有的任何利益受到抵消或损害,专家组或上诉机构就可以作出裁决或建议。凡被认定为是抵消或损害了有关涵盖协定规定的利益、或妨碍其目的的实现而又不违反其规定的措施,就没有撤销该措施的义务。但在此类案件中,专家组或上诉机构应建议有关成员方作

---

① See Amelia Porges, "The New Dispute Settlement: from the GATT to the WTO", *Practising Law Institute Corporate Law and Practice Course Handbook Series*, PLI Order No. BO-003W, September, 1998 p. 1103.

② 参见世界贸易组织(WTO)秘书处编:《世界贸易组织乌拉圭回合多边贸易谈判结果:法律文本》,对外贸易经济合作部国际经贸关系司译,法律出版社 2000 年版,第 363 页。

③ 参见同上书,第 367—368 页。

出令双方彼此满意的调整。这些建议应当包括损害补偿,但不一定要求撤销相关的国内措施。① 根据 DSU 第 16 条第 4 款的规定,从专家组报告散发给 WTO 各成员方之日起 60 日内,该报告应在 DSB 会议上通过,除非一争端当事方决定上诉或 DSB 一致决定不通过该报告。②

DSU 的上述规定,对专家组审案工作的影响是深远的。在不需经过上诉机构复审的场合,专家组报告便当然具有拘束力,这就要求专家组在作出决定时,应当非常小心和谨慎,其所作决定必须论证有力、理由充分、证据详实。而且,从实际情况来看,对专家组工作的压力也正在与日俱增。这种压力主要来自于以下几个方面:首先,上诉机构在以往复审案件时所确立的原则和指导性意见,专家组在审理当前争议时对此应给予关注;其次,各成员方正在将越来越多、越来越复杂的案件提请 WTO 争端解决机制寻求解决,而这些案件所涉及的事实与法律问题之广泛也远胜于 GATT 时期,这为争议的解决增加了不少难度;第三,与 GATT 专家组程序不同,WTO 争端解决机制的运作是有严格的时间限定的,尽管依照 DSU 的有关规定,在遇有比较复杂的案件时可以适当延长期限。所有这些新因素都对 WTO 争端解决机制下的专家组工作提出了更高的要求,使得专家组不仅要确保其所作决定的高质量,而且专家组成员对于争端的解决也要比在 GATT 时期投入更多的时间和精力。

(三)上诉机构复审阶段

既然 DSU 赋予争端当事方以上诉的权利,因此可以断定,只要输方认为上诉对其有利,它肯定会毫不犹豫地诉诸这一程序,WTO 成立

---

① 参见世界贸易组织(WTO)秘书处编:《世界贸易组织乌拉圭回合多边贸易谈判结果:法律文本》,对外贸易经济合作部国际经贸关系司译,法律出版社 2000 年版,第 374 页。
② 参见同上书,第 365 页。

以来的争端解决实践也已证明了这一点。但是,根据 DSU 的规定,上诉机构的职权只限于审查专家组报告中的法律问题以及专家组所作的法律解释。① 这一限定表明,WTO 争端解决机制具有浓厚的司法色彩,具体体现为:上诉机构的"法官们"一般应由公认的权威并在法律、国际贸易以及涵盖协定(covered agreement)主题上具有专长的著名人士组成;上诉机构得维持、修改或撤销专家组的法律调查结果和结论;②等等。

与专家组阶段不同,争端当事各方无权选择上诉机构的审理人员。上诉机构由 7 名专家组成,这些成员由 DSB 任命,任期 4 年,每人得连任一次;7 位成员中依照一定的顺序,轮流(依照上诉机构的工作程序来决定如何轮流)由任意 3 人共同受理就专家组报告提起的上诉案件。上诉机构的工作程序是由该机构与 DSB 主席和 WTO 总干事协商后制定的。③ 但是,实际上存在着这样一种可能性,即一争端当事方可在限定的时间段内自由决定其何时提起上诉,以根据上诉机构的轮流顺序来选择它所希望审案的人员。实践中,这种间接选择上诉机构审案"法官"的可能性并未引起普遍关注;而在国内司法体制上,当事人通过改变冲突规范连结点的指向目标或以挑选法院的方式来确立或规避法院管辖权的现象则比比皆是。要避免出现这种间接选择上诉机构办案人员的情况,审理任何一项案件的上诉机构人员均由抽签来决定是一个比较有效的解决办法。

通常情况下,上诉阶段的诉讼不超过 60 天,自争端当事方正式通知决定上诉之日起到上诉机构散发其报告之日止;遇有特殊情况时,诉

---

① 参见世界贸易组织(WTO)秘书处编:《世界贸易组织乌拉圭回合多边贸易谈判结果:法律文本》,对外贸易经济合作部国际经贸关系司译,法律出版社 2000 年版,第 366 页。
② 参见同上书,第 366、367 页。
③ 参见同上。

讼亦不得超过 90 天。与专家组的设立方式及其报告的通过方式相同，上诉机构的报告应在其散发给各成员方后 30 日内不加修改地由 DSB 予以通过，并为各当事方无条件地接受，除非 DSB 一致决定不通过该报告。①

(四) 救济阶段

如果专家组或上诉机构认为，一当事方采取的措施或贸易实践违反了涵盖协定，则根据 WTO 争端解决机制，请求方可以通过以下途径获得救济：

1. 违反方将被要求在一段合理时间内使其措施符合 WTO 有关协议的规定，②即专家组或上诉机构应建议违反方撤销其不符措施以履行条约义务。所谓"一段合理时间"是指：(1)由该成员方拟定的期限，但该期限要经过 DSB 的批准；或者未被 DSB 批准时，(2)由各争端当事方在通过建议与裁决后 45 日内相互协议的期限；或在达不成协议时，(3)在通过建议与裁决后 90 日内由有拘束力的仲裁来决定期限，并且这一期限从通过专家组或上诉机构报告之日算起应不超过 15 个月。③

2. 如果违反方在一段合理时间内未能执行专家组或上诉机构报告中的建议与裁决，请求方得要求与违反方就补偿事宜进行谈判。但补偿是自愿的，若给予则应符合有关涵盖协定的规定。④

3. 如果在一段合理时间届满后 20 日内，争端各方未能就补偿事宜达成令人满意的解决办法，作为最后手段，请求方得请求 DSB 授权

---

① 参见世界贸易组织(WTO)秘书处编：《世界贸易组织乌拉圭回合多边贸易谈判结果：法律文本》，对外贸易经济合作部国际经贸关系司译，法律出版社 2000 年版，第 366、367 页。

② 参见同上书，第 367 页。

③ 参见同上书，第 368—369 页。

④ 参见同上书，第 370 页。

对违约方中止实行涵盖协定所规定的减让或其他义务以进行报复。①首先,报复限于请求方利益受到抵消或损害的相同部门。例如,对方违反的是《农产品协定》中有关市场准入的规定,拟采取措施的当事方就应首先考虑中止履行其在《农产品协定》中所作的有关市场准入的承诺。② 其次,若请求方认为中止相同部门的减让或其他义务并不可行或有效,它得选择中止同一协定项下其他部门的减让或其他义务。例如,对方违反的是《农产品协定》中有关市场准入的规定,而拟采取措施的当事方在该部分并没有相应的承诺,则它可以谋求中止其在《农产品协定》中有关出口补贴减让方面承诺的义务。③ 第三,若请求方认为中止同一协议项下其他部门的减让或其他义务亦并不可行或有效,而情势又足够严重,它得中止另一涵盖协定项下规定的减让或其他义务。例如,对方违反的是《农产品协定》中的规定,而拟采取措施的当事方可以谋求中止其在《纺织品与服装协定》项下所承诺的义务。④ 这后两种情况即所谓的"交叉报复"。中止减让或其他义务应是临时性的,一旦违反方使其措施符合了WTO有关协定的要求,这种中止就不能再予维持。同时,由DSB授权的中止减让或其他义务的程度应以补偿当事方所受到的损害为限,并且如果有关协定规定禁止此类中止,则DSB就不能授权中止这些减让或其他义务。

在一段合理时间届满后的30日内,经请求DSB得授权中止减让或其他义务,除非DSB一致同意拒绝该项请求。但在实施中止减让或其他义务之前,违反方还有最后一项对抗措施可供使用,即它可以反对

---

① 参见世界贸易组织(WTO)秘书处编:《世界贸易组织乌拉圭回合多边贸易谈判结果:法律文本》,对外贸易经济合作部国际经贸关系司译,法律出版社2000年版,第370页。
② 参见杨荣珍主编:《世界贸易组织规则精解》,人民出版社2001年版,第402页。
③ 参见同上。
④ 参见同上。

拟议中的减让水平,或声称请求方在考虑有关中止减让或其他义务时未遵循 DSU 第 22 条第 3 款所规定的原则与程序。在这两种情形下,应将违反方提出的异议提交仲裁。此项仲裁应由原专家组或由总干事指定的仲裁员去进行,并于一段合理时间届满后 60 日内完成。仲裁期间,不得中止减让或其他义务。①

从以上介绍、分析来看,专家组一旦设立,DSB 可依"倒协商一致"原则作出一系列决定,这些决定要么支持请求方,要么支持被请求方。在支持请求方的场合,DSB 的决定得要求撤销违反措施、给予补偿,或者授权中止请求方依照涵盖协定所承担的减让或其他义务。因此,即使是经济实力强大的被请求方,它也无法阻止专家组报告或上诉机构决定的通过。而对拒不撤销其违反措施的争端当事方来讲,它所面临的最终结果将是守约方提高关税、发放进口配额以及其他限制贸易措施的应用。

(五) 仲裁阶段

在 WTO 争端解决机制中,专家组和上诉机构是解决争议的关键环节。但是,仲裁在某些场合同样发挥着重要的作用。

例如,在"日本对含酒精饮料征税案"(Japan-Taxes on Alcoholic Beverages,1995)中,DSB 裁决日本(本案被请求方)要使其酒税法与它在 GATT (1994) 第 3 条第 2 款下所承担的义务相一致。② 面对这一裁决,日本提出它将在一个"合理期限内"(大约 2—5 年)履行 DSB 的决定。作为案件申请方的美国则认为,如此之长的履行期限是不能接受的。为此,美国于 1996 年 12 月 24 日将这一履行期限问题依照

---

① 参见世界贸易组织(WTO)秘书处编:《世界贸易组织乌拉圭回合多边贸易谈判结果:法律文本》,对外贸易经济合作部国际经贸关系司译,法律出版社 2000 年版,第 371 页。
② 参见韩立余编著:《WTO(1995—1999)案例及评析》(上卷),中国人民大学出版社 2001 年版,第 219 页。

DSU 的有关规定提请仲裁。仲裁员是 WTO 总干事选定的胡里奥·拉卡特-穆罗(Julio Lacarte-Muro),他也是上诉机构审理这一案件时的首席成员。在仲裁期间,美国主张日本履行 DSB 决定的期限应是 5 个月。日本则表示反对,其具体理由如下:(1)DSB 所建议的措施是非常严厉的,如此之大的变化事先无法预料,因而履行 DSB 的建议需要时间;(2)日本的政治体制也使得这种迅速履行发生困难;(3)消费者和销售者们都需要时间作出调整,并且这些调整应当逐步进行。美国却不同意日本的这些主张,指出日本过去曾经表明,它可以在 6 个月内改变其税收法律,而且 5 年的履行期限也实在太长,这将损害 WTO 体制的信誉。应美国和日本之邀,欧盟及加拿大作为第三方参加了仲裁程序。欧盟提议给日本 15 个月作为履行的适当时间。但加拿大则认为,日本要求的履行期限是不合理的,每一个案件都会面临着其独有的特殊情况。加拿大指出,如果 DSB 允许日本以 5 年的时间去履行其义务,那无疑于表明一个 WTO 成员所采取的措施越不符合 WTO 涵盖协定,则它应改变其措施以符合有关协定所需的时间就越长。经过审理,仲裁员最后作出裁决:日本应当在 15 个月内履行 DSB 的决定。仲裁员同时还重申,本裁决优于国内裁判权,它虽然缺乏在成员方境内的强制实施力,但不能因此而成为不予履行的借口。日本后来接受了这一裁决,最终履行了 DSB 的决定,并依照 DSU 第 21 条第 6 款的规定,于 1997 年 2 月 14 日向 DSB 书面报告了其履行 DSB 决定的进展情况。[1] 由此可见,本案中日本的履行期限既不是由专家组也不是由上诉机构来决定,而是通过有拘束力的仲裁予以明确的。

如前所述,如果被请求方对请求方所采取的报复措施是否遵循了

---

[1] See Jonathan C. Spierer, "Dispute Settlement Understanding: Developing A Firm Foundation for Implementation of the World Trade Organization", *Suffolk Transnational Law Review*, Vol. 22, 1998, pp. 94-95, 100.

DSU 规定的原则与程序提出质疑,它也可以诉诸仲裁要求予以明确。在仲裁期间(最长不超过 60 日),请求方不得实施报复措施。

根据 DSU 的规定,仲裁是独立于 DSB 程序以外的一种可供选择而又有拘束力的争端解决方式,它能够便利解决涉及有关双方业已明确界定问题的争端,但诉诸仲裁应以当事各方相互同意为条件。由于 DSU 要求诉诸仲裁的争端当事各方应同意服从仲裁裁决,因而也就不会出现 DSB 复审仲裁裁决的情况。[①] 不过,DSU 关于仲裁程序的规定仍然存在着某些缺陷。它至少在以下两个问题上是不明确的:其一是,在仲裁程序开始以后、有拘束力的裁决作出之前,一争端当事方是否可以退出仲裁? 这实际上关系到 WTO 争端解决机制中的仲裁程序是否有力,但 DSU 的仲裁条款对此未作规定。笔者以为,如果一争端当事方在仲裁进行期间退出仲裁程序,则未退出的另一当事方得被认为在必要时可以诉诸协商、专家组以及上诉机构复审程序。其二是,在可仲裁事项问题上,DSU 仅规定了 4 项:即确定履行 DSB 建议或裁决的合理期限;确定一项中止的水平是否与抵消或损害的水平相当;确定所拟的中止减让或其他义务是否为有关涵盖协定所允许;确定 DSU 第 22 条第 3 款规定的中止减让或其他义务所应依照的原则与程序是否得到了遵守。[②] 除此之外还有哪些争议可以提交仲裁解决,DSU 并无明确规定,这实际上涉及仲裁作为争端解决的一种手段在 WTO 体系中的适用范围问题。从 DSU 的现有规定来看,WTO 争端解决机制中仲裁的适用范围,要比协商、专家组以及上诉机构复审程序的适用范围狭窄得多。

[①] 参见世界贸易组织(WTO)秘书处编:《世界贸易组织乌拉圭回合多边贸易谈判结果:法律文本》,对外贸易经济合作部国际经贸关系司译,法律出版社 2000 年版,第 373—374 页。

[②] 参见同上书,第 369、372 页。

五、WTO 争端解决机制的若干不足

WTO 争端解决机制确立以来的实践表明,从总体上讲它获得了相当大的成功。但与此同时,该机制也存在着某些不足。主要表现在以下两个方面:

1. 争端解决期限过长

依照 DSU 的有关规定,对于大部分争端的解决,从协商到请求设立专家组,到通过上诉机构报告,再到获得补偿或中止减让或其他义务,大约需要 2—3 年的时间,这还不包括国内受损害部门或产业游说本国政府将争议诉诸 WTO 解决所花费的时日(由于国内部门或产业属于非政府实体,因而不能直接向 WTO 起诉,也不能作为第三方参与诉讼,它们只能是通过其政府来主张权利)。如此漫长的争端解决期限将为有关交易带来无法挽回的损失。从败诉方角度而言,DSU 的规定也为其拖延时间提供了可能。尽管 DSU 要求争端当事方应迅速履行专家组或上诉机构的建议或裁决,[1]但在实践中,这种"迅速履行"却很少发生,倒是有关争端当事方常常诉诸仲裁以确定履行的"合理期限"。[2] 通常情况下(这几乎成为一项规则),败诉方将获得最长不超过 15 个月的宽限期,从而延缓了争议的及时解决。应当说,这种延缓往往是不必要的。有鉴于此,为迅速而有效地维护各国国内相关部门或产业的利益,WTO 应鼓励其成员尽可能地充分运用协商、斡旋、调解与调停等程序,以使争端在 WTO 争端解决机制的早期阶段即获致妥善解决。

---

[1] 参见世界贸易组织(WTO)秘书处编:《世界贸易组织乌拉圭回合多边贸易谈判结果:法律文本》,对外贸易经济合作部国际经贸关系司译,法律出版社 2000 年版,第 368 页。

[2] See Mark Clough QC, "The WTO Dispute Settlement System-A Practitioner Perspective", *Fordham International Law Journal*, Vol. 24, 2000, p. 271.

2. 救济措施不完善

（1）关于补偿。DSU 允许当事方采取一定的措施，使其因另一当事方的不当措施所造成的利益损害得到补偿。值得注意的是，补偿只能作为一种临时措施在另一当事方尚未取消其与相关协定不相符的措施时采用；并且从 DSU 的有关条款来看，它所规定的补偿并不容易获得，因为"补偿是自愿的"，是否给予补偿完全取决于违反涵盖协定一方的考虑。[①] 但从长远来看，补偿不仅使胜诉方获益，而且也符合 WTO 全体成员以及败诉方的利益，因为败诉方有可能在下一项争议中成为胜诉方。既然如此，为什么不能像 DSU 已经确立的其他对抗性措施那样，也赋予补偿以强制性并可以自动实施？DSB 可以不必征得争端当事方的同意即可自动批准补偿请求，补偿的形式与败诉方实施提高市场准入措施的形式相同。如果在请求补偿的额度上发生争议，可以通过诉诸 WTO 争端解决机制中的仲裁程序加以解决。与此同时，DSU 所规定的强调遵守涵盖协定而不是鼓励补偿的现行机制，仍可予以维持。此外，为确保因一当事方实施违反涵盖协定的措施而导致损害的另一当事方的部门或产业能从补偿中实际获益，作为选择性手段，应赋予该另一当事方以某种手段来迫使败诉方偿付与损害程度相当的一定数目的款额。与中止减让以及补偿性提高贸易壁垒等措施相比，这种金钱补偿不仅更具经济意义，而且更方便进行监督，也更易于为实力较弱的 WTO 成员方所接受。例如，韩国外交通商部就于 2002 年 5 月 9 日通过其驻美国使馆向美国方面递交了照会，要求美国对依其《1974 年贸易法》201 条款所采取的限制进口钢材措施给韩国造成的损失进行赔偿，韩国政府提出的第一年赔偿金额约为 1.7156 亿美元，相

[①] 参见世界贸易组织（WTO）秘书处编：《世界贸易组织乌拉圭回合多边贸易谈判结果：法律文本》，对外贸易经济合作部国际经贸关系司译，法律出版社 2000 年版，第 370 页。

当于韩国方面预计的损失金额。[①]

（2）关于报复。前已提及，报复作为解决争端的一种救济手段，在 GATT 体制下也是存在的，并且在"美国奶制品进口配额案"中曾被授权使用过一次，但这却是个不成功的实践。那么，WTO 争端解决机制中的报复手段能否在任何情况下均行之有效？笔者对此持怀疑态度。至少可以认为，报复及交叉报复并非什么场合都会产生预期的效果。例如，若一项争议发生在相对贫弱的小国（发展中国家）与相对富强的大国（发达国家）之间，作为原告的小国从作为被告的大国进口产品的总量，只在后者的国际贸易量中占有微不足道的份额，这种情况下，小国对大国进行报复乃至交叉报复，其效果无疑于蚊虫叮大象。换言之，并没有足够的压力来促使大国撤销其所采取的违反涵盖协定的措施；另外，WTO 争端解决机制中的报复及交叉报复目前只限于在争端当事双方之间使用，如果 WTO 自身有权力提出控告，并通过多边报复及多边交叉报复来实施其裁决，这将会大大加强对违反方，特别是对作为大国、经济强国的违反方的威慑力量，从而提高争端解决的效率。不过，无论我们如何评价报复及交叉报复，有一点是不容忽视的，那就是作为向违反方施加压力以敦促其履行专家组或上诉机构裁决的一种手段，报复及交叉报复固然会给国内某些部门、某些产业带来潜在的利益，但它们却不能促进市场的准入，因而在本质上与 WTO 的基本原则和宗旨是相背离的。

六、分析与结论

加入 GATT 和 WTO 的各成员方均认为，自由贸易是促进其自身

[①] 参见"限制钢材进口麻烦没完，韩正式要求美国赔偿"，《国际商报》2002 年 5 月 10 日。

经济增长的最好方法,因为它可以使得众多的商品、服务乃至信息得以无障碍地跨越国界自由流动。然而,在各国追求自由市场这一理念的同时,其内部的某些经济及社会力量并不情愿放弃对本国市场的保护。因此,随着贸易的不断自由化,争端也便时常发生,而 GATT 和现在 WTO 的存在,为这些国际贸易纷争的解决提供了一个基础、场所和框架。不过,GATT 和 WTO 同样面临着其他国际协定所遭遇的两个问题:一个是要对协定中规定的一般性法律及原则如何适用于特定案件作出解释;另一个是这些协定本身并未包含所有事项,在许多特别问题上没能作出规定,留下了不少空白,而这往往需要在以后的实践中不断予以发展和完善。

在国际贸易领域,上述两个问题的落实与争端解决机制关系非常密切。实践证明,GATT 并未能有效地处理这些问题,因为它没能要求其缔约方严格遵守它的裁决;已通过的裁决对争端当事方也不具有拘束力,履行裁决与否仅仅是当事方的一种选择。此外,GATT 内部还缺乏一个强有力的行政机构,这也使得 GATT 更加软弱、低效。事实上,GATT 是缺少实施其裁决所应必备的"牙齿"(teeth)。WTO 则吸取了 GATT 这方面的经验及教训,对自身的争端解决机制进行了根本性的变革,它通过 DSU 确立了新的贸易争端解决机制。从实际情况来看,该机制现已成为制定、实施 WTO 各项决定的"牙齿",从而对整个国际社会的现在以及未来均产生了意义深远的重大影响。

WTO 争端解决机制在实施各项协定规定以及通过其自身的裁决规制有关协定所未能涉及的灰色区域方面,具有远大的发展前景和广阔的适用空间。1997 年 4 月 17 日,时任世贸组织总干事的鲁杰罗(Renato Ruggiero)在韩国向商界致辞时,对 WTO 争端解决机制曾经作出如下评价:在考察 WTO 所取得的成就之时,不能不提到它的争端解决机制。无论从何种意义上讲,该机制都是多边贸易体制的核心支柱（the central pillar of the multilateral trading system），同时它也是WTO对全球经济稳定所作出的最独特贡献。新的WTO体制因而迅即变得强而有力，亦比其前身 GATT 更具有自动性并且更加值得信赖。这些均可以从不同类型国家纷纷运用该机制以及许多争议在进入终局裁决之前即于"庭外"和解的发展趋势中得到印证。WTO 争端解决机制的运行符合其自身的目的，即作为一种手段首要的是调解及鼓励争端获致解决，而不仅仅是作出裁判。[①] 稍后，鲁杰罗还于1997年4月21日在北京大学发表的演讲中进一步谈到了中国入世后对 WTO 争端解决机制的运用。他指出，中国将利用这样一个多边讲坛来与其WTO 伙伴讨论贸易问题，必要时，如果它的权利受到损害，它还会诉诸一项有拘束力的争端解决程序。这种较高水平的保护将使中国受益，可以极大地增强商界的信心并吸引更多的外资。[②] 美国 WTO 法律专家杰克逊教授也对该争端解决机制给予了高度的评价，称其为"是 WTO 新体制这一皇冠上的宝石"（the jewel of the crown of the new system of the WTO）[③]。

的确，DSU 确立了一个强有力的机制，它使得贸易争端的解决更加具有确定性和可预见性。由于该机制现已成为解决国际贸易争端的行之有效的工具，各成员方对它的依赖也正在与日俱增。由 GATT 的谈判解决争端过渡到 WTO 的正规化准司法程序，WTO 争端解决机制是一个最新发展阶段。从 DSU 规定的各项程序来看，该机制非常

[①] Renato Ruggiero: "The Future Path of the Multilateral Trading System", WTO Director-General's address to the Korean Business Association in Seoul on April 17, 1997. (http://www.wto.org/english/news_e/pres97_e/seoul.htm).

[②] Renato Ruggiero: "China and the World Trading System", WTO Director-General's speech delivered at Beijing University in Beijing, China on April 21, 1997. (http://www.wto.org/english/news_e/sprr_e/china_e.htm).

[③] John H. Jackson, "Introduction and Overview: Symposium on the First Three Years of the WTO Dispute Settlement System", *International Lawyer*, Vol. 32, 1998, p. 613.

强调规则的遵守,它不仅仅成为和平解决有关国家间贸易争端的重要手段,还为 WTO 所有成员提供了充分的法律保障,同时它也限制了成员方对权力的滥用。其具体体现有以下几个方面:该机制的管辖权实质上具有强制性;它的职权范围清晰明确;一方的行为既不能阻止专家组成员的选任和专家组报告或上诉机构报告的通过,也不能妨碍 DSB 授权采取对抗措施;各项程序应严格遵守既定的时间表;其相关规定要求程序正当,自然公正,解决争议的人选应当具备特定的技能及名望,提高透明度;为了加强司法审查而设计了上诉机制;等等。此外,DSU 还通过可能剥夺有关当事方依据 WTO 协议所享受的利益这一威慑性措施来促使成员方遵守乌拉圭回合谈判中所确认的各项规则。总之,DSU 之规则取向体制(rule-orientated system)的确立,不仅有利于国际贸易争端的解决,还大大地推动了 WTO 自身以及整个国际社会法制化的不断发展,最终将减少生产商以及贸易商们的交易成本,增强世界各国对多边贸易体制的信心,从而促进全球经济的繁荣与稳定。

2001 年 11 月 10 日,WTO 第四届部长级会议在卡塔尔首都多哈以全体协商一致的方式,审议并通过了中国加入 WTO 的决定。① 次日晚,中国政府代表团团长、外经贸部部长石广生代表中国政府在多哈签署了中国入世议定书,并向 WTO 总干事穆尔先生提交了中国国家主席江泽民签署的中国加入 WTO 批准书。根据 WTO 的有关规定,中国已于 2001 年 12 月 11 日正式成为 WTO 的成员。② 中国成功地加入 WTO,是我国改革开放进程中具有历史意义的一件大事。加入 WTO 不仅有利于中国,而且有利于所有 WTO 成员,有助于多边贸易

---

① "中国加入世贸组织决定获通过",《人民日报》2001 年 11 月 11 日。
② "香槟打开的时候——记中国入世议定书签字仪式上的中国代表团",《人民日报》2001 年 11 月 12 日。

体制的发展。它必将对新世纪的中国经济和世界经济产生广泛和深远的影响。①

WTO 是个以规则为基础的国际组织,它的争端解决机制对中国同样具有非常重要的意义。"中国加入世界贸易组织后,中国与其他成员之间的贸易争端应按照世界贸易组织争端解决的规则和程序处理。这改变了中国的对外经贸关系受制于双边关系的被动局面,使中国可以利用多边制度来维护自己的利益。世界贸易组织建立的争端解决制度所具有的强制性、自动性,使世界贸易组织协定具有了不同于一般国际法的特点,使成员政府受到强有力的约束。"②

同时,还应强调指出的是,中国是一个负责任的大国,在入世谈判中所作承诺是加入 WTO 之权利与义务的一部分,我国将认真履行这些承诺。时任对外贸易经济合作部部长的石广生在中国入世决定获得通过后的发言中对此已郑重表示:"加入 WTO 后,中国将在权利与义务平衡的基础上,在享受权利的同时,遵守 WTO 规则,履行自己的承诺。中国将一如既往地重视和加强同世界各国、各地区发展平等、互利的经贸关系;在多边贸易体制中发挥积极和建设性的作用,与其他 WTO 成员一道,为世界经济与贸易的发展作出积极贡献。"③

---

① "石广生部长在世贸组织第四届部长级会议上的发言",《人民日报》2001 年 11 月 11 日。
② 张玉卿:"序",载于韩立余编著:《WTO(1995—1999)案例及评析》(上卷),中国人民大学出版社 2001 年版,第 2 页。
③ "石广生部长在世贸组织第四届部长级会议上的发言",《人民日报》2001 年 11 月 11 日。

参 考 文 献

一、中文部分

（一）著作类

1. 〔奥〕阿·菲德罗斯等:《国际法》(上册),李浩培等译,商务印书馆 1981 年版。
2. 程德钧主编:《涉外仲裁与法律》(第一辑),中国人民大学出版社 1992 年版。
3. 邓正来:《美国现代国际私法流派》,法律出版社 1987 年版。
4. 〔荷〕盖伊斯贝尔塔. C. M. 雷伊南:《外层空间的利用与国际法》,谭世球译,上海翻译出版公司 1985 年版。
5. 郭寿康、赵秀文主编:《国际经济贸易仲裁法》,中国法制出版社 1995 年版。
6. 韩立余编著:《WTO(1995—1999)案例及评析》(上卷),中国人民大学出版社 2001 年版。
7. 蒋德恩编著:《世界贸易组织中的争端解决》,对外经济贸易大学出版社 1999 年版。
8. 江平主编:《中华人民共和国合同法精解》,中国政法大学出版社 1999 年版。
9. 姜茹娇、朱子勤编著:《世界贸易组织(WTO)法律规则》,中国政法大学出版社 2000 年版。
10. 〔英〕劳特派特修订:《奥本海国际法》(第八版,上卷第一分册),王铁崖、陈体强译,商务印书馆 1981 年版。
11. 李浩培:《国际法的概念和渊源》,贵州人民出版社 1994 版。

12. 〔德〕马丁·沃尔夫:《国际私法》,李浩培、汤宗舜译,法律出版社 1988 年版。
13. 〔英〕莫里斯:《法律冲突法》,李东来等译,中国对外翻译出版公司 1990 年版。
14. 〔英〕M. 阿库斯特:《现代国际法概论》,汪瑄、朱奇武等译,中国社会科学出版社 1981 年版。
15. 唐贤兴:《近现代国际关系史》,复旦大学出版社 2005 年版。
16. 王绳祖主编:《国际关系史(十七世纪中叶——一九四五年)》(修订本),法律出版社 1986 年版。
17. 王铁崖主编:《国际法》,法律出版社 1981 年版。
18. 王铁崖主编:《国际法》,法律出版社 1995 年版。
19. 魏敏等编:《国际法讲义》,法律出版社 1983 年版。
20. 魏敏等编:《国际法概论》,光明日报出版社 1986 年版。
21. 颜声毅等编著:《现代国际关系史》,知识出版社 1988 年版。
22. 杨荣珍主编:《世界贸易组织规则精解》,人民出版社 2001 年版。
23. 杨荣珍编著:《WTO 争端解决——案例与评析》,对外经济贸易大学出版社 2002 年版。
24. 张潇剑:《国际私法论》(第二版),北京大学出版社 2008 年版。
25. 张潇剑主编:《中华人民共和国现行法律判例分析全书·涉外民法判例分析卷》,国际文化出版公司 1995 年版。
26. 赵健:《国际商事仲裁的司法监督》,法律出版社 2000 年版。
27. 赵维田:《论三个反劫机公约》,群众出版社 1985 年版。
28. 赵维田:《世贸组织(WTO)的法律制度》,吉林人民出版社 2000 年版。
29. 赵秀文:《国际商事仲裁及其适用法律研究》,北京大学出版社 2002 年版。
30. 郑成思:《版权国际公约概论》,中国展望出版社 1986 年版。
31. 朱榄叶编著:《世界贸易组织国际贸易纠纷案例评析》,法律出版社 2000 版。

(二) 论文类

1. 陈安:"中国涉外仲裁监督机制评析",《中国社会科学》1995年第4期。
2. 陈体强:"湖广铁路债券案与国家主权豁免问题",《世界知识》1983年第6期。
3. 陈体强:"南朝鲜当局必须严惩劫机犯",《人民日报》1983年8月25日第6版。
4. 高菲:"中国法院对仲裁的支持与监督——访最高人民法院院长肖扬",《仲裁与法律》2001年合订本。
5. 贺丁:"空中劫持及有关的国际公约",《人民日报》1983年5月14日。
6. 贺其治:"外层空间的定义和定界问题",中国国际法学会主编:《中国国际法年刊》(1982),中国对外翻译出版公司1982年版。
7. 贺其治:"卫星国际直接电视广播的法律问题",中国国际法学会主编:《中国国际法年刊》(1983),中国对外翻译出版公司1983年版。
8. 贺其治:"加强制止外空军备竞赛的法律措施",《国际问题研究》1984年第4期。
9. 胡其安:"南极洲的法律地位",中国国际法学会主编:《中国国际法年刊》(1984),中国对外翻译出版公司1984年版。
10. 李浩培:"强行法与国际法",中国国际法学会主编:《中国国际法年刊》(1982),中国对外翻译出版公司1982年版。
11. 列宁:"关于和平问题的报告",《列宁全集》第26卷,人民出版社1959年版。
12. 沈韦良、许光建:"第三次联合国海洋法会议和海洋法公约",中国国际法学会主编:《中国国际法年刊》(1983),中国对外翻译出版公司1983年版。
13. "外交部发言人发表声明抗议南朝鲜当局提前释放卓长仁等六名劫机罪犯",中国国际法学会主编:《中国国际法年刊》(1985),中国对外翻译出版公司1985年版。

14. "外交部新闻发言人就湖广铁路债券问题发表谈话",中国国际法学会主编:《中国国际法年刊》(1985),中国对外翻译出版公司1985年版。
15. 万鄂湘:"国际强行法与国际法的基本原则",《武汉大学学报》(社科版)1986年第6期。
16. 万鄂湘:"《纽约公约》在中国的司法实践",《法律适用》2009年第3期。
17. 吴学谦:"在六届人大五次会议上所作的中葡关于澳门问题的联合声明草签文本的报告",《人民日报》1987年4月3日。
18. 徐冬根:"论法律直接适用理论及其对当代国际私法的影响",中国国际法学会主编:《中国国际法年刊》(1994),中国对外翻译出版公司1996年版。
19. 徐前权:"论我国仲裁监督体制",《法学评论》1997年第6期。
20. 张丽燕、舒瑶芝:"论仲裁的司法监督",《浙江省政法管理干部学院学报》2001年第3期。
21. 赵秀文:"从相关案例看ICC仲裁院裁决在我国的承认与执行",《法学》2010年第3期。
22. 周子亚:"论联合国第三次海洋法会议与《海洋法公约》",《吉林大学学报》1984年第3期。
23. 朱克鹏:"论国际商事仲裁中的法院干预",《法学评论》1995年第4期。

二、英文部分

(一) 著作类

1. Abram Chayes and Antonia Handler Chayes, *The New Sovereignty: Compliance with International Regulatory Agreements*, Cambridge·Massachusetts: Harvard University Press, 1995.
2. A. McNair, *The Law of Treaties*, Oxford: Clarendon Press, 1961.
3. Brainerd Currie, *Selected Essays on the Conflict of Laws*, Durham·North Carolina: Duke University Press, 1963.

4. Christos L. Rozakis, *The Concept of Jus Cogens in the Law of Treaties*, Amsterdam • New York • Oxford: North-Holland Publishing Company, 1976.

5. Dicey and Morris, *The Conflict of Laws*, Twelfth Edition, London: Sweet and Maxwell Ltd., 1993.

6. Gary B. Born, *International Commercial Arbitration in the United States: Commentary and Materials*, Deventer • Boston: Kluwer Law and Taxation Publishers, 1994.

7. Gary J Simson, *Issues and Perspectives in Conflict of Laws: Cases and Materials*, Second Edition, Durham • North Carolina: Carolina Academic Press, 1991.

8. G. I. Tunkin, *Theory of International Law*, Moscow: Progress Publishers, 1974.

9. Jerzy Sztucki, *Jus Cogens and the Vienna Convention on the Law of Treaties: A Critical Appraisal*, Wien • New York: Springer-Verlag, 1974.

10. John H. Jackson, *1995 Documents Supplement to Legal Problems of International Economic Relations*, Third Edition, Eagan • Minnesota: West Publishing Company, 1995.

11. Joseph M. Lookofsky, *Transnational Litigation and Commercial Arbitration: A Comparative Analysis of American, European, and International Law*, Ardsley-on-Hudson • New York: Transnational Juris Publications, 1992.

12. Julian Lew, *Applicable Law in International Commercial Arbitration*, Dobbs Ferry • New York: Oceana Publications, Inc., 1978.

13. 〔美〕利·布里梅耶(Lea Brilmayer)、杰克·戈德史密斯(Jack Goldsmith):《冲突法案例与资料》(书名原文:*Conflict of Laws: Cases*

and Materials)，第五版(Fifth Edition)，案例教程影印系列(英文版)，中信出版社 2003 年版。

14. M. Sinclair, *The Vienna Convention on the Law of Treaties*, Manchester: Manchester University Press, 1973.
15. W. Michael Reisman, *Systems of Control in International Adjudication and Arbitration: Breakdown and Repair*, Durham · North Carolina: Duke University Press, 1992.
16. WTO, *Guide to GATT Law and Practice on CD-ROM, Analytical Index*, Geneva: World Trade Organization (WTO) and Vista Intermedia Corporation, 1997.

(二) 论文类

1. Adam Samuel, "Separability in English Law—Should an Arbitration Clause Be Regarded as an Agreement Separate and Collateral to a Contract in Which It Is Contained?", *Journal of International Arbitration*, Vol. 3, 1986.
2. Ahmed El Kosheri and Fatek Riad, "The Law Governing a New Generation of Petroleum Agreements: Changes in the Arbitration Process", *Foreign Investment Law Journal*, Vol. 1, 1986.
3. Albert Jan van den Berg, "When Is an Arbitral Award Nondomestic Under the New York Convention of 1958?", *Pace Law Review*, Vol. 6, 1985.
4. Albert Jan van den Berg, "Enforcement of Annulled Awards?", *ICC International Court of Arbitration Bulletin*, November 1998.
5. Alfred Verdross, "*Jus Dispositivum* and *Jus Cogens* in International Law", *American Journal of International Law*, Vol. 60, 1966.
6. Amelia Porges, "The New Dispute Settlement: from the GATT to the

WTO", *Practising Law Institute Corporate Law and Practice Course Handbook Series*, PLI Order No. BO-003W, September 1998.
7. Andreas F. Lowenfeld, "Remedies Along with Rights: Institutional Reform in the New GATT", *American Journal of International Law*, Vol. 88, 1994.
8. Andrew Koppelman, "Same-Sex Marriage, Choice of Law, and Public Policy", *Texas Law Review*, Vol. 76, 1998.
9. Arden C. McClelland, "Toward a More Mature System of International Commercial Arbitration: The Establishment of Uniform Rules of Procedure and the Elimination of the Conflict of Laws Question", *North Carolina Journal of International Law and Commercial Regulations*, Vol. 5, 1980.
10. Bernard Hanotiau, "What Law Governs the Issue of Arbitrability?", *Arbitration International*, Vol. 12, 1996.
11. Bernard Poznanski, "The Nature and Extent of an Arbitrator's Powers in International Commercial Arbitration", *Journal of International Arbitration*, Vol. 4, 1987.
12. Bernardo M. Cremades and Steven L. Plehn, "The New *Lex Mercatoria* and the Harmonization of the Laws of International Commercial Transactions", *Boston University International Law Journal*, Vol. 2, 1984.
13. Branson and Wallace, "Choosing the Substantive Law to Apply in International Commercial Arbitration", *Virginia Journal of International Law*, Vol. 27, 1986.
14. Bruce Posnak, "Choice of Law-Interest Analysis: They Still Don't Get It", *The Wayne Law Review*, Vol. 40, 1994.
15. Bruno Leurent, "Reflections on the International Effectiveness of

Arbitration Awards", *Arbitration International*, Vol. 12, 1996.
16. Carlo Croff, "The Applicable Law in an International Commercial Arbitration: Is It Still a Conflict of Laws Problem?", *The International Lawyer*, Vol. 16, 1982.
17. Christopher B. Kuner, "The Public Policy Exception to the Enforcement of Foreign Arbitral Awards in the United States and West Germany Under the New York Convention", *Journal of International Arbitration*, Vol. 7, 1990.
18. Christopher M. Koa, "The International Bank for Reconstruction and Development and Dispute Resolution: Conciliation and Arbitration with China through the International Center for the Settlement of Investment Disputes", *New York University Journal of International Law and Politics*, Vol. 24, 1991.
19. C. M. Schmitthoff, "The Unification of the Law of International Trade", in *Schmitthoff's Selected Essays on International Trade Law*, 1988.
20. David A. Crerar, "A Proposal For A Principled Public Policy Doctrine post-Tolofson", *Windsor Review of Legal and Social Issues*, Vol. 8, 1998.
21. D. W. Bowett, "State Contracts with Aliens: Contemporary Developments on Compensation for Termination or Breach", *British Yearbook of International Law*, Vol. 59, 1988.
22. Edward Chukwuemeke Okeke, "Judicial Review of Foreign Arbitral Awards: Bane, Boon or Boondoggle?", *New York International Law Review*, Vol. 10, 1997.
23. Egon Schwelb, "Some Aspects of International *Jus Cogens* as Formulated by the International Law Commission", *American Journal*

of International Law, Vol. 61, 1967.
24. Emmanuel Gaillard, "Enforcement of Awards Set Aside in the Country of Origin: The French Experience", in *Improving the Efficiency of Arbitration Agreements and Awards: 40 Years of Application of the New York Convention* (Albert Jan van den Berg ed. 1999).
25. Eric A. Schwartz, "A Comment on Chromalloy: Hilmarton a l'americaine", *Journal of International Arbitration*, Vol. 14(2), 1997.
26. Erik Suy, "The Concept of *Jus Cogens* in Public International Law", *The Concept of Jus Cogens in International Law*, Papers and Proceedings II, Conference on International Law, Lagonissi (Greece), April 3-8, 1966. Geneva, 1967.
27. Filip de Ly, "The Place of Arbitration in the Conflict of Laws of International Commercial Arbitration: An Exercise in Arbitration Planning", *Northwestern Journal of International Law and Business*, Vol. 12, 1991-1992.
28. F. A. Mann, "State Contracts and International Arbitration", *British Yearbook of International Law*, Vol. 42, 1967.
29. Gary N. Horlick & Eleanor C. Shea, "The World Trade Organization Anti-dumping Agreement", *Journal of World Trade*, Vol. 29, 1995.
30. Georges R. Delaume, "ICSID Arbitration and the Courts", *American Journal of International Law*, Vol. 77, 1983.
31. Georges R. Delaume, "Economic Development and Sovereign Immunity", *American Journal of International Law*, Vol. 79, 1985.
32. George R. Delaume, "Comparative Analysis as a Basis of Law in State Contracts: The Myth of the *Lex Mercatoria*", *Tulane Law Review*, Vol. 63, 1989.
33. Georges R. Delaume, "Contractual Waivers of Sovereign Immunity:

Some Practical Considerations", *ICSID Review-Foreign Investment Law Journal*, Vol. 5, 1990.
34. Georges R. Delaume, "France-Recognition of ICSID Awards-Sovereign Immunity", *American Journal of International Law*, Vol. 86, 1992.
35. G. I. Tunkin, "International Law in the International System", *Recueil des Cours de L'Academie de Droit International*, Vol. 4, 1975.
36. G. Richard Shell, "Trade Legalism and International Relations Theory: An Analysis of the World Trade Organization", *Duke Law Journal*, Vol. 44, 1995.
37. Hans Smit, "The Future of International Commercial Arbitration: A Single Institution?", *Columbia Journal of Transnational Law*, Vol. 25, 1986.
38. Harold G. Maier, "Finding the Trees in Spite of the Metaphorist: the Problem of State Interests in Choice of Law", *Albany Law Review*, Vol. 56, 1993.
39. Henri Battifol, " Public Policy and the Autonomy of the Parties: Interrelations Between Imperative Legislation and the Doctrine of Party Autonomy", in *Lectures on the Conflict of Laws and International Contracts*(Hessel E. Yntema reprint ed., 1982).
40. Hessel E. Yntema, "'Autonomy' in Choice of Law", *American Journal of Comparative Law*, Vol. 1, 1952.
41. Holly Sprague, "Comment: Choice of Law: A Fond Farewell to Comity and Public Policy", *California Law Review*, Vol. 74, 1986.
42. Homayoon Arfazadeh, "In the Shadow of the Unruly Horse: International Arbitration and the Public Policy Exception", *American Review of International Arbitration*, Vol. 13, 2002.
43. Ibrahim F. Shihata, "The Settlement of Dispute Regarding Foreign

Investment: The Role of the World Bank, With Particular Reference to ICSID and MIGA", *American University Journal of International Law and Policy*, Vol. 1, 1986.
44. Jacob Dolinger, "World Public Policy: Real International Public Policy in the Conflict of Laws", *Texas International Law Journal*, Vol. 17, 1982.
45. James T. Williams IV, "Recent Developments in Tennessee Law: Comments: Tennessee's Rejection of *Lex Loci Delicti*: Hataway v. Mckinley", *Tennessee Law Review*, Vol. 60, 1993.
46. Jan Paulsson, "The Extent of Independence of International Arbitration from the Law of the Situs", in *Contemporary Problems in International Arbitration* (J. Lew ed., Centre for Commercial Law Studies, London, 1986).
47. Jan Paulsson, "Enforcing Arbitral Awards Notwithstanding a Local Standard Annulment (LSA)", *ICC International Court of Arbitration Bulletin*, May, 1998.
48. Jay R. Sever, "Comment: The Relaxation of Inarbitrability and Public Policy Checks on U. S. and Foreign Arbitration: Arbitration out of Control?", *Tulane Law Review*, Vol. 65, 1991.
49. Jeffrey M. Shaman, "The Vicissitudes of Choice of Law: The Restatement (First, Second) and Interest Analysis", *Buffalo Law Review*, Vol. 45, 1997.
50. Jill A. Pietrowski, "Enforcing International Commercial Arbitration Agreements: Post-Mitsubishi Motors Corp. v. Soler Chrysler-Plymouth, Inc.", *American University Law Review*, Vol. 36, 1986.
51. John Bernard Corr, "Modern Choice of Law and Public Policy: The Emperor Has the Same Old Clothes", *University of Miami Law*

Review, Vol. 39, 1985.
52. John H. Jackson, "Introduction and Overview: Symposium on the First Three Years of the WTO Dispute Settlement System", *International Lawyer*, Vol. 32, 1998.
53. John J. Watkins, "Symposium on Conflict of Laws Foreword: Robert A. Leflar, Symposium on Conflict of Laws", *Arkansas Law Review*, Vol. 52, 1999.
54. Johnson, "International Antitrust Litigation and Arbitration Clauses", *The Journal of Law and Commerce*, Vol. 3, 1983.
55. Jonathan C. Spierer, "Dispute Settlement Understanding: Developing A Firm Foundation for Implementation of the World Trade Organization", *Suffolk Transnational Law Review*, Vol. 22, 1998.
56. Judith Hippler Bello, "The WTO Dispute Settlement Understanding: Less is More", *American Journal of International Law*, Vol. 90, 1996.
57. Julio A. Lacarte, "Transparency, Public Debate, and Participation by NGOs in the WTO: A WTO Perspective", *Journal of International Economic Law*, Vol. 7, 2004.
58. J. G. Castel, "The Uruguay Round and the Improvements to the GATT Dispute Settlement Rules and Procedures", *International and Comparative Law Quarterly*, Vol. 38, 1989.
59. J. Sorton Jones, "International Arbitration", *Hastings International and Comparative Law Review*, Vol. 8, 1985.
60. Karl-Heinz Bumockstiegel, "Public Policy and Arbitrability", in *Comparative Arbitration Practice and Public Policy in Arbitration*, ICCA Congress Series, No. 3, 1987.
61. Kenneth M. Curtin, "Redefining Public Policy in International

Arbitration of Mandatory National Laws", *Defense Counsel Journal*, Vol. 64, 1997.

62. Kenneth M. Curtin, "An Examination of Contractual Expansion and Limitation of Judicial Review of Arbitral Awards", *The Ohio State Journal on Dispute Resolution*, Vol. 15, 2000.

63. Kermit Roosevelt Ⅲ, "The Myth of Choice of Law: Rethinking Conflicts", *Michigan Law Review*, Vol. 97, 1999.

64. Kim Rubenstein and Jenny Schultz, "Bringing Law and Order to International Trade: Administrative Law Principles and the *GATT/WTO*", *Saint John's Journal of Legal Commentary*, Vol. 11, 1996.

65. Larry Kramer, "Interest Analysis and the Presumption of Forum Law", *University of Chicago Law Review*, Vol. 56, 1989.

66. Lea Brilmayer, "Interest Analysis and the Myth of Legislative Intent", *Michigan Law Review*, Vol. 78, 1980.

67. Lea Brilmayer, "Methods and Objectives in the Conflict of laws: A Challenge", *Mercer Law Review*, Vol. 35, 1984.

68. Lea Brilmayer, "Governmental Interest Analysis: A House without Foundations", *Ohio State Law Journal*, Vol. 46, 1985.

69. Leo J. Bouchez, "The Prospects for International Arbitration: Disputes Between States and Private Enterprises", *Journal of International Arbitration*, Vol. 8, 1991.

70. Li Hu, "Setting Aside an Arbitral Award in the People's Republic of China", *American Review of International Arbitration*, Vol. 12, 2001.

71. Lisa M. Ferri, "International Arbitration-Commerce-Arbitrability of Antitrust Claims Arising from International Commercial Disputes Recognized under Federal Arbitration Act—Mitsubishi Motors Corp. v.

Soler Chrysler-Plymouth, Inc., 105 S. Ct. 3346 (1985)", *Seton Hall Law Review*, Vol. 17, 1987.
72. Luther McDougal, "Choice of Law: Prologue to a Viable Interest-Analysis Theory", *Tulane Law Review*, Vol. 51, 1977.
73. Luther McDougal, " Comprehensive Interest Analysis Versus Reformulated Governmental Interest Analysis: An Appraisal in the Context of Choice-of-Law Problems Concerning Contributory and Comparative Negligence", *UCLA Law Review*, Vol. 26, 1979.
74. Luther L. McDougal Ⅲ, "Toward the Increased Use of Interstate and International Policies in Choice-of-Law Analysis in Tort Cases under the Second Restatement and Leflar's Choice-Influencing Considerations", *Tulane Law Review*, Vol. 70, 1996.
75. Luther L. McDougal Ⅲ, "Symposium: Leflar's Choice-Influencing Considerations: Revisited, Refined and Reaffirmed", *Arkansas Law Review*, Vol. 52, 1999.
76. L. Alexidze, " Legal Nature of *Jus Cogens* in Contemporary International Law", *Recueil des Cours de L'Academie de Droit International*, Vol. 3, 1981.
77. Marc Firestone, "Problems in the Resolution of Disputes Concerning Damage Caused in Outer Space", *Tulane Law Review*, Vol. 59, 1985.
78. Mark A. Buchanan, "Public Policy and International Commercial Arbitration", *The American Business Law Journal*, Vol. 26, 1988.
79. Mark Clough QC, "The WTO Dispute Settlement System-A Practitioner Perspective", *Fordham International Law Journal*, Vol. 24, 2000.
80. Martin Odams de Zylva, "Effective Means of Resolving Distance Selling Disputes", *Arbitration*, Vol. 67, 2001.

81. Maurice Rosenberg, "The Comeback of Choice-of-Law Rules", *Columbia Law Review*, Vol. 81, 1981.
82. Michael Mousa Karayanni, "The Public Policy Exception to the Enforcement of Forum Selection Clauses", *Duquesne Law Review*, Vol. 34, 1996.
83. Michael R. Voorhees, "International Commercial Arbitration and the Arbitrability of Antitrust Claims: Mitsubishi Motors Corp. v. Soler Chrysler-Plymouth", *Northern Kentucky Law Review*, Vol. 14, 1987.
84. Nassib G. Ziadé, "Some Recent Decisions in ICSID Cases", *ICSID Review-Foreign Investment Law Journal*, Vol. 6, 1987.
85. Nassib G. Ziadé, "Some Recent Decisions in ICSID Cases", *International Legal Materials*, Vol. 20, 1987.
86. Nathalie Voser, "Current Development: Mandatory Rules of Law as a Limitation on the Law Applicable in International Commercial Arbitration", *American Review of International Arbitration*, Vol. 7, 1996.
87. Nicholas Katzenback, "Conflicts on an Unruly Horse: Reciprocal Claims and Tolerances in Interstate and International Law", *Yale Law Journal*, Vol. 65, 1956.
88. OECD, "Voluntary Aid for Development. The Role of Non-governmental Organizations", G. A. Res. 1296, U. N. ECOSOC (XVIV) (May 23, 1968).
89. OECD, "Trade and Regulatory Reform: Insights from the OECD Country Reviews and Other Analysis", *World Trade and Arbitration Materials*, Vol. 13, 2001.
90. Ole Lando, "The *Lex Mercatoria* in International Commercial

Arbitration", *International and Comparative Law Quarterly*, Vol. 34, 1985.

91. Ole Lando, "The Law Applicable to the Merits of the Dispute", in *Essays on International Commercial Arbitration* (Petar Sarcevic ed., 1989).

92. Ovington, "Arbitration and U. S. Antitrust Law: A Conflict of Policies", *Journal of International Arbitration*, Vol. 2, 1985.

93. Patricia I. Hansen, "Transparency, Standards of Review, and the Use of Trade Measures to Protect the Global Environment", *Virginia Journal of International Law*, Vol. 39, 1999.

94. Patrick J. Borchers, "The Choice-of-Law Revolution: An Empirical Study", *Washington and Lee Law Review*, Vol. 49, 1992.

95. Philip J. McConnaughay, "The Scope of Autonomy in International Contracts and Its Relation to Economic Regulation and Development", *Columbia Journal of Transnational Law*, Vol. 39, 2001.

96. Pierre Lalive, "Transnational (or Truly International) Public Policy and International Arbitration", in *Comparative Arbitration Practice and Public Policy in Arbitration* (ICCA Congress Series No. 3, Pieter Sanders ed.,1986).

97. Pierre Mayer, "Mandatory Rules of Law in International Arbitration", *Arbitration International*, Vol. 2, 1986.

98. Rainer Geiger, "The Unilateral Change of Economic Development Agreements", *International and Comparative Law Quarterly*, Vol. 23, 1974.

99. Ralph U. Whitten, "Symposium: Improving the 'Better Law' System: Some Impudent Suggestions for Reordering and Reformulating Leflars's Choice-Influencing Considerations", *Arkansas Law Review*,

Vol. 52, 1999.
100. Ramon R. Gupta, "Appellate Body Interpretation of the WTO Agreement: A Critique in Light of Japan-Taxes on Alcoholic Beverages", *Pacific Rim Law and Policy Journal*, Vol. 6, 1997.
101. Randall Peerenboom, "The Evolving Regulatory Framework for Enforcement of Arbitral Awards in The People's Republic of China", *Asian-Pacific Law and Policy Journal*, Vol. 1, 2000.
102. Richard H. W. Maloy, "Public Policy-Who Should Make It in America's Oligarchy?", *Detroit College of Law at Michigan State University Law Review*, Winter, 1998.
103. Robert A. Leflar, "Choice-Influencing Considerations in Conflicts Law", *New York University Law Review*, Vol. 41, 1966.
104. Robert A. Leflar, "Conflicts Law: More on Choice-Influencing Considerations", *California Law Review*, Vol. 54, 1966.
105. Robert D. Cooter, "The Objectives of Private and Public Judges", *Public Choice*, Vol. 41, 1983.
106. Robert D. Cooter and Daniel L. Rubinfeld, "Trial Courts: An Economic Perspective", *Law and Society Review*, Vol. 24, 1990.
107. Robert E. Hudec, "The New WTO Dispute Settlement Procedure: An Overview of the First Three Years", *Minnesota Journal of Global Trade*, Vol. 8, 1999.
108. Robert L. Felix, "Symposium: Leflar in the Courts: Judicial Adoptions of Choice-Influencing Considerations", *Arkansas Law Review*, Vol. 52, 1999.
109. R. F. Housman, "Democratizing International Trade Decision-making", *Cornell International Law Journal*, Vol. 27, 1994.
110. R. Johnson and D. Post, "Law and Borders: The Rise of Law in

Cyberspace", *Stanford Law Review*, Vol. 48, 1996.
111. Sarah Rudolph Cole, "Managerial Litigants? The Overlooked Problem of Party Autonomy in Dispute Resolution", *Hastings Law Journal*, Vol. 51, 2000.
112. Sebastien Besson, " The Utility of State Laws Regulating International Commercial Arbitration and Their Compatibility with the *FAA*", *American Review of International Arbitration*, Vol. 11, 2000.
113. Shirley A. Wiegand, " Officious Intermeddling, Interloping Chauvinism, Restatement (Second), and Leflar: Wisconsin'Choice of Law Melting Pot", *Marquette Law Review*, Vol. 81, 1998.
114. Sigvard Jarvin, "The Sources and Limits of the Arbitrator's Powers", *Arbitration International*, Vol. 2, 1986.
115. Steve Charnovitz, "Participation of Nongovernmental Organizations in the World Trade Organization", *University of Pennsylvania Journal of International Economic Law*, Vol. 17, 1996.
116. Steven L. Schooner, "Desiderata: Objectives for a System of Government Contract Law", *Public Procurement Law Review*, Vol. 11, 2002.
117. Susan Choi, "Judicial Enforcement of Arbitration Awards under the ICSID and New York Conventions", *New York University Journal of International Law and Politics*, Vol. 28, 1996.
118. Susan L. Karamanian, "The Road to the Tribunal and Beyond: International Commercial Arbitration and United States Courts", *George Washington International Law Review*, Vol. 34, 2002.
119. Symeon C. Symeonides, "Choice of Law in the American Courts in 1996: Tenth Annual Survey", *American Journal of Comparative*

Law, Vol. 45, 1997.

120. Theodore C. Theofrastous, "Note, International Commercial Arbitration in Europe: Subsidiarity and Supremacy in Light of the De-Localization Debate", *Case Western Reserve Journal of International Law*, Vol. 31, 1999.

121. Thomas Dillon Jr., "The World Trade Organization: A New Legal Order for World Trade?", *Michigan Journal of International Law*, Vol. 16, 1995.

122. Todd Weiler, "*NAFTA* Article 1105 and the Principles of International Economic Law", *Columbia Journal of Transnational Law*, Vol. 42, 2003.

123. T. Hardy, "The Proper Legal Regime for Cyberspace", *University of Pittsburgh Law Review*, Vol. 55, 1994.

124. Van den Berg, "Some Recent Problems in the Practice of Enforcement Under *the New York* and *ICSID Conventions*", *ICSID Review-Foreign Investment Law Journal*, Vol. 2, 1987.

125. Vincent O. Orlu Nmehielle, "Enforcing Arbitration Awards Under *the International Convention for the Settlement of Investment Disputes (ICSID Convention)*", *Annual Survey of International and Comparative Law*, Vol. 7, 2001.

126. V. Nageswar Rao, "*Jus Cogens* and the Vienna Convention on the Law of Treaties", *Indian Journal of International Law*, Vol. 14, 1974.

127. William B. T. Mock, "An Interdisciplinary Introduction to Legal Transparency: A Tool for Rational Development", *Dickinson Journal of International Law*, Vol. 18, 2000.

128. William F. Baxter, "Choice of Law and the Federal System",

Stanford Law Review, Vol. 16, 1963.

129. William L. Reynolds and William M. Richman, "*Symposium*: Robert Leflar, Judicial Process, and Choice of Law", *Arkansas Law Review*, Vol. 52, 1999.

130. William Tetley, "A Canadian Looks at American Conflict of Law Theory and Practice, Especially in the Light of the American Legal and Social Systems (Corrective vs. Distributive Justice)", *Columbia Journal of Transnational Law*, Vol. 38, 1999.

131. William W. Park, "Arbitration of International Contract Disputes", *The Business Lawyer*, Vol. 39, 1984.

132. William W. Park, "National Law and Commercial Justice: Safeguarding Procedural Integrity in International Arbitration", *Tulane Law Review*, Vol. 63, 1989.

133. William W. Park, "Duty and Discretion in International Arbitration", *American Journal of International Law*, Vol. 93, 1999.

134. W. Laurence Craig, "Uses and Abuses of Appeals from Awards", *Arbitration International*, Vol. 4, 1988.